Country Reports on the Economic and Trade Cooperation
between China and Countries along the Belt and Road
(Southeast Asia and South Asia)

中央财经大学财经研究院
北京市哲学社会科学北京财经研究基地 学术文库

张晓涛 著

中国与"一带一路"沿线国家经贸合作国别报告

（东南亚与南亚篇）

Country Reports on the Economic and Trade Cooperation between China and Countries along the Belt and Road (Southeast Asia and South Asia)

中国财经出版传媒集团
经济科学出版社
Economic Science Press

自　　序

自 2013 年"一带一路"倡议提出以来，国际社会广泛响应。三年多来，全球已有 100 多个国家和国际组织积极响应支持该倡议，40 多个国家和国际组织与中国签署合作协议，国际合作成果丰硕。在全球经济疲软、逆全球化思潮愈盛的背景下，"一带一路"倡议对于推动经济全球化、改善全球治理、促进共同繁荣起到重要作用，是一种新型经济全球化的尝试。2017 年 5 月 14 日至 15 日，"一带一路"国际合作高峰论坛在北京举行。这次高峰论坛是"一带一路"倡议提出 3 年多以来最高规格的国际会议，是 2017 年中国最重要的主场外交活动，对推动国际和地区合作具有重要意义。本次论坛中，经贸合作与产业投资成为重点议题之一。中国与"一带一路"沿线国家实现贸易畅通促进了中国与沿线国家的贸易往来并拓展了双向投资。

"一带一路"倡议提出以来，国内学术界与此相关的研究成果日益丰盛，与"一带一路"相关或者冠以"一带一路"背景的学术论文与专著呈现喷涌之势，这足以说明更多的中国学者以国家经济发展中的重大现实问题为研究己任，难能可贵。在一大批优秀成果涌现的同时，需要反思学术研究繁荣背后的逻辑：既然是面向国家发展的重大现实问题，有多少研究成果对政府及企业决策提供了有价值的参考与指导？现有的研究中两种倾向值得注意：一类是基于数量方法的实证研究，这类研究往往受限于"一带一路"倡议实施时间短，采用数据并不能真正反映"一带一路"倡议的实施效果，同时囿于计量方法严谨性，在问题选择与变量选取上受到限制，现实问题导向相对欠缺或者对重要的现实问题分析得不够深入，

"中国现在是一个很重要的国家,所以很多很好的学术杂志经常会看到有关中国经济的文章。但对一个经济体的研究主流化以后,就会有一大批学者只关注方法,不再关注该经济体特有的现象和问题。所以很多文章表面上看似在研究中国经济,但实际上是用中国数据检验方法。这类研究有一个缺点,就是他们很重视数据和方法,但是对具体的问题不感兴趣,所以对特定问题的看法不够深入。"①;另一大类是对与"一带一路"倡议有关的战略研究,主要是从大战略、大格局讨论问题,缺乏扎实的国别研究、产业研究,这类研究往往是空中楼阁,难以落地。第一类研究大量占领着学术期刊的版面,第二类研究"大家"频现,活跃于各类论坛,如鱼得水,话语权越来越大,涉及的面越来越宽。

区域与国别研究是全球性大国地位和实力在知识领域的重要表现,一个国家区域与国别研究的兴起也通常是大国地位崛起的重要标志。当前,中国前所未有地靠近世界舞台的中心,这对中国的区域与国别研究提出了新的更高要求。中国开始建设性参与全球治理,正在以越来越积极的姿态参与、引领国际事务,这要求决策精细化、施策精准化,而区域与国别研究必须要为此提供足够的知识储备与智力支持。

教育部非常重视国别与区域研究,并积极利用大学的智力资源推动国别与区域研究:"高等学校开展国别和区域研究工作,对于服务国家战略和外交大局,全面推进'一带一路'建设,具有十分重要的意义。中央领导高度重视此项工作,我部亦将其列入2017年工作要点。为深入开展国别和区域研究工作,全面覆盖世界各个国家和地区"(教育部教外厅函〔2017〕8号)。做国别与区域研究的学者要解决语言翻译和问题研究"两张皮"的问题,应该树立问题意识,加速构建多学科交叉、综合立体的研究体系,打破政治与经济、内政与外交、经济与社会、社会与文化等之间的壁垒。当前人文社科研究领域一个客观的矛盾是:一方面经济社会发展需要扎实深入的国别与区域研究,另一方面是现有的学术论文发表及课题资助中又没能给予国别与区域研究公正评价,这类研究甚至因为没有

---

① 胡永泰:《中国学者不能只研究方法和工具》(http://www.phbs.pku.edu.cn/content-419-3645-1.html)。

自 序

所谓的计量分析被认为是低端、非主流研究。通常来说，一个问题有很多侧面，研究中国经济不能只满足于用数据检验理论和方法，中国学者要用最适合的方法分析中国经济，并尝试研究解决问题的方法。

2016年国家发展改革委、外交部、商务部联合发布了《推动共建丝绸之路经济带和21世纪海上丝绸之路的愿景与行动》，在"合作重点"这一部分指出："投资贸易合作是'一带一路'建设的重点内容。宜着力研究解决投资贸易便利化问题，消除投资和贸易壁垒，构建区域内和各国良好的营商环境，积极同沿线国家和地区共同商建自由贸易区，激发释放合作潜力，做大做好合作'蛋糕'"。

作者本人近年来致力于"一带一路"经贸合作、中国企业海外投资及开放经济新形势下的国际商务人才培养问题研究。目前已经完成的《中国与"一带一路"沿线国家经贸合作国别报告》（以下简称《国别报告》）是系列成果之一，国别报告以沿线国家经济现状与产业结构为逻辑起点，通过丰富翔实的数据，采用科学有效的方法深入剖析"一带一路"沿线重要国家具有国际竞争优势产业、外商投资政策及战略规划、双边经贸合作成果等问题，系统梳理"一带一路"倡议实施以来双边高层交流及其成果，客观阐释中国企业投资的机会与风险。《国别报告》共100余万字，将分区域以"地区篇"的形式出版单行本，《中国与"一带一路"沿线国家经贸合作国别报告（东南亚与南亚篇）》为《国别报告》的第一本，其他地区的国别研究将于年内陆续完成。

本书包括"一带一路"沿线东南亚地区与南亚地区的主要国家，个别国家由于经济体量小、统计数据缺乏以及双边经贸交往水平低等原因未列入研究范围。书中所涉及的国家均按统一的体例与逻辑框架进行研究，包括以下六个部分：经济现状与产业结构、具有比较优势的产业、外商投资政策与战略规划、双边经贸合作成果、"一带一路"倡议实施以来双边交流及其成果、中国企业投资机遇与风险。在保持全书撰写整体风格的一致性的同时又注意突出国别的特点与产业特征。

书中收集、整理、计算了大量的数据，这些数据分别来自有关国际组织、中国商务部、中国统计局数据以及所研究的国家政府网站等，所采用

中国与"一带一路"沿线国家经贸合作国别报告

的数据尽可能更新到书籍定稿时能获得的最新数据。本书使用的数据除了标记出来源以外,每章的第一节中所涉及的数据来源于中国商务部发布的《对外投资合作国别(地区)指南》(2016年版)。书中也涉及对大量定性资料的收集、梳理与整合,"一带一路"倡议这一国家发展重大战略问题受到中外媒体极大关注,关于双边交流合作重要事件均有所报道,对这些资料系统性研究能够反映各国政府在顶层设计与战略规划中的轨迹及逻辑。本书的顺利完成离不开这些数据、资料的支持,对书中涉及到的数据、资料来源方深表感谢。总体而言,与其说本书能够带给读者一些知识与信息,不如说我们只是知识和信息的搬运工。

本书只想做一些务实性的基础工作,纵览全书没有绚烂夺目的研究方法与数量模型。理论、逻辑和方法都是研究问题的工具和路径,当然是重要的,但是更重要的是对问题本身的专业知识,对工具的研究不能取代对问题的研究,否则就是舍本逐末。本书作者已经发表"一带一路"倡议与"国际产能合作"背景下的中国企业国际化、海外投资问题核心期刊论文10余篇,那些文章大多采用了计量和数量的方法。

呈现在读者面前的这本书是作者基于对"一带一路"倡议所涉及投资贸易合作问题的思考及当前国内国别区域研究现状反思的成果。研究过程中,作者体会到做好区域与国别研究实际上是"难之又难、深之又深",对一个国家的研究"麻雀虽小、五脏俱全",即使是经贸领域的区域与国别研究也绝不是只停留于对贸易与投资相关数据的分析,还涉及政治、经济、文化、历史、哲学等多学科的综合研究。

自2013年习近平总书记提出共建丝绸之路经济带和21世纪海上丝绸之路倡议后,"一带一路"成为许多智库、专家研究的热点。"一带一路"沿线有65个国家和地区,而大部分国家和地区对于中国一般民众而言还很陌生。然而,今天中国的对外投资遍布这些中小型国家和地区,它们与中国有很多国际合作,是中国对外战略的重要组成部分。在中国成长为世界性大国的过程中,它们对我国的经贸战略具有重大的意义。中国智库的战略研究,亟须国别研究和国别研究人才。时至今日,如何真正以一个世界人的眼光来看中国与世界仍然是一个重要的课题。本书作者所带领的团

自 序

队希望在这样一个变革的大时代，努力发挥自己才智做一些务实且有价值的事情。

司马迁在《史记》中，把两千多年前张骞西域之行的意义，与盘古开天辟地之举相并提，将其誉为"凿空西域"之旅。作为经济全球化的早期蓝本，古丝绸之路所形成的贸易通道，曾被誉为全球最重要的商贸大动脉。丝绸之路上，经贸往来，文明互鉴，世界历史的发展进程由此改变。商贾络绎不绝，不同文明碰撞交融，兼容并包的理念伴随丝绸之路的兴盛绵延。

进入21世纪，在以和平、发展、合作、共赢为主题的新时代，面对复苏乏力的全球经济形势，纷繁复杂的国际和地区局面，传承和弘扬丝绸之路精神更显重要和珍贵。

长风破浪会有时，直挂云帆济沧海！

张晓涛
2017年5月1日于中央财经大学图配楼209室

目 录 CONTENTS

上篇 东南亚篇

第一章 中国与菲律宾经贸合作 …………………………… 3

第一节 菲律宾经济现状与产业结构 ………………………… 3
第二节 菲律宾具有国际竞争优势的产业 …………………… 6
第三节 菲律宾外商投资政策及战略规划 …………………… 11
第四节 近年来中国与菲律宾经贸合作成果 ………………… 14
第五节 "一带一路"倡议实施以来中菲高层交流及其成果 …… 18
第六节 中国企业投资菲律宾的机会与风险 ………………… 20

第二章 中国与柬埔寨经贸合作 …………………………… 23

第一节 柬埔寨经济现状与产业结构 ………………………… 23
第二节 柬埔寨具有国际竞争优势的产业 …………………… 26
第三节 柬埔寨外商投资政策及战略规划 …………………… 29
第四节 近年来中国与柬埔寨经贸合作成果 ………………… 31
第五节 "一带一路"倡议实施以来中柬高层交流及其成果 …… 38
第六节 中国企业投资柬埔寨的机会与风险 ………………… 41

第三章 中国与马来西亚经贸合作 ………………………… 43

第一节 马来西亚经济现状与产业结构 ……………………… 43

第二节 马来西亚具有国际竞争优势的产业 …………………… 46
第三节 马来西亚外商投资政策及战略规划 …………………… 55
第四节 近年来中国与马来西亚经贸合作成果 ………………… 58
第五节 "一带一路"倡议实施以来中马高层交流及其成果 …… 65
第六节 中国企业投资马来西亚的机会与风险 ………………… 67

第四章 中国与缅甸经贸合作 …………………………………… 72

第一节 缅甸经济现状与产业结构 ……………………………… 72
第二节 缅甸具有国际竞争优势的产业 ………………………… 75
第三节 缅甸外商投资政策及战略规划 ………………………… 78
第四节 近年来中国与缅甸经贸合作成果 ……………………… 82
第五节 "一带一路"倡议实施以来中缅高层交流及其成果 …… 88
第六节 中国企业投资缅甸的机会与风险 ……………………… 90

第五章 中国与泰国经贸合作 …………………………………… 92

第一节 泰国经济现状与产业结构 ……………………………… 92
第二节 泰国具有国际竞争优势的产业 ………………………… 94
第三节 泰国外商投资政策及战略规划 ………………………… 99
第四节 近年来中国与泰国经贸合作成果 ……………………… 103
第五节 "一带一路"倡议实施以来中泰高层交流及其成果 …… 110
第六节 中国企业投资泰国的机会与风险 ……………………… 111

第六章 中国与新加坡经贸合作 ………………………………… 116

第一节 新加坡经济现状与产业结构 …………………………… 116
第二节 新加坡具有国际竞争优势的产业 ……………………… 118
第三节 新加坡外商投资政策及战略规划 ……………………… 128
第四节 近年来中国与新加坡经贸合作成果 …………………… 130
第五节 "一带一路"倡议实施以来中新高层交流及其成果 …… 137
第六节 中国企业投资新加坡的机会与风险 …………………… 139

第七章　中国与印度尼西亚经贸合作 ... 143

第一节　印度尼西亚经济现状与产业结构 ... 143
第二节　印度尼西亚具有国际竞争优势的产业 ... 145
第三节　印度尼西亚外商投资政策及战略规划 ... 152
第四节　近年来中国与印度尼西亚经贸合作成果 ... 157
第五节　"一带一路"倡议实施以来中国与印度尼西亚高层交流及其成果 ... 165
第六节　中国企业投资印度尼西亚的机会与风险 ... 166

第八章　中国与越南经贸合作 ... 170

第一节　越南经济现状与产业结构 ... 170
第二节　越南具有国际竞争优势的产业 ... 173
第三节　越南外商投资政策及战略规划 ... 187
第四节　近年来中国与越南经贸合作成果 ... 190
第五节　"一带一路"倡议实施以来中越高层交流及其成果 ... 199
第六节　中国企业投资越南的机会与风险 ... 201

下篇　南亚篇

第九章　中国与阿富汗经贸合作 ... 207

第一节　阿富汗经济现状与产业机构 ... 207
第二节　阿富汗具有国际竞争优势的产业 ... 210
第三节　阿富汗外商投资政策及战略规划 ... 212
第四节　近年来中国与阿富汗经贸合作成果 ... 213
第五节　"一带一路"倡议实施以来中阿高层交流及其成果 ... 217
第六节　中国企业投资阿富汗的机会与风险 ... 219

第十章　中国与巴基斯坦经贸合作 ……………………… 223

第一节　巴基斯坦经济现状与产业机构 ………………… 223
第二节　巴基斯坦具有国际竞争优势的产业 …………… 226
第三节　巴基斯坦外商投资政策及战略规划 …………… 233
第四节　近年来中国与巴基斯坦经贸合作成果 ………… 235
第五节　"一带一路"倡议实施以来中国与巴基斯坦高层
　　　　交流及其成果 ……………………………………… 240
第六节　中国企业投资巴基斯坦的机会与风险 ………… 243

第十一章　中国与不丹经贸合作 ………………………… 246

第一节　不丹经济现状与产业结构 ……………………… 246
第二节　不丹具有国际竞争优势的产业 ………………… 248
第三节　不丹外商投资政策及战略规划 ………………… 251
第四节　近年来中国与不丹经贸合作成果 ……………… 251
第五节　"一带一路"倡议实施以来中不高层交流及其成果 … 252
第六节　中国企业投资不丹的机会与风险 ……………… 252

第十二章　中国与马尔代夫经贸合作 …………………… 254

第一节　马尔代夫经济现状与产业机构 ………………… 254
第二节　马尔代夫具有国际竞争优势的产业 …………… 256
第三节　马尔代夫外商投资政策及战略规划 …………… 258
第四节　近年来中国与马尔代夫经贸合作成果 ………… 259
第五节　"一带一路"倡议实施以来中马高层交流及其成果 … 261
第六节　中国企业投资马尔代夫的机会与风险 ………… 264

第十三章　中国与孟加拉国经贸合作 …………………… 266

第一节　孟加拉国经济现状与产业结构 ………………… 266
第二节　孟加拉国具有国际竞争优势的产业 …………… 268

第三节 孟加拉国外商投资政策及战略规划 ······ 271
第四节 近年中国与孟加拉国经贸合作成果 ······ 272
第五节 "一带一路"倡议实施以来中孟高层交流及其成果 ······ 276
第六节 中国企业投资孟加拉国的机会与风险 ······ 277

第十四章　中国与尼泊尔经贸合作 ······ 280

第一节 尼泊尔经济现状与产业结构 ······ 280
第二节 尼泊尔具有国际竞争优势的产业 ······ 282
第三节 尼泊尔外商投资政策及战略规划 ······ 286
第四节 近年中国与尼泊尔经贸合作成果 ······ 288
第五节 "一带一路"倡议实施以来中尼高层交流及其成果 ······ 292
第六节 中国企业投资尼泊尔的机会与风险 ······ 293

第十五章　中国与斯里兰卡经贸合作 ······ 295

第一节 斯里兰卡经济现状与产业结构 ······ 295
第二节 斯里兰卡具有国际竞争优势的产业 ······ 297
第三节 斯里兰卡外商投资政策及战略规划 ······ 301
第四节 近年中国与斯里兰卡经贸合作成果 ······ 303
第五节 "一带一路"倡议实施以来中斯高层交流及其成果 ······ 306
第六节 中国企业投资斯里兰卡的机会与风险 ······ 309

第十六章　中国与印度经贸合作 ······ 311

第一节 印度经济现状与产业结构 ······ 311
第二节 印度具有国际竞争优势的产业 ······ 314
第三节 印度外商投资政策及战略规划 ······ 325
第四节 近年来中国与印度经贸合作成果 ······ 331
第五节 "一带一路"倡议实施以来中印高层交流及其成果 ······ 335
第六节 中国企业投资印度的机会与风险 ······ 337

参考文献 ······ 342

后记 ······ 350

上篇　东南亚篇

东南亚是中国的南邻，自古以来就是中国通向世界的必经之地。在历史上，绝大多数国家就与中国有友好往来，在政治、经济、文化上关系密切。在悠久的历史交往中，中国人民和东南亚各国人民结下了深厚的友情。

东南亚地区共有11个国家，各国都有自己悠久的历史，除新加坡外，均属发展中国家。由于经济体量小、统计数据缺乏以及双边经贸交往水平低等原因，老挝、文莱、东帝汶三国未列入研究范围，本篇包括越南、柬埔寨、泰国、缅甸、马来西亚、新加坡、印度尼西亚、菲律宾八国。

2008年金融危机以来，我国东部沿海地区劳动密集型产业转移呈现两条轨迹：一条是向我国中、西部地区转移，另一条轨迹就是向东盟等新兴经济体转移，这些经济体已经逐渐融入亚洲工厂。刘易斯（1984）在观察发达国家向发展中国家转移劳动密集型制造业的现象时，解释道：正是因为发展中国家工业化程度不高，农业的劳动生产率低，有大量的剩余劳动力，而且价格低廉，所以产生了这种现象。

今天的东南亚是当今世界经济发展最有活力和潜力的地区之一。在未来新的世界政治、经济格局中，东南亚在政治、经济上的作用和战略地位将更加重要。在未来的历史进程中，随着中国和东南亚国家经济建设的飞速发展和社会进步，双边和多边的友好合作关系也将进入一个不断发展，更加密切的历史时期！

第一章
中国与菲律宾经贸合作

第一节 菲律宾经济现状与产业结构

菲律宾的经济增长在很大程度上是依赖菲律宾海外劳工的海外汇款所带动的国内消费以及商品与服务出口所推动。近年来,菲律宾经济保持较快增长,见表1-1所示,但在2015年,受到世界经济低迷、金融市场动荡、新兴市场与发展中经济体增速下滑的影响,菲律宾经济增速由2012年的7.06%降至5.81%。横向比较亚洲主要经济体,菲律宾经济增速仅低于印度、中国和越南,在亚洲范围内仍属第一方阵,和印度尼西亚、马来西亚、新加坡、泰国等老东盟国家相比更是独占鳌头。2016年在大选年开支扩张的推动下,菲律宾第一季度经济的增长率为6.8%,第二季度高达7%。根据亚洲开发银行预计,2016年菲律宾的经济增长率可达6%,这一增速不管是与东盟邻国比较还是与其他发展中国家比较,都属于较高水平。

表1-1　　菲律宾2011~2015年主要经济数据

年份	GDP（亿美元）	GDP年增长率（%）	人均GDP（美元）	按GDP平减指数衡量年通货膨胀率（%）
2011	2241.43	3.66	2370	4.02
2012	2500.92	6.68	2600	1.97

续表

年份	GDP（亿美元）	GDP 年增长率（%）	人均 GDP（美元）	按 GDP 平减指数衡量年通货膨胀率（%）
2013	2719.27	7.06	2790	2.09
2014	2847.77	6.13	2870	3.21
2015	2919.65	5.81	2900	-0.684

说明：截至本书成稿时，2016 年的相关数据尚未公布。
资料来源：世界银行数据库（http://data.worldbank.org）。

从产业结构上看，菲律宾服务业带动、工业为辅、农业疲软的经济结构一直没有改变，并且经济结构不断向服务业倾斜。2015 年，菲律宾农业、工业和服务业占 GDP 的比重分别为 10.02%、33.43% 和 56.55%。其中，私人消费占 GDP 的比重高达 69.3%，强劲拉动经济增长，但这也造成菲律宾经济短板明显：制造业发展停滞，出口不振，储蓄率和投资率低，基础设施落后等，导致菲律宾失业率较高、贫困人群占比高。近几年菲律宾失业率在 7% 左右，若用美元来核算，菲律宾人均消费每天仅约为 0.63 美元，远低于世界银行提出的每天 1 美元绝对贫困线标准。因此有诸多学者认为隐藏在菲律宾高速增长指标背后的是"没有发展的增长"。

农业是菲律宾经济的重要组成部分，但至今仍未摆脱"靠天吃饭"的局面。菲律宾盛产椰子、香蕉、芒果、凤梨、竹藤和烟草，其中香蕉是菲律宾产量和出口额最高的水果，椰子产量和出口量均占全世界总产量和出口量的六成以上。2015 年，受厄尔尼诺、干旱等因素影响，占菲律宾农业产值 51.8% 的谷物种植产值下降 1.95%，行业总产值同比仅增长 0.2%，远低于亚洲其他发展中国家 3% 的平均增速。

菲律宾工业持续发展，但制造业拖累了工业发展。2015 年菲律宾工业产值为 976.04 亿美元，同比增长 6%。其中，制造业、建筑业、能源和矿业产值占比分别为 65%、22.3%、10.2% 和 2.5%。菲律宾制成品主要是电子、食品等轻工产品，占制造业产出的比重接近 60%。2015 年，菲律宾制造业同比仅增长 2.5%，增幅较 2014 年的

10.5%下滑较大，显示出国际经济不景气对菲律宾本土制造业带来的负面影响。建筑业继续高速发展，增幅达10.3%，连续第4年实现两位数增长，成为工业领域为数不多的亮点。此外，能源行业增长1.2%，矿业下降17.2%。

菲律宾服务业对整体经济增长的贡献举足轻重，旅游业发展良好，服务外包成为亮点。2015年服务业总产值为1651.06亿美元，同比增长6.7%。服务外包（BPO）可谓菲律宾服务业"皇冠上的明珠"，2015年菲律宾国内上千家BPO公司产值达220亿美元，同比增长16.4%，吸收就业120万人。预计菲律宾BPO行业收入不久将超过外劳汇款，成为菲律宾第一大创汇来源。2015年菲律宾共接待外国游客536万人次，同比增长10.9%。旅游收入50亿美元，同比增长5.9%，约占GDP的8%。吸收就业500万人，占劳动力人口的12.7%。韩国、美国、日本是菲律宾前三大游客来源国，2015年当年游客人数分别为134万人次、77.9万人次、49.6万人次；中国是菲律宾第四大外国游客来源国，达49.1万人次，同比增长24.3%，占比9.2%。

贸易方面，菲律宾保持增长，但连年逆差的局面仍未改观。菲律宾是世贸组织（WTO）、亚太经合组织（APEC）和东盟（ASEAN）的成员，承诺推进区域自由贸易和到2020年消除贸易壁垒。2015年菲律宾货物贸易进出口总额达1253.3亿美元，同比下降1.7%。其中，出口586.48亿美元，同比下降5.6%；进口666.85亿美元，同比增长2%。在全球贸易出现两位数负增长的背景下，菲律宾外贸取得的成绩实属不易。但是，菲律宾外贸连年逆差的局面仍未改观，2015年逆差更是猛增143.8%至80.37亿美元。菲律宾前五大贸易伙伴分别是日本、中国、美国、新加坡和中国香港地区；主要出口商品为：服装和服装辅料、电子产品、木制工艺品和家具、椰子油和精炼铜；主要进口商品为：电子产品、工业机械和设备、矿物燃料、润滑油和相关产品、运输设备和有机和无机化工产品。

联合国贸发会议发布的2016年《世界投资报告》显示，2015年，菲律宾吸收外资流量为52.34亿美元；截至2015年底，菲律宾吸收外资存量为593.03亿美元。菲律宾的外资主要来源地为日本、美国、英国、德国、韩国、马来西亚和中国香港地区,主要投资领域为制造业、服务业、房地产、金融中介、矿业、建筑业。在菲律宾投资的著名跨国公司有:宝洁公司、全球解决方案公司(ETEL)、IBM、法国Teleperformance、德州仪器、雀巢、加德士集团东南亚公司、意大利航空公司、联合快递公司(UPS)和联邦快递公司(FedEx)等。

第二节 菲律宾具有国际竞争优势的产业

一个国家某一产业的国际竞争力可通过该国该产业在国际贸易中的比较优势来反映,国际上普遍采用显示性比较优势指数(Revealed Comparative Advantage Index, RCA 指数)来衡量某一国家某种产业的国际竞争力。RCA 指数是美国经济学家巴拉萨(Balassa)于1965年提出,它通过测算一个国家某一产业的出口值占该国出口总值的份额与世界该产业的出口值占世界出口总值的份额的比例,剔除国家总量波动和世界总量波动的影响,可以较好地反映一个国家某一产业的出口与世界平均出口水平相比较时的相对优势,从而可以衡量一个国家某一产业的国际竞争力①。本书因而统一采用 RCA 指数来衡量各个国家各产业的国际竞争优势,数据来源为 UN COMTRADE 数据库。在二位码层面上计算菲律宾各个产业的显示性比较优势指数(RCA)结果显示,菲律宾具有显著比较优势(RCA > 1.25)的23个产业中,劳动密集型产业有14个,资本密集型产业有9个,见表1-2所示。

---

① 计算公式是:$RCA_{ij} = (X_{ij}/X_{tj}) \div (X_{iW}/X_{tW})$。其中,$X_{ij}$表示国家$j$出口产品$i$的出口值,$X_{tj}$表示国家$j$的总出口值;$X_{iW}$表示世界出口产品$i$的出口值,$X_{tW}$表示世界总出口值。一般认为,一国某产业 RCA 指数大于2.5,则表明该国该产业具有极强的国际竞争力;RCA 介于2.5~1.25之间,表明该国该产业具有很强的国际竞争力;RCA 介于1.25~0.8之间,则认为该国该产业具有较强的国际竞争力;RCA 小于0.8,则表明该国该产业的国际竞争力较弱。

表 1-2　　　　　　　　菲律宾具有显著比较优势产业

产业类型	产业	2009年	2010年	2011年	2012年	2013年	2014年	2015年
劳动密集型	稻草、秸秆、针茅或其他编结材料制品，篮筐及柳条编结品	6.31	6.15	7.36	6.22	7.15	7.85	6.11
	虫胶，树胶、树脂及其他植物液、汁	6.15	6.52	7.74	4.26	7.71	7.90	8.38
	动物或植物油脂	3.52	4.54	4.77	3.58	3.74	4.43	3.88
	食用水果及坚果、柑橘属水果或甜瓜的果皮	2.80	2.15	3.96	3.96	4.62	5.03	2.24
	木及木制品，木炭	3.14	2.96	5.44	6.51	8.39	6.64	6.64
	已加工羽毛、羽绒及其制品，人造花，人发制品	1.64	1.67	2.37	2.68	1.54	2.40	1.75
	其他植物纺织纤维，纸纱线及其机织物	1.42	1.34	1.62	1.41	2.47	2.84	1.90
	针织或钩编的服装及衣着附件	1.44	0.96	1.36	1.40	1.23	1.38	1.17
	非针织或非钩编的服装及衣着附件	1.63	0.79	1.12	1.38	1.20	1.09	0.74
	蔬菜、水果、坚果或植物其他部分的制品	2.42	1.99	2.77	3.11	2.86	2.62	3.18
	烟草、烟草及烟草代用品的制品	1.90	2.19	3.02	1.98	2.67	3.17	2.09
	糖及糖食	1.53	0.70	3.16	1.40	2.06	1.13	0.36
	鱼、甲壳动物、软体动物及其他水生无脊椎动物	1.27	1.22	1.45	1.54	1.86	1.60	1.36
	编结用植物材料，其他植物产品	0.82	0.78	1.23	1.37	1.33	1.20	1.30
资本密集型	电机、电气设备及其零件，录音机及放声机、电视图像、声音的录制和重放设备及其零件、附件	3.24	2.20	2.15	3.35	3.10	2.95	3.11
	铜及其制品	2.54	1.90	2.80	1.71	2.05	1.28	1.94
	矿砂、矿渣及矿灰	1.53	1.21	1.55	1.72	3.31	3.81	3.05

续表

产业类型	产业	2009年	2010年	2011年	2012年	2013年	2014年	2015年
资本密集型	船舶及浮动结构体	0.91	0.68	1.24	2.35	1.33	3.48	3.21
	核反应堆、锅炉、机器、机械器具及其零件	1.80	1.00	0.91	1.20	1.07	1.18	1.17
	炸药，烟火制品，火柴，引火合金，易燃材料制品	0.83	0.55	0.51	2.18	3.26	1.46	1.25
	肥皂、有机表面活性剂	0.76	0.93	1.31	1.35	2.94	0.93	0.98
	无机化学品	1.04	1.13	1.51	0.90	1.07	0.93	0.38

说明：表格统计数据从金融危机之后的2009年开始到2015年，各产业按照历年比较优势算术平均数降序排列。历年比较优势算术平均数不具有特殊经济含义，仅为比较优势产业排序之用。

资料来源：根据UN COMTRADE数据整理而得。

一、主要劳动密集型产业

菲律宾具有比较优势的劳动密集型产业包括：稻草、秸秆、针茅或其他编结材料制品，篮筐及柳条编结品；虫胶，树胶、树脂及其他植物液、汁；动物或植物油脂；食用水果及坚果、柑橘属水果或甜瓜的果皮；木及木制品，木炭；已加工羽毛、羽绒及其制品，人造花，人发制品；其他植物纺织纤维，纸纱线及其机织物；针织或钩编的服装及衣着附件；非针织或非钩编的服装及衣着附件；蔬菜、水果、坚果或植物其他部分的制品；烟草、烟草及烟草代用品的制品；糖及糖食；鱼、甲壳动物、软体动物及其他水生无脊椎动物；编结用植物材料，其他植物产品。菲律宾具有国际竞争力的劳动密集型产业，都是以自然资源为基础的产业，经过人力加工从而出口其制成品，而非直接出口资源。菲律宾的种植业也比较发达，其椰子、橡胶、竹子等都有很强的竞争力。

1. 稻草、秸秆、针茅或其他编结材料制品，篮筐及柳条编结品

菲律宾该产业的比较优势基本保持稳定，略有波动。通过对HS编码的进一步研究发现，菲律宾主要出口的是用编结材料直接编成或制成的篮筐、柳条编结品及其他制品和丝瓜络制品。

菲律宾的竹藤业处于世界领先地位。菲律宾盛产竹子和藤条，竹藤是

菲律宾文化中的重要组成部分。在20世纪70年代后，竹藤产业发展为菲律宾主要的出口产业。但近年来，受到资源枯竭、原材料短缺的影响，菲律宾竹藤原料进口增加，再加上邻国的竞争，菲律宾竹藤产业的发展速度变缓。不过，由于盛产优质竹藤产品，菲律宾在国际中高端竹藤产品市场中仍占有一席之地，仍是世界上竹藤产品的主要供应者。

2. 虫胶，树胶、树脂及其他植物液、汁；动物或植物油脂

菲律宾在这两个产业上的比较优势在近几年均呈上升趋势。通过对HS编码的进一步分析发现，菲律宾主要出口的是植物液汁及浸膏，果胶、果胶酸盐及果胶酸酯，从植物产品制得的琼脂、其他胶液及增稠剂；椰子油、棕榈仁油或巴巴苏棕榈果油及其分离品。

菲律宾是世界上第二大椰子生产国，椰子产品是菲律宾的主要农产品收入来源。菲律宾椰子产品在国际上很有竞争力，菲律宾贸易和产业部希望扩大椰子产品销售，椰子产业前景被看好，但菲律宾需要加大力度更新椰子树。在2009年时，菲律宾提出了"国家椰子生产力计划"，旨在将其椰子产量提高1倍。

3. 食用水果及坚果、柑橘属水果或甜瓜的果皮

菲律宾在该产业上的比较优势呈上升趋势。通过对HS编码的进一步分析发现，菲律宾主要出口的是鲜或干的香蕉，包括芭蕉。菲律宾是世界第三大香蕉生产国，香蕉是菲律宾产量和出口额最高的水果，是其第五大出口农产品。菲律宾的香蕉产业具有以下优势：自然优势，生产规模优势，基础设施优势，生产技术优势。

4. 烟草、烟草及烟草代用品的制品

菲律宾该产品的比较优势在2012年有所回落之后重拾升势。通过对HS编码的进一步分析发现，菲律宾在该产业下所有细分产业的出口量都很大，包括烟草，烟草废料；烟草或烟草代用品制成的雪茄烟及卷烟；其他烟草及烟草代用品的制品。

东南亚国家的吸烟率普遍较高，由于本国极大的需求，菲律宾近年的烟草进口数量开始超过烟草出口数量，成为烟草净进口国。但是菲律宾在其烟草行业仍有技术优势，尤其是在卷烟的制备和吸烟者用品上，申请的

专利远超东盟其他国家。

二、主要资本密集型产业

菲律宾具有比较优势的资本密集型产业主要有：电机、电气设备及其零件，录音机及放声机、电视图像、声音的录制和重放设备及其零件、附件；铜及其制品；矿砂、矿渣及矿灰；船舶及浮动结构体；核反应堆、锅炉、机器、机械器具及其零件；炸药，烟火制品，火柴，引火合金，易燃材料制品；肥皂、有机表面活性剂；无机化学品。

1. 电机、电气设备及其零件，录音机及放声机、电视图像、声音的录制和重放设备及其零件、附件

菲律宾该产业的比较优势较为平稳。通过对HS编码的进一步分析发现，菲律宾主要出口的是变压器、静止式变流器（例如整流器）及电感器；二极管、晶体管及类似的半导体器件，光敏半导体器件，包括不论是否装在组件内或组装成块的光电池；发光二极管，已装配的压电晶体，集成电路及微电子组件。

进入21世纪后，电子产品成为菲律宾对外贸易的主要产品。菲律宾电子产品以加工贸易为主。由于菲律宾投资环境比较宽松，劳动力成本相对低，同时以英语为母语，很多电子跨国公司都愿意到菲律宾投资。这些企业大部分是来自日本、美国及欧洲的国际知名企业，如英特尔、德州仪器、东芝、富士等。这些企业生产的产品除家用电器外主要以外销为主，在菲律宾国内很少销售，企业的生产形式主要以装配、检测为主。

2. 铜及其制品；矿砂、矿渣及矿灰

菲律宾铜及铜制品产业的比较优势在近几年呈下降趋势，矿砂、矿渣及矿灰产业比较优势呈上升趋势。通过对HS编码的进一步分析发现，菲律宾主要出口的是未锻轧的精炼铜及铜合金，铜矿砂及其精矿，镍矿砂及其精矿。

菲律宾国土面积较小，但是拥有丰富的天然矿产资源。根据菲律宾国家地质矿业局的数据，以单位面积矿产储量计算，菲律宾铜矿储量居世界第四位、镍矿储量居世界第五位。菲律宾镍矿易于开采且成本低，但国内

没有冶炼厂，矿产品绝大部分用于出口，特别是金属矿产品全部用于出口。矿业是菲律宾经济发展的稳定外汇来源。但是菲律宾矿业的发展受国内政治经济环境、采矿技术手段、国际市场价格，以及环境保护等因素的影响而呈现起伏波动。

3. 船舶及浮动结构体

菲律宾该产业的比较优势在震荡中上升。通过对 HS 编码的进一步研究发现，菲律宾出口的主要是巡航船、游览船、渡船、货船、驳船及类似的客运或货运船舶。

近年来，国际船舶市场进入深度调整期，需求不足和产能严重过剩的局面成为常态，而利用劳动力成本低廉的优势，菲律宾一直把造船业作为本国重点发展的产业之一，不断加大政策扶持力度。为吸引外资造船厂投资，菲律宾政府采取税务减免等鼓励措施，并针对进驻经济特区设厂的出口导向企业豁免公司所得税。目前，菲律宾的年造船完工量已超过欧洲，位居世界第四。日本和韩国船企在推动菲律宾造船业发展方面起到了重要作用，不仅在当地投资生产设施为船厂提供技术和管理支持，还为其培养了大批人才。但是，日韩船企主要将菲律宾的船厂定位为生产基地，大多建造技术含量相对较低的散货船。因此，菲律宾的造船业从整体上看还处于发展初期。

第三节　菲律宾外商投资政策及战略规划

一、菲律宾外资政策

菲律宾对外国投资限制之严格，在东南亚地区首屈一指。菲律宾政府将所有的投资领域划分为三类，即优先投资领域、限制投资领域与禁止投资领域，见表 1-3 所示。对于优先投资领域，菲律宾政府每年制定一个《投资优先计划》，列明所鼓励的行业。2014 年菲律宾投资署发布《2014~2016 年投资优先计划》，将制造业、农业和渔业、服务业（集成电路设计、创意产品和知识型服务、船舶修理、电动车、保养维修和飞机大修、工业废物处理)、经济低价房、医疗卫生业、能源、公共基础设施和物流业、公私伙伴合作项目8大领域列入首选项目。2014年7月，为实现东盟经济一体化包括金融一体化的需要，菲律宾政府决定对外资银行准入和经营范围实行全面开放。2015年，菲律宾投资署发布《2014~2016年投资优先计划实施指南》，规定政府鼓励投资政策的具体准则。该指南提出，2014~2016年投资优先计划系三年滚动计划，以确保国内和外国投资者的连续性、一致性和可预测性。对于限制投资领域与禁止投资领域，菲律宾政府一般每两年更新一次限制外资项目清单，但至今仍沿用2012年由时任总统阿基诺三世签署的第九版。其中规定，11种行业不许外资进入，部分领域外国人权益不得超过25%，绝大多数领域外国人权益不得超过40%。

表1-3　　　　　　　　　　　菲律宾外资政策

类型	具体行业/政策
优先投资领域	制造业、农业和渔业、服务业（集成电路设计、创意产品和知识型服务、船舶修理、电动车、保养维修和飞机大修、工业废物处理)、经济低价房、医疗卫生业、能源、公共基础设施和物流业、公私伙伴合作项目8大领域
限制投资领域	（1）外国资本不得超过20%：私人无线电通讯网络； （2）外国资本不得超过25%：私人猎头公司、使用本地资金建设和维护公共设施以及参与国防项目建设； （3）外国资本不得超过30%：广告业； （4）外国资本不得超过40%的领域：勘探、开发、利用自然资源；占有私人土地；公共事业运营；设立和管理教育机构；大米和玉米的栽培、生产、研磨、加工和贸易（除零售外），以及获得大米、玉米和相关副产品；与国营或政府控制的公司、企业、机构及市政公司签署协议供应原材料、货物和商品；承包和运营"建设—经营—转让"（BOT）项目；运营远洋渔船；财产评估公司；拥有公寓； （5）外国资本不得超过49%：租赁公司； （6）外国资本不得超过60%：证券交易委员会（SEC）规定的金融企业和投资机构
禁止投资领域	大众传媒；所有依赖专业技能的行业（比如各类工程、医药及相关行业、会计、报关、化工、环境规划、园林景观施工、地质勘探以及农林渔牧业等）；实际资本低于250万美元的零售企业；合作社；私人安保公司；小型矿企；海洋资源开发利用和小规模内河资源的开发；建设、运营斗鸡场；核武器的制造、维护、储存和拆解；生物武器、化学武器、放射性武器和反人员地雷的制造、维护、储存和拆解；烟花爆竹的制造

资料来源：中国商务部：《对外投资合作国别（地区）指南——菲律宾（2016年版）》（http://fec.mofcom.gov.cn/article/gbdqzn/upload/feilvbin.pdf）。

第一章
中国与菲律宾经贸合作

2016年10月,菲律宾投资署(BOI)执行署长鲁道夫表示,《2017~2019年投资优先计划》将审查并调整外商投资负面清单(FINL),以允许外资进入更多国内行业,扩大经济对外开放度。新版计划将鼓励外商投资菲律宾具有国际竞争力的行业以及高附加值农业产业,并取消对部分产业补贴的区域性限制。旧版IPP中,仅民多洛、棉兰老岛穆斯林自治区和巴拉望的农产品加工产业享受补贴。为了刺激制造业发展,创造更多就业,新版IPP中将完全取消这一类区域性限制。此外,对旅游业补贴的区域性限制也将放宽,未来马尼拉、麦克坦岛和长滩也将被包括在补贴范围之内,以刺激外资兴建更多旅游设施。

二、菲律宾长期发展规划

据菲律宾《每日问询者报》报道,总统杜特尔特拟在任内实施"再平衡战略",使菲律宾经济未来呈现投资和出口驱动、农业和制造业全面发展格局。该战略将会在新版的《2017~2022年菲律宾发展规划》中全面体现。再平衡的目的主要是把经济从消费驱动转向投资和出口,以服务业为导向转向农业和制造业,从城市转向农村,甚至合适的时候从传统能源转向新能源。同时该计划将会同杜特尔特早些公布的10点经济计划相吻合,再平衡计划也不会使得部分领域处于不利发展的境遇。例如,发展农业和工业,创造更多的就业岗位,并不意味着要放弃发展服务业,只是相对服务业,农业和工业的发展速度要更快一些。所以再平衡只是平衡各个领域的发展速度,各个领域都会得到发展,总体的变化也很小。阿基诺政府时期经济虽然保持较高增速,但是不同行业和地区收入很不平衡;如菲律宾的农业萎靡不振,出口下降,政府的投入已经"贫血",仅仅在2015年才开始回升;地区发展不平衡方面,围绕首都地区的经济发展远远好于其他地区[①]。

---

① 资料来源:中国驻菲律宾大使馆经济商务参赞处(http://ph.mofcom.gov.cn/)。

第四节 近年来中国与菲律宾经贸合作成果

一、双边贸易

近年来,中菲经贸合作保持平稳增长,见图1-1所示,菲律宾仍是中国在东盟的第六大贸易伙伴,中国仍是菲律宾最大进口来源地、第三大出口市场和第二大贸易伙伴国。据海关数据统计,2015年,中国与菲律宾双边贸易总额达456.79亿美元,较2014年同期增长2.78%,占中国与东盟10国双边贸易总额的9.7%。其中,中国自菲律宾进口190.02亿美元,同比下降9.4%;对菲律宾出口266.77亿美元,同比增长13.7%。2015年,中国对菲律宾贸易呈现顺差,顺差额为76.75亿美元。

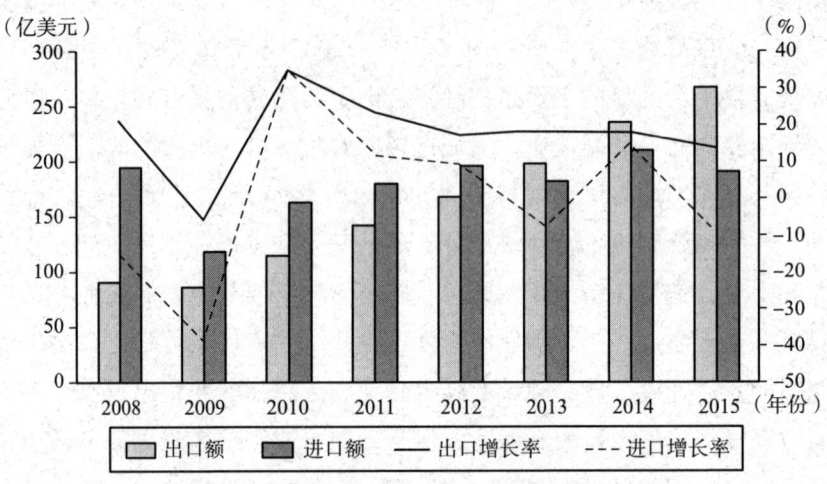

图1-1 2008~2015年中国对菲律宾贸易额统计

资料来源:中国经济数据库(https://www.ceicdata.com/)。

从贸易结构上看,2015年,中国自菲律宾进口的前5位产品有电子,机械,矿砂、矿渣及矿灰,矿物燃料,食用水果,占中国自菲律宾进口总额的比重分别为:49.8%、21.79%、10.41%、5.57%和3.03%,见图1-2所示,进口额分别为94.63亿美元(同比增长0.4%)、41.41亿美元（同比下降17.6%）、19.79亿美元（同比下降39.7%）、10.58亿美元（同比激增109.3%）、5.75亿美元（同比下降7.1%），累计进口总额达172.16亿美元，占中国自菲律宾进口产品总额的18.8%。同期，中国对菲律宾出口的前5位产品是电子，机械，钢铁，车辆及其零件和玩具、游戏品、运动用品及其零件、附件，占中国对菲律宾出口总额的比重分别为16.46%、9.51%、8.15%、4.30%和3.92%，见图1-2所示，出口额分别为43.92亿美元（同比增长17.6%）、25.38亿美元（同比增长2.7%）、21.73亿美元（同比下降15.5%）、11.48亿美元（同比增长28.4%）、10.46亿美元（同比增长43.9%），累计出口总额达112.98亿美元，占中国对菲律宾出口产品总额的12.4%。菲律宾拥有十分丰富的矿产资源，中国是菲律宾矿产主要出口对象国，2015年矿产品在中国自菲律宾进口的总额中占据17.6%的份额，是2015年仅次于机电产品的第二大进口产品。另外，机电产品也是中国对菲律宾主要出口的商品，双方的机电产品具有较强的互补性。从两国主要出口的产品来看，目前两国相互出口的不仅是对方的优势产品、互补性产品，还有食用水果、游戏品、运动用品及其零件、附件等新兴产品，中国和菲律宾的经贸合作领域逐渐多元化。从新兴产品的出口形势来看，增长幅度较大，前景看好。

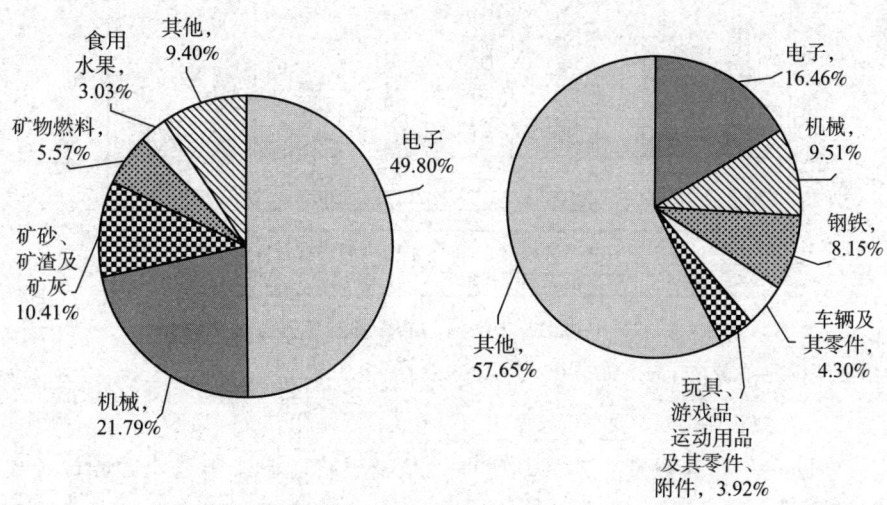

图1-2 2015年中国与菲律宾主要贸易品金额占比（左：中自菲进口；右：中对菲出口）

资料来源：中国海关统计数据（http://www.customs.gov.cn/）。

二、中国对菲律宾投资

近年来,中国对菲律宾投资波动较大,菲律宾对中国投资则呈下降趋势,见图1-3所示。中国对菲律宾投资的变化既和菲律宾的产业结构变化有关,也与政治上的因素有关。据国家统计局统计,2015年中国对菲律宾直接投资流量为-2760万美元。截至2015年末,中国对菲律宾直接投资存量4.32亿美元。而菲律宾对中国的直接投资流量由2008年的1.27亿美元下降至2015年的0.39亿美元。同东盟其他国家相比,菲律宾近年来吸引来自中国的投资非常小。根据菲律宾官方统计,该国2014年全年实现外国投资总值约合42亿美元,中国投资仅占2014年全年外国投资的6.1%,排名第六,远低于排名第一、占全年外国投资总量19.1%的日本。

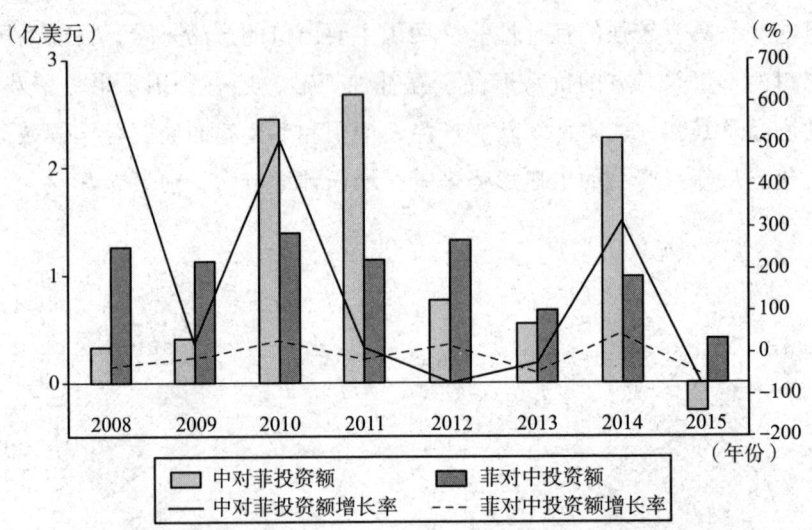

图1-3 2008~2015年中国与菲律宾互相直接投资统计

资料来源:国家统计局 (http://www.stats.gov.cn/tjsj/)。

中国在菲律宾投资主要涉及矿业、基础设施建设、制造业等领域,见表1-4所示。在菲律宾进行直接投资的中国企业大多是大中型企业的分支机构,主要有中国路桥、中国港湾、中电建、中能建、中建、中技、中机、中国地质工程等经营工程承包的大型企业,也有中兴、华为等电信系统供应商,国航、南航、厦航、中国远洋、中海等经营海空运输、船舶代理的企业,及中国国家电网公司和中国银行等。

表1-4　　　　　　　中国在菲律宾直接投资主要行业概况

行业类型	企业数量（家）	代表企业
矿业	56	中冶建明资源勘探有限公司、中钢菲律宾汇洋矿业有限公司、中钢菲律宾有限公司、中国有色金属建设股份有限公司菲律宾代表处
基础设施建设	28	菲律宾国家电网公司（NGCP）、中水电苏比克有限公司、西安西电国际工程公司（菲律宾）分公司、中国路桥集团菲律宾分公司、中国葛洲坝集团股份有限公司菲律宾分公司、中工国际工程股份有限公司菲律宾分公司、湖南路桥建设集团公司菲律宾公司
制造业	25	中国机械设备工程股份有限公司菲律宾代表处、优科（马尼拉）有限公司、荣宝雨（马尼拉）有限公司
农、林、牧、渔业	16	菲律宾富华西岭农业科技发展有限公司、北大荒（菲律宾）农业发展股份有限公司、菲律宾泛海渔业发展公司
建筑业	13	中国武夷（菲律宾）公司、宝冶（菲律宾）建设有限公司、河北菲律宾建筑有限公司、龙元建设集团（菲律宾）有限公司
批发和零售业	11	雨燕（菲律宾）国际贸易有限公司、MMTY实业有限公司
电信、信息技术和通讯	7	华为菲律宾公司、中兴通讯菲律宾分公司、阿尔卡特朗讯菲律宾有限公司

说明：表1-4中的主要行业是以投资企业数量而非投资金额多少来衡量。
资料来源：根据中国商务部《境外投资企业（机构）名录（2015年版）》整理而得。

三、承包工程与劳务合作

2008年以来,中菲工程承包与劳务合作在2010年大幅上涨后保持稳定,并在2015年再度大幅上涨,见图1-4所示。据中国商务部统计,2015年中国企业在菲律宾新签订合同额28.11亿美元,新签订176份合同数量,承包工程营业额20.42亿美元;承包工程年末在菲律宾劳务人员1474人。新签大型工程承包项目包括上海电力建设有限责任公司承建菲律宾考斯瓦根4×135MW燃煤电厂项目，华为技术有限公司承建菲律宾电信，青建集团股份公司承建东萨马省CP3、CP2公路等。

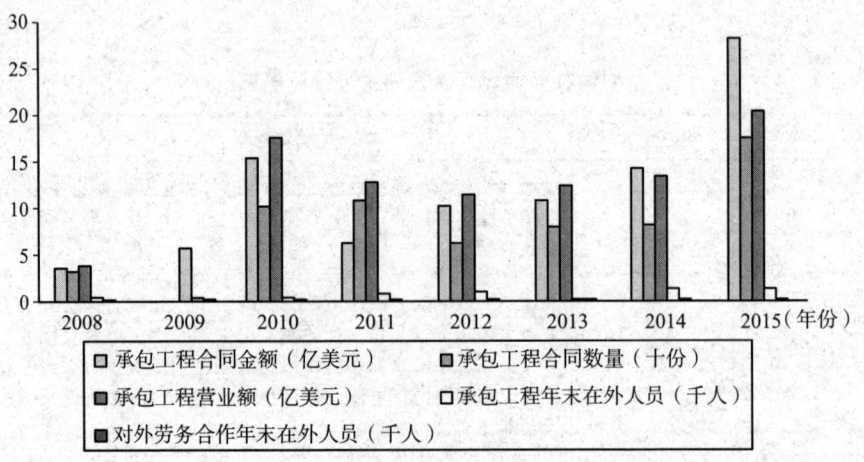

图1-4 2008~2015年中国对菲律宾承包工程与劳务合作统计

说明：2009年中国对菲律宾承包工程合同数量及金额数据缺失。
资料来源：中国商务部（http://www.mofcom.gov.cn/）。

中国企业在菲律宾承接项目、签订合同均要依托母公司进行。中国企业在菲律宾的机构大多是设立分公司或代表处，以独立法人形式存在的不多。非独立法人的机构在开展业务方面局限性比较大，按照菲律宾的法律，外资的建设承包商只能做外资项目，对承包菲律宾本国的工程项目有诸多限制。

第五节 "一带一路"倡议实施以来中菲高层交流及其成果

在深入分析中国和菲律宾现有合作的基础上，梳理总结近两年中菲双边高层交流及签署的协议，有助于把握未来两国经贸合作的动向，为"一带一路"倡议下中国企业走进菲律宾提供指引。

第一章
中国与菲律宾经贸合作

中菲建交以来,两国关系发展一直很好,双方在处理一些分歧问题上也达成了共识,但是近两年来,两国关系因南海岛礁问题出现紧张局面,2016年菲律宾南海仲裁案更是使得中菲两国政治关系雪上加霜,近年来两国领导人会晤较周边其他地区少,相关经贸交流也较少,见表1-5所示。此外,菲律宾选择在最后时刻加入亚投行,更是体现出中菲两国紧张的政治关系。除了本身政治方面的考虑,日本的"银弹攻势"也是菲律宾迟疑的原因之一。2015年年中,日本宣布将在此后5年内为亚洲基础建设提供1100亿美元的援助,承诺向菲律宾提供20亿美元贷款修建铁路。此为菲律宾推迟签署加入亚投行的协议原因之一①。

表1-5 近年来中菲双边交流及其成果

日期	事件	参与人	成果
2015年11月10日	中国外交部部长王毅对菲律宾进行工作访问	中国外交部部长王毅	这是自2013年南海问题升温以来,中国高级别官员首次到访菲律宾,是"破冰的尝试"。王毅此访主要是与菲方协商中国国家主席习近平将要出席亚太经合组织(APEC)领导人非正式会议的访问细节
2015年12月31日	菲律宾压哨签字亚投行	菲律宾驻华大使巴西里奥	菲律宾驻华大使巴西里奥代表政府在北京签署《亚洲基础设施投资银行协定》,强调菲律宾是以创始成员国的身份加入亚投行
2016年10月20日	菲律宾总统杜特尔特访华,中菲签署13项双边合作文件	国家主席习近平、菲律宾总统杜特尔特	两国元首共同见证了中菲经贸、投资、产能、农业、新闻、质检、旅游、禁毒、金融、海事和基础设施领域的13项双边合作文件的签署。协议总额达135亿美元,中方承诺将提供90亿美元优惠或软性贷款用于支持菲律宾发展项目,其中30亿美元来自私有银行贷款,约1500万美元用于支持反毒项目。中方还将取消此前发出的菲律宾旅游警告,恢复27家菲律宾企业对华出口热带水果的业务,提供基础设施项目支持等

资料来源:根据相关新闻报道整理而得。

然而,出于政治和经济等多方面的考虑,菲律宾新任总统杜特尔特在2016年10月对华进行了里程碑式的访问,全面提升了因南海领土纠

---
① 资料来源:新华网(http://news.xinhuanet.com/)。

纷而降至冰点的双边关系。杜特尔特此行寻求与中国展开务实合作。在杜特尔特访华前夕，中菲经贸关系已经部分解冻，中国已经解除了对菲律宾香蕉、菠萝等农林水产品长达四年的进口禁令，并正在考虑解除对菲律宾芒果、火龙果、对虾、螃蟹等产品的禁令。此外，菲律宾希望中国能投资铁路、医院、学校、发电厂等基础设施的建设。菲律宾电价非常贵，是中国的好几倍，对工业化影响很大，中国已帮助菲律宾兴建很多电力软件设施，在这方面合作空间巨大。另外，菲律宾亟须发展互联网，阿罗约政府此前已与中资企业签署通讯合作项目，后来受政治因素影响中断。菲律宾总统杜特尔特此次访华与中国签署了13项双边合作文件①，涉及经贸、基础设施建设、毒品打击、海上合作以及民间交流，两国友好关系全面恢复。

第六节 中国企业投资菲律宾的机会与风险

中菲经济互补性很强，因此过去的几年即使中菲双边关系不佳，中国仍然是菲律宾的第二大贸易伙伴，随着中菲关系全面恢复，双方经贸投资关系将迎来大量发展机遇，有望提升到全新的水平。菲律宾在迈向中等收入进程中将对基础设施、基础工业、基本消费品产生较大需求，而中国"一带一路"倡议着力于基础设施建设投资与国际产能合作等，同时菲律

---

① 签署的13项合作文件清单如下：1.《中国政府和菲律宾政府经济技术合作协定》；2.《中国发展改革委和菲律宾国家经济发展署关于开展产能与投资合作的谅解备忘录》；3.《中国发展改革委与菲律宾交通部、公共工程与公路部关于交通基础设施合作项目清单的谅解备忘录》；4.《中国商务部和菲律宾贸工部签署关于加强贸易、投资和经济合作的谅解备忘录》；5.《中国商务部与菲律宾国家经济发展署关于编制中菲经济合作发展规划的谅解备忘录》；6.《中国商务部和菲律宾财政部关于支持开展重大项目可行性研究的谅解备忘录》；7.《中国农业部和菲律宾农业部农业合作行动计划（2017~2019）》；8.《中国国新办和菲律宾总统府新闻部关于新闻、信息交流、培训和其他事宜的备忘录》；9.《中国质检总局和菲律宾农业部关于动植物检验检疫合作谅解备忘录》；10.《中国海警局和菲律宾海岸警队关于建立海警海上合作联合委员会的谅解备忘录》；11.《中国国家旅游局和菲律宾旅游部旅游合作谅解备忘录执行计划（2017~2022）》；12.《中国公安部禁毒局和菲律宾肃毒局合作协定书》；13.《中国进出口银行和菲律宾财政部融资合作备忘录》

第一章
中国与菲律宾经贸合作

宾经济近几年呈现高速增长的态势，内需市场前景广阔，劳动力成本较低，因此，随着中菲两国关系的回暖，两国经济的互补性将给两国带来巨大的合作空间。

中菲在基础设施、基础工业、基本消费品方面具有广阔的合作空间，中资企业可继续投资于菲律宾这些产业。从中菲现有的经贸合作来看，中菲贸易互补性强，中国是菲律宾矿产主要出口对象国，机电产品是中国对菲律宾主要出口的商品。中国对菲律宾的投资主要集中在矿业、制造业、基础设施建设和能源开发等方面。未来中国企业仍可继续投资这些产业，尤其是基础设施建设行业。菲律宾经济虽然增速较快，但经济发展的短板也很明显，特别是制造业、基础设施滞后，因此，菲律宾政府特别注重基础设施建设，但缺少必要的资金支持。而目前中国已成为全球第二大对外投资国，且中国在基建领域处于世界领先水平，因此双方在基建领域合作潜力巨大。此外，菲律宾在面向未来鼓励发展的工业及优先发展的规划中一些亟须发展的行业恰好是中国的过剩产能行业，包括：基础工业（包括药业、纺织业、无机和有机肥、矿业勘探和开发以及水泥制造业等）、消费品生产、基础设置及水电供给、工业服务业、工程工业。同时，菲律宾和中国都希望促进双方在农业、能源、制造业、基础设施建设、金融、海关、项目融资和旅游业等领域的合作，希望加强在教育、信息科技、港口、电力、旅游等领域的合作，扩大双方农业贸易规模，进行海关跨境合作，实现海关数据互换等。

中国企业投资菲律宾的主要风险来源于中菲两国南海争端所引起的排华情绪。近年来，中菲在南海摩擦不断，助长了菲律宾民间的反华情绪，恶化了中资企业在菲律宾的投资环境，虽然在2016年10月菲律宾新任总统杜特尔特对华进行了里程碑式的访问，改善了双边关系，但是在未来我国企业在菲律宾投资仍需警惕此类风险。而且菲律宾社会治安混乱，分离主义运动和极端组织活动猖獗，南部棉兰老岛和中部比萨扬群岛一部分地区分离组织及恐怖组织活动猖獗，这些不稳定因素也导致了菲律宾的投资环境恶化。此外，菲律宾运营成本高昂，税种多、税率高、税负较重，税务审计周期长、要求高，电力短缺严重、电价高昂，水泥等原材料垄断现象严重,并对进口增设层层壁垒等。因此,中国企业投资菲律宾,建议在该国找到有深厚背景和实力的合作方,最好是在全国和地方具有相当影响力的家族。一方面,他们能帮助企业迅速适应当地环境,提高办事效率,享受优惠政策;另一方面,也能保护外国投资者免受腐败官员的敲诈和盘剥,调解各类纠纷①。

---

① 资料来源:黄日涵、海佳伟:《"一带一路"投资风险研究之菲律宾》,中国网,2015-03-26(http://opinion.china.com.cn/)。

第二章
中国与柬埔寨经贸合作

第一节 柬埔寨经济现状与产业结构

由于长期受到战乱的困扰,柬埔寨目前仍然属于世界上最不发达的国家之一。柬埔寨经济总量落后,基数小,到2015年国内生产总值(GDP)仅为180.5亿美元,但与此同时,柬埔寨经济增速快,发展迅速,2011年到2015年间连续5年经济增速均在7%以上,见表2-1所示。

表2-1　　　　柬埔寨2012~2015年主要经济数据

年份	GDP（亿美元）	GDP年增长率（%）	人均GDP（美元）	按GDP平减指数衡量年通货膨胀率（%）
2011	128.3	7.07	879	3.36
2012	140.38	7.26	946	1.37
2013	154.5	7.48	1020	2.25
2014	167.68	7.07	1090	1.68
2015	180.5	7.04	1160	1.26

说明：截至本书成稿时,2016年的相关数据尚未公布。
资料来源：世界银行数据库(http://data.worldbank.org)。

从产业结构上看,柬埔寨以农业为主,工业不发达,服务业快速发展。2015年,在柬埔寨GDP构成中,农业占29%,主要农产品有稻米、橡胶、玉米、木薯等；工业占26.2%，主要行业是出口导向的成衣服装业；服务业占39.4%，旅游相关产业为主导产业。同时柬埔寨产业结构不断优化，农业增加值占GDP比重在2012年曾高达33.5%，而当年工业增加值占GDP比重仅有22.9%。

农业是柬埔寨支柱产业，政府高度重视农业发展。柬埔寨农业以水稻种植为主，橡胶种植、畜牧业和水产业也占一定的比例。柬埔寨自然条件优越、土地肥沃，适合多种经济作物种植，包括水稻、腰果、热带水果、木薯、黄豆、芝麻、花生、甘蔗、烟叶和剑麻以及各类蔬菜等。目前柬埔寨农业人口占总人口的85%，全国可耕地面积约670万公顷，但目前实际耕种面积仅约为260万公顷。柬埔寨历届政府都高度重视农业发展，将农业列为优先发展的领域，竭力改善农业生产及其投资环境，充分挖掘潜力，发挥优势，开拓市场，洪森首相甚至将柬埔寨农业发展提升到战略地位。因此，尽管柬埔寨农业存在基础设施和技术落后、资金和人才匮乏、土地私有制问题等制约因素，但劳动力充足、发展空间大、政府支持鼓励等都使得柬埔寨农业发展前景广阔，柬埔寨在不久的将来进入农业经济快速发展的轨道大有希望。

柬埔寨工业基础薄弱，国内工业以劳动密集型为主，制衣业和建筑业是柬埔寨工业的两大支柱。作为一个起步中的发展中国家，柬埔寨基础设施薄弱、工业设备落后，政府把服装制造业作为其四大经济支柱之一。纺织制衣业既是柬埔寨工业的支柱，也是柬埔寨提供就业、消减贫困、保持社会稳定的主要力量。2012年，柬埔寨充分利用欧盟给予的新普惠制（GSP）和美国、欧盟、日本等28个国家给予的最惠国待遇（MFN）等优惠政策，凭借本国劳工成本低廉的优势，积极吸引外资投入制衣和制鞋业。2014年，柬埔寨制衣、制鞋业产品出口达57.2亿美元，同比增长9.6%，占全年出口总额的71.2%。截至2014年底，柬埔寨全国有960家制衣厂和制鞋厂，创造约63万个就业岗位。2015年，纺织、成衣、制鞋业占GDP比重达到10.5%。近几年柬埔寨建筑业复苏态势日益明显。2014年，柬埔寨新增建筑面积646.02万平方米，同比大幅增长53%，2015年，建筑业占GDP比重达到8.8%，项目主要包括住宅、工厂、商

第二章
中国与柬埔寨经贸合作

业大楼、酒店和赌场等。

服务业是柬埔寨近年来的新兴产业,旅游业是带动其发展的原动力。柬埔寨是旅游资源十分丰富的国家,首都金边有塔仔山、王宫等名胜古迹;北部暹粒省吴哥王朝遗址群的吴哥窟是世界七大奇观之一;西南部的西哈努克港是著名的海滨休闲胜地。随着连年战乱的结束和国内政局的逐渐稳定,柬埔寨旅游业得到了恢复并较快发展,如今旅游业已成为柬埔寨国民经济的支柱产业之一,占GDP的比例超过10%,由旅游业带动的相关产业(包括金融、交通运输、酒店、餐饮等)的GDP贡献率接近40%,远高于其他产业的产值,使得柬埔寨成为亚洲地区旅游及相关产业占GDP百分比最高的国家之一。为了宣传推介旅游项目,柬埔寨开展了"清洁、绿色"为主题的清洁旅游城市竞赛和"一名游客一棵树"等活动,制定了"无废弃塑料袋海滩"的目标,并加强沿海区域管理法等相关法律法规的执行力度,禁止污染项目进入,改善旅游设施,成立旅游监督队伍,提高旅游质量。目前,柬埔寨政府正在制定"暹粒吴哥和金边至西南沿海地区和东北生态旅游地区"的旅游产品多样化战略,积极开发自身独具优势的旅游资源,促进当地经济发展。

贸易方面,柬埔寨近几年对外贸易额保持高速增长,到2015年,对外贸易总额达205.34亿美元,同比增长12.6%。根据柬埔寨商业部统计,柬埔寨主要出口产品为服装、鞋类、橡胶、大米、木薯和玉米等;主要进口产品为服装原材料、建材、汽车、燃油、机械、食品、饮料、药品和化妆品等。主要贸易伙伴为美国、欧盟、中国、日本、韩国、泰国、越南和马来西亚等,其中,主要出口市场为美国、英国、德国、日本、加拿大等;主要进口来源地为中国、泰国、日本等。中国作为柬埔寨重要的贸易伙伴和投资来源地,对推动其对外贸易增长作出了重要贡献,双边贸易额占柬埔寨总贸易额的比例从2012年的6.2%提高到2015年的8.9%。

联合国贸发会议发布的2016年《世界投资报告》显示,2015年,柬埔寨吸收外资流量为17.01亿美元;截至2015年底,柬埔寨吸收外资存量为147.39亿美元。2015年柬埔寨共吸收外资协议金额为46.44亿美元,同比增长18%。其中,中国是柬埔寨最大的外资来源国,协议投资

8.65亿美元,占柬埔寨吸引外资总额的58.7%,其次为英国(1.39亿美元)、新加坡(1.01亿美元)。柬埔寨外资主要投资领域为基础设施、制衣、制鞋、大米、橡胶、木薯种植加工等。近几年经济特区逐渐成为外国投资热点,园区内投资涨势明显,尤其是柬埔寨国家级境外经贸合作区——西哈努克港经济特区发展迅速。截至2015年底,西哈努克港经济特区已累计引进纺织服装、家具、五金、电子机械等领域的企业93家,在柬埔寨各经济特区中名列前茅,其中70家已投入生产运营,另23家已签署入园协议,主要来自中国、欧美、日本等国家和地区。

第二节 柬埔寨具有国际竞争优势的产业

在二位码层面上计算柬埔寨各个产业的显示性比较优势指数(RCA)[①]结果显示,在柬埔寨具有显著比较优势(RCA>1.25)的10个产业中,劳动密集型产业有8个,资本密集型产业有2个,见表2-2所示。

表2-2　　　　　　　柬埔寨具有显著比较优势产业

产业类型	产业	2009年	2010年	2011年	2012年	2013年	2014年	2015年
劳动密集型	书籍、报纸、印刷图画及其他印刷品,手稿、打字稿及设计图纸	109.4	102.8	82.06	114.2	93.63	5.47	0.03
	针织或钩编的服装及衣着附件	36.72	43.52	48.31	44.81	41.50	61.96	50.91
	鞋靴、护腿和类似品及其零件	3.25	4.84	6.13	5.72	5.50	8.19	9.12
	帽类及其零件	1.93	3.00	3.50	3.26	4.40	4.56	3.17
	非针织或非钩编的服装及衣着附件	0.74	1.38	1.85	2.68	2.77	3.05	3.42

① 关于RCA指数详见本书上篇第一章第二节。

第二章
中国与柬埔寨经贸合作

续表

产业类型	产业	2009年	2010年	2011年	2012年	2013年	2014年	2015年
劳动密集型	其他纺织制成品，成套物品，旧衣着及旧纺织品，碎织物	0.57	0.85	0.82	1.04	1.80	1.56	2.71
	针织物及钩编织物	0.39	0.28	0.47	0.67	1.90	0.67	1.17
	谷物	0.39	1.17	2.42	2.57	4.08	4.97	5.24
资本密集型	橡胶及其制品	1.06	1.38	2.21	1.73	1.72	1.93	1.86
	烟草、烟草及烟草代用品的制品	0.71	0.91	1.32	1.35	0.87	1.22	1.14

说明：表格统计数据从金融危机之后的2009年开始到2015年，各产业按照历年比较优势算术平均数降序排列。历年比较优势算术平均数不具有特殊经济含义，仅为比较优势产业排序之用。
资料来源：根据UN COMTRADE数据整理而得。

一、主要劳动密集型产业

柬埔寨具有比较优势的劳动密集型产业包括：书籍、报纸、印刷图画及其他印刷品；针织或钩编的服装及衣着附件；鞋靴、护腿和类似品及其零件；帽类及其零件；非针织或非钩编的服装及衣着附件；其他纺织制成品；针织物及钩编织物；谷物。

1. 针织物及钩编织物；帽类及其零件；非针织或非钩编的服装及衣着附件；其他纺织制成品，成套物品，旧衣着及旧纺织品，碎织物

这四个产业的比较优势在近几年一直处于上升状态。制衣业是柬埔寨重要的经济支柱，每年的服装出口都占到当年出口的80%以上。柬埔寨的工人工资水平较低所带来的低成本是导致其制衣业具有较强比较优势的重要原因。据统计，柬埔寨制衣工人平均月工资大约在200美元左右，而目前中国纺织业工人的平均月工资为500~600美元，柬埔寨工人的月工资不及中国工人的1/2。因此，随着制衣业向东南亚国家转移，柬埔寨该产业的比较优势也会越来越强。

2. 鞋靴、护腿和类似品及其零件

该产业的比较优势在近几年呈现增强趋势。通过对HS编码的进一步研究发现，其主要出口橡胶、塑料、皮革或再生皮革制外底，皮革或纺织

材料制鞋面的鞋靴。由于该产业需要大量的橡胶及其制品作为原料,而柬埔寨橡胶产量丰富,使得该产业的发展具有先天优势。

3. 谷物

柬埔寨在该产业的比较优势明显,而且逐年增强。通过对 HS 编码的进一步研究发现,柬埔寨主要出口的谷物为稻谷和大米。柬埔寨农业环境优异,且发展前景巨大。柬埔寨为亚热带气候,一年分旱季和雨季,气候条件适宜农作物长年生长。同时柬埔寨中部为广阔而富庶的平原,境内有湄公河和东南亚最大的淡水湖——洞里萨湖,土地肥沃。农业可耕地面积约 670 万公顷,但目前实际耕种面积仅约为 260 万公顷,可耕种土地面积潜力巨大。此外,柬埔寨政府高度重视稻谷生产和大米出口,政府首相洪森 2015 年百万吨大米出口计划的号召,不但提升了本地农民的积极性,也让众多投资者更热衷于投入农业、利用先进的管理技术改良稻种、建立现代化碾米厂。当前,柬埔寨每年除满足国内需求外,剩余 475 万吨稻谷,可加工成约 300 万吨大米供出口①。

二、主要资本密集型产业

柬埔寨具有比较优势的资本密集型产业包括:橡胶及其制品;烟草、烟草及烟草代用品的制品。

1. 橡胶及其制品

柬埔寨该产业的比较优势在近几年先上升后下降再上升。通过对 HS 编码的进一步研究发现,柬埔寨主要出口的是天然橡胶。

天然橡胶曾是柬埔寨的主要资源,占到国民经济总收入的 40%,之后的政治动荡和战争曾一度摧毁了柬埔寨的天然橡胶业。2004 年之后,柬埔寨政府相继实施"三角战略"和"四角战略",试图加强对国内天然橡胶业的保护和扶植。天然橡胶业作为柬埔寨的黄金产业,具有得天独厚的地理条件,但是由于工业基础薄弱,农业基础设施落后,一直难以摆脱靠天吃饭的困境。而且柬埔寨政府在"四角战略"中提出要积极争取外

---

① 数据来源:中国驻柬埔寨大使馆经济商务参赞处(http://cb.mofcom.gov.cn/)。

国资本注入本国天然橡胶产业,鼓励多种资本参与橡胶产业,为外国投资者创造了较为优越的投资环境。

2. 烟草、烟草及烟草代用品的制品

柬埔寨该产业的比较优势从 2009 年到 2012 年都稳步上升,但在 2013 年有一个较大的回落,之后又回升。通过对 HS 编码的进一步研究发现,柬埔寨主要出口的是烟草或烟草代用品制成的雪茄烟及卷烟。

由于是自由市场经济国家,柬埔寨的卷烟市场国际卷烟品牌林立,卷烟工业为外资企业所主导。柬埔寨本地烟厂虽然也有布局,但市场份额相对较小,属于市场补缺者。目前,该国卷烟市场寡头竞争的局面基本形成。而且柬埔寨对于烟草销售、分发、广告、宣传、包装、吸烟等均无特别限制。柬埔寨是一个烟草消耗十分巨大的国家,所以其烟草产量基本都是内部消耗,出口量比较小。

第三节 柬埔寨外商投资政策及战略规划

一、柬埔寨外资政策

柬埔寨政府视外国直接投资为经济发展的主要动力,无专门的外商投资法,对外资与内资基本给予同等待遇,其政策主要体现在《投资法》及其《修正法》等相关法律规定中。柬埔寨政府鼓励投资的重点领域包括:创新和高科技企业、创造就业机会、出口导向型、旅游业、农工业及加工业、基础设施及能源、各省及农村发展、环境保护、在依法设立的特别开发区投资,投资优惠包括免征全部或部分关税和赋税,行业鼓励政策主要体现在农业和旅游业两个方面;限制外商投资的领域集中在污染破坏环境和危害公众健康的领域;对于投资活动的土地所有权,柬埔寨对外国公民也有所限制,见表 2-3 所示。2016 年 6 月,柬埔寨政府出台《矿产勘探和工业开采执照管理条例》,规定面积小于 200 平方公里的矿产勘探与开采执照由矿产能源部批准,大于 200 平方公里的由王国政府批准,执照有效期为三年，到期后可申请延期两次，每次为期两年。据矿产能源部统计，目前在柬埔寨的矿业公司有70余家，其中大部分为中国公司。

表2-3　　　　　　　　　　柬埔寨外资政策

类型	具体原则/领域
鼓励外商投资领域	(1) 创新和高科技企业；创造就业机会；出口导向型；旅游业；农工业及加工业；基础设施及能源；各省及农村发展；环境保护；在依法设立的特别开发区投资 (2) 行业鼓励政策：在农业上，对于一定规模以上的项目给予支持和优惠待遇，主要鼓励措施将在盈利、税收、利润分配以及原料等方面予以实施；在旅游业方面，目前全国大多数省市都把发展旅游业作为首要工作之一，将旅游产业定位于"优先发展行业"、"支柱产业"、"特色产业"来加快发展
限制外商投资领域	神经及麻醉物质的生产及加工，使用国际规则或世界卫生组织禁止使用、影响公众健康及环境的化学物质生产有毒化学品、农药、杀虫剂及其他产品；使用外国进口废料加工发电；森林法禁止的森林开发业务；法律禁止的其他投资活动
对外国公民的限制	用于投资活动的土地，其所有权须由柬埔寨籍自然人，或柬埔寨籍自然人或法人直接持有51%以上股份的法人所有；允许投资人以特许、无期限长期租赁和可续期短期租赁等方式使用土地。投资人有权拥有地上不动产和私人财产，并以之作为抵押品

资料来源：中国商务部：《对外投资合作国别（地区）指南——柬埔寨（2016年版）》（http://fec.mofcom.gov.cn/article/gbdqzn/upload/jianpuzhai.pdf）。

二、柬埔寨长期发展规划

2013年柬埔寨王国政府发布了《四角战略第三阶段政策》，确定了此后五年四大优先发展领域：一是发展人力资源，加大对专业技术工人的培养，制定适应劳工市场的法律规章，设立职业培训中心等；二是继续投资基础设施和建设商业协商机制，加大对交通基础设施的投入，加大能源开发力度；三是继续发展农业和提高农业附加值，推动大米出口、大米增值，推动畜牧业和水产养殖发展，鼓励企业投资农产品加工业。四是加强国家机构的良政实施力度，提高公共服务效率，改善投资环境。

2015年，柬埔寨制订《2015~2025年工业发展计划》，推动农产品加工业发展。柬埔寨具有发展农业的潜力，特别是农产品加工业不仅能为柬埔寨农产品带来增值，还能给农民创造就业机会，带来收入。在实施五年工业发展计划的同时,柬埔寨政府将重视鼓励发展农产品加工业,为了实现这个目标,政府推行了一系列的鼓励政策,包括:(1)研究设立农产品加工园区并鼓励公司投资入驻;(2)设立开发农产品和加工技术的基金会,把开发技术与鼓励出口连接起来;(3)协调农产品出口,简化各项出口手续;(4)确定可以出口的优先产品,并制订全面计划支持出口产品的投资与生产。

此外,为对接中国"一带一路"倡议,柬埔寨制定了包括六大战略的基础设施建设规划。这一规划覆盖的项目包括路桥、轻轨和铁轨等,具体战略包括提升道路的多元化方式、发展城市路网;建设轻轨;道路再造;改造地区道路,使道路延伸到内陆,包括偏远地区;维护目前农村地区的交通路网以及铁路轨道运输等。目前柬埔寨的基础设施规划一直和中国河南省交通规划勘察设计院等机构进行技术合作。早在2012年,河南省交通运输厅便与柬埔寨公共工程与运输部签署交通基础设施建设合作谅解备忘录,相互承诺在柬埔寨基础设施建设领域不断深化合作。

第四节　近年来中国与柬埔寨经贸合作成果

中柬两国自1958年7月建交以来,双边经贸关系持续发展,尤其是1993年11月2日,柬埔寨王国政府成立后,两国经贸合作关系得到全面恢复和发展,中柬双方已签订多项贸易与投资协议。2010年1月1日,中国—东盟自贸区的全面建成,进一步为中柬经贸合作开辟了更加宽广和畅通的渠道,提供了更多的机会。2010年,吴邦国委员长访柬期间,双方签署16项协议,涉及基础设施建设、水利资源开发利用、通讯技术、能源开发等领域,两国深化双边经贸合作大有可为。2012年3月,中国时任主席胡锦涛同志访柬期间,双方发表联合声明,一致同意到2017年实现两国贸易额翻一番,达到50亿美元。2014年12月杨洁篪国务委员访问柬埔寨,参加中柬政府间协调委员会第二次会议,会议期间双方签署6项经贸合作文件,涉及互联互通规划、基础设施建设、医疗等诸多领域,为推动两国进一步加强经贸合作起到积极作用。

一、双边贸易

近年来,中柬双边贸易保持相对稳定的增长,见图2-1所示。据中国海关统计,2015年,中国与柬埔寨双边贸易总额达44.35亿美元,较2014年同期增长18.0%,占中国与东盟10国双边贸易总额的0.9%,是中国在东盟的第8大贸易伙伴。其中,中国自柬埔寨进口6.67亿美元,同比增长38.1%;对柬埔寨出口37.68亿美元,同比增长15.1%。2015年,中国对柬埔寨贸易呈现顺差,顺差额为31.01亿美元。与2014年相比,中国与柬埔寨双边贸易总额呈现上升趋势,且进口增长呈现良好态势。

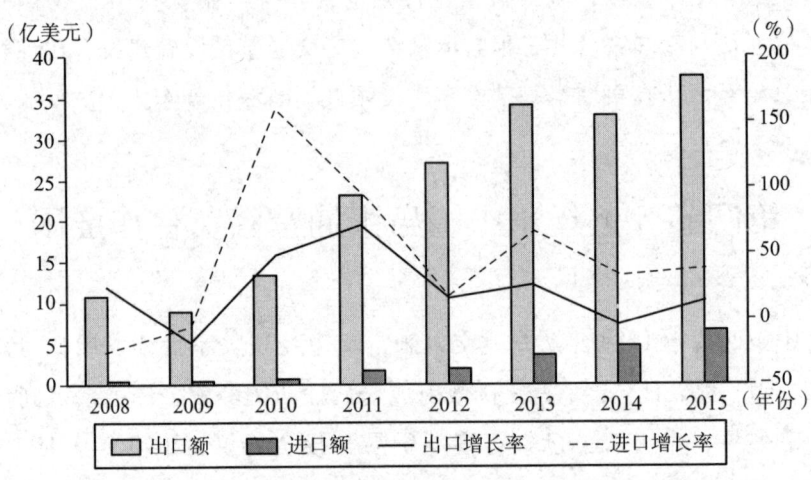

图2-1 2008~2015年中国对柬埔寨贸易额统计

资料来源:中国经济数据库(https://www.ceicdata.com/)。

从贸易结构上看,服装是中国自柬埔寨进口贸易的主要产品,近几年柬埔寨制衣业一直保持工业重要支柱产业地位。同时柬埔寨日益发展的国内市场和持续的基础建设已为中国出口商打开了多个产品市场,出口开始呈现多样化趋势。2015年,中国自柬埔寨进口的前5位产品有针织服装,毛皮、人造毛皮及其制品,仪器设备,电子和谷物,占中国自柬埔寨进口总额的比重分别为22.94%、17.99%、12.14%、10.64%和10.34%,见图2-2所示。进口额分别为1.53亿美元(同比增长40.5%)、1.2亿美元(无同比)、0.81亿美元(同比激增253.2%)、0.71亿美元(同比激增123.7%)、0.69亿美元(同比激增117.9%),累计进口总额达4.94亿美元,占中国自柬埔寨进口产品总额的74.1%。同期,中国对柬埔寨出口的前5位产品是针织物及钩编织物,棉花,电子,机械和陶瓷产品,占中国对柬埔寨出口总额的比重分别为26.70%、10.56%、9.53%、7.72%和3.74%,见图2-2所示,出口额分别为10.06亿美元(同比增长1.5%)、3.98亿美元(同比增长3.0%)、2.91亿美元(同比下降19.6%)、3.59亿美元(同比增长23.0%)、1.41亿美元(同比增长49.7%),累计出口总额达21.95亿美元,占中国对柬埔寨出口产品总额的58.2%。

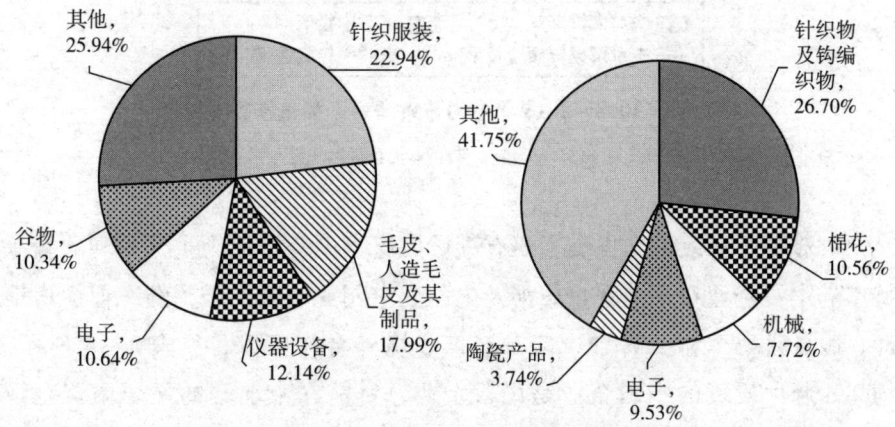

图2-2 2015年中国与柬埔寨主要贸易品金额占比

(左:中自柬进口;右:中对柬出口)

资料来源:中国海关统计数据(http://www.customs.gov.cn)。

二、中国对柬埔寨投资

2008~2015年间,中国对柬埔寨的直接投资年流量呈先上升后下降的趋势,由2008年的2.1亿美元上升到2011年的5.7亿美元再降到2015

年的 4.2 亿美元,而柬埔寨对我国的直接投资一直维持在 0.1 亿美元的低水平,见图 2-3 所示。据中国商务部统计,截至 2016 年 6 月,我国对柬埔寨非金融类直接投资存量 38 亿美元。其中,2016 年 1~6 月,对柬埔寨新增投资 1.8 亿美元,增长 9.7%。

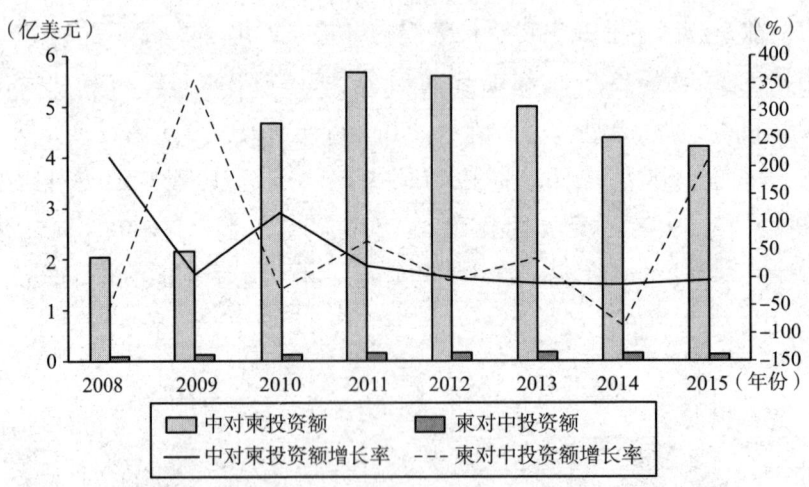

图 2-3　2008~2015 年中国与柬埔寨互相直接投资统计

资料来源:国家统计局(http://www.stats.gov.cn/tjsj/)。

中资企业对柬埔寨投资主要有领域广泛、民营企业为主、互利共赢等特点。中资企业在柬埔寨投资涉及电站、电网等基础设施,纺织业、房地产、服务业、农业、林业、能源矿产、境外合作区等,见表 2-4 所示。约 2/3 赴柬投资的中国企业是民营企业,目前在柬埔寨的主要中资企业有:中国华电集团公司、中国重型机械总公司、中国水电建设集团、中国电力技术进出口公司、中国大唐公司、广东外建、上海建工、云南建工、江苏红豆集团、柬埔寨光纤通信网络有限公司、华岳集团、华立生态、盾安有限公司、优联发展集团有限公司、巴戎航空有限公司、中国免税品集团有限公司、申洲有限公司、欣兰制衣厂有限公司等。中资企业在自身发展的同时,对当地经济发展、税收、就业等作出重要贡献。比如,在基础设施领域,中柬双方的友好合作已有多年,正是中国企业帮助柬埔寨建设了 6 个水电站,才让首都金边等城市有了电;目前柬方正在与中国路桥公

第二章
中国与柬埔寨经贸合作

司筹建柬埔寨第一条高速公路——金边至西哈努克港高速公路,全长200公里,建成后一定会大大促进柬埔寨经济发展;柬埔寨全国光纤通信网络项目也正在由中国企业建设,这将为柬埔寨搭建起21世纪通信信息互联互通的高速公路。

表 2–4　　　　　中国在柬埔寨直接投资主要行业概况

行业类型	企业数量（家）	代表企业
纺织服装业	118	红豆国际制衣有限公司、欣兰（柬埔寨）制衣有限公司、远大（柬埔寨）纺织有限公司
农、林业	60	中农发国际（柬埔寨）有限公司、柬中米业有限责任公司、丰隆（国际）农业科技产业园集团有限公司
能源与矿产	44	中钢柬埔寨有限公司、中金矿业有限公司、中煤地质新时代（柬埔寨）勘探开发有限公司、泰泽资源勘查有限公司、中冶海外柬埔寨有限公司、中国石油天然气管道局柬埔寨分公司
建筑与房地产业	29	中国建筑柬埔寨有限公司、中冶天工集团（柬埔寨）工程有限公司、中国土木工程集团有限公司驻柬埔寨办事处、中国交通建设股份有限公司柬埔寨分公司、SHUKAKU 鄂尔多斯鸿骏地产开发有限公司、欣茂房地产股份有限公司
贸易	21	（柬埔寨）亿泰控股有限公司、麟昆实业（柬埔寨）有限公司
电力、水电	18	中国水电甘再项目公司、中国华电集团发电运营柬埔寨有限公司、柬埔寨达岱水电有限公司、国网新源国际水电开发有限公司
电子业	10	威利电子有限公司柬埔寨公司、同洲电子柬埔寨有限公司

说明：该表中的主要行业是以投资企业数量而非投资金额多少来衡量。
资料来源：根据中国商务部《境外投资企业（机构）名录（2015年版）》整理而得。

据柬埔寨国土规划和建设部报告,中国企业在柬埔寨投资房地产势头强劲。截至2015年末,有135家中资建筑和房地产企业向该部提出注册申请,数量居各国首位,累计投资金额达到9.46亿美元,仅次于韩国居第二位。2016年1月,由中青旅实业天琪房地产公司投资的"中国中心"项目启动,规划建筑面积24万平方米,投资总额2.5亿美元。

三、承包工程与劳务合作

柬埔寨是中国外派劳务的重要市场之一。近年来,中国对柬埔寨工程承包及劳务合作取得了较大发展。据中国商务部统计，截至 2016 年 6 月底，我国在柬埔寨累计签订承包工程合同额 128.2 亿美元，完成营业额 83.5 亿美元。其中，2015 年，我国在柬埔寨新签承包工程合同额 14.2 亿美元，增长 0.5%；完成营业额 12.1 亿美元，增长 25.8%；承包工程年末在柬人员 5573 人，对外劳务合作在柬人员 2311 人，见图 2 – 4 所示。2016 年 1 ~ 6 月，我国在柬埔寨新签承包工程合同额 7.1 亿美元，增长 221%；完成营业额 6.9 亿美元，增长 30.1%。

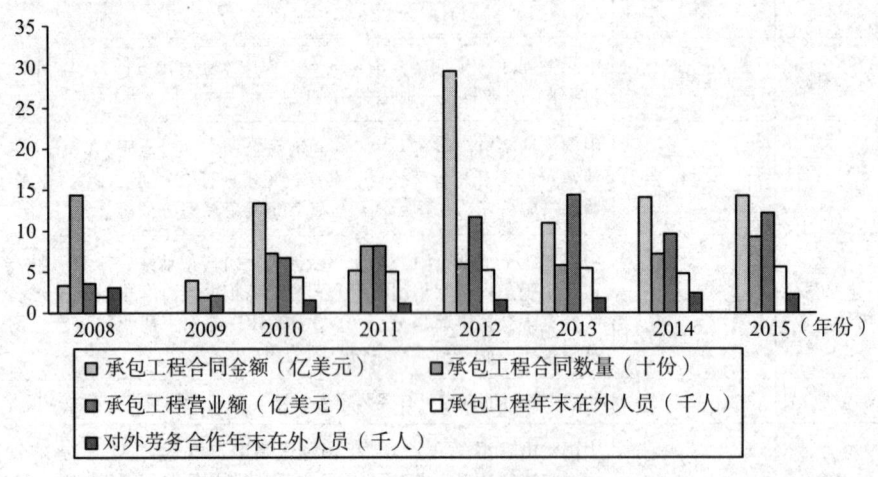

图 2 – 4　2008 ~ 2015 年中国对柬埔寨承包工程与劳务合作统计

说明：2009 年中国对柬埔寨承包工程合同数量及金额数据缺失。
资料来源：中国商务部（http：//www.mofcom.gov.cn/）。

中国企业在柬埔寨实施的承包工程涉及柬埔寨社会各领域，对柬埔寨经济建设和发展起了积极的推动和促进作用。截至 2014 年底，以 BOT 方式参与柬埔寨水电站项目建设取得积极进展，累计合同金额达 27.19 亿美元。目前，已经完成投产和正在进行的项目主要包括基里隆 I 号水电站项目、贡不省甘再水电站项目、基里隆号 1 号、3 号水电站、戈公省达岱水电站、斯登沃代水电站、额勒赛水电站项目及西港燃煤电厂等。

除在柬埔寨投资和承包工程带出中国部分劳务人员外，随着柬埔寨制衣业的发展，中国向柬埔寨输出了大量服装加工等技术劳工，主要分布在中国大陆、中国香港、中国台湾投资的数十家制衣厂，大多数劳务人员为服装技工、指导工和熟练工。另有部分劳务人员分布在建筑和服务业。但由于柬埔寨劳务市场秩序尚有待整顿，加之一些不法商人利用不正当手段或不实劳务项目骗取中国劳工赴柬埔寨的现象时有发生，致使在柬埔寨非法务工的问题较为严重，各类劳务纠纷频繁发生。

四、中国对柬埔寨的援助

长期以来，中国政府向柬埔寨提供了许多力所能及的援助。援助涉及成套项目、物资项目和农业、教育、体育、警务等领域的经济技术合作项目。这些项目取得了良好的经济效益和社会效益。成套项目主要包括政府办公大楼、参议院会议厅和办公楼、国会办公楼、柬埔寨国家7号公路、8号公路、76号公路、57号公路、62号公路、干丹省波雷格丹洞里萨河大桥、波雷达马循公河大桥、茶胶寺修复、吴哥周萨神殿、金边制药厂、金边市毛泽东大道、100口饮用水井等。此外，中国帮助柬埔寨培训了大批经济建设急需人才。截至2014年，中国通过多边和双边渠道，共为柬埔寨培训了1450名经济人才，培训范围涉及外交、金融、商务、工业、农业、交通和卫生等诸多领域，生源囊括了首相府、外交国际合作部、财经部、商业部、工矿能源部、农林渔业部、公共工程运输部、卫生部、国土规划与建设部和国家银行等柬埔寨政府核心部门[①]。

五、中柬政府间重大合作项目——西哈努克港经济特区

西哈努克港经济特区是2006年中国商务部首批中标的境外经贸合作区之一，也是首批获商务部、财政部验收确认的六个境外合作区之一。由江苏太湖柬埔寨国际经济合作区投资有限公司与柬埔寨国际投资开发集团有限公司联合开发，受到包括两国政府总理在内的高层领导的高度关注。2010年12月13日，两国政府在北京正式签订《中华人民共和国政府和柬埔寨王国政府关于西哈努克港经济特区的协定》，奠定了西哈努克港经

---

① 资料来源：中国日报网（http://column.chinadaily.com.cn/）。

济特区的法律地位。西哈努克港经济特区(以下简称西港特区)的产业定位是以轻纺服装、机械电子和高新技术为主,同时发展保税、物流等配套服务业,建成集工业、商业、居住、文化及公共生活服务相配套的现代化工业城镇,全部建成后可容纳企业300家,形成10万产业工人就业,20万人居住的宜居新城。

在两国政府的大力支持下,西港特区发展迅速。目前,西港特区5平方公里区域内已基本实现通路、通电、通水、通讯、排污(五通)和平地(一平);相应的生产、生活配套设施同步跟进,成为柬埔寨当地生产、生活配套环境最完善的工业园区之一,并引入了来自中国、欧美及日本等国家和地区多家企业入驻,此外,由柬埔寨发展理事会、商业部、海关、商检、劳工局、西哈努克省政府代表组成的"一站式"行政服务窗口,以及清关物流公司及柬埔寨加华银行等,均被吸引来为入区企业提供高效、全面的服务。截至2015年底,特区已引入包括工业、服务行业在内的102家企业入驻,分别来自中国、欧美及日本等国家和地区,产业涉及服装、箱包、电子、家具等,84家已生产经营,区内从业人数1.6万人。

中柬双方都希望西哈努克港经济特区以此为契机,加快发展步伐,努力把西港特区建设成为中国境外经贸合作区的成功典范,成为"一带一路"上的一颗璀璨明珠!

第五节 "一带一路"倡议实施以来 中柬高层交流及其成果

中柬友好,由来已久。无论是在冷战时期共同反霸,还是在新时期应对地区重大问题,柬埔寨向来都将中国作为其战略依托和坚强后盾。柬埔寨是中国在东盟的一个坚定的伙伴。近两年,中柬两国交流频繁,会晤主要围绕中柬双方友好战略关系及共同推进"一带一路"倡议合作而展开,双方多次举办与"一带一路"倡议相关的专题会议或论坛,见表2-5所示。

第二章
中国与柬埔寨经贸合作

表2-5　　近两年中柬双边交流及其成果

日期	事件	参与人	成果
2014年5月19日	柬埔寨首相洪森访华并出席亚信第四次峰会，国家主席习近平会见洪森	国家主席习近平、柬埔寨首相洪森	双方对中柬友谊表示肯定，并达成共识，继续推进两国全面战略合作伙伴关系发展，加强各个方面合作
2014年9月25日	国家主席习近平在钓鱼台国宾馆会见柬埔寨国王西哈莫尼和太后莫尼列	国家主席习近平、柬埔寨国王西哈莫尼和太后莫尼列	此次会晤双方主要表达了对两国友好关系的肯定
2014年11月7日	国家主席习近平在人民大会堂会见柬埔寨首相洪森。此次洪森来华是出席加强互联互通伙伴关系对话会	国家主席习近平、柬埔寨首相洪森	双方对中柬友谊表示肯定，并达成共识，继续推进两国全面战略合作伙伴关系发展，加强各个方面合作。此外，柬方表示愿积极参与"一带一路"建设，希望借助"一带一路"建设，拉动本国基础设施建设和经济发展。此外，中国宣布将出资400亿美元成立丝路基金，柬方表示支持
2014年12月	杨洁篪国务委员访问柬埔寨，参加中柬政府间协调委员会第二次会议	中国国务委员杨洁篪	会议期间双方签署6项经贸合作文件，涉及互联互通规划、基础设施建设、医疗等诸多领域，为推动两国进一步加强经贸合作起到积极作用
2015年4月23日	国家主席习近平在雅加达会见柬埔寨首相洪森	国家主席习近平、柬埔寨首相洪森	两国达成共识，将在"一带一路"框架下，双方在基础设施建设、农业、卫生等领域加强合作
2015年7月24日	柬埔寨首相洪森在金边会见中国路桥工程有限公司董事长文岗一行	柬埔寨首相洪森、中国路桥工程有限公司董事长文岗一行	会见时，洪森表示，柬埔寨政府积极关注中国国家领导人提出的"一带一路"倡议，希望能利用中国政府的"丝路基金"、亚洲基础设施投资银行资金在柬埔寨实施道路基础设施项目。柬埔寨政府支持中国路桥工程有限公司以BOT方式投资金边至西哈努克港高速公路项目，希望中柬双方共同努力，把该项目打造成"一带一路"战略合作的早期收获项目
2015年9月3日	中国举行纪念中国人民抗战暨世界反法西斯战争胜利70周年，柬埔寨参加	西哈莫尼国王	西哈莫尼国王来华出席抗战胜利70周年纪念活动，柬埔寨军方派出代表队参加阅兵分列式

续表

日期	事件	参与人	成果
2015年10月15日	中共中央总书记、国家主席习近平在北京会见了来华出席亚洲政党丝绸之路专题会议的柬埔寨人民党主席、政府首相洪森	国家主席习近平、柬埔寨首相洪森	此次会晤,中方表示愿积极拓展与柬埔寨的战略合作,柬方表示全力支持并希望全面参与习主席提出的"一带一路"倡议。会后,两国签署了有关合作文件
2015年10月27日	中国—东盟商务理事会和柬埔寨商业部共同主办的海上丝绸之路中国—柬埔寨论坛在金边举行	—	柬方表示柬埔寨非常支持中国提出的海上丝绸之路及成立亚洲基础设施投资银行的倡议,希望中柬两国能在"一带一路"框架内实现更多基础设施项目的合作
2016年8月1日	柬埔寨首相洪森在金边会见率中国政府经贸代表团来访的商务部部长高虎城	柬埔寨首相洪森、中国商务部部长高虎城	双方积极评价中柬友好和互利合作取得的成果,表示愿意继续相互支持,加强"一带一路"合作和发展战略对接,推进产能合作、贸易投资、农业和基础设施建设合作,推动中柬全面战略合作伙伴关系不断迈上新台阶
2016年10月13日	国家主席习近平在金边同柬埔寨首相洪森举行会谈	国家主席习近平、柬埔寨首相洪森	双方发表《中华人民共和国和柬埔寨王国联合声明》,同意加快中国"一带一路"倡议、"十三五"规划同柬埔寨"四角"战略、"2015~2025工业发展计划"的有效对接,制定并实施好共同推进"一带一路"建设合作规划纲要,落实好产能和投资合作谅解备忘录及产能与投资合作重点项目协议;中方将积极支持有实力、信誉好的中国企业在基础设施、能源、通讯、农业、工业、旅游等重点领域与柬方加强合作,继续实施好西哈努克港经济特区等合作项目;中方愿继续为柬埔寨国家建设提供力所能及的帮助,支持柬埔寨交通、能源、通信、农业、水利等基础设施建设;双方同意进一步扩大农业、海洋、科技、教育、文化、卫生、旅游、民间交往等领域的交流与合作

资料来源:根据相关新闻报道整理而得。

第六节　中国企业投资柬埔寨的机会与风险

中柬两国互为亲密友邻和重要合作伙伴。柬埔寨处于工业化发展初期，基础设施薄弱、工业设备落后，资金和技术缺乏，但是劳动力等成本较低，而中国在工业发展方面富有经验，并且存在产能过剩，因此中柬两国经济具有很强的互补性、合作空间很大。随着中国"一带一路"倡议的不断推进和柬埔寨"四角战略"的持续深入，中柬两国将会在更多领域展开更加深度的合作。

中柬两国在农业、制衣业等加工业、基础设施建设等领域合作前景广阔，中国企业可继续投资柬埔寨的这些行业。从现有中柬经贸合作来看，中国自柬埔寨进口的主要是谷物、服装、毛皮及其制品等初级产品。中国企业在柬埔寨投资主要集中在基础设施建设、农业、能源矿产等领域，其中西哈努克港经济特区的成功建设是中柬投资合作的亮点，相关建设经验值得借鉴。从近两年中柬双边交流来看，两国已在"一带一路"框架下全面加深两国合作等方面达成共识，并且在可预见的未来，两国将进一步推进相关协议的签署和落实。从柬埔寨具有比较优势的产业上看，得益于丰富的农业资源和廉价劳动力资源，柬埔寨主要在农业、制衣业等劳动密集型产业具有比较优势。在农业上，柬埔寨具有适宜农业发展的优越生态环境、可耕地面积充足，农业发展潜力巨大，再加上政府的鼓励，预计未来柬埔寨的农业经济将得到快速发展。但是柬埔寨农业目前存在农作技术落后等问题，而中国在农业生产及农业技术方面较为发达，在水稻和农业经济作物种植及管理等方面有着较丰富的经验，中柬双方可充分发挥各自优势开展互补合作。在制衣业上，虽然柬埔寨廉价劳动力资源丰富，但同样存在技术设备落后、资金和人才缺乏等问题，而中国在这方面有先进的技术及充足资金，并且存在产能过剩现象，因此未来中资企业仍可继续投资柬埔寨的制衣业。另外，柬埔寨基础设施落后，亟须建设以支持工业的发展，这正与中国"一带一路"的重点投资领域相符，因此中柬双方在基建领域合作潜力巨大。在赴柬埔寨投资的方式上,中国企业可继续进驻西哈努克港经济特区,利用特区优势,实现企业自身发展的同时促进柬埔寨当地经济发展,实现中柬双方互利共赢。

中国企业在柬埔寨投资的风险主要来自于国内政党斗争所带来的政治风险。柬埔寨国内人民党、奉辛比克党和救国党三大政党之间意见不一,长期斗争,容易对中柬关系和在柬投资的中国企业带来一定消极影响。一方面,人民党和奉辛比克党之间势同水火,曾不止一次爆发过武装冲突,导致柬埔寨国内社会动荡。另一方面,救国党极度亲西方,推行西方式的民主价值观,并且一直受到美国和西方国家的支持。这点和由洪森领导的人民党奉行亲华政策截然不同,若有朝一日救国党成为执政党,将自己的政党政策推广为国家政策,必然会对中柬关系产生一定负面影响,进而不利于在柬投资的中资企业的发展。此外,柬埔寨各政党在整体上都较为奉行平衡外交,与中国的外交关系受东盟与美国的影响,其对待中方投资的态度也受其他东盟国家在关键问题如南海问题等对中国政治态度的影响。因此,在柬埔寨投资的中资企业应密切关注柬埔寨国内外政治动态,注意相关风险①。

---

① 资料来源:黄日涵、梅超:《"一带一路"投资政治风险研究之柬埔寨》,2015 - 09 - 02 (http://opinion. china. com. cn/)。

第三章
中国与马来西亚经贸合作

第一节 马来西亚经济现状与产业结构

马来西亚是亚洲新兴市场唯一的大型能源出口国,该国经济发展与国际能源市场的波动紧密相关。以丰富资源和优良港口为依托,马来西亚大力发展临港工业,较好地促进了该国经济发展。2008年金融危机后,马来西亚经济强劲复苏,2010年GDP增速达7.43%,到2014年,GDP总值已从2011年的2979.52亿美元增加到3381.04亿美元,人均GDP也从10400美元增加到11300美元。但2015年以来,受国际油价暴跌以及国内资本市场低迷的影响,马来西亚货币大幅贬值,2015年累计贬值19%,为1997年亚洲金融风暴以来最为严重的贬值,马来西亚的经济受到了严重损害,当年经济增速放缓,人均GDP也出现了下降的情况,见表3-1所示。受国际原油价格持续低迷以及马来西亚货币短期内难以升值的预期,世界银行预期马来西亚经济增速将继续放缓,2016年GDP增速预期为4.4%,低于2015年马来西亚经济4.95%的增速。

表3-1 马来西亚2011~2015年主要经济数据

年份	GDP（亿美元）	GDP年增长率（%）	人均GDP（美元）	按GDP平减指数衡量年通货膨胀率（%）
2011	2979.52	5.29	10400	5.41
2012	3144.43	5.47	10800	1.00

续表

年份	GDP（亿美元）	GDP 年增长率（%）	人均 GDP（美元）	按 GDP 平减指数衡量年通货膨胀率（%）
2013	3233.43	4.71	11000	0.176
2014	3381.04	5.99	11300	2.47
2015	2962.18	4.95	9770	-0.388

说明：截至本书成稿时，2016 年的相关数据尚未公布。
资料来源：世界银行数据库（http://data.worldbank.org）。

从产业结构来看，马来西亚第二产业和第三产业所占的比重较大，两者增加值之和约为 GDP 的 90%。2015 年，在马来西亚 GDP 构成中，农业、工业和服务业三个产业的占比分别为 8.43%、36.43% 和 55.12%。

在农业领域，马来西亚以种植业为主，另外还有畜牧业、渔业等细分产业。其中，种植业产值占国民生产总值的 5% 左右，主要产品为棕榈油、橡胶、可可、木材、胡椒。马来西亚是世界上最主要的棕榈油及相关制品的生产国和出口国，产量和出口量占全球总量的 45% 左右。同时还是全球第三大天然橡胶生产国和出口国，第一大橡胶手套、橡胶导管及乳胶线出口国，第五大橡胶消费国。此外，马来西亚林业也很发达，拥有众多林业及木材加工企业。原木主要出口至中国大陆、日本和中国台湾，其中，中国大陆占比 30%；锯木主要出口至中国、欧盟和荷兰；胶合板主要出口至日本、西亚、欧盟和中国；木制家具主要出口至美国、英国、日本和澳大利亚。

在制造业领域，马来西亚的主要部门有食品制造、电子电器业、木制品业、炼油业、橡胶产品业和非金属矿产品业等。近 30 年来，马来西亚制造业发展迅速，2014 年制造业占 GDP 比重已达 24.6%，目前已成为马来西亚最大的生产部门。马来西亚工业经过多年的高速发展已经形成了规模完整的工业体系，所生产及出口的半导体、视听器材、空调等居于世界领先地位。此外，马来西亚将出口导向型作为发展经济的重中之重，制定各种政策以增加工业产品的附加值，使得建筑业、制造业和电子业都取得了长足发展。

第三章
中国与马来西亚经贸合作

马来西亚的汽车产业发展迅猛,该产业从无到有经历了四个阶段,见表3-2所示。目前,马来西亚是东盟第三大汽车市场,位居印度尼西亚、泰国之后,同时,马来西亚也是进军东盟其他国家的门户和跳板,越来越被世界汽车企业家所看重,已经成为"兵家必争之地"。日本丰田、本田、日产,韩国起亚、现代,德国奔驰、宝马,瑞典沃尔沃等世界知名汽车厂家已纷纷落户马来西亚,中国的奇瑞、吉利、东风、长安、大地、哈飞等汽车公司也已开始进入。但是目前,马来西亚汽车市场是由马来西亚民族汽车品牌控制着,宝腾和派洛多占据该国90%的汽车市场份额。宝腾是马来西亚民族汽车工业的标志,是马来西亚最大的汽车公司,而派洛多是马来西亚于1993年成立,主要同日本的大发、丰田合作,是马来西亚第二大民族汽车品牌。此外,马来西亚汽车市场的乘用车销量远高于商用车①。

表3-2　　　　　　　马来西亚汽车工业发展三阶段

阶段	时间	产业特点
第一阶段	20世纪60年代前	汽车整车进口阶段
第二阶段	20世纪60年代至80年代	散件组装阶段
第三阶段	20世纪80年代至90年代	民族汽车工业起步发展阶段
第四阶段	21世纪后	民族汽车工业发展壮大,外资汽车企业纷纷进入

资料来源:根据中国卡车网站相关资料整理而得(http://www.chinatruck.org/)。

能源产业一直以来都是马来西亚的支柱性产业之一。马来西亚国内生产总值中有20%来自能源产业,其中以石油和天然气为主。马来西亚不仅是东南亚地区第二大油气生产国、亚洲主要经济体中唯一石油净出口国,同时也是全球第二大液化天然气出口国。汽油产品和液化天然气占马来西亚出口的14%,而能源领域的收入占马来西亚政府收入的22%。

在服务业上,由于马来西亚政府多年来一直致力于经济改革,促进产

---

① 资料来源:中国商务部网站(http://ccct.mofcom.gov.cn/)。

业结构升级,已将经济发展重心从制造业转移到服务业,马来西亚的服务业因而得到快速发展。在服务范围上,包括水、电、交通、通讯、批发、零售、饭店、餐馆、金融、保险、不动产及政府部门提供的服务等。在占GDP的比重上,经过多年积累,马来西亚服务业对GDP的贡献率不断上升,目前约占国内生产总值的55%,预计到2020年,服务业占国内生产总值的比例将达到60%。为了继续推进马来西亚服务业的发展,未来预计需要投资446亿林吉特,为此,马来西亚需要不断增加外商直接投资的比例。

贸易方面,马来西亚出口结构呈多元化发展趋势,主要出口商品有机电产品、矿物燃料、机械设备、动植物油和塑料及制品,主要进口电子电器、化学及化工产品、石油、机械设备及金属制品。主要贸易伙伴为新加坡、中国、日本、美国和泰国。2015年,马来西亚从东盟其他国家进口产品1821.2亿林吉特,占马来西亚总进口额的26.6%。

联合国贸发会议发布的2016年《世界投资报告》显示,2015年,马来西亚吸收外资流量为111.21亿美元;截至2015年底,马来西亚吸收外资存量为1176.44亿美元。马来西亚政府鼓励外商在制造业领域的投资,目前外商投资已成为推动马来西亚经济发展的重要因素。2015年,外商在马来西亚制造业领域的投资主要集中在石油产品、天然气、电子电器、交通设备、食品加工、非金属矿物产品等行业。2015年,马来西亚批准的制造业外资来源国主要是美国、日本、中国、新加坡和韩国。

第二节 马来西亚具有国际竞争优势的产业

在二位码层面上计算马来西亚各个产业的显示性比较优势指数(RCA)[①]结果显示,在马来西亚具有显著比较优势(RCA > 1.25)的19个产业中,劳动密集型产业有5个,资本密集型产业有14个,见表3-3所示。

---

① 关于RCA指数详见本书上篇第一章第二节。

第三章 中国与马来西亚经贸合作

表3-3　马来西亚具有显著比较优势产业

产业类型	产业	2009年	2010年	2011年	2012年	2013年	2014年	2015年
劳动密集型	动物或植物油脂	17.16	14.96	15.94	13.91	12.64	12.42	11.96
	木及木制品、木炭	3.34	3.10	2.96	2.90	2.69	2.46	2.52
	可可及可可制品	2.15	2.54	2.45	2.08	2.09	2.37	2.38
	谷物、粮食粉、淀粉或乳的制品，糕饼点心	1.19	1.28	1.38	1.50	1.52	1.55	1.60
	杂项食品	0.97	1.15	1.31	1.48	1.54	1.52	1.67
资本密集型	锡及其制品	10.16	9.17	10.70	8.87	9.24	8.46	10.51
	编结用植物材料，其他植物产品	6.01	5.15	5.59	5.23	4.85	7.18	6.60
	橡胶及其制品	3.14	3.52	3.49	3.22	3.20	2.74	3.03
	电机、电气设备及其零件，录音机及放声机、电视图像、声音的录制和重放设备及其零件、附件	2.30	2.24	2.36	2.22	2.20	2.22	2.09
	矿物燃料、矿物油及其蒸馏产品	1.15	1.09	1.09	1.24	1.37	1.74	1.62
	核反应堆、锅炉、机器、机械器具及其零件	1.33	1.24	0.95	0.93	0.91	0.81	0.94
	玻璃及其制品	1.23	1.15	1.34	1.14	0.96	0.92	0.95
	铅及其制品	0.74	1.03	1.63	2.10	3.36	1.72	2.98
	化学纤维长丝	1.44	1.33	1.41	1.28	1.12	1.04	0.95
	锌及其制品	1.43	0.84	1.05	1.67	1.38	0.73	1.70
	杂项化学产品	1.37	1.54	1.69	1.56	1.65	1.54	1.65
	肥皂、有机表面活性剂	1.22	1.18	1.30	1.21	1.18	1.24	1.32
	家具、寝具、褥垫、弹簧床垫、软坐垫及类似的填充制品	1.25	1.20	1.18	1.15	0.98	0.89	0.91
	铜及其制品	0.66	0.73	0.81	0.70	1.71	1.13	1.26

说明：表格统计数据从金融危机之后的2009年开始到2015年，各产业按照历年比较优势算术平均数降序排列。历年比较优势算术平均数不具有特殊经济含义，仅为比较优势产业排序之用。

资料来源：根据UN COMTRADE数据整理而得。

一、主要劳动密集型产业

马来西亚具有比较优势的劳动密集型产业包括：动、植物油、脂及其分解产品，木及木制品、木炭，可可及可可制品，谷物、粮食粉、淀粉或乳的制品，杂项食品。

1. 动物或植物油脂

马来西亚该产业的比较优势在 2009~2015 年期间呈下降趋势。通过对 HS 编码的进一步研究发现，马来西亚主要出口的是棕榈油及其分离品。

马来西亚的棕榈树种植面积约占全世界的 1/3，曾是世界最大的棕榈油生产国。马来西亚和印度尼西亚掌握了世界棕榈油 85% 的市场供应及 91.2% 的全球出口。随着世界人口的增长以及对油品的需求仍将增加，全球市场对于棕榈油的需求将会不断提高，马来西亚需要提升其种植技术和种植面积，提高从棕榈树中提炼棕榈油的技术。

中国可继续加大对马来西亚棕榈油业的投资。中国是全球最大的棕榈油进口国，对棕榈油工业需求和消费需求巨大，而中国因为气候因素无法大规模种植棕榈果。2010 年 9 月，中国企业首次涉足马来西亚东海岸经济特区的棕榈油生产活动①。棕榈油工业群是马来西亚东海岸经济特区重点发展的产业集群之一。该工业区坐落于马来西亚彭亨州的关丹，与主要棕榈生产地、石油化工原料供应地毗邻，以及靠近原料提炼厂，独具区位优势。未来中国可加大对马来西亚东海岸经济特区棕榈油种植、加工、生产等环节的投资。

2. 木及木制品、木炭

马来西亚该产业的比较优势近几年呈下降趋势。通过对 HS 编码的进一步分析发现，马来西亚主要出口的是胶合板、单板饰面板及类似的多层板。马来西亚生长、种植的原木质量上乘，其生产的胶合板也受到了很多

---

① 2010 年 9 月 9 日，马来西亚东海岸经济特区发展理事会与厦门中盛粮油企业有限公司签署谅解备忘录，双方决定未来共同合作，开发棕榈油生产。资料来源：中国新闻网（http://www.chinanews.com/）。

国家的青睐。中国目前胶合板的主要进口来源国就是马来西亚。但是近几年马来西亚由于原材料和技术工人的短缺，胶合板的产量开始下降，并且自动化程度较低，对外国技术劳工比较依赖。

未来人工林将成为马来西亚木材工业发展壮大的关键。2016年，上海泰盛浆纸（集团）有限公司考虑在马来西亚沙捞越州的民都鲁建立一座年加工能力为200万吨的浆厂。该厂建成后可以提供1万个就业岗位，并且还会营造人工林。据沙捞越州林业局称，沙捞越的人工林原木生产量因此会在5年内增加300万立方米。沙捞越木材工业发展公司的出版物中显示，2013年该州的人工林原木生产量超过了53万立方米。该公司计划在2020年之前将人工林面积增加到100万公顷。目前，沙捞越的木材加工工业主要从事的是以天然林原木为原料的胶合板、锯材和单板的初次加工，随着天然林采伐的减少，这些工厂扩大规模已不太可能。但是，由于可以得到人工林资源，所以其他初次和二次加工产品的生产已经具有可行性①。

3. 谷物、粮食粉、淀粉或乳的制品，糕饼点心；杂项食品

马来西亚这些产业的比较优势在近几年呈现上升趋势，表明马来西亚的食品产业出口优势凸显。但是目前马来西亚仍然是一个食品净进口国，虽然其加工食品出口在过去10年间增加了2倍，却仍然十分依赖食品的进口，尤其是半成品，原因在于当地农产品加工业产量有限，而人们对食品的需求和消耗需求不断增长。根据马来西亚农业及农基工业部的数据显示，马来西亚每天在食品进口上人均消费大约9200万林吉特。为了减轻日常生活必需品价格上涨压力，2009年马来西亚政府宣布大幅降低食品进口关税。通过对HS编码的进一步研究发现，马来西亚近几年出口的清真食品增速迅猛。

马来西亚清真产业前景光明，中国投资马来西亚的清真产业具有较大的盈利空间。首先，马来西亚是世界上最先进的伊斯兰经济体之一，特别是在清真食品、伊斯兰金融及旅游方面表现突出。马来西亚最早建立了清

---

① 资料来源：周密：《人工林成为马来西亚木材工业发展壮大的关键》，载《国际木业》2016年第2期。

真产品认证体系,也是世界上最主要的穆斯林食(用)品认证中心之一。马来西亚致力于通过品牌建立,食品加工和行销,打造"国际清真食品枢纽"。马来西亚过去几年的清真产品出口市场主要为中国、新加坡、美国、印度尼西亚、日本及泰国。其次,全球清真产业需求旺盛。目前全世界穆斯林人口达16亿人,加上非穆斯林消费群体,全球清真产品的消费者不少于20亿人。目前全球清真业产值达8.4万亿林吉特,其中清真食品占2.5万亿林吉特,全球清真食品、商品交易额每年增长不低于20%。预计到2030年,穆斯林人口将占全球人口的27%,清真产业前景光明。马来西亚清真产业发展比较成熟,但是目前清真产业对马来西亚的GDP贡献度不到2%,因此有很大的发展空间,马来西亚政府计划在2020年将该国打造成为全球清真枢纽,并将清真产业对该国GDP贡献度提高到5.8%①。清真产品消费市场活跃,强劲的消费支出将推动马来西亚经济的发展。更为重要的是,中国有很好的清真食品生产制造技术,在马来西亚投资该产业极具优势。

此外,马来西亚清真服务业也发展迅速,全球伊斯兰金融领域过去10年间每年增长10%~12%,伊斯兰金融资产预计已达2万亿美元。马来西亚清真产业近年来的发展从多个维度来看都非常迅速,见表3-4所示。

表3-4　　　　　马来西亚清真产业近年来发展概况一览

马来西亚清真产业各指标	2011年	2015年
总投资(亿林吉特)	41*	106
总出口(亿林吉特)	240	390
就业机会(万个)	9.7	25
获得清真认证的公司数量(个)	2336	5726

注:*由于无法获取马来西亚清真产业2011年的总投资数据,表中的41亿林吉特是其2012年的总投资金额。

资料来源:根据中国驻马来西亚大使馆经济商务参赞处网站相关资料整理而得(http://my.mofcom.gov.cn/)。

---

① 数据来源:中国驻马来西亚大使馆经济商务参赞处(http://my.mofcom.gov.cn)。

二、主要资本密集型产业

马来西亚具有比较优势的资本密集型产业包括：锡及其制品；编结用植物材料；橡胶及其制品；铅及其制品；化学纤维长丝；锌及其制品；杂项化学产品；肥皂、有机表面活性剂；家具；铜及其制品；电机、电气设备及其零件；矿物燃料、矿物油及其蒸馏产品；核反应堆、锅炉、机器、机械器具及其零件；玻璃及其制品。

1. 锡及其制品

马来西亚该产业的比较优势在近几年先下降后上升，通过对 HS 编码的进一步研究发现，马来西亚主要出口的是未锻轧锡。

锡及其制品曾是马来西亚经济的一大支柱，但是后来开始让位于棕榈油、石油以及铜。尽管如此，锡及其制品仍然是马来西亚赚取外汇的主要物资之一。马来西亚锡产业的比较优势逐渐下降的原因主要有以下几点：第一，过度开采导致锡矿来源迅速衰竭，同时政府没有努力对锡矿进行系统的勘探；第二，锡矿近年来价格下跌；第三，棕榈油以惊人的速度赚取外汇，使得人们对锡矿业投资产生质疑；第四，由于锡矿枯竭而必须开采贫锡矿，但是开采的技术和设备落后，使得开采成本上升。

2. 橡胶及其制品

马来西亚该产业的比较优势比较稳定，在 2014 年有所下降。通过对 HS 编码的进一步分析发现，马来西亚主要出口的是天然橡胶。

马来西亚曾是世界上最大的天然橡胶生产国。由于该国工业化和城市化进程的加快使得从事橡胶种植业的劳动力减少，加上部分农民转向收益更高的油棕种植，导致天然橡胶种植面积和产量逐渐萎缩。因此，马来西亚天然橡胶的出口开始减少，而天然橡胶进口量开始上升，2009 年进口量首次超过出口量。这也是马来西亚比较优势略有下降的原因。

由于天然橡胶种植业的萎缩，马来西亚开始将重心转向橡胶产业链的下游，也就是橡胶加工制造业。从近 20 年的发展趋势来看，马来西亚橡胶业的发展方向是着眼于形成跨越整个行业的综合一体化的现代橡胶产业，进一步加强下游橡胶制造产业在整个橡胶产业中的主导地位。

3. 矿物燃料、矿物油及其蒸馏产品

马来西亚该产业的比较优势近年来有所上升,通过对HS编码的进一步研究发现,马来西亚主要出口的是石油及从沥青矿物提取的油类,石油气及其他烃类气。

马来西亚石油储量丰富,但是随着传统能源的逐渐枯竭以及国内需求的增加,马来西亚从油气净出口国成为了净进口国。为此,马来西亚政府加大了油气勘探开发力度,吸引企业投资寻找新的油田,并努力提高采收率来增加现有油气田产量。自2002年起,该国石油勘探的重点已集中在东部大陆架的深水区域,目前马来西亚已发展为全球第四大深海油气中心。

马来西亚的油田中有一半以上由马来西亚最大的国家石油公司(Petronas)独立经营,外国公司只能通过与Petronas公司的产品分成合同来经营石油天然气的生产,并且Petronas公司要确保其从分得资源中获得最大收益。马来西亚共有六座炼油厂,加工能力约为51.5万桶/天。其中,Petronas运营着三座炼油厂,合计加工能力为25.9万桶/天;而Shell公司运营着两座炼油厂,加工能力为17万桶/天;ExxonMobil运营着一座炼油厂,加工能力为8.6万桶/天。2008年,Petronas有7个新油田投产,当前公司拥有68个油田在产。马来西亚石化工业的迅速成长,主要归功于该国Petronas公司卓有成效的运营和受益于丰富的石油和天然气资源、发达的基础建设、强有力的支撑服务基地和劳动费用低廉的成本竞争优势,以及马来西亚在东盟内的战略性位置和邻近东亚的广大市场。目前,全国共有42家大型公司生产经营石化品,合计生产能力为1290万吨/年,产品除内需外,还有大量石化品供出口外销。为了保持马来西亚化工业的竞争力,马来西亚政府开发石化工业园区使得石化工厂聚集在一起,通过厂与厂之间的协同效应实现价值整合,并创造新的价值链,进一步开发下游石化的运营活动①。马来西亚石化工业概况如表3-5所示。

---

① 资料来源:中国五矿化工进出口商会网站(http://www.cccmc.org.cn)。

表3-5 马来西亚石化工业概况

类别	内容
年产量	2015年马来西亚的石油日产量为69.3万桶,过去五年平均日产量为65.4万桶,其总探明储量从2005年的53亿桶降至2015年36亿桶。2015年天然气产量达682亿立方米。自2011年来,平均产量为650亿立方米。但是截至2015年,该国天然气总探明储量在过去十年间削减一半,为1.2万亿立方米
年收入	石油相关的产品贡献了大约22%的政府收入。马来西亚央行预测2016年该比例为13%,远低于2009年的41%,原因在于政府已经采取措施使国家摆脱对大宗商品的依赖。然而,油价每下跌1美元,马来西亚的年收入就要减少1.12亿美元
计划	石油和天然气储备下降,将促使马来西亚对现有油田进行再开发,以榨取其剩余产能,同时该国还将开发边际油田,并加强勘探活动。同时,马来西亚政府致力于将该国打造为亚太地区能源服务和设备的中心
前景	石油和天然气长期的低价格限制了深水勘探活动。总部设在伦敦的BMI预估,到2024年,马来西亚的原油日产量将下降到63.5万桶,但天然气产量预计到2024年将上升到711亿立方米

资料来源:根据以下网站资料整理而得:①中财网(http://www.cfi.net.cn/);②中国驻马来西亚大使馆经济商务参赞处(http://my.mofcom.gov.cn/)。

此外,马来西亚政府为了推动太阳能,乃至整个可再生能源产业的发展,采取了许多鼓励措施①,使得马来西亚的太阳能产业在前几年全球此起彼伏的光伏贸易战中悄然崛起,吸引了越来越多的全球知名的太阳能企业,一跃成为全球第三大太阳能设备生产国,产业发展速度直逼欧盟。表3-6显示了马来西亚太阳能产业的发展优势与代表企业等。

表3-6 马来西亚太阳能产业发展优势与代表企业

类别	优势/企业	具体说明
优势	地理位置优越	马来西亚地理位置优越,既接近赤道,又是一个海岛国家,全年日照充足,发展太阳能产业"先天条件"良好
	低成本	马来西亚劳动力成本、水电气成本都比较低廉
	高水平工程人才	马来西亚拥有大量懂英语的高水平工程人才
	政策鼓励	马来西亚在可再生能源领域制定了许多税收减免政策等

① 详见马来西亚外资政策部分。

续表

类别	优势/企业	具体说明
代表企业	First Solar 公司	在马来西亚设有公司、建有6间工厂,其太阳能电池组件5/6的产量都来自这里,产品几乎覆盖整个产业链
	SunPower 公司	在马来西亚设有公司、建有工厂,产品几乎覆盖整个产业链。一半的太阳能组件是在马来西亚制造
	Hanwha Q-Cells 公司	每年在马来西亚的产能是其在德国产能的5倍以上
	Solexel 硅谷公司	计划投资8.1亿美元,在马来西亚修建一座太阳能组件工厂
	松下电器	在马来西亚建有工厂等
	SunEdison	在马来西亚建有工厂等

资料来源:李惠:《马来西亚太阳能产业低调起飞》,载《中国能源报》,2014年12月22日(http://paper.people.com.cn/)。

4. 电机、电气设备及其零件;核反应堆、锅炉、机器、机械器具及其零件

马来西亚在电机、电气设备及其零件产业的比较优势保持稳定,在核反应堆、锅炉、机器、机械器具及其零件产业的比较优势呈下降趋势。通过对HS编码的进一步研究发现,马来西亚主要出口的是空气调节器,印刷机器,自动数据处理设备及其部件,有线电话、电报设备,集成电路及微电子组件。

马来西亚的电子制造业正在蓬勃发展,中国相关企业可抓住此商机,进入该国市场。马来西亚是东盟第二大电子制造业国家,2016年全球制造业竞争力指数排名中马来西亚位居东盟第三。如今,马来西亚已替代中国成为日本电子公司中高端产品的主要生产中心。马来西亚迅速发展的电子制造业已成为其国民经济的重要支柱产业,电子制品是其最大的出口产品。马来西亚电子制造业主要涵盖电子元件和电路板制造、消费电子产品制造、计算机和周边设备、通讯设备制造等领域。此外,马来西亚还是世界上最大的硬盘生产国,世界上有1/3的半导体是在马来西亚的槟城装配,众多的电子供应商、采购商和制造商聚集在马来西亚槟城,使今日的槟城有"东方硅谷"之称。

第三节　马来西亚外商投资政策及战略规划

一、马来西亚外资政策

马来西亚是 WTO 成员，外国企业在马来西亚投资享受最惠国待遇。政府主管部门通过个案核准形式批准外资享有的优惠政策，这些政策一般以直接或间接的减税的形式体现，主要包括对新兴工业地位（PS）和投资税务补贴（ITA）。就行业优惠政策而言，主要包括生产清真食品的公司、获"多媒体超级走廊"地位的公司以及生物科技公司。此外，马来西亚政府还为在该国五大经济发展走廊及 12 个国家关键经济领域（NKEAs）范围内的投资制定了相应的优惠政策，见表 3-7 所示。

马来西亚在金融、保险、法律服务、电信、直销及分销等行业有严格限制。但是为了进一步吸引外资，马来西亚逐步开放了大量服务业分支行业的外资股权限制。另外，马来西亚政府鼓励外商在制造业等出口导向型的生产企业和高科技领域投资，见表 3-7 所示。目前外商直接投资已成为推动马来西亚经济发展的重要因素。

表 3-7　　　　　　　　　　马来西亚外资政策

类型	具体行业
限制外资进入产业	金融、保险、法律服务、电信、直销及分销等
鼓励外资进入产业	出口导向型的生产企业和高科技领域：农业生产、农产品加工、橡胶制品、石油化工、医药、木材、纸浆制品、纺织、钢铁、有色金属、机械设备及零部件、电子电器、医疗器械、科学测量仪器制造、塑料制品、防护设备仪器、可再生能源、研发、食品加工、冷链设备、酒店旅游及其他与制造业相关的服务业

续表

类型	具体行业
开放外资股权限制	快递服务、私立大学、国际学校、特殊技术与职业教育、私立医院、独立医疗门诊、百货商场与专卖店、焚化服务、会计与税务服务、建筑业、工程服务以及法律服务
外资优惠政策	(1) 新兴工业地位（PS），公司可获准减免所得税的70%～100%，免税期为5～10年；投资税务补贴（ITA），公司自符合规定的第一笔资本支出起5年内，可享受合格资本支出的60%～100%的税务补贴。(2) 凡生产清真食品的公司，自符合规定的第一笔资本支出之日起5年内可享受合格资本支出100%的投资税务补贴。(3) 获"多媒体超级走廊"地位的公司，主要是通讯及信息技术公司，外国公司可100%控股；10年内免缴所得税，并可在5年内申请财税津贴。(4) 生物科技公司从第一个盈利年开始，免缴10年所得税；10年届满后，缴纳20%的所得税，优惠期仍为10年；公司在进行合并或并购时，可免缴印花税，并免缴5年的不动产收益税

资料来源：中国商务部：《对外投资合作国别（地区）指南——马来西亚（2016年版）》（http：//fec.mofcom.gov.cn/article/gbdqzn/upload/malaixiya.pdf）。

马来西亚自2010年以来出台了一系列新的举措以促进投资增长，包括设立国家投资委员会、将投资发展局企业化并授予更多权限、修订《促进行动及产品列表》等。鼓励政策和优惠措施主要以税务减免的形式出现，分为直接税激励和间接税激励。直接税激励是指对一定时期内的所得税进行部分或全部减免；间接税激励则以免除进口税、销售税或国内税的形式出现。

为了鼓励可再生能源产业的发展，马来西亚政府采取了很多鼓励措施，制定了许多优惠政策，见表3-8所示，成功吸引了全球众多投资者入驻马来西亚太阳能产业。此外，马来西亚政府还制定了"国家能源效率行动计划蓝图"（2016～2025年），预计未来10年耗电量可节省52223亿千瓦时（GWh），政府及私人电费开支约为63亿林吉特，可直接节省185亿林吉特费用，届时还将减少3800万吨的碳排放量。马来西亚政府推行的电力回购制度、净电能计量政策及大型太阳能项目，有助于使该国实现可再生能源规模在2020年达到2080兆瓦（MW），占总发电量7.8%的目标，并可减少温室气体排放量达713万吨。

表 3-8　　　　　　　　马来西亚可再生能源产业鼓励措施

鼓励措施	内容
《国家可再生能源政策与行动计划》	希望在 2015 年实现可再生能源装机量达到总装机量的 6%，发电量则要占到总发电量的 5%，到 2020 年则双双实现翻番，这其中还特别提及太阳能要贡献大约 1/3 的装机量与发电量。2010 年，马来西亚政府又增修了上述计划，推出了全面规划该国可再生能源产业发展的《新可再生能源政策与行动计划》
可再生能源上网电价补贴机制（FIT）等多项财政鼓励计划	马来西亚政府在 2011 年推出该机制。太阳能是其中重点扶持的产业之一。根据该机制，每月用电超过一定量的用电大户须缴纳 1% 的额外电费，用于成立可再生能源基金，支持可再生能源发电。马来西亚政府还鼓励私营企业参与可再生能源产业发展，先后推出了小型可再生能源电力计划、绿色技术金融机制等多项财政鼓励计划，为中小型私营企业在马来西亚国内提供更多机会，并协助其进入国际市场
国家绿色技术中心	帮助企业发展绿色能源技术
高额的税收减免政策	马来西亚为可再生能源开发商提供了高额的税收减免。对于国内外的大型太阳能开发商，都给予 10 年免征企业税的优惠政策；同时，对其工厂的机器设备也实行 5 年内完全免税

资料来源：李惠：《马来西亚太阳能产业低调起飞》，载《中国能源报》，2014 年 12 月 22 日（http：//paper. people. com. cn/）。

二、马来西亚长期发展规划

2016 年 5 月 21 日，马来西亚总理兼财政部长纳吉布向国会提呈了"第十一个马来西亚五年计划"（2016～2020），称该计划是马来西亚历史上一个重大的里程碑。该五年计划以加强基础设施建设，支援经济扩张作为该计划的六大策略之一，该计划具体内容包括：（1）提高占比为 40% 的最低收入群体的收入水平，目标是在 2020 年将月平均收入从 2014 年的 2500 林吉特提高到 5000 林吉特。（2）允许土著使用公积金第一户头存款投资土著信托基金，但必须符合最低存款额的条件。（3）未来五年，预计五大经济特区将吸引投资 2630 亿林吉特，并创造 47 万新的工作岗位。（4）增加公共事业领域的残疾人员工数量，从现有的 4000 人增加到 16000 人。（5）增加公立和私立医院的床位数量，从现有的数量增加

25%至73000个床位。(6) 计划大规模修复郊区房屋,预计将修复40万房屋,每间房屋的修复成本是5000~10000林吉特。(7) 兴建65.3万间可负担房屋,超过第10个马来西亚计划下的7.4万间。(8) 兴建至少80间新学校,其中玻璃市和马六甲各2间,沙巴及沙捞越各5间。(9) 投资280亿林吉特兴建新发电厂,增加7626兆瓦电力,预计将创造35000个工作岗位。(10) 设定2016~2020年的政府发展开销上限为2600亿林吉特①。

实际上,早在1991年,马来西亚政府就提出"2020宏愿"国家发展计划,希望2020年把马来西亚建设成发达的工业化国家,人均国民收入达到1.5万美元。2011年,联邦政府开始执行马来西亚"第十个五年规划",主题是"经济繁荣与社会公正",将私营经济和创新行业作为推动经济发展的主要动力,提高生产力和国家竞争力,五年间取得了较为良好的效果,为"第十一个马来西亚五年计划"(2016~2020)的实施奠定了良好的基础。

第四节　近年来中国与马来西亚经贸合作成果

一、双边贸易

近年来,中国与马来西亚的双边贸易量增速放缓并且于近两年出现负增长,中马双边贸易总额呈现下降态势,中国对马来西亚贸易逆差进一步缩小,但双边贸易量仍然较大,见图3-1所示。2015年,中国继续保持马来西亚第一大贸易伙伴国、第一大进口来源地和第二大出口目的国地位,而马来西亚仍是我国全球第六大贸易伙伴国、东盟第一大贸易伙伴,占我国与东盟贸易总额的20.6%,中马贸易继续在东盟国家中发挥引领

---

① 资料来源:中国商务部驻马来西亚经济商务参赞处(http://www.mofcom.gov.cn/)。

作用。据中国经济数据库统计,2015年,中马双边贸易额达974.2亿美元,同比下降3.8%。其中,中国出口441.9亿美元,同比下降4.5%;中国进口532.3亿美元,同比下降4.6%。2015年,中国对马来西亚贸易呈现逆差,逆差额为90.4亿美元。

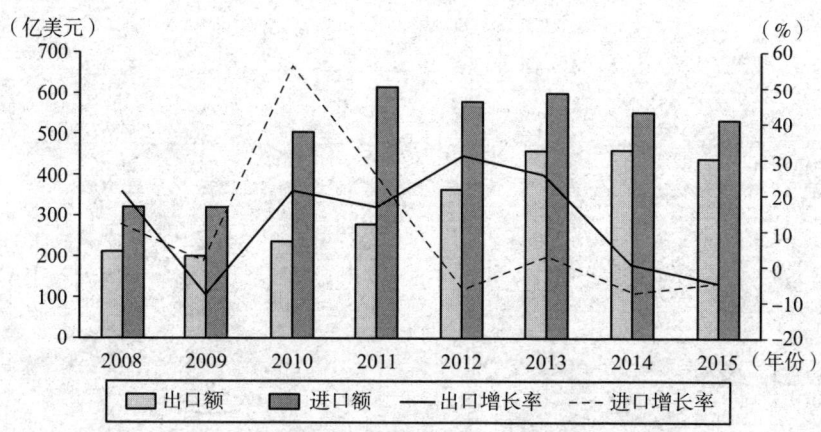

图3-1 2008~2015年中国对马来西亚贸易额统计

资料来源:中国经济数据库(https://www.ceicdata.com/)。

从贸易结构上看,2015年,中国自马来西亚进口最多的商品为机电产品、矿物燃料、机械设备、动植物油和橡胶及制品,占中国自马来西亚进口总额的比重分别为61.26%、10.81%、6.24%、3.35%和2.69%,见图3-2所示,五大类商品的进口额依次为326.08亿美元、57.55亿美元、33.24亿美元、17.81亿美元和14.33亿美元。其他对华出口商品还有有机化学品、塑料制品、光学仪器制品、矿砂、锡及制品、铜及制品、木材及制品等。

中国对马来西亚出口的商品品类繁多,主要有机电产品、机械设备、家具、仪器设备、塑料制品,占中国对马来西亚出口总额的比重分别为21.13%、11.25%、5.76%、4.32%和3.79%,见图3-2所示,累计出口总额达204.34亿美元,占中国对马来西亚出口产品总额的46.2%。其中,电子出口最多,出口额达93.36亿美元,同比增长0.3%;其次是机械,出口49.70亿美元,同比增长0.1%;再者是家具,出口 25.46 亿美元,同比下降 22.1%;仪器设备位居第四,出口 19.07 亿美元,同比下降 20.1%;塑料及其制品出口最少,出口额为 16.74 亿美元,同比下降 0.6%。除上述产品外,马来西亚自中国进口的主要商品还有铜类制品、运输工具、无机化学品、铝及制品、新鲜蔬菜、纸张、家具和船舶等。

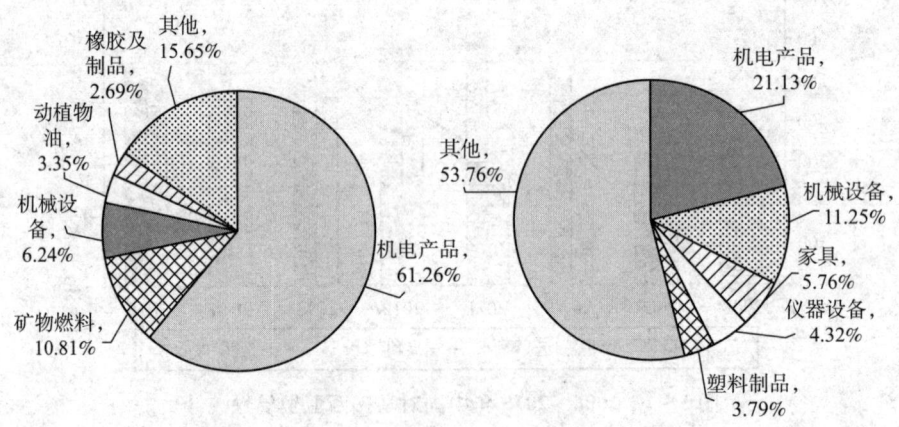

图 3-2 2015 年中国与马来西亚主要贸易品金额占比
(左:中自马进口;右:中对马出口)

资料来源:中国海关统计数据(http://www.customs.gov.cn/)。

一直以来,信息技术产品和棕榈油是中马两国贸易中的主要产品,但近年来两国贸易的主要产品结构发生了变化,中马贸易已不再仅仅局限在棕榈油贸易方面,两国贸易的产品逐渐呈现多样化。在马来西亚的十大类进口商品中,中国出口的机电产品、金属制品、运输设备、纺织品和家具处于较明显的优势地位;但中国出口的化工品、塑料制品、光学仪器和食品等仍面临着来自日本、美国、法国、新加坡和马来西亚周边一些国家的竞争。

二、中国对马来西亚投资

据国家统计局公布的数据显示,2015 年当年中国对马来西亚直接投资流量为 4.89 亿美元,同比下降 6.22%;马来西亚对中国直接投资达

4.80亿美元,同比增长205.09%。截至2015年底,中国对马来西亚直接投资存量达22.31亿美元。2008~2015年间,中马两国之间的直接投资额波动较大,但整体上呈现增长趋势,见图3-3所示。

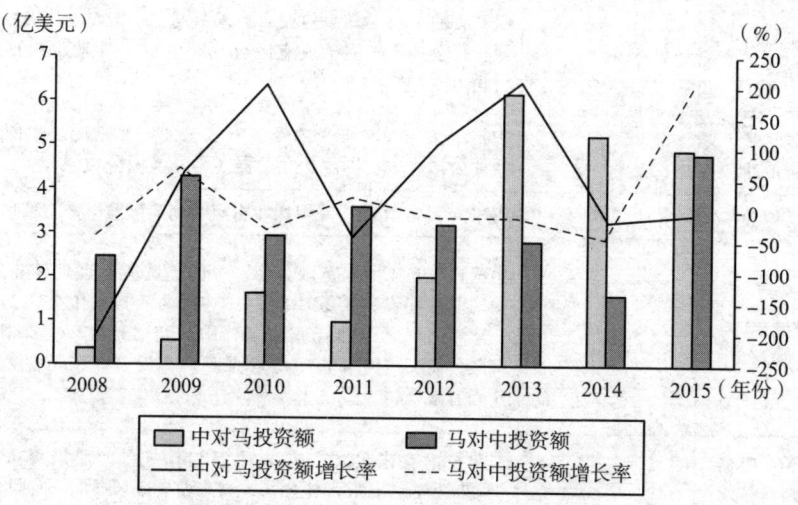

图3-3 2008~2015年中国与马来西亚互相直接投资统计

资料来源:国家统计局(http://www.stats.gov.cn/tjsj/)。

目前在马来西亚的中资企业主要分布于贸易、能源矿产、建筑与房地产、纺织、基础设施建设、机械制造、电子电信与科技等领域,见表3-9所示。具体而言,在制造业领域,中国对马来西亚投资涨势明显。2009~2015年间,中国对马来西亚在制造业领域的投资累计达136亿元,包括143个项目,创造了2万多个就业机会。这些投资项目包括钢铁原件、电子、非金属矿物产品、纺织、金属制品等。马来西亚驻华使馆方面提供的数据显示,2009年,中国对马来西亚在制造业领域的投资为1.6亿元。至2014年,这个数字增长到47.5亿元。2015年,中国广东核电公司以23亿美元收购马来西亚政府投资基金(Malaysia Development Fund)旗下的能源业务,成为中资企业在东南亚地区达成的最大收购交易。

表 3-9　　　　　　中国在马来西亚直接投资主要行业概况

行业类型	企业数量（家）	代表企业
贸易	81	中国南车（马来西亚）有限公司、鲁能（马来西亚）有限公司
能源与矿产	46	CPP 石油工程（马来西亚）有限公司、中钢吉电马来西亚有限责任公司、中铝矿业有限公司、中矿（马来西亚）有限公司
建筑与房地产	30	中核二二工程（马来西亚）有限公司、北京城建集团马来西亚公司、中材国际工业工程（马）有限公司
纺织业	20	锦丰（马来西亚）针织袜业有限公司、服装生产与销售
基础设施建设	18	中国铁建马来西亚有限公司、中国建筑马来西亚有限公司、中国能源建设集团天津电力（马来西亚）有限公司、中化二建集团（马来西亚）公司、中国交通建设（马来西亚）有限公司、中国水电（马来西亚）有限公司、马中关丹产业园有限公司
电子、电信与科技	15	华为技术有限公司（马来西亚）代表处、武汉烽火国际（马来西亚）有限责任公司、马来西亚康硕展电子有限公司
机械制造	13	富马（马来西亚）机械有限公司、华恒自动化（马来西亚）有限公司

说明：该表中的主要行业是以投资企业数量而非投资金额多少来衡量。
资料来源：根据中国商务部《境外投资企业（机构）名录（2015 年版）》整理而得。

此外，中马在非制造业领域也有颇多投资合作。在房地产、基础设施、能源、电信、金融服务等领域，聚集了中铁、华为、中国银行、工商银行等中国企业界的翘楚。

三、承包工程与劳务合作

近年来，中国对马来西亚承包工程与劳务合作呈现较为平稳的增长趋势，见图 3-4 所示。据中国商务部统计，2015 年中国企业在马来西亚新签承包工程合同 317 份，新签合同额 71.98 亿美元，完成营业额 35.62 亿美元；当年派出各类劳务人员 9351 人，年末在马来西亚的劳务人员 1.46 万人。

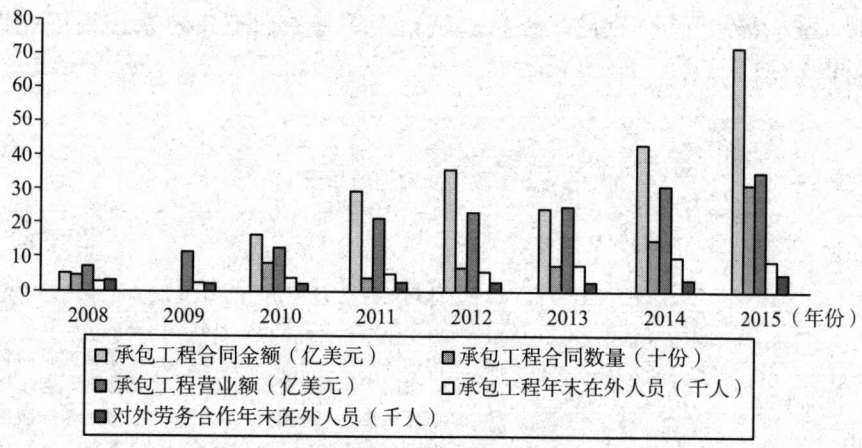

图 3-4　2008~2015 年中国对马来西亚承包工程与劳务合作统计

说明：2009 年中国对马来西亚承包工程合同数量及金额数据缺失。
资料来源：中国商务部（http://www.mofcom.gov.cn/）。

四、货币互换

2009 年 2 月，马来西亚与中国达成双边互换协议。当时，这项协议规模为 400 亿林吉特（约合 800 亿元人民币），为期 3 年；2012 年两国续签该协议。协议签署后，马来西亚国家银行将被批准在北京设立代表处，使两国可以人民币和林吉特作为双边商贸结算，同时也便利了双方企业以本币融资。2015 年 4 月，马来西亚国家银行发表公告称，中国人民银行行长周小川与马来西亚国家银行行长洁蒂于 4 月 17 日在华盛顿续签货币互换协议，维持 900 亿林吉特（约合 1800 亿元人民币）的互换额度，有效期为 3 年。

五、中马政府间重大合作项目

中国在马来西亚投资的重点项目主要有中国—马来西亚钦州产业园区、马中关丹产业园、马来西亚槟城第二跨海大桥、广西北部湾港务集团的联合钢铁厂项目等，见表 3-10 所示。马来西亚大型承包工程在建项目主要有曼绒 1000MV 电站项目、吉隆坡 MRT 地下工程北段项目、马来西亚炼化一体化（RAPID）等，相关工程进展顺利。此外，中资企业还积极参与马新高铁、南部铁路、沙捞越纸浆厂等马来西亚重点基础设施建设项目。

表3-10　　　　　　　　　　中马重大政府间合作项目概况

项目名称	特点	概况
中国—马来西亚钦州产业园区	一个集工业、商业、居住三位一体的产业新城，将成为中马两国经贸合作的标志性项目和中国—东盟自由贸易区合作新的典范	总体规划面积55平方公里，是双方在中国西部地区合作的第一个工业园，具有示范意义。园区的产业定位以装备制造业、电子信息业、新能源及新材料、农副产品深加工、现代服务业为主导。起步初期以贸易物流和进出口加工制造为主导。未来园区按照"政府搭台、园区支撑、企业运作、项目带动、利益共享"的合作模式，建成高科技、低碳型、国际化的工业园区
马中关丹产业园区	马来西亚国家级园区、东海岸特区中的特区，以中马两国政府共建、区位优势突出、支持政策最优、自然资源丰富、产业配套完善而备受瞩目。除完全享受东海岸经济特区所有优惠政策外，马中两国将从财政、税收、金融、进出口管理等方面出台更为优惠的政策	在该园区附近约有100多家跨国公司和中小型企业，初步形成了以汽车、石化、棕榈油、电子、清真食品等为主的产业群，与关丹产业园区将形成潜在的协同发展效应。2014年2月25日，中马双方成立"中国—马来西亚钦州产业园区和马来西亚—中国关丹产业园"联合合作理事会。2014年5月31日，马来西亚总理纳吉布访华期间，由中国商务部投资促进事务局、马来西亚投资发展局、东海岸经济特区发展理事会、中马钦州产业园区以及马中关丹产业园共同签署五方谅解备忘录，中马联合招商机制正式建立，标志着两园开发建设正式进入科学化、机制化和规范化的快速发展轨道
马来西亚槟城第二跨海大桥	东南亚最长跨海大桥	2014年3月1日，马来西亚槟城第二跨海大桥正式通车，该桥总造价约46亿林吉特（部分使用中方提供融资），主桥和桥梁海上桩基部分由中国港湾工程有限责任公司承建（中方承建部分约22亿林吉特）
广西北部湾港务集团的联合钢铁厂项目	马来西亚政府重点引进项目、我国实现国际产能合作的重大项目、马中关丹产业园顺利启动的关键（首个入驻马中关丹产业园的重点项目）	该项目总投资为14亿美元，达产后预计年销售收入19.67亿美元，实现年产350万吨钢材的规模。项目开辟了港务集团以"混合所有制"进行境外投资的先河，由建设银行与进出口银行、农业银行组建项目银团，为项目提供6.64亿美元及20亿元人民币的融资安排。该项目一旦投产将使马来西亚成为东南亚最重要的钢铁制造中心之一

资料来源：根据相关新闻报道整理而得。

第三章 中国与马来西亚经贸合作

未来，马来西亚政府期望更多的中国投资者关注东盟，聚焦马来西亚，在新能源、高端装备、航空航天、医疗设备、医药卫生、生物化学、旅游等相关产业，加大对马来西亚的投资。

第五节 "一带一路"倡议实施以来中马高层交流及其成果

中马关系一直走在中国与东盟国家的前列，成为东盟地区友好合作的先行者和典范。近两年，中马两国高层交流和领导人互访较为频繁，见表 3-11 所示。中马两国已经建立包括中马高层经济论坛在内的多种双边交流机制。此外，近两年两国还多次举办以"一带一路"建设相关问题为主题的交流论坛，给两国经贸合作注入了新的活力。

表 3-11 近年来中马双边高层交流及其成果

时间	事件	参加人	成果
2014年3月31日	"马来西亚巴生港国际贸易与清真产业中心项目推介会"在北京举行	—	马来西亚国际（中国）商贸中心有限公司与中国的7家机构签订战略合作协议，共同打造清真产品交流、流通平台
2014年5月27日~6月1日	马来西亚总理纳吉布对华展开为期6天的正式访问	中国国务院副总理汪洋、马来西亚总理纳吉布	5月31日，中国商务部和马来西亚国际贸易与工业部在北京人民大会堂共同举办"中国—马来西亚经济高层论坛"，纳吉布与中国国务院副总理汪洋共同出席并致辞。论坛结束后，双方有关企业签署了基础设施、交通运输、航空航天、能源、金融等领域的多项合作协议
2014年9月4日	国家主席习近平在北京人民大会堂会见马来西亚最高元首哈利姆夫妇	国家主席习近平、马来西亚最高元首哈利姆夫妇	双方对两国的友好关系给予肯定

续表

时间	事件	参加人	成果
2014年9月9日	中马企业家在厦门商讨共建21世纪海上丝绸之路	—	以"共建海上丝绸之路"为主题的第四届马中企业家大会在厦门与中国国际投资贸易洽谈会同期举行。来自中国、马来西亚及东盟国家的商界代表约1000人与会,会间签约合同额达5.2亿美元
2014年10月24日	马来西亚签署筹建亚洲基础设施投资银行备忘录	—	中国同包括马来西亚在内的20个国家在北京签署了筹建亚洲基础设施投资银行备忘录,马来西亚成为亚投行创始成员国之一
2014年11月10日	马来西亚总理纳吉布在北京出席APEC领导人非正式会议,中国国家主席习近平、国务院总理李克强分别会见纳吉布总理	中国国家主席习近平、国务院总理李克强、马来西亚总理纳吉布	中马双方就经贸、投资、金融、基础设施建设等合作进行深入洽谈。中国人民银行与马来西亚国家银行签署了在吉隆坡建立人民币清算安排的合作备忘录。吉隆坡人民币清算安排的建立将有利于中马企业和金融机构使用人民币进行跨境交易,促进贸易和投资便利化
2014年11月30日~12月6日	马来西亚副总理穆希丁对中国进行为期6天的正式访问	马来西亚副总理穆希	12月4日,马来西亚亚洲策略与领导力研究所和中国贸促会在重庆共同主办以"平衡增长,共享繁荣"为主题的第六届世界华人经济论坛
2015年3月27日	国家主席习近平在海南省博鳌国宾馆会见马来西亚总理纳吉布。此次纳吉布来华出席博鳌亚洲论坛年会	国家主席习近平、马来西亚总理纳吉布	两国达成共识,两国在"一带一路"战略框架下加深产业园、铁路、金融等合作。马方欢迎中国银行在马开办人民币清算行,支持中方提出的亚投行和"21世纪海上丝绸之路"的倡议
2015年11月17日	国家主席习近平在菲律宾马尼拉会见马来西亚总理纳吉布	国家主席习近平、马来西亚总理纳吉布	双方达成共识,以共建"21世纪海上丝绸之路"作为新契合点加强经贸、互联互通、基础设施等合作
2015年11月20日	国务院总理李克强出访马来西亚	国家主席习近平、马来西亚总理纳吉布	李克强与纳吉布会谈,两国达成共识,将中方技术与成本优势同马方基础设施建设需求相对接,通过积极探讨开展马来西亚—新加坡高铁建设、马来西亚南部铁路建设和中马港口联盟等合作,加强区域互联互通

第三章
中国与马来西亚经贸合作

续表

时间	事件	参加人	成果
2015年11月23日	国务院总理李克强参加中马经济高层论坛	国务院总理李克强	国务院总理李克强在吉隆坡出席中马经济高层论坛,并发表题为《推动中马合作迈上新台阶》的主旨演讲。此外,中国为马来西亚提供500亿元RQFII额度
2016年9月7日	国务院总理李克强在万象国家会议中心会见马来西亚总理纳吉布	国务院总理李克强、马来西亚总理纳吉布	纳吉布表示马方乐见中国企业积极参与马基础设施、工业园区等项目建设,支持两国金融合作
2016年10月31日~11月5日	马来西亚总理纳吉布率领代表团抵达中国,进行为期6天的访问行程	国家主席习近平、马来西亚总理纳吉布	马中政府签署16项备忘录,纳吉布也会见证马中私企商业对商业至少15项备忘录,涉及领域包括投资、发展、建筑、金融、电子商务、生产太阳能电池板、兴建码头、天然气输送管及海水淡化厂等。马来西亚交通部长廖中莱表示,这是历年来成果最丰硕的一次官方访问

资料来源:根据相关新闻报道整理而得。

第六节 中国企业投资马来西亚的机会与风险

马来西亚地处东盟的战略核心位置,同时又是一个新兴的工业化国家,经济成长性很好,经济开放程度很高,给中国企业海外投资带来一个良好的机遇。同时,马来西亚是第一个与中国建立外交关系的东盟国家,两国经济合作历史渊源深厚,政治外交关系良好,为两国关系的进一步发展奠定了良好的基础。另外,马来西亚政府非常注重发展现代经济和基础设施建设,并制定了一系列优惠政策以吸引更多外资。伴随着"一带一路"倡议的进一步推进,未来将有更多的中国投资者入驻马来西亚,中马两国将在更多领域展开更为广泛的合作。

从现有经贸合作来看,中马两国在多个合作领域硕果累累,两国关系已经处于新的高度,未来两国经贸合作前景广阔。首先,两国在产业园区方面合作成果显著。中国—马来西亚钦州产业园区和马中关丹产业园区将为中国和其他国家尤其是东盟国家开展产业园区合作提供示范性作用,为中国企业以产业园区为载体,推进"一带一路"倡议的落实提供经验基础。其次,中马两国在基础设施、房地产、制造业、金融、旅游、物流等方面有广泛合作,未来还会在深度和广度上进一步拓展,目前中国企业对马来西亚的投资项目主要集中在基础设施建设方面,包括在马来西亚修建铁路、桥梁等。从近两年的两国交流及其成果来看,一方面,在"一带一路"倡议助推下,中方技术与成本优势将同马方基础设施建设需求进一步对接,两国有望开展高铁建设等基础设施建设合作。另一方面,两国金融领域合作成果显著,为未来两国经贸合作提供了坚实的金融支持后盾。其中,两国间货币互换协议延续,马来西亚加入亚洲基础设施投资银行,中国为马来西亚提供 500 亿元 RQFII 额度。

中马两国在服务业、清真产业、可再生能源、基础设施建设等领域上具有较强的合作潜力,在电子工业、汽车产业、棕榈油业、木材业等行业上也具备合作机会,见表 3-12 所示。这些产业基本都是资本、技术与知识密集型产业。马来西亚经济发展富有活力、政局稳定、经商成本不高,但马来西亚劳动力成本比较高,中国企业很难利用马来西亚的劳动力成本优势。因此,中国对马来西亚的投资应主要集中在非劳动密集型产业,在劳动密集型产业上的投资需极为谨慎。

表 3-12　　　　　　　　中国企业投资马来西亚的机会

行业	优势与机遇	投资机会
电子工业	电子业在马来西亚经济发展中占有较大的比重,马来西亚是世界上最大的硬盘生产国,世界上有 1/3 的半导体在马来西亚的槟城装配。马来西亚在该产业上具有完备的产业条件,上下游相互配套设施完善。电子业也是马来西亚政府鼓励发展的一个行业	中国与马来西亚在电子产业上具有一定的合作空间。可投资于电子元件和电路板制造、消费电子产品制造、计算机和周边设备、通讯设备制造、硬盘与半导体制造等
汽车产业	马来西亚汽车产业较为发达,是东盟第三大汽车市场,是进军东盟其他国家的门户和跳板,越来越被世界汽车企业家看重,已经成为"兵家必争之地"	中国企业可与马来西亚民族汽车企业——宝腾和派洛多合作,快速进入马来西亚汽车市场

续表

行业	优势与机遇	投资机会
食品行业	马来西亚食品消费需求增长迅猛,由于当地农产品加工业产量有限,该国十分依赖进口食品,尤其是半成品。同时食品加工业是马来西亚政府鼓励投资的行业之一	可重点投资谷物、粮食粉、淀粉或乳的制品,糕饼点心,杂项食品等的加工制造
清真产业	马来西亚清真产业发展比较成熟,市场潜力巨大。清真产业也是马来西亚政府鼓励发展的一个行业。此外,马来西亚与中国致力于共同打造清真产品交流、流通平台	可投资清真食品制造业和清真旅游业。中国有很好的制造技术,投资马来西亚清真产业可将中国的优秀清真产品推向全世界
石化工业	马来西亚石油储量丰富,是全球第四大深海油气中心。近年来该国政府加大了油气勘探开发力度,吸引企业投资寻找新的油田,努力提高采收率来增加现有油田产量	可投资矿物燃料、矿物油及其蒸馏产品等能源行业以及油气勘探业
可再生能源产业	马来西亚政府采取了许多鼓励措施来推动太阳能乃至整个可再生能源产业的发展,目前已经是全球第三大太阳能设备生产国,产业发展速度直逼欧盟	可投资太阳能等可再生能源产业,包括太阳能设备制造等。有助于部分转移我国光伏产业的过剩产能
基础设施建设	马来西亚基础设施建设需求较大,最新五年计划以加强基础设施建设,支援经济扩张作为该计划的六大策略之一。中方技术与成本优势将同马方该需求有效对接	可投资马来西亚多项基础设施建设项目
服务业	服务业是马来西亚主要产业之一。马来西亚企业同中国企业合作的愿望强烈,希望共同合作开发包括在吉隆坡和其周边地区开发的旅游项目、医疗项目等。未来马来西亚将开放更多服务业自由化领域	可投资于马来西亚金融、保险、餐饮等。但需要注意马来西亚在这些领域的限制条款
棕榈油业	马来西亚的棕榈树种植面积约占全世界的1/3,中国是世界上最大的棕榈油进口国,对棕榈油工业需求和消费需求巨大,并且预计未来全球市场对于棕榈油的需求还会不断提高。马来西亚棕榈油业前景明朗	可继续加大对马来西亚棕榈油业的投资,包括种植、加工等
木材业	马来西亚生长、种植的原木质量上乘,中国目前的胶合板主要从马来西亚进口。但是近年来马来西亚由于原材料和技术工人的短缺,胶合板的产量开始下降。未来人工林成为马来西亚木材工业发展壮大的关键	可投资马来西亚人工林种植业,以及木制品加工业,并建议选择在靠近人工林的区位进行投资

中国与"一带一路"沿线国家经贸合作国别报告

在投资风险方面,与东南亚许多国家政权变动频繁、社会动荡、民族宗教问题突出等相比,马来西亚的政治风险较低,但一些潜在的政治风险不容忽视,包括逐渐激烈的党派之争、美国对马来西亚的影响、与邻国的领土争端、毒品等社会治安问题以及内部的排华情绪等,见表3-13所示。

表3-13　　　　　　　中国企业投资马来西亚的主要风险

风险类型	注意事项
国内党派斗争激化	长期以来,马来西亚"国民阵线联盟"一直在大选中稳操胜券。但是,2008年第十二届大选中,"国阵"丧失36.9%的议席和13州中的5个;2013年,马来西亚经历了史上竞争最激烈的一次大选,尽管最终"国阵"仍然获胜,但反对派的力量日渐壮大,认为选举存在舞弊并举行大规模的抗议游行和社会运动。2014年"MH370客机事件"进一步暴露了日益激烈的党派斗争。马来西亚的投资环境不确定性增强
美国对马来西亚政局的影响加强	作为战略敏感核心地带实力较弱的国家,马来西亚的外交政策往往受制于美国等大国。美国自提出"亚太再平衡战略"以来,对东南亚的军事援助大幅增加。2013年美国防部长宣布支持对东南亚军队训练的资金增加50%。2014年,美国首次派6架F-22战斗机与马来西亚进行军事演习。2014年9月,马来西亚邀请美国P-8"海神"巡逻机从该国最东端地区起飞,这一系列情况不利于中马关系的长期持续发展
与邻国的领土争端	马来西亚与邻国菲律宾、文莱、中国都存在着领土争端,其中以菲律宾情况最为严重。沙巴州目前在马来西亚的管辖下,但菲律宾自1962年起便宣布对其拥有主权。近年来两国频发因领土争端而导致的军事冲突,增加了投资马来西亚的风险
毒品带来社会治安问题	由于马来西亚与金三角距离较近,所以尽管马来西亚对毒品犯罪的量刑较高(唯一一项触犯死刑的犯罪),但马来西亚的毒品交易仍然猖獗。马来西亚政府每年用于反毒运动的财政耗资巨大,对社会经济其他领域的发展也产生了一定的挤压效应
社会中存在排华势力	马来西亚是一个多民族国家,马来人、华人和印度人分别占人口的62.5%、22.0%和6.0%。马来人主要信奉逊尼派伊斯兰教,华人信奉佛教,印度人信奉印度教。总体而言,马来西亚各民族相处和睦,不存在大规模冲突和斗争的风险。但马来西亚社会中仍然存在对华人的排斥和歧视,华人难以进入政治决策高层,华人企业家也会受到一定的歧视

资料来源:张华:《"一带一路"投资风险研究之马来西亚》,中国网,2015-04-10(http://opinion.china.com.cn/)。

第三章
中国与马来西亚经贸合作

当前中国与马来西亚正处于深化全面战略伙伴关系的重要阶段,在中国全力推进"一带一路"倡议实施的背景下,中马双方在非劳动密集型产业上合作前景广阔。依托于产业园区,两国将在多个领域展开深度合作,实现双方互惠互利、共赢发展。

第四章
中国与缅甸经贸合作

第一节 缅甸经济现状与产业结构

缅甸属于全世界最贫穷国家之一。在历经50多年的军政独裁统治之后，缅甸进行政治改革，渐渐转向民主。缅甸社会、政治和经济的调整推动了经济环境的改善，缅甸与东盟国家的互动也在加强。近年来，缅甸经济增长较快，GDP增速在2013年和2014年甚至达到8.5%的水平，2015年，由于雨季引发较重的洪涝灾害严重打击了缅甸农业，使得对传统农业依赖性较强的缅甸经济增速有所下滑，但仍处于6.99%的较高水平。与此同时，受缅甸政府支持的增加，自然灾害频发使得物价上涨等因素的影响，缅甸通货膨胀率逐年上涨，见表4-1所示。在最新的《世界经济展望报告》当中，国际货币基金组织预计缅甸经济2016年的增长速度将达到8.6%，居其研究覆盖的近200个国家和地区当中首位。缅甸经济主要利好因素是缅甸新政府的成立。2015年11月，缅甸举行了25年来首次公开竞争全国民主选举，结束了军政独裁统治。缅甸全国民主联盟赢得大选，组成的新政府将致力于推进一系列经济、社会改革，推动缅甸经济发展。

从产业结构看，缅甸经济以农业为主体，工业化处在初期，服务业相对落后，其基本产业构成是农、林、渔、矿产品生产、初级加工制造业和商业服务业。在缅甸2015年的GDP构成中，农业、工业、服务业分别占

第四章
中国与缅甸经贸合作

表 4-1　　　　　缅甸 2012~2015 年主要经济数据

年份	GDP（亿美元）	GDP 年增长率（%）	人均 GDP（美元）	按 GDP 平减指数衡量年通货膨胀率（%）
2012	746.90	—	1420	—
2013	586.53	8.52	1110	5.45
2014	643.30	8.50	1200	6.59
2015	648.66	6.99	1200	11.3

说明：①世界银行数据库越南 2011 年全部数据及 2012 年部分数据缺失；②截至本书成稿时，2016 年的相关数据尚未公布。

资料来源：世界银行数据库（http://data.worldbank.org）。

27.4%、26.5% 和 46%。缅甸主要靠生产并出口原材料或原始产品（主要是农产品）来提高国内生产总值，农产品出口约占总出口的 25%，而属于增值产品的，如成衣等纺织品、工业产品及玉石等贵重的货物出口量只占总出口的 14.8%。

农业是缅甸国民经济的基础，农产品是缅甸出口创汇的主力军，长期以来排在出口创汇的第一位，近几年才被石油天然气出口超过，主要农业作物有：稻谷、甘蔗、长绒棉、玉米、花生、芝麻、向日葵、黑豆、绿豆和赤豆等。目前在缅甸从事农业的人员比例高达 70%，在东盟十国中居第二位（仅次于老挝）。缅甸政府十分重视农业的发展，采取多种政策措施促进该产业发展，包括积极吸引外商投资农业，促进橡胶、豆类和稻米等农产品出口到世界各国，政策成效明显。随着缅甸积极开发商业化稻米生产体系，缅甸政府致力于将缅甸打造成世界主要稻米出口国，加上缅甸稻米业本身所具备的吸引外资的多重有利因素，缅甸已成为世界瞩目的稻米及相关产业的贸易投资基地。同时，缅甸尚有 1600 多万英亩的空地、闲地和荒地待开发，农业具有较大的发展空间。

缅甸工业发展落后，第三产业发展滞后。缅甸的石油和天然气资源、矿产资源等工业资源十分丰富，但是由于军政独裁统治种种原因，工业尚未发展起来。据亚洲开发银行能源评估报告，缅甸共有 104 个油气开采区块，约有 1.6 亿桶石油和 20.11 万亿立方英尺天然气。但是由于缅甸港口设施不全、输气终端不健全、运输业不发达、电力供应不足等，缅甸油气产业尚未得到大幅发展。缅甸矿产资源主要有铜、铅、锌、银、金、铁、镍、红蓝宝石、玉石，等等，宝石和玉石在世界上享有盛誉。因缅甸地质勘查能力较落后，因此对整个能源和矿藏的储量及分布情况还不完全清晰。在第三产业上，缅甸以批零商业服务、运输旅游服务和酒店餐饮服务等传统服务业为主。

贸易方面，缅甸主要出口天然气和低端制衣品，外贸总额的90%都是来自与邻国的贸易。缅甸是东南亚国家中仅次于印度尼西亚的第二大天然气出口国，主要出口的商品为矿物燃料、宝石及半宝石、植物蔬菜、木及制品和非针织或非钩编的服装及衣着附件，主要进口矿物燃料、机械产品、钢铁及钢铁制品、电机电器设备等。2015/16财年，缅甸天然气为出口最多商品，占比45%，制衣产品排名第二，占比17%。各种豆类10亿美元，宝石5.7亿美元，机械产品5.4亿美元。根据缅甸中央统计局最新数据显示，中国为缅甸的第一大贸易伙伴，其次为泰国、新加坡、日本和印度。

联合国贸发会议发布的2016年《世界投资报告》显示，2015年，缅甸吸收外资流量为28.24亿美元；截至2015年底，缅甸吸收外资存量为204.76亿美元。联合国贸易与发展会议报告称，截至2016年5月底，缅甸吸收外资总额达630亿美元，缅甸目前位列全球吸收外国直接投资目的地前15位。对外国直接投资的吸引力已于2015年超过中国香港和新加坡。缅甸主要直接投资来源国是中国（含中国香港、中国澳门）、泰国、新加坡、韩国和英国。主要投资领域为：电力、石油和天然气、矿产业、制造业和饭店旅游业。据缅方统计，截至2014年12月底，共有36个国家和地区在缅甸12个领域投资860个项目，总投资额528.41亿美元。2014~2015财年，由于政府放开电信领域，允许外商投资，加上制造业和能源领域投资企业进入缅甸市场，当年缅甸吸引外资总额高达81亿美元。其中，35%的投资集中在能源领域，制造业和电信领域分别占吸引外资总额的25%。另外，自缅甸新政府2015年末执政以来，由于水电和火电项目遭到当地民众的反对，能源领域的外国投资由水电和火电项目转向太阳能发电项目。新政府执政的前7个月中,电力方面的外国投资总额为6.5亿美元,全部投向了太阳能发电项目。

第二节 缅甸具有国际竞争优势的产业

在二位码层面上计算缅甸各个产业的显示性比较优势指数(RCA)①结果显示,在缅甸具有显著比较优势(RCA>1.25)的10个产业中,资本密集型产业有1个,劳动密集型的有9个,见表4-2所示。

表4-2 缅甸具有显著比较优势产业

产业类型	产业	2010年
劳动密集型	食用蔬菜、根及块茎	30.63
	木及木制品、木炭	11.36
	天然或养殖珍珠、宝石或半宝石、贵金属、包贵金属及其制品	8.55
	鱼、甲壳动物、软体动物及其他水生无脊椎动物	7.77
	编结用植物材料、其他植物产品	4.04
	非针织或非钩编的服装及衣着附件	3.82
	谷物	3.89
	含油子仁及果实、杂项子仁及果实、工业用或药用植物、稻草、秸秆及饲料	2.02
	其他动物产品	1.48
资本密集型	矿物燃料、矿物油及其蒸馏产品	2.65

说明:由于在UN COMTRADE数据库2009年以后缅甸数据缺少,只有2010年贸易数据,因此,表中只统计2010年缅甸具有显著比较优势产业的数据。
资料来源:根据UN COMTRADE数据整理而得。

一、主要劳动密集型产业

以2010年贸易数据计算的缅甸具有比较优势的劳动密集型产业包括:

---

① 关于RCA指数详见本书上篇第一章第二节。

食用蔬菜、根及块茎；木及木制品、木炭；天然或养殖珍珠、宝石或半宝石、贵金属、包贵金属及其制品；鱼、甲壳动物、软体动物及其他水生无脊椎动物；编结用植物材料、其他植物产品；非针织或非钩编的服装及衣着附件；谷物；含油子仁及果实、杂项子仁及果实、工业用或药用植物、稻草、秸秆及饲料；其他动物产品。

1. 食用蔬菜、根及块茎；谷物

缅甸在食用蔬菜、根及块茎和谷物这两个产业上都具有很强的国际竞争力。通过对 HS 编码的进一步分析发现，缅甸出口的主要是脱荚的干豆、稻谷、大米。

中缅农业合作前景广阔。缅甸气候适宜多种植物生长，并有大量耕地和水资源，资源丰富，地多人少，适宜发展农业。农村和农业的发展是缅甸能否实现现代化的关键，对缅甸经济和社会发展意义重大，而中国改革开放以来的农业发展政策对缅甸有较大的借鉴和参考价值，中国可以向缅甸提供现代农业生产技术、农机和小额贷款等支持。除技术、资金外，中国庞大的市场使中缅农业合作前景更为广阔。

2. 木及木制品、木炭

缅甸木材具有独特的优势：材质优良、成本较低、品种齐全，所以缅甸的木材的需求量一直很大。通过对 HS 编码的进一步分析发现，缅甸主要出口的是原木。

缅甸在 2014 年颁布了原木出口禁令，宣布正式停止原木出口，只允许出口木制品。这就使得全球的木材公司开始筹备在缅甸投资木材加工产业。中缅双方在自然资源、产业结构和生产能力上存在差异，两国木材产业互补性强。通过中国—东盟自贸区功能将缅甸的资源优势同我国的贸易加工优势结合起来，扬长避短，可形成跨区域的行业竞争合力。

3. 天然或养殖珍珠、宝石或半宝石、贵金属、包贵金属及其制品

缅甸宝石种类多、质量好，是世界上最大的宝石生产国之一，也是中国自东盟进口珍珠宝石的第一大供应地。近几年来，缅甸政府颁布了允许私人对采矿企业进行投资的新政策，宝石产业发展迅速。通过对 HS 编码的进一步研究发现，缅甸出口的主要是宝石（钻石除外）或半宝石。

第四章
中国与缅甸经贸合作

4. 鱼、甲壳动物、软体动物及其他水生无脊椎动物

缅甸的渔业具有得天独厚的条件,蕴藏着极大的开发潜力。缅甸境内河流湖泊众多,终年水源充足且工农业环境污染少,具有利于渔业发展的优越条件。通过对 HS 编码的进一步分析发现,缅甸主要出口的是鲜、冷鱼。但是缅甸自身存在诸多不足限制了其渔业的发展,比如渔船数量不足,捕鱼工具落后,渔民缺乏渔业知识,水产加工能力低下。

5. 非针织或非钩编的服装及衣着附件

纺织及成衣业是目前缅甸唯一与国际贸易网路挂钩的产业。通过对 HS 编码的进一步分析发现,缅甸主要出口男外套、夹克、长裤、衬衫;女外套、夹克、裙子;运动服等。

对于纺织业来说,缅甸有充足的低成本劳工(当地的纺织业学校正源源不断地提供技术工人)及出口欧美享受关税优惠等便利条件,逐渐被国际买家视作尚未开发的成衣生产中心与下单采购的目标国。成衣出口在近几年是缅甸继天然气出口后发展最快的出口产品,同时也是外国投资明显增多的产业,包括中国大陆企业在内的外资成衣制造业约占缅甸制造业外资的 70%。纺织业为缅甸创造大量外汇和就业机会,已成为该国发展国家经济、改善民众生活水平的重要行业,被缅甸业界寄予厚望。

但缅甸纺织业目前尚面临基础设施陈旧及电力不足、营销人才短缺、国内企业竞争力不敌外资企业等一连串的困难。缅甸国内纺衣生产力品质(取决于道路、港口、机场、水电供应、电讯及海关行政管理等方面)仍然低于越南、柬埔寨及孟加拉等国。电力供应方面缅甸成衣厂的电力总成本约为劳工总成本的 30%~40%,同时因电压不稳定,厂商的机器设备加速折旧。此外,缅甸国内业者欠缺行销、商企、采购及运筹作业方面的实务经验阻碍了成衣业自来料加工过渡到以 FOB 交货的形态,降低了纺织业的生产效益。此外,国内企业不如外资企业出口多也是缅甸服装企业所面临的一大问题。由于刚开始从事国际服装业的企业可以享受免税的优惠待遇,所以外资中服装业所占比重较大,外资企业更有市场,也有较多利润,而国内企业无法与之竞争,在支付工人工资方面都还有一定困难,所以没有太多赢利空间。但总体来说,缅甸服装出口额每年都在递增,往年缅甸服装出口额10亿多美元,2016~2017财年有望向欧盟和韩国市场出口价值20多亿美元的服装①。政府也在努力增强缅甸成衣加工的国际竞争力,包括为改善成衣加工业生产环境、打造"缅甸制造"品牌等。

二、资本密集型产业

以2010年贸易数据计算的缅甸具有比较优势的资本密集型产业包括:矿物燃料、矿物油及其蒸馏产品。通过对HS编码的进一步研究发现,缅甸主要出口的是石油气及其他烃类气。

缅甸石油储量丰富,油气业发展前景良好。据亚洲开发银行能源评估报告,缅甸共有104个油气开采区块,约有1.6亿桶石油和20.11万亿立方英尺天然气,目前日均产量约20亿立方英尺,其中分别向泰国和中国销售13亿立方英尺和4.65亿立方英尺。但是目前缅甸港口设施不全、输气终端不健全、运输业不发达、电力供应不足,阻碍了缅甸油气业的大幅发展。同时由于缅甸地质勘查能力较落后,缅甸的石油储量并没有得到有效的勘探和开发。因此,缅甸积极吸引外资开发其能源资源,鼓励外国公司对其储量进行评估,并采取以产品分成为主的合作方式,鼓励外国公司开发其边缘地区的油气资源。随着缅甸政治、经济改革进程的加快,基础设施建设的完善,缅甸油气等能源的开发有加速的趋势。

第三节 缅甸外商投资政策及战略规划

一、缅甸外资政策

缅甸对外商投资实行审批制,见表4-3所示。2012年11月颁布的《缅甸联邦共和国外国投资法》(以下简称《外国投资法》)规定,在缅甸外商投资项目需获联邦政府同意,并经投资管理委员会批准,并依据18

---

① 数据来源:中国驻缅甸大使馆经济商务参赞处(http://mm.mofcom.gov.cn)。

第四章
中国与缅甸经贸合作

项原则进行审批。在限制或禁止外资进入领域，缅甸投资委员会于 2016 年 3 月发布了新的禁止外企投资项目种类目录，包括玉石、矿产开采及原木采伐项目在内的 14 大项目种类。在鼓励投资领域，《外国投资法》提供了很多激励和担保措施，鼓励外商企业投资能够促进当地就业、增加出口、无污染的加工制造型企业。2013 年 1 月实施的《外国投资细则》大幅提高外商投资优惠及鼓励政策，如外商可自行支配税后收入，通过涉外银行汇往国外，等等。此外，在经济特区建设方面，缅甸在 2014 年 1 月颁布新《经济特区法》，大力推进土瓦、迪洛瓦和皎漂三个经济特区吸引外商参与规划建设。

表 4-3　　　　　　　　　　缅甸外资政策

类型	具体原则/领域
外商投资审批原则	(1) 弥补国家发展规划不足及因国家及国民财力、技术无力实施的项目；(2) 增加就业机会；(3) 扩大出口；(4) 替代进口物资的制造业；(5) 需要大量投资的制造业；(6) 获取高技术及发展技术型产业；(7) 需要巨额投资的制造业及服务业；(8) 低能耗项目；(9) 发展地方经济；(10) 开发新能源及生物能源项目；(11) 发展现代工业；(12) 保护环境；(13) 有助于信息技术产业；(14) 不影响国际主权及人民安全；(15) 培养国民知识技能；(16) 发展国际水准的银行及金融业；(17) 国家及国民需要的现代服务业项目；(18) 保障能源及资源的短期及长期内需。服务业和基础设施行业等可促进就业的行业将是今后的重点发展领域
限制或禁止外商进入领域	(1) 禁止项目种类：与国防相关的武器和火药服务项目、河岸堤坝项目、宗教和信仰场所、破坏农田和水资源的项目、天然林管理项目、玉石开采和矿产品生产项目、过度耗费电力的项目、电力勘察项目、航空导航项目、包括金矿在内的矿产开采项目、原木采伐项目、未经政府批准的出版和传媒项目，以及用缅文及其他民族文字出版出版物等项目 (2) 必须与缅甸企业合资的项目种类：食品生产项目、饮料生产销售项目、厨房用品生产项目、日用品生产项目、高级高尔夫球场、度假旅游和房地产项目等。畜牧水产项目和环保项目经相关部门批准后可与当地企业合资经营。此外，药品生产、运输、汽车修理及租用政府部门土地经营项目的，经相关部门批准后可与当地企业合资经营
外商投资优惠及鼓励政策	外商可自行支配税后收入，通过涉外银行汇往国外；外商对土地使用年限最长可达 70 年；在鼓励领域，对外商实行税收优惠、免除关税、享受国民待遇和减免贸易税等政策。比如，受鼓励企业将享受 5 年免税期，其中包括企业开始商业运营的当年。如果企业申请，而且投资委认为项目符合国家利益，也可将免税期延长

资料来源：中国商务部：《对外投资合作国别（地区）指南——缅甸（2016 年版）》（http://fec.mofcom.gov.cn/article/gbdqzn/upload/miandian.pdf）。

二、缅甸长期发展规划

为发展国家经济和提高人民生活水平,缅甸政府于2010年制订了国家全面发展二十年计划(2011~2031年),致力于将缅甸发展为一个工业化的现代国家。该二十年期发展规划包括4个五年计划期,新的发展规划将按照以广大人民为中心(People centered development)的原则进行制定,优先改革和发展10个领域,分别为财政和税收制度改革、金融改革、放宽贸易和投资、发展民营经济、发展卫生和教育、发展农业提高粮食供应、政府运作透明化、发展移动电话和互联网系统、发展基础设施建设、政府运作高效化等。此外,缅甸还会继续加大在农业领域投入,同时缩小地区间差距。根据改革需要和国家发展情况,缅甸政府确定了4项经济发展原则,其中包括加强农业发展的同时努力发展工业、省邦平衡发展、提高人民生活水平等。依据该经济社会计划框架,缅甸政府制定了五年出口战略计划、经济走廊建设计划、国家电力总体规划、电力供应规划、国家能源总体规划、国家运输总体规划,等等。缅甸政府表示将通过电力总规划、电力供应规划和能源总体规划3个规划在能源利用方面与邻国合作,见表4-4所示。

表4-4 缅甸长期发展规划

规划名称	规划目的	规划内容
五年出口战略计划(2015~2019年)	提升包括豆类、油菜籽、水产品、木制品、纺织品和服装、大米、橡胶和旅游等行业的产出和价值增值	解决橡胶业在质量和产量上的困境。扩大其他优势产品出口,形成出口产品结构多元化。预计耗资9亿美元,将由国际贸易中心和德国国际合作署提供资金援助与技术支持
两条经济走廊的建设计划	划定了两条连接经济特区和边境口岸的经济走廊,并确定了沿线重点发展城市。缅甸希望通过这两条经济走廊的建设,推动沿线中心城市、	(1)两条经济走廊分别是"迪拉瓦经济特区—妙瓦底边境口岸经济走廊"和"皎漂经济特区—木姐边境口岸经济走廊"。第一条经济走廊沿线包括迪拉瓦经济特区—仰光—勃固—帕安—妙瓦底边境口岸,第二条经济走廊沿线包括皎漂经济特区—马圭—密铁拉—曼德勒—彬乌伦—皎迈—腊戌—木姐边境口岸

第四章　中国与缅甸经贸合作

续表

规划名称	规划目的	规划内容
两条经济走廊的建设计划	地区经济发展城市、边境口岸和经济特区的联系和发展，并希望边境口岸和经济特区成为连接缅甸与本地区生产网络及全球市场的纽带。这两条经济走廊将成为推动缅甸经济产业多层次发展的重要枢纽	（2）缅甸将优先发展第一条经济走廊，并在该走廊上大力发展制造业和缅泰贸易，同时将建成高效的交通运输系统，以推动三角洲地区的农产品和水产品出口。此外，缅甸将大力发展该走廊的基础设施建设，把迪拉瓦经济特区打造成战略连接点，把各国投资吸引到迪拉瓦经济特区、仰光和勃固，推动缅甸经济实现多层次发展。勃固国际机场将与汽车产业中心（缅甸专为各国汽车企业预留土地）和泰国实现全连通 （3）在位于中缅边境的木姐与经济基础设施相关的外国服务已经启动。通过对曼德勒—木姐公路和铁路的升级改造推动中缅贸易发展将作为短期规划优先落实，而曼德勒—皎漂运输通道的建设将被列入短期及长期发展规划，于2020年后付诸实施
电力发展总体规划	建设"稳定、廉价、最低程度减少自然和社会环境影响"的电力供应系统	新建41座发电厂，争取到2031年将全国发电量从现在的4581兆瓦增加到29000兆瓦。通过提高现有发电厂的生产能力、减少老旧电网输电和配电中的电力损耗等来促进电力节能。在新电厂的建设中，政府将引导电力行业和投资者将注意力从煤炭、水力发电，扩大到天然气、太阳能和风能等其他能源发电上
国家能源总体规划（2016~2030年）	将缅甸建成亚洲最主要的能源中心之一	包括燃料使用、资源获取、技术和价格竞争、自然环境、社会环境5个部分
国家运输总体规划	建设完善的交通运输体系，推进经济社会的发展。是缅甸首个包括陆海空交通的国家运输总体规划	在全缅划定了10个运输走廊，并以这10个走廊为基础发展运输系统。该规划中包括142个项目，其中航空运输项目32个，水路运输项目15个，国内水路运输项目33个，铁路运输项目14个，公路运输项目48个。这些项目将逐年分批落实

注：缅方希望将橡胶作为优质的出口产品，因此致力于提高产品质量并在孟邦毛淡棉开立第一个橡胶市场。目前，缅甸橡胶业出口主要依赖于中国市场，中国目前是世界上最大的汽车市场，制造轮胎需要大量橡胶。但由于中国经济增速减缓，对橡胶需求下降，导致全球橡胶价格下跌。这导致很多缅甸橡胶园主希望等橡胶价格回升后再开始重新生产。

资料来源：根据中国商务部网站资料整理而得（http://ccct.mofcom.gov.cn/）。

第四节　近年来中国与缅甸经贸合作成果

缅甸对于中国而言有重要的战略地位，历来都是中国发展对外关系的重要伙伴，而经贸合作也一直都是维系两国关系的重要纽带。缅甸南临印度洋，东北毗邻中国云南省，又位于印度、孟加拉国和泰国、老挝等东南亚国家的中间。历史上，缅甸就紧密关联着中国西南地区的安全与发展。现如今，尽管中国已成为世界第二经济大国和第一贸易大国，但中国的经济发展仍面临着巨大的地缘政治风险。对外贸易仍是拉动经济增长的重要引擎，东部沿海是经济重心，主要的贸易物资和能源进口要依赖马六甲海峡，提出和实施"一带一路"构想，可以打破这种依赖。从中国自身来说，向西发展除了面向中亚、俄罗斯的西北战略通道以外，便是面向南亚、东南亚的西南战略通道，而缅甸的地缘条件恰恰决定了其对于中国的战略重要性①。此外，缅甸自然资源丰富，是中国重要的矿产、能源和原材料供应地，同时又建有通往中国的油气管道，仰光、皎漂等优良的港口为中国海外贸易西出印度洋直接进入波斯湾、红海提供了可能。中缅互为重要的经贸合作伙伴，近年来，双方经贸关系保持良好，在贸易、投资、工程承包和劳务合作等方面都取得了不错成果。

一、双边贸易

中国已经连续多年保持缅甸第一大贸易伙伴。近几年除了 2014 年中国对缅甸进口异常剧增、2015 年出现骤降外，双边贸易在整体上保持较平稳增长的态势，见图 4-1 所示。2014 年中国对缅甸进口异常剧增背后是由于中国对缅甸珍珠宝石的需求表现异常强劲，而 2015 年该异常需求未能延续。据中国海关数据统计，2015 年，中国与缅甸双边贸易总额达 152.82 亿美元，较 2014 年同期下降 38.8%，占中国与东盟 10 国双边贸

---

① 资料来源：中共中央党校网站（www.ccps.gov.cn）。

易总额的 3.2%，是中国在东盟的第七大贸易伙伴。其中，中国自缅甸进口 56.25 亿美元，同比下降 64.0%；对缅甸出口 96.56 亿美元，同比增长 3.1%。2015 年，中国对缅甸贸易呈现顺差，顺差额为 40.31 亿美元。

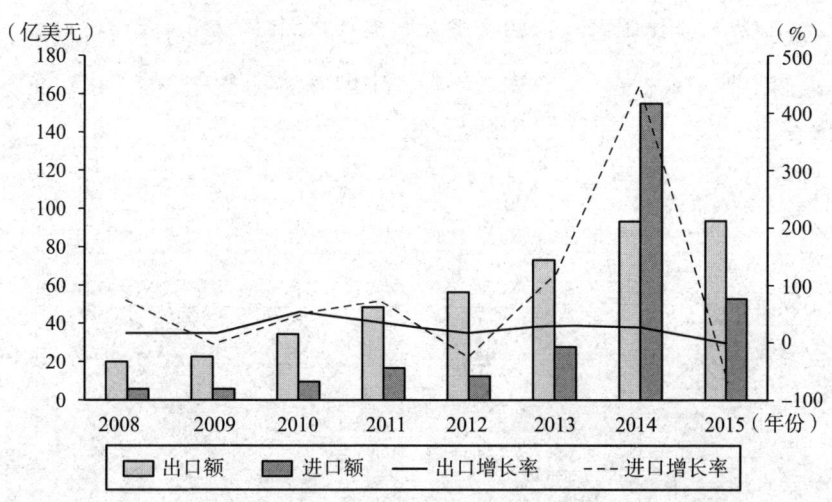

图 4-1 2008~2015 年中国对缅甸贸易额统计

资料来源：中国经济数据库（https://www.ceicdata.com）。

从贸易结构上看，中缅两国的贸易产品具有较强互补性。2015 年，中国自缅甸进口的前 5 位产品有珍珠宝石、矿物燃料、矿砂、钢铁和木制品，占中国自缅甸进口总额的比重分别为 40.30%、29.14%、8.07%、4.48% 和 4.05%，见图 4-2 所示，进口额分别为 22.67 亿美元（同比大幅下降 81.5%）、16.39 亿美元（同比增长 19.6%）、4.54 亿美元（同比下降 19.2%）、2.52 亿美元（同比下降 12.3%）、2.28 亿美元（同比大幅下降 65.5%），累计进口总额达 48.40 亿美元，占中国自缅甸进口产品总额的 91.8%。同期，中国对缅甸出口的前 5 位产品是电子、机械、船舶及浮动结构体、车辆及其零件、钢铁，占中国对缅甸出口总额的比重分别为 16.66%、10.57%、10.37%、10.24% 和 8.75%，见图 4-2 所示，出口额分别为 16.09 亿美元（同比下降 2.1%）、10.21 亿美元（同比增长 0.8%）、10.01 亿美元（同比激增 2503.8%）、9.89 亿美元（同比增长2.4%)、8.45亿美元（同比下降14.0%），累计出口总额达54.64亿美元，占中国对缅甸出口产品总额的58.1%。从2015年中缅主要贸易产品来看，珍珠宝石、矿物燃料等仍然是中国自缅甸进口贸易的主要产品，并且中国自缅甸进口的木制品将向高附加值产品领域发展①。而机电产品和工业制成品成为中国出口缅甸的主要产品。同时，受到缅甸对通讯、汽车、摩托车的管制进一步放宽的影响，中国对缅甸相关产品的出口贸易迅速增长。

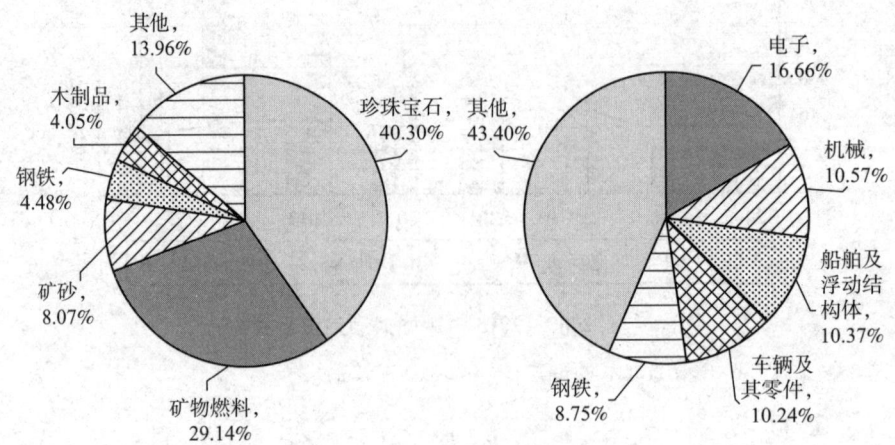

图4－2　2015年中国与缅甸主要贸易品金额占比

（左：中自缅进口；右：中对缅出口）

资料来源：中国海关统计数据（http://www.customs.gov.cn/）。

二、中国对缅甸投资

中国是缅甸第一大外国投资来源地，多年来一直居于缅甸吸引外资之首。近年来，中国对缅甸投资流量总体上呈现先上升后下降的趋势，而缅甸对中国直接投资年流量很小，基本低于500万美元的水平，见图4－3所示。据国家统计局统计，截至2016年6月底，我国对缅甸累计各类直接投资存量约43亿美元。其中2015年，我国对缅甸非金融类直接投资2亿

---

① 主要受到2014年4月缅甸开始实施的禁止原木出口政策的影响。

美元，增长16.3%。2016年上半年增加投资1.7亿美元，同比增长56%。

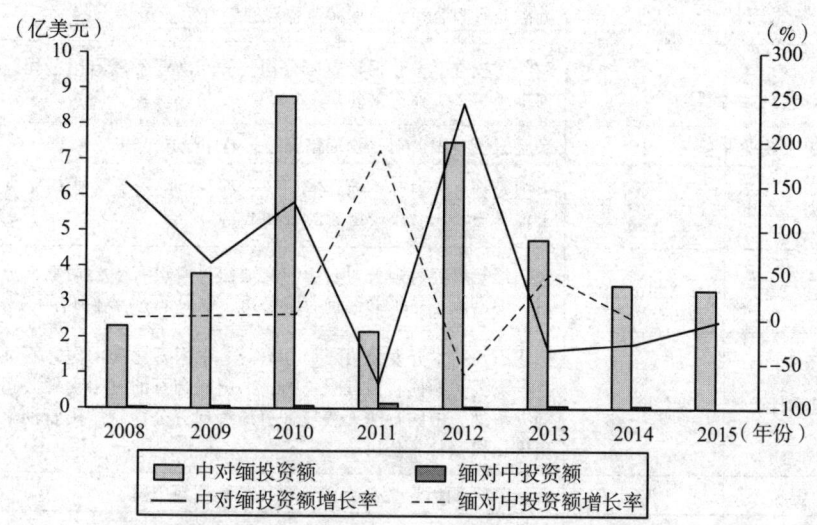

图4-3 2008~2015年中国与缅甸互相直接投资统计

说明：2015年缅甸对中国的直接投资数据缺失。
资料来源：国家统计局（http://www.stats.gov.cn/tjsj/）。

中国对缅甸投资主体和领域都相对集中。赴缅甸投资的中国企业主要是国有企业，与缅甸投资合作对象集中在官方或军方企业，对缅甸投资以资源开发为主，包括油气开发、油气管道、水电资源开发、矿业资源开发等，见表4-5所示。主要企业包括：中石油东南亚管道公司（中缅油气管道项目）、中石化（缅甸油气区块勘探项目）、中国电力投资（伊江上游水电开发项目）、大唐（云南）水电联合开发有限公司（太平江一期、育瓦迪水电开发项目）、云南联合电力（瑞丽江一级水电开发项目）、汉能集团（滚弄电站项目）、长江三峡集团（孟东水电项目）、中国水电建设集团（哈吉水电站项目、勐瓦水电站承包工程项目）、中色镍业（达贡山镍矿项目）、北方工业（蒙育瓦铜矿项目）、中国机械进出口总公司（缅甸车头车厢厂承包工程项目）、中国国际（孟邦轮胎厂改造项目、浮法玻璃项目等）、葛洲坝集团（其培电站、板其公路承包工程项目）等。

表 4-5　　　　　　　　中国在缅甸直接投资主要行业概况

行业类型	企业数量（家）	代表企业
矿业	50	中色镍业（缅甸）有限公司、缅甸景峰矿业开发有限公司、华缅矿业有限公司、博瑞矿业资源开发有限公司
农、林、渔业	46	缅甸勐拉维盛橡胶种植有限公司、仰光渔业发展有限公司、缅甸丰源生态农业有限公司
纺织服装业	40	泰康服装有限公司、缅甸岱银纺织有限公司
电力、水电	16	中国水利电力对外公司驻缅甸代表处、中国水电（缅甸）有限责任公司、小其培水电有限责任公司
建筑业	16	中国建筑缅甸有限公司、中国交通建设股份有限公司缅甸分公司、中冶天工—HTE缅甸有限公司、中国十七冶缅甸有限公司
能源行业	15	中国石油技术开发公司缅甸办事处、中国石化集团国际石油勘探开发公司缅甸石油有限公司、中国联合石油有限责任公司缅甸办事处、中国石油天然气管道局缅甸分公司、中国石油集团川庆钻探缅甸分公司
贸易	13	鑫宏基（缅甸）贸易有限公司、A.K贸易公司
房地产业	9	南董华佳房地产开发有限公司、中珠国际（缅甸）集团发展有限公司、缅甸国际城市发展有限公司

说明：该表中的主要行业是以投资企业数量而非投资金额多少来衡量。
资料来源：根据中国商务部《境外投资企业（机构）名录（2015年版）》整理而得。

缅甸建议中资企业扩展投资领域，实现投资多元化，缅甸希望中国企业前往投资农业、渔业、矿产、林业、油气等资源密集型产业，投资纺织服装、电子配件等劳动密集型产业以及酒店、旅游、物流、房地产等服务产业。

三、承包工程与劳务合作

近年来，中缅双方承包工程与劳务合作波动较大，见图4-4所示。据中国商务部统计，截至2016年6月底，我国企业在缅签订承包工程合同额203.7亿美元，完成营业额144.1亿美元。其中2015年，我国企业在缅共签订承包工程合同额19.8亿美元，完成营业额18.9亿美元。2016年上半年，新签合同额9.6亿美元，同比下降2.5%；完成营业额8.9亿美元，增长60.4%。新签大型工程承包项目包括海洋石油工程股份有限公司承建缅甸 ZAWTIKA 总包项目，云南小额边境企业汇总承建中国怒江州贡山县—缅甸葡萄县友谊公路，以及中国中材国际工程股份有限公司承建缅甸 5000t/d 水泥生产线等。

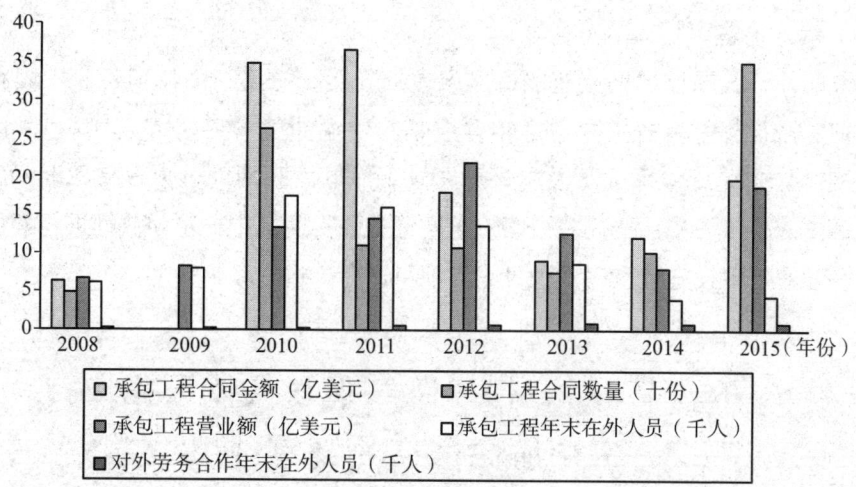

图 4-4　2008~2015 年中国对缅甸承包工程与劳务合作统计
说明：2009 年中国对缅甸承包工程合同数量及金额数据缺失。
资料来源：中国商务部（http://www.mofcom.gov.cn/）。

中国在缅甸劳务人员多为承包工程和境外投资所带动的劳务输出以及中资企业长期派驻缅甸合作企业的管理和技术人员，纯劳务市场近年来逐步萎缩。造成这种情况的主要原因有两点：一是缅甸引进劳工的政策比较严格，雇主只有在优先招聘本国公民而没有合适人选后，才能向缅甸投资委员会申请批准，引进国外劳工；二是缅甸普通工人的工资水平很低，月薪平均不到 100 美元，此工资水平对中国劳务人员吸引力较小。

四、中缅政府间重大合作项目

中缅政府间重大合作项目主要有皎漂特区的工业园和深水港项目等。皎漂特区的工业园和深水港项目由中国中信集团与泰国正大、中国港湾、中国招商局集团、中国天津泰达、中国云南建工组成的跨国企业集团联合体中标。皎漂特区工业园项目计划分三期建设，2016 年 2 月开始动工，园区占地约 1000 公顷，规划入园产业主要包括纺织服装、建材加工、食品加工等。深水港项目包含马德岛和延白岛两个港区，共 10 个泊位，计划分四期建设，总工期约 20 年①。皎漂特区的成功开发，将促进缅甸经济和社会的快速发展，改善当地人民的就业和民生，同时为中国企业"走出去"带来很多商机。

此外，我国已援助支持缅甸实施一批公路、铁路、港口项目。中国在缅甸基础设施领域投资取得了丰硕成果：中缅油气管道建成通气②；云南连接缅甸光缆传输系统已建成，推进与缅甸电力联网、电力贸易和电源建设；中国杭州——瑞丽高速公路不久即可全线贯通。中方正加快推进与缅甸互联互通基础设施建设，一大批重点项目不断推进。

第五节 "一带一路"倡议实施以来中缅高层交流及其成果

作为中国西南门户的重要邻邦和中国"21 世纪海上丝绸之路"计划的重要节点，缅甸的战略价值不言而喻。近两年，中缅两国高层进行了一系列的双边交流，在基础设施建设、能源、农业以及金融等领域取得了一定的成果，见表 4-6 所示。

表 4-6 近两年两国双边交流及其成果

时间	事件	参与人	成果
2014 年 10 月 24 日	缅甸加入亚投行	—	缅甸作为第一批意向创始成员国，加入由中国倡议发起的亚洲基础设施投资银行，将为缅甸基础设施建设，及中国企业参与缅甸投资开发带来融资便利

---

① 数据来源：中国驻缅甸大使馆经济商务参赞处（http://mm.mofcom.gov.cn）。
② 中缅原油管道具有重大战略意义，该原油管道使中国进口中东原油不必再经马六甲海峡，而可自印度洋安达曼海的缅甸若开邦马德岛上岸，经该管道运输至中国西南地区。

第四章
中国与缅甸经贸合作

续表

时间	事件	参与人	成果
2014年11月10日	缅甸总统吴登盛出席2014年北京APEC工商领导人峰会	缅甸总统吴登盛	缅方表示将积极参与中方"一带一路"计划。为此，缅甸正通过优惠关税等政策增强自身投资吸引力，并与周边国家加强互联互通
2014年11月14日	中国国务院总理李克强访问缅甸。李克强在内比都同缅甸总统吴登盛举行会谈	国务院总理李克强、缅甸总统吴登盛	双方就深化两国全面战略合作深入交换意见，达成广泛共识。中国愿与缅甸共同推进孟中印缅经济走廊相关建设，促进缅和地区互联互通和经济社会发展。两国签署价值78亿美元的协议，涉及能源、农业、通讯、基础设施及金融等领域。包括一项建设天然气发电厂的协议，以及3亿美元农业贷款协议等
2015年6月14日	中缅瑞丽—木姐跨境经济合作区国际研讨会在昆明举行	—	研讨会旨在推动经济合作区的建设，促使两国边境地区更加紧密的合作和两国贸易持续发展和产业合作。会上中缅双方有关部门负责人、相关研究机构专家等为跨合区建设积极献计献策，并达成一系列共识。中缅还同意设立一个电力合作委员会，以确保能源项目顺利开展
2015年9月5日	缅甸总统吴登盛在北京分别与中国国家领导人举行会谈	国家主席习近平、国务院总理李克强、缅甸总统吴登盛	双方探讨了边境稳定、贸易和投资、加强青年交流、缅皎漂经济特区建设等议题，中方承诺将帮助缅甸在下缅甸三角洲地区建设防洪设施。两位中国领导人都表示将支持缅甸和平进程，并将为缅甸实现永久和平提供更多的协助
2015年12月23日	缅甸总统吴登盛在内比都接见中国中信集团董事长常振明一行	缅甸总统吴登盛、中信集团董事长常振明	双方就加强两国在海洋运输领域的合作交换了意见。中信集团是缅甸重要的皎漂经济特区项目的投标企业之一，具有极强的竞争力
2016年8月17~21日	缅甸国务资政及外交部长昂山素季访华	国务院总理李克强、缅甸国务资政及外交部长昂山素季	昂山此行的重要目的除了希望与中方加强在经贸和投资领域的合作，更为重要的是，希望中方能为缅甸的和平进程作出努力，这也将有利于中国西南边境的安宁
2016年10月16日	缅甸国务资政昂山素季在印度果阿与习近平主席举行会晤	国家主席习近平、缅甸国务资政昂山素季	双方就促进双边关系与合作、继续落实昂山素季2016年8月访华与中方达成的共识、加强各层级友好互访、启动边境地区安全稳定磋商、加强地方组织交流合作等交换了意见

资料来源：根据相关新闻报道整理而得。

第六节　中国企业投资缅甸的机会与风险

　　缅甸是中国重要的战略合作伙伴，随着中国"一带一路"倡议的推进和"孟中缅印经济走廊"建设进程的加快，中缅经贸合作的战略价值也将与日俱增。虽然缅甸无论是人口规模还是经济总量都相对偏小，但中缅两国经济的互补性极强，并且缅甸作为连接中国、南亚、东南亚三大经济板块的枢纽，无疑将发挥至关重要的节点作用，中国战略利益的维护和缅甸自身的经济发展都需要彼此的合作。

　　中缅两国在基础设施建设、农业、能源、制造业、旅游业、金融业等领域合作潜力巨大，中国企业投资缅甸这些产业前景广阔。从中缅现有的经贸合作来看，中国是缅甸最大贸易伙伴和投资来源国，近年来中缅贸易发展迅猛，投资步伐加快，合作方式多元，合作涉及基建、能源、贸易、产业等诸多关键领域。在贸易领域，两国的贸易互补性极高，中国主要向缅甸出口成套设备和机电、纺织、化工、金属、车辆配件等领域的产品，缅甸主要向中国出口矿产、农产、木材、水产、珠宝等领域的产品。在投资领域，中国对缅甸投资以油气开发、油气管道、水电资源开发、矿业资源开发等资源开发为主。缅甸政府希望中国企业拓宽投资领域，以带动缅甸多个领域发展。缅甸经济基础薄弱，其发展需要吸引海外投资，基建、能源、电信、制造业、农业、服务业等领域都是缅甸吸引外资的重点，这些恰恰又是"一带一路"倡议下中国企业"走出去"的重要领域。具体而言，缅甸气候等自然环境适合发展农业，但目前缅甸农业技术水平落后，中国可以向缅甸提供现代农业生产技术、农机和小额贷款等支持；缅甸为保障国内油气供应和为克服缺电情况，制定了很多建设规划，为中缅能源合作创造了机会，中国可投资缅甸具有比较优势的矿物燃料、矿物油及其蒸馏产品等产业；此外，中国可投资缅甸铁路、港口、航空、信息通讯等基础设施领域，改变缅甸落后的面貌。在制造业上，中国可将具有优质富余产能的制造业转移至缅甸，解决自产能过剩的同时发展缅甸的产业体系，扩大缅甸就业。另外，中缅之间的金融合作也将为两国深化经贸合

第四章
中国与缅甸经贸合作

作提供金融支持,同时缅甸政府大力发展旅游业,积极吸引外资,中国相关企业可选择缅甸优势区位进行投资。

在投资风险方面,中国企业投资缅甸主要面临如下风险与障碍:一是政治风险较高。缅甸中央与地方分权,部分地区局势动荡。缅甸北部克钦邦、克耶邦、克伦邦、德林达依省、孟缅和印缅边境实皆省和若开邦存在一定程度的战乱,中国企业在缅甸投资应尽量远离上述区域。同时,缅甸法律有待完善,政策稳定性不足,给投资者带来许多不确定性。因合作失败或与合作方利益纠纷而致外国投资者受到损失的现象时有发生,中国投资者对此应格外注意。此外,缅甸转向大国平衡的外交战略。缅甸新一届政府在中、美、日、印之间搞大国平衡外交,以实现国家利益最大化,弱化中国影响力。在美国重返亚太背景下,中国企业在缅部分投资受大国因素影响,遭遇挫折或失败。二是缅甸投资软、硬环境堪忧,风险较高。缅甸基础设施落后、金融体制和服务落后,外商在当地融资困难;政府宏观调控能力较差,汇率和利率变动不合理,严重影响外商投资收益;行政效率低下,贪污腐败严重;电力供应紧张,燃料短缺和交通通信不便等问题突出,难以满足外商大规模投资需求。三是缅甸对外国投资仍有不同程度限制,制约外商投资发展。缅甸国内外投资主管机关缅甸投资委员会权限过大,投资项目是否合法,是否需要减免税,是否可以扩大或追加项目投资,都由委员会决定,但却没有明确规定委员会监督机制。四是中国在缅甸一些大型投资项目受民众干扰,陷入发展困境。中国企业在缅甸投资一度过重发展与缅甸军方关系,缅甸民众难以参与。缅甸民众极端地误认为中资项目仅使军政府受益,民间获益甚微甚至受损,就通过游行、示威,以环保、民生为由干涉合作项目。加之民众背后几大外国势力若隐若现,中国在缅甸一些大型投资项目,如密松水电站、皎漂—昆明铁路、莱比塘铜矿等受冲击陷入困境①。

总体而言,投资缅甸的风险略高,但机遇重重。以"21世纪海上丝绸之路"建设为契机,依托"孟中缅印经济走廊"建设的推进,中缅两国可以增进投资合作,实现互惠互利。

---

① 资料来源:马强:《中缅拓展经贸投资合作面临的六大挑战与七大机遇》,载《中国经济周刊》2015 年 6 月 21 日。

第五章
中国与泰国经贸合作

第一节 泰国经济现状与产业结构

泰国经济出口依赖性较强,出口总额约占泰国国内生产总值的2/3,受到世界经济乏力以及泰铢币值波动的影响,近年来泰国GDP虽然保持增长,但是增速波动较大,见表5-1所示。2015年,泰国国内生产总值为3952.82亿美元,同比增长2.82%,但低于2013年的4198.89亿美元。泰国GDP在2013年后出现下降主要是泰铢对美元贬值所造成。雪上加霜的是,泰国在2014年遭遇了国内政治斗争、世界经济乏力进而拖累泰国出口的双重打击,经济增速降到1%以下。2015年,泰国政治趋于稳定,再加上政府刺激政策以及旅游业消费激增的提振,泰国经济增速回升到2.8%,但出口疲软继续拖累泰国经济①。

从产业结构上看,泰国三大产业布局较为合理,其中第二产业和第三产业近年来占国民生产总值的比重不断上升。2015年,在泰国的GDP构成中,农业、工业和服务业三个产业的占比分别为9.14%、35.72%和55.14%。

---

① 2015年,全球经济发展缓慢,原油和农产品价格下跌,泰国出口下滑了5.7%,为连续第三年收缩,给泰国经济带来不小打击。相反,泰国旅游业发展迅猛,对经济起到了提振作用。2015年游客数量增长20.4%,推动旅游业收入增加了22.0%。

第五章
中国与泰国经贸合作

表 5-1　　　　　　　泰国 2011~2015 年主要经济数据

年份	GDP（亿美元）	GDP 年增长率（%）	人均 GDP（美元）	按 GDP 平减指数衡量年通货膨胀率（%）
2011	3706.09	0.834	5540	3.75
2012	3972.91	7.23	5920	1.91
2013	4198.89	2.70	6230	1.73
2014	4043.20	0.818	5970	0.963
2015	3952.82	2.82	5820	0.259

说明：截至本书成稿时，2016 年的相关数据尚未公布。
资料来源：世界银行数据库（http://data.worldbank.org）。

农业是泰国的传统经济产业，农产品是泰国外汇收入的主要来源之一。泰国享有"东南亚粮仓"的美名，是亚洲唯一的粮食净出口国。在泰国的十大出口商品中，农产品占 6 个，占出口总值的 40%。泰国的大米和木薯出口量位居全球之冠，橡胶名列世界第三，玉米排名第四，鱼产品出口在亚洲仅次于日本。全国可耕地面积约占国土面积的 41%，农业收入的 60% 来自农作物，其余来自水产养殖业、畜牧业、农产品粗加工和农业服务。目前，泰国新开发的水产品、畜产品、水果、蔬菜及花卉植物等已日益成为泰国农业的重要支柱。泰国的菠萝罐头已占据当今世界市场的 35%。此外，泰国已成为亚洲第三大海洋捕鱼国，渔业产品跃居泰国农业产品出口的第 4 位。在饲养业方面，鸡、鸭、肉、蛋等畜禽产品不仅能满足国内市场需求，而且出口量越来越大，其中，冻鸡、鸡蛋、冻虾等冷冻制品的出口量已跻身于世界前十。

泰国制造业基础扎实，纺织服装业和汽车产业是其支柱产业。泰国拥有大批熟练的制造业技术工人，且制造业企业多集中在东部的工业园区，受政局变化的影响较小。纺织服装业是泰国最大的制造业，共有 4500 家工厂，雇用员工 100 多万人，占整个制造业就业人数的近 20%，该产业创造的 GDP 占整个泰国的 GDP 总值的 17%。自从 1985 年以来，泰国已经是世界上最大的纺织服装出口国之一，而纺织服装业也成为了泰国第二大出口行业。同时，泰国汽车产业发展迅猛，已成为东南亚汽车制造中心和东盟最大的汽车市场。泰国目前共有14条汽车生产线,其中日本8条,分别是丰田、铃木、尼桑、三菱、本田、马自达等,其中,日本丰田、本田等车企在泰国进行了大量投资;欧美6条,为奔驰、宝马、福特、通用、沃尔沃等。同时,国内有1000多家汽车零配件厂,保证了汽车生产规模不断扩大。

在服务业上,泰国主要以旅游业为主,旅游业带动整个服务业的发展。泰国是重要的佛教圣地,每年吸引大量海内外游客前来瞻仰,尤其以东亚国家为主,旅游业收入约占泰国国内生产总值10%。泰国主要的旅游城市有曼谷、清迈、普吉岛等。

对外贸易在泰国国民经济中占据重要地位,无论是种植业、渔业还是工业、旅游业,几乎都以对外出口为主,外向型经济是其国民经济的主要特征。中国、日本、东盟、美国以及欧盟是泰国的主要贸易伙伴。泰国主要出口产品有:电脑及其零配件、汽车及其零配件、集成电路板、电器、珠宝首饰、成衣、鞋子、大米、谷物、木薯等;主要进口产品有:机电产品、工业机械、汽车零配件、化工产品、矿产品、棉布料等。

联合国贸发会议发布的2016年《世界投资报告》显示,2015年,泰国吸收外资流量为108.45亿美元;截至2015年底,泰国吸收外资存量为1754.42亿美元。近两年,伴随中国—东盟自贸区的全面建成及2015年东盟经济共同体的即将建成,泰国吸收外资进入新一轮的快速增长期。主要外资来源国包括日本、美国、欧盟、中国以及新加坡和马来西亚等东盟国家。

第二节 泰国具有国际竞争优势的产业

在二位码层面上计算泰国各个产业的显示性比较优势指数(RCA)[①] 结果显示,在泰国具有显著比较优势(RCA>1.25)的27个产业中,劳动密集型产业有18个,资本密集型产业有9个,见表5-2所示。

---

① 关于RCA指数详见本书上篇第一章第二节。

表 5-2　　泰国具有显著比较优势产业

产业类型	产业	2009年	2010年	2011年	2012年	2013年	2014年	2015年
劳动密集型	肉、鱼、甲壳动物、软体动物及其他水生无脊椎动物的制品	12.53	12.24	12.48	12.15	11.30	10.74	10.36
	糖及糖食	4.79	4.18	5.75	6.46	5.03	5.16	5.77
	制粉工业产品	3.56	5.05	4.83	5.01	5.51	6.07	5.99
	谷物	5.33	4.93	4.39	2.97	2.94	3.69	3.45
	天然或养殖珍珠、宝石或半宝石、贵金属、包贵金属及其制品	2.41	2.08	1.56	1.63	1.17	1.17	1.36
	絮胎、毡呢及无纺织物，特种纱线，线、绳、索、缆及其制品	1.52	1.36	1.33	1.25	1.34	1.34	1.40
	蔬菜、水果、坚果或植物其他部分的制品	2.74	2.81	2.86	2.54	2.55	2.69	2.92
	鱼、甲壳动物、软体动物及其他水生无脊椎动物	2.94	2.73	2.52	2.36	1.67	1.63	1.39
	杂项食品	2.09	2.14	2.32	2.29	2.37	2.43	2.44
	蛋白类物质，改性淀粉，胶，酶	1.87	2.07	2.30	2.19	2.25	2.17	2.17
	食用蔬菜、根及块茎	1.42	1.44	1.61	1.84	1.92	2.17	2.18
	特种机织物，簇绒织物，花边，装饰毯，装饰带，刺绣品	1.29	1.33	1.45	1.27	1.36	1.33	1.31
	食品工业的残渣及废料，配制的动物饲料	1.20	1.38	1.32	1.32	1.38	1.41	1.62
	谷物、粮食粉、淀粉或乳的制品，糕饼点心	1.17	1.26	1.28	1.34	1.36	1.32	1.44
	木及木制品，木炭	1.12	1.20	1.32	1.31	1.35	1.35	1.36
	生皮（毛皮除外）及皮革	1.32	1.13	1.23	1.28	1.29	1.35	1.61
	杂项制品	0.86	0.80	0.78	1.57	1.66	1.59	1.52
	书籍、报纸、印刷图画及其他印刷品，手稿、打字稿及设计图纸	2.80	3.47	6.11	0.16	0.16	0.13	0.14

续表

产业类型	产业	2009年	2010年	2011年	2012年	2013年	2014年	2015年
资本密集型	橡胶及其制品	6.04	6.67	7.41	6.13	6.54	5.81	5.66
	锡及其制品	6.68	5.47	5.18	4.58	5.10	3.48	2.13
	化学纤维短纤	3.63	3.53	3.35	2.95	2.86	2.62	2.46
	盐，硫黄，泥土及石料，石膏料、石灰及水泥	2.08	1.85	1.49	1.68	1.57	1.95	1.95
	塑料及其制品	1.45	1.52	1.73	1.69	1.73	1.83	1.66
	化学纤维长丝	1.57	1.59	1.51	1.32	1.39	1.41	1.27
	核反应堆、锅炉、机器、机械器具及其零件	1.37	1.42	1.28	1.37	1.42	1.39	1.48
	车辆及其零件、附件，但铁道及电车道车辆除外	1.12	1.30	1.10	1.42	1.53	1.43	1.54
	精油及香膏；芳香料制品及化妆盥洗品	1.14	1.39	1.38	1.48	1.42	1.26	1.22

说明：表格统计数据从金融危机之后的2009年开始到2015年，各产业按照历年比较优势算术平均数降序排列。历年比较优势算术平均数不具有特殊经济含义，仅为比较优势产业排序之用。

资料来源：根据UN COMTRADE数据整理而得。

一、主要劳动密集型产业

泰国具有比较优势的劳动密集型产业包括：肉、鱼、甲壳动物、软体动物及其他水生无脊椎动物的制品；糖及糖食；制粉工业产品；谷物；天然或养殖珍珠、宝石或半宝石、贵金属、包贵金属及其制品；絮胎、毡呢及无纺织物，特种纱线，线、绳、索、缆及其制品；蔬菜、水果、坚果或植物其他部分的制品；鱼、甲壳动物、软体动物及其他水生无脊椎动物；杂项食品；蛋白类物质，改性淀粉，胶，酶；食用蔬菜、根及块茎；特种机织物，簇绒织物，花边，装饰毯，装饰带，刺绣品；食品工业的残渣及废料配制的动物饲料；谷物、粮食粉、淀粉或乳的制品；糕饼点心；木及木制品，木炭；生皮（毛皮除外）及皮革；杂项制品；书籍、报纸、印刷图画及其他印刷品，手稿、打字稿及设计图纸。

1. 肉、鱼、甲壳动物、软体动物及其他水生无脊椎动物的制品；鱼、

甲壳动物、软体动物及其他水生无脊椎动物

泰国这两个产业的比较优势总体呈现下降趋势。通过对 HS 编码的进一步分析发现，泰国出口的主要是带壳或去壳的甲壳动物，活、鲜、冷、冻、干、盐腌或盐渍的；制作或保藏的鱼；制作或保藏的甲壳动物、软体动物及其他水生无脊椎动物。

泰国海域辽阔，是亚洲第三大海洋渔业国、世界主要鱼类产品供应国之一。泰国渔业经过多年的发展，已经从小规模、沿海传统捕捞模式发展成高度机械化、深海大规模作业模式，从单纯捕捞发展成为捕捞和养殖并重的大型商品化生产经营模式。泰国是水产品质量控制方面做得比较成功的国家，世界上很多发达国家都认可泰国渔业局的水产品检验服务。但是目前泰国水产业发展面临劳动力成本增加，油价上涨，原材料缺乏以及劳动力缺乏等问题。

中泰在渔业上也有诸多合作，近年来泰国渔业频繁在中国投资。中国也曾引进过泰国鱼作为市场新品，但是后来也未形成规模养殖。

2. 糖及糖食

泰国该产业的比较优势在近几年先上升，之后有所回落。通过对 HS 编码的进一步分析发现，泰国主要出口的是固体甘蔗糖、甜菜糖及化学纯蔗糖。

泰国自然条件十分适宜甘蔗生产，甘蔗生产与制糖工业技术高，是世界主要产糖国和第二大糖出口国，糖业已成为泰国的支柱产业之一。政府对糖业管理体制和支持保护体系的建设较为完善。目前，泰国政府正在实施为期 8 年的食糖产业计划以促进食糖的生产。但是，泰国糖业也存在出口市场过于单一等问题，泰国糖主要出口到中国和印度尼西亚等亚洲国家，随着这些国家甘蔗产量的上升，泰国对这些国家的糖产品出口将会锐减。

3. 谷物；制粉工业产品；谷物、粮食粉、淀粉或乳的制品

泰国谷物产业的比较优势呈下降趋势，制粉工业产品和谷物、粮食粉、淀粉或乳的制品产业的比较优势呈上升趋势。通过对 HS 编码的进一步分析发现，泰国出口的主要是稻谷、大米、淀粉、菊粉、麦精、面食和

面包糕点。

泰国是亚洲唯一的粮食净出口国和世界上主要粮食出口国之一。泰国的耕地资源与人口资源从长期来看都呈现出良好的态势,有利于水稻业的发展。泰国一直以强有力的刺激政策来促进水稻产业的发展。同时,制粉工业产品和谷物、粮食粉、淀粉或乳制品产业比较优势的上升说明了泰国的农业正在从传统农业逐渐向现代化农业升级,农业产业结构正在逐步优化。

泰国谷物产业近年来面临的主要问题是出口价格较高。造成过高出口价格的主要原因有两个方面:一是泰国化肥必须依靠进口,使得生产成本上升;二是越南和印度在大米产业上的崛起以及所采取的低价出口策略,极大地威胁了泰国大米的出口。

二、主要资本密集型产业

泰国具有比较优势的资本密集型产业包括:橡胶及其制品;锡及其制品;化学纤维短纤;盐,硫黄,泥土及石料,石膏料、石灰及水泥;塑料及其制品;化学纤维长丝;核反应堆、锅炉、机器、机械器具及其零件;车辆及其零件、附件,但铁道及电车道车辆除外;精油及香膏;芳香料制品及化妆盥洗品。

1. 橡胶及其制品

泰国该产业近几年的比较优势保持稳定。通过对 HS 编码的进一步分析发现,泰国主要出口的是天然橡胶;未硫化的复合橡胶,初级形状或板、片、带;新的充气橡胶轮胎。

泰国橡胶种植环境优越,是世界上最大的天然橡胶生产国和出口国。目前泰国橡胶产业有以下特点:(1) 种植面积大,产量却较低;(2) 制胶加工工艺先进,生产规模大,机械化程度高,人均劳动生产率高,而且还非常重视对产品质量的检验;(3) 政策优惠多,经营橡胶的企业税负很少;(4) 胶农以合作社的形式组织起来;(5) 在经营上以数量求生存,资源浪费现象较大。目前中国投资者利用两国签订的自贸协定,在泰国种植橡胶,或直接设厂生产橡胶制品,再运回中国,充分利用泰国基础设施完备和中国有良好的陆路交通等优势。

2. 天然或养殖珍珠、宝石或半宝石，贵金属、包贵金属及其制品

泰国该产业的比较优势在近几年呈下降趋势。通过对HS编码的进一步研究发现，泰国主要出口的是钻石；金；贵金属或包贵金属制的首饰及其零件。

泰国境内宝石蕴藏量丰富，品种繁多，宝石切割与雕琢业茁壮成长。外销珠宝中红宝石和钻石占八成以上，主要出口市场为美国、日本和欧洲各国。近年来，泰国珠宝行业也开始乏力，主要原因有三：第一，宝石加工人员紧缺，特别是钻石加工人员（钻石加工要求精密，加工人员需要长时间的训练）；第二，由于珠宝业的迅速发展，对原料的需求日益增加，国内原料开始枯竭，对进口宝石的依赖性加强；第三，美国等国的贸易保护主义使得泰国珠宝的出口受阻。

3. 车辆及其零件、附件，但铁道及电车道车辆除外

泰国该产业的比较优势在2011年至2015年基本保持稳定。通过对HS编码的进一步分析发现，泰国出口的主要是用于载人的机动车辆，包括旅行小客车及赛车；货运机动车辆；机动车辆的零件、附件；摩托车（包括机器脚踏两用车）及装有辅助发动机的脚踏车，不论有无边车。

目前泰国已成为东南亚汽车制造中心和东盟最大的汽车市场。汽车工业已发展成为泰国第一大支柱产业。泰国的汽车行业的零部件大部分依赖进口，汽车零部件的进口量占泰国整个汽车行业进口的80%。泰国生产的汽车三成用于出口，剩余的自己消费，国内需求主要是商用汽车。为了保障国内汽车零部件的供应，泰国政府部门出台了一系列投资鼓励措施吸引外国投资者投资汽车零配件工业。

第三节 泰国外商投资政策及战略规划

一、泰国外资政策

根据泰国《外籍人经商法》有关规定，泰国投资促进委员对外商直接

额投资的行业分为三大类，分别为限制外资进入产业、鼓励外资进入产业、外资股权限制产业，并且制定了行业鼓励及优惠政策，见表5-3所示。限制外国人投资的行业有三类，分别为：因特殊理由禁止外国人投资的业务，须经商业部长批准的项目，以及本国人对外国人未具竞争能力的投资业务；鼓励投资的行业分为七大类，主要集中在农业、矿业、制造业、服务业及公用事业等行业。泰国新版七年投资促进战略（2015~2021年），分两大行业给予企业投资优惠权益：一是A类行业，分为A1~A4四个等级，根据投资项目的科技含量，给予享受不同的优惠政策；二是B类行业，分为B1~B2两个等级，包括不具备高科技但是对产业链具有重要作用的辅助行业。优惠权益包括两种：一是税务上的优惠权益，主要包括免缴或减免法人所得税及红利税、免缴或减免及其进口税、减免必需的原材料进口税、免缴出口产品所需要的原材料进口税等。二是非税务上的优惠权益，主要包括允许引进专家技术人员、允许活动土地所有权、允许汇出外汇以及其他保障和保护措施等。此外，为鼓励外商投资，委员会还放宽了对外商持股比例的限制，对于工业企业投资，无论工厂设在何处，允许外商持大部分或全部股份。

表5-3　　　　　　　　　　泰国外资政策

类型	具体行业
限制外资进入产业	（1）因特殊理由禁止外国人投资的业务。包括：报业、广播电台、电视台；种植；牧业；林业，原木加工；药材；文物经营和拍卖等。 （2）须经商业部长批准的项目。包括：涉及国际安全稳定或对艺术文化、风俗习惯、民间手工业、自然资源、生态环境造成不良影响的投资业务。 （3）本国人对外国人未具竞争能力的投资业务。包括：碾米业、米粉和其他植物粉加工；水产养殖业；营造林木的开发与经营；胶合板、硬木板；石灰生产；会计、法律、建筑、工程服务业、工程建设等
鼓励外资进入产业	农业及农产品加工业，矿业，陶瓷及基础金属工业，轻工业，金属产品，机械设备和运输工具制造业，电子与电气工业，化工产品，塑料及造纸业，服务业及公用事业等
外资股权限制产业	农业、畜牧业、渔业、勘探与采矿业和1999年颁布的《外籍人经商法》附录第一类行业中的服务行业的外资股权比例不得超过49%

第五章
中国与泰国经贸合作

续表

类型	具体行业
行业鼓励及优惠政策	（1）行业划分：A1行业为知识型产业，以增强国家竞争力的设计和研发行业为主；A2行业为发展国家基础设施的行业，具有高附加值的高科技行业，且在泰国投资较少或尚未有投资的行业；A3为对国家发展具有重要意义，且在国内相关领域投资极少的高科技行业；A4类型，虽然行业技术不如A1、A2先进，但能增加国内原材料价值以加强产业链发展的行业；B1、B2：未使用高科技但对产业链发展具有重要意义的配套产业 （2）优惠政策：A1~A4类以及B1类行业可享受减免机器进口税、免出口产品原材料进口税以及非收税优惠权益和额外优惠权益；B2行业可获得非税收优惠权益。另外A1行业可享受8年或以上（无上限）免企业所得税；A2行业可获得8年免企业所得税；A3行业可获5年免企业所得税；A4行业可获得3年免企业所得税；B类行业不享受免企业所得税的优惠

资料来源：中国商务部：《对外投资合作国别（地区）指南——泰国（2016年版）》（http：//fec.mofcom.gov.cn/article/gbdqzn/upload/taiguo.pdf）。

二、泰国长期发展规划

1. 第十二个"国民经济和社会发展新五年计划（2017~2021年）"

2016年9月14日，泰国内阁批准通过第十二个"国民经济和社会发展新五年计划（2017~2021年）"。新计划以人民作为发展的中心，将国家各部门及社会紧密联系在一起，共同实现国家发展，侧重让泰国摆脱中等收入国家陷阱、维持经济稳定增长、减少贫穷和缩小社会贫富差距，同时继续大力推动国家交通和物流体系的基础设施建设，以及强调教育和社会保障，提高和改善国民生活素质。此外，要加强应对今后国家老龄人口增多、迈向老年化社会的形势。

该计划隶属于泰国20年发展战略计划，重点帮助提高泰国家庭年收入增加15%，经济增长提高50%，以及增加国内生产总值的投资与研究预算1.5%。

2. 2015~2022年交通基础设施战略规划

为刺激国家经济发展，泰国在近年来不断加大基础设施投入。泰国政府还确信，建设铁路系统将有助于降低该国的物流成本，由此可使安达曼海和中国南海深水海港间的交通运输网络连为一体。2014年7月，泰国军政府"全国维护和平秩序委员会"批准了《2015~2022年交通基础设施发展战略》，预计公共和私人总投资近 800 亿美元，见表 5-4 所示。战略中提到，8 年内将建成 8 条复线铁路，6 条在原有基础上改建而成，2 条为新建初始时速为 160 公里的复线"准高铁"。

表 5-4　　泰国 2015~2022 年交通基础设施战略规划

交通基础设施类型	计划总投资金额（亿美元）	规划内容
米轨铁路	145	新建和修复 14 条双轨铁路线，以及更新铁路基础设施
高铁	150	同中国合作修建廊开至曼谷和玛它普港的标准轨铁路，全长 873 公里，设计时速 160 公里
高铁	250	修建 4 条高铁
城市轨道交通	160	涉及 13 条城市轻轨线路
公路	50	高速公路、农村道路修复以及与周边国家互联互通项目
港口	12	涉及 6 个港口的新建扩建以及流域治理项目
机场	5	曼谷素旺那普机场改造项目

资料来源：根据中国驻泰国大使馆经济商务参赞处网站相关资料整理而得（http://th.mofcom.gov.cn/）。

3. 能源领域长期规划

泰国电力短缺问题严重，已成为制约经济发展、威胁国家能源安全的重要因素。泰国近 50% 的电力依赖进口（包括直接购电、进口发电用天然气和煤炭）。由于油气资源匮乏，泰国天然气发电占发电总量的 67%，但是自产天然气预计将于 2020~2030 年枯竭，进口天然气将使得泰国发电成本大幅上升。

因此，泰国政府高度重视开发新能源项目，将发展新能源列为能源战略首位，泰国能源政策管理委员会于 2016 年末提高了新能源在整个能源规划中所占的比例，计划到 2020 年新能源的生产所占全部能源的比例由目前的 13% 提高到 25%，其中风电发电量计划达到 1200 兆瓦，太阳能 2200 兆瓦，生物能 3630 兆瓦，垃圾焚烧发电 160 兆瓦，沼气发电 600 兆瓦，水电 1608 兆瓦。未来的发展战略是减少天然气在发电能源来源中的比重，适当增加煤炭发电比重，鼓励可再生能源发电，积极筹措谋划核电站建设等①。

三、泰国设立边境经济特区，战略对接中国"一带一路"倡议

2014年底，泰国政府推出重要的经济发展战略——设立边境经济特区，并成立了以总理巴育为主席的经济特区政策委员会。泰国政府的边境经济特区战略与中国提出的共建"一带一路"倡议相契合，发展经济特区即主动与中国倡导的"21世纪海上丝绸之路"对接。

泰国经济特区委员会批准首批5个经济特区，分别是达府的湄索县（泰国—缅甸边境）、萨缴府的阿兰巴特县（泰国—柬埔寨边境）、清莱府的清孔县（泰国—老挝边境）、马哈沙拉堪府的穆达汉（泰国—老挝边境）、宋卡府的芮罗县（泰国—马来西亚边境）。泰国政府确定边境经济特区的依据是地理位置与邻国连接、具有经济发展潜力、当地民众支持、可以与周边国家共同制定发展政策。对于边境经济特区支持原则是投资权益保护、一站式服务、合理利用外国劳工、基础设施开发、边贸税收等。在政策支持上，确定由财政部作为边境经济特区具体负责机构、根据不同特区制定不同政策扶持。在与邻国合作方面，泰国外交部将提供支持，与邻国共同探讨合作，协调双边基础设施建设步调一致，实现共同效益最大化②。

第四节 近年来中国与泰国经贸合作成果

中泰两国经济互补性强，中国是泰国的第一大贸易伙伴、出口目的地和最大的游客来源地，双方互为重要的投资目的地。近些年来中泰两国的经贸合作平稳发展，在双边经贸、直接投资、工程承包与劳务合作等方面都结出累累硕果，尤其是"高铁换大米"等政府间合作项目极具亮点。

---

①② 资料来源：中国驻泰国大使馆经济商务参赞处网站（http://th.mofcom.gov.cn/）。

一、双边贸易

近年来,中泰经贸合作发展快速,双边贸易额保持增长,泰国对中国的出口贸易异常活跃,中国也在积极地开拓泰国市场,两国贸易逐渐趋于平衡,但增速自2010年起连续下滑,并于2013年开始趋于平稳,见图5-1所示。2015年,中泰两国双边贸易缓慢上升,中国对泰国的出口增速仍优于进口。据中国海关数据统计,2015年中国与泰国双边贸易总额达754.74亿美元,较2014年同期增长3.9%,占中国与东盟10国双边贸易总额的16.0%,是中国在东盟的第四大贸易伙伴,中国则是泰国的最大贸易伙伴、最大进口来源地和最大出口市场。其中,中国自泰国进口371.76亿美元,同比下降3.1%;对泰国出口382.97亿美元,同比增长11.7%。2015年,中国对泰国贸易呈现顺差,顺差额为11.21亿美元。

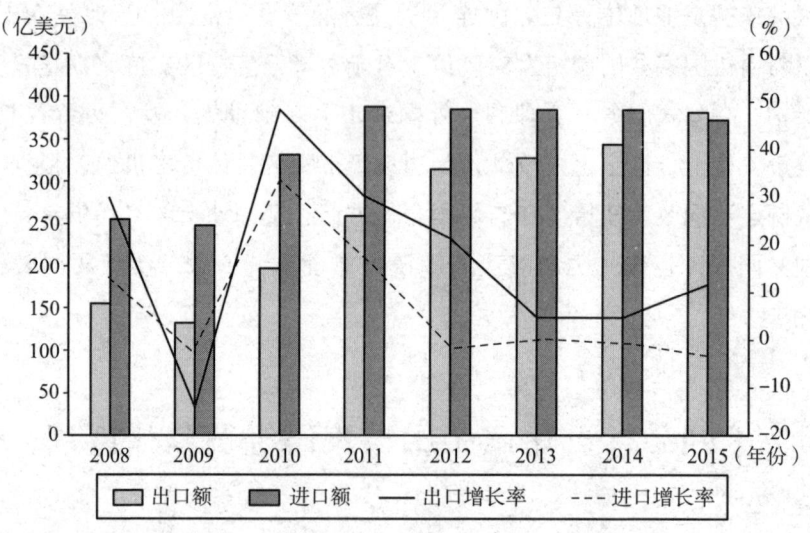

图5-1 2008~2015年中国对泰国贸易额统计

资料来源:中国经济数据库(https://www.ceicdata.com/)。

从贸易结构上看,近几年中国对泰国出口商品主要类别包括:电气设备及其零件;机械设备及零件;钢材;光学仪器设备;自动化数据处理设备;有机化学品;塑料及制品;钢铁深加工产品;交通运输设备及配件;家具及家居用品。中国从泰国进口商品主要类别包括:自动化数据处理设备；天然橡胶；电气设备及零配件；电子集成电路；塑料及制品；机械设备及零配件；有机化学品；合成橡胶及制品；能源类矿产品；木薯。

2015年，两国进出口贸易的产品结构进一步优化，呈现优势互补、互利双赢的格局。机电产品在双边贸易中所占比重最大，增长稳健。电子是2015年双边进出口第一大产品，机械是双边进出口第二大产品。此外，塑料及其制品正日益成为双边贸易的主要产品。2015年，中国自泰国进口的前5位产品有电子、机械、橡胶、塑料及其制品、仪器设备，占中国自泰国进口总额的比重分别为22.30%、18.37%、10.78%、9.54%和4.84%，见图5-2所示，进口额分别达82.90亿美元（同比增长13.0%）、68.31亿美元（同比下降3.9%）、40.08亿美元（同比下降21.6%）、35.48亿美元（同比下降8.0%）、18.01亿美元（同比增长59.4%），累计进口总额达244.78亿美元，占中国自泰国进口产品总额的65.8%。同期，中国对泰国出口的前5位产品是电子、机械、钢铁、塑料及其制品、钢铁制品，占中国对泰国出口总额的比重分别为22.54%、17.01%、5.25%、3.79%和3.40%，见图5-2所示，出口额分别为86.34亿美元（同比增长35.3%）、65.15亿美元（同比增长3.9%）、20.12亿美元（同比下降3.0%）、14.53亿美元（同比增长11.5%）、13.01亿美元（同比增长8.8%），累计出口总额达199.16亿美元，占中国对泰国出口产品总额的52.0%。

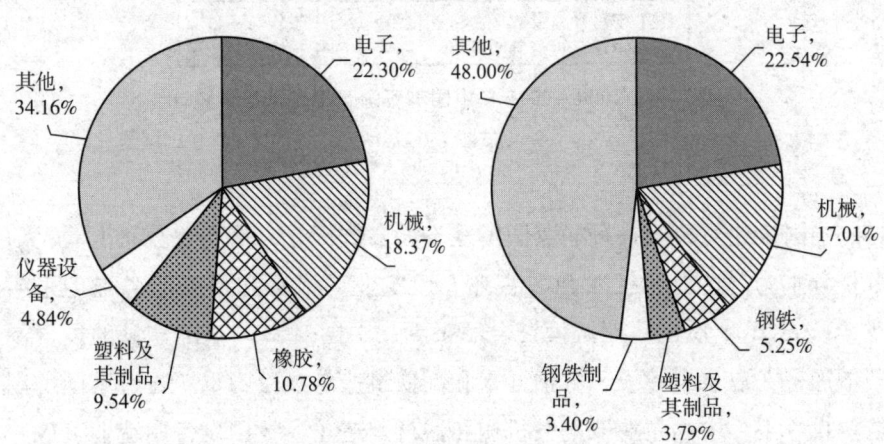

图5-2 2015年中国与泰国主要贸易品金额占比（左：中自泰进口；右：中对泰出口）

资料来源：中国海关统计数据（http://www.customs.gov.cn/）。

二、中国对泰国投资

泰国作为"一带一路"沿途国家,地处东盟中心位置,地理位置优越,再加上其投资优惠政策,越来越多的中国企业开始进入泰国这个新兴市场。但是近几年中泰两国之间的互相直接投资额波动较大,见图5-3所示。据中国商务部统计,截至2016年6月底,我国对泰国累计直接投资37.8亿美元。其中,2015年新增非金融类直接投资4.4亿美元。2016年1~6月新增投资2.6亿美元,同比增长3%。截至2015年6月底,泰国累计对我国实际投资额为40.9亿美元。

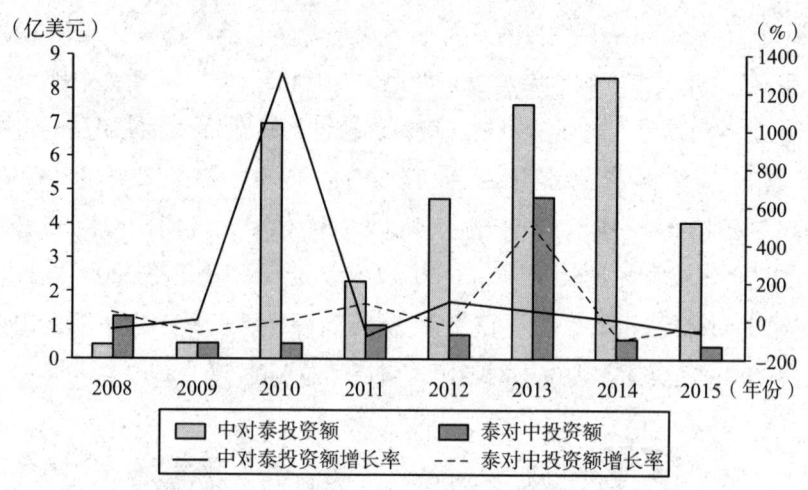

图5-3 2008~2015年中国与泰国互相直接投资统计

资料来源:国家统计局(http://www.stats.gov.cn/tjsj/)。

中国企业对泰国投资涵盖国民经济大多数行业,从企业数量上看,前五位分别为制造业、批发和零售业、建筑业、租赁和商务服务业、采矿业,见表5-5所示。而从投资金额来看,中国对泰国基础建设的投资不断增加,尤以水利建设、石油开采和高铁筑造等项目为重。在对泰国的制造业投资上,中国企业以电气机械和器材制造业、专用设备制造业、橡胶和塑料制品业和汽车制造业为主。目前,在泰国进行投资的中国企业主要有中国铁建(东南亚)有限公司、中国电力工程有限公司泰国公司、泰国长春置地有限公司、海尔（泰国）电器有限公司、中国银行（泰国）股份有限公司、中国工商银行（泰国）股份有限公司、华为技术有限公司泰国分公司等。

表5–5　　　　　　　　　中国在泰国直接投资主要行业概况

行业类型	企业数量（家）	代表企业
批发和零售业	78	中国AB集团（泰国）有限公司、金万年（泰国）有限公司、汕头依婷工业有限公司、富通集团（泰国）有限公司
电器机械和器材制造业	44	常红线轴（泰国）有限公司、泰国菲沙科技株式会社、泰德工贸有限公司
专用设备制造业	41	泰昌隆国际股份有限公司、泰国新鹏陶瓷机械有限公司
橡胶和塑料制品业	39	中轻橡胶（泰国）有限公司、知维树胶有限公司、泰国广垦橡胶（湄公河）有限公司
建筑与房地产业	35	中国铁建（东南亚）有限公司、中国电力工程有限公司泰国公司、泰国长春置地有限公司、天元建设集团（泰国）有限公司、华丰建设股份（泰国）有限公司
租赁和商务服务业	29	珂曼有限公司、新港（泰国）有限公司、路带（泰国）有限公司
采矿业	28	中泰三金有色金属有限责任公司、中泰德征矿业股份有限公司、泰国东海矿业有限公司、泰国隆迈矿业开发有限公司
汽车及其零部件制造业	23	北车长客泰国有限公司、京泰机械有限公司、皮尔轴承（泰国）有限公司、泰国三友科技有限公司
能源业	20	中石化炼化工程（集团）股份有限公司泰国公司、长城钻井有限责任公司（泰国）、中国石油天然气管道局（泰国）有限公司、中国石油技术开发泰国办事处、延长石油（泰国）有限公司
农、林、渔业	17	泰国三峰农业开发有限公司、泰国鑫达国际有限公司、泰国LADDA集团、昊海渔业（泰国）有限公司、兴海麒麟（泰国）渔业有限公司、新远大（泰国）橡胶有限公司
电力、热力、燃气及水生产和供应业	13	中工泰国纳瓦电力公司、中国电建集团中南勘测设计研究院有限公司泰国分公司、亿利智慧能源（泰国）有限公司

说明：该表中的主要行业是以投资企业数量而非投资金额多少来衡量。
资料来源：根据中国商务部《境外投资企业（机构）名录（2015年版）》整理而得。

三、承包工程与劳务合作

近年来,中泰两国的工程承包和劳务合作呈现快速增长趋势,见图5-4所示。据中国商务部统计,截至2016年6月底,我国企业在泰国共签订承包工程合同额192亿美元,完成营业额134.6亿美元。其中,2016年1~6月新签合同额15.4亿美元,同比下降2.4%,完成营业额13.3亿美元,同比下降9.8%。新签大型工程承包项目包括华为技术有限公司承建泰国电信,中国电建集团中南勘测设计研究院有限公司承建泰国EA太阳能2期项目,江苏省建筑工程集团有限公司承建泰国普吉岛度假村项目等。

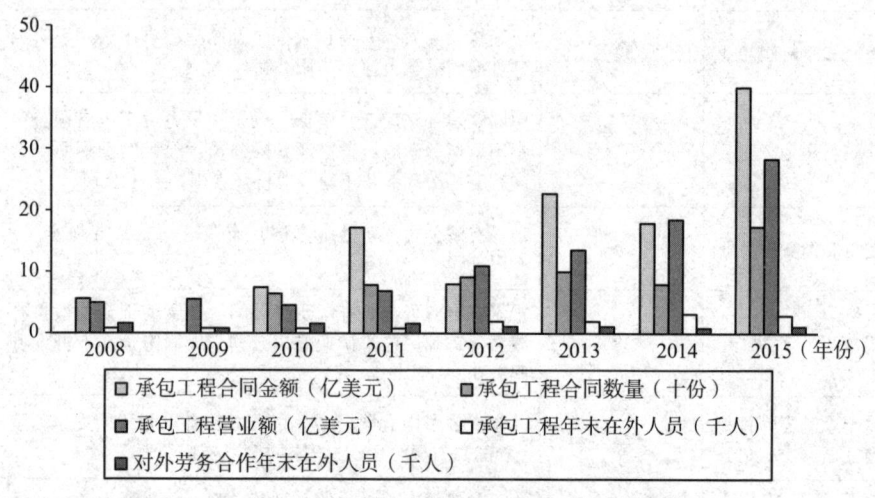

图5-4 2008~2015年中国对泰国承包工程与劳务合作统计

说明:2008年中国对泰国承包工程合同金额、2009年中国对泰国承包工程合同数量及金额数据缺失。

资料来源:中国商务部(http://www.mofcom.gov.cn/)。

四、中泰政府间重大合作项目

1. "高铁换大米"

"高铁换大米"是中方参与泰国廊开至帕栖高速铁路系统项目建设,并以泰国农产品抵偿部分项目费用这一合作模式的形象称呼。该合作在中

第五章
中国与泰国经贸合作

泰2013年10月11日签署的《中泰政府关于泰国铁路基础设施发展与泰国农产品交换的政府间合作项目的谅解备忘录》基础上形成。中泰铁路合作项目为全长约867公里的复线铁路建设,时速约每小时180公里,全线包括坎桂—曼谷、坎桂—玛塔卜、呵叻—坎桂以及呵叻—廊开共四条线路。

中泰两国在铁路建设上的合作,是两国友好建设"21世纪海上丝绸之路"的前瞻性表现,有助于实现两国互利共赢发展。目前泰国正在大力发展基础设施建设,完善国内铁路、公路网络,新建扩建港口,增开航班,不断提升自身作为本地区互联互通枢纽的地位,而泰国这一需求与以加强基础设施互联互通为优先领域的"一带一路"倡议相契合。中泰铁路建设不仅有利于泛亚铁路的全面发展,还将使泰国成为更加重要的区域交通枢纽,同时意味着中国西南地区与东南亚区域交通网络的大连接,将可带动中国西南地区经济的发展。中泰铁路这种"高铁换大米"的合作模式在中泰铁路达成协议中起到了关键作用,是中国"高铁外交"的成功,这一合作模式将为促进地区互联互通和泛亚铁路网建设发挥很好的综合示范效应。

随着"高铁换大米"外交模式的广泛运用,泛亚铁路网络随之构筑形成,届时中国铁路技术先进、成本较低的优势也会进一步体现出来。当"高铁换大米"合作模式形成良性循环之后,再去处理一些被搁浅的铁路计划,将会变得畅通顺利,这无疑是中泰"高铁换大米"模式对泛亚铁路最大的贡献。

2. 泰中罗勇工业园

泰中罗勇工业园是中国商务部批准的首批境外经济贸易合作区,是由中国华立集团与泰国安美德集团在泰国合作开发的面向中国投资者的现代化工业区。园区位于泰国东部海岸、靠近泰国首都曼谷和廉差邦深水港,总体规划面积12平方公里,包括一般工业区、保税区、物流仓储区和商业生活区,主要吸引汽配、机械、家电等中国企业入园设厂。

泰中罗勇工业园是中国传统优势产业在泰国的产业集群中心与制造出口基地,最终将形成集制造、会展、物流和商业生活区于一体的现代化综合园区。

第五节 "一带一路"倡议实施以来中泰高层交流及其成果

近年来,中泰两国领导人多次会晤,共同推动中泰铁路建设、农产品贸易以及水利、矿业、农业等领域的合作并取得积极进展。此外,中泰两国金融合作日益密切,目前两国已签署了在泰国建立人民币清算安排的合作备忘录和双边本币互换协议。同时泰国已成为亚洲基础设施投资银行第52个签署方。这一系列的金融合作将为中泰两国在"一带一路"倡议下的多项经贸合作项目提供资金支持,如表5-6所示。

表5-6 近年来中泰双边交流及其成果

时间	事件	参与人	成果
2014年11月28日	中泰贸易、投资和经济合作联合委员会第三次会议在京举行	—	会议旨在落实两国领导人达成的重要共识,就加强双方经贸和投资合作进行了深入交流。双方达成共识,将进一步加强在贸易、投资以及铁路、水利和防洪基础设施建设等领域的合作会后,中泰双方共同签署了《中华人民共和国政府和泰王国政府贸易、投资和经济合作联合委员会第三次会议纪要》
2014年12月19日	中泰经贸合作论坛暨午餐会在泰国举行	—	此次经贸活动旨在落实两国领导人就深化中泰经贸合作达成的共识,促进双方企业在铁路基础设施建设、农产品贸易等领域的合作
2014年12月19日	中国总理李克强访泰	中国总理李克强	中泰签订《中泰铁路合作谅解备忘录》和《中泰农产品贸易合作谅解备忘录》。依规划,此铁路总长800余公里,将连接起泰北廊开府、首都曼谷及泰南马普达普港口,成为首发昆明,南抵新加坡的泛亚铁路之重要环节

第五章 中国与泰国经贸合作

续表

时间	事件	参与人	成果
2014年12月22日	中泰两国金融合作迈出新步伐	—	中国央行与泰国银行签署了在泰国建立人民币清算安排的合作备忘录，同日还与泰国银行续签了双边本币互换协议。双边本币互换规模为700亿元人民币/3700亿泰铢，协议有效期3年，经双方同意可以展期。上述安排标志着中泰两国金融合作迈出新步伐，有利于中泰两国企业和金融机构使用人民币进行跨境交易，促进双边贸易、投资便利化。稍后将确定曼谷人民币业务清算行
2015年9月29日	泰国加入亚投行	泰国驻华大使醍乐垄·倪勇	泰国驻华大使醍乐垄·倪勇作为政府全权代表已于2015年9月29日在北京签署《亚洲基础设施投资银行协定》，泰国成为第52个签署方
2015年12月3日	中泰铁路合作联合委员会第九次会议在曼谷召开	—	高铁换大米：中泰签867公里铁路及百万吨大米协议，两国代表签署中泰政府间铁路合作框架文件*。中方还与泰方签署了采购100万吨泰国新米的贸易合同和20万吨天然胶的采购协议

说明：*合作框架文件是中泰铁路合作的基础性文件，是进一步推动铁路合作项目的重要依据。根据合作框架文件，双方将以设计、采购、施工方式实施中泰铁路合作项目，并成立合资公司负责线上部分投资及铁路运营，中方将向泰方提供技术许可、技术转让、人力资源培训和融资等方面支持。

资料来源：根据相关新闻报道整理而得。

第六节　中国企业投资泰国的机会与风险

中泰两国经济互补性强，双方已建立了全面战略合作伙伴关系。泰国地处东南亚的中心，是东盟大市场的天然交汇点，同时其基础设施较为完善，在推动"21世纪海上丝绸之路"建设方面具有巨大潜力。

中泰两国合作前景广阔，未来中国企业投资泰国还将集中在农业、汽车产业、新能源、基础设施建设、旅游业等领域，见表5-7所示。从中泰现有的经贸合作来看，两国在贸易、农业、基础设施建设等方面展开了全方位的合作。目前中国对泰国的投资主要集中在基础设施建设方面，在石油开采、水利设施建设以及高铁项目方面占有较大的比重，中泰"高铁换大米"的合作模式具有示范意义。中泰还合作建设泰中罗勇工业园，为两国加深经贸合作提供了更加广阔的平台。此外，中泰两国的金融合作也在不断加强，为两国合作项目提供资金支持。同时，每年有大量的中国公民赴泰旅游，对于在泰国的中资企业而言也是个巨大商机。从两国近年来的交流和签署的协议情况来看，两国主要围绕加深基础设施建设、农业、金融等方面的合作展开。目前泰国在农业、基础设施建设、汽车零部件、新能源等方面对外资的需求较大，未来中国企业可继续投资这些领域，同时可将泰国作为生产基地，充分利用其在开展国际经济合作方面的区位优势，将产品快速便捷地销往东南亚和世界其他地区。此外，我国企业在泰国承包工程务必确保项目质量和工期，树立中国企业的良好形象。日本和韩国企业在泰经营多年，泰国社会对日韩产品认可度高，中国产品仍属于中低档次，长期徘徊在主流市场之外。铁路等项目规模大，影响广泛，是提升中国产品和服务形象的重大机遇，而铁路建设还可能与泰日合作的线路同期施工，更将引起各方关注。因此，我国企业在施工时，应组织精干力量，安全科学管理，严把质量和环保关，按时保质保量完成项目，树立中国企业的良好形象。

表 5-7　　　　　　　　　中国企业投资泰国的机会

行业	优势与机遇	投资机会
农业	泰国是盛产粮食的大国，一直以强有力的刺激政策来促进水稻产业的发展。泰国的耕地资源与人口资源从长期来看都呈现出利于水稻业发展的态势。泰国制粉工业产品和谷物、粮食粉、淀粉或乳制品产业比较优势在近几年呈上升趋势。同时，泰国橡胶种植环境优越，是世界上最大的天然橡胶生产国和出口国，而中国对橡胶的需求量很大	制粉工业产品和谷物、粮食粉、淀粉或乳制品产业；橡胶种植、加工等
汽车产业	泰国是东南亚汽车制造中心和东盟最大的汽车市场，汽车工业已发展成为泰国第一大支柱产业。为降低泰国汽车零部件对进口的依赖性，泰国政府积极鼓励外商投资汽车零配件工业。近几年泰国的主要用于载人的机动车辆、货运机动车辆、摩托车及装有辅助发动机的脚踏车产业的比较优势呈上升趋势	比较优势呈上升趋势的几类机动车产业；机动车辆的零件、附件工业

第五章
中国与泰国经贸合作

续表

行业	优势与机遇	投资机会
新能源产业	由于泰国电力短缺问题严重，油气资源匮乏，泰国政府因而高度重视发展新能源项目，将发展新能源列为能源战略首位，计划到2020年新能源的生产所占全部能源的比例由目前的13%提高到25%。未来的发展战略是减少天然气在发电能源来源中的比重，适当增加煤炭发电比重，鼓励可再生能源发电，积极筹措规划核电站建设	风电、太阳能、生物能、垃圾焚烧发电、沼气发电、水电
基础设施建设	为刺激经济发展，泰国加大基础设施投入，制定2015~2022年交通基础设施战略规划。泰国长期经济发展规划还将国家交通和物流体系的基础设施建设列入重点发展领域。投资泰国基础设施建设有助于转移中国过剩产能，发挥中国基建优势	米轨铁路、高铁、高铁、城市轨道交通、公路、港口、机场等
旅游业	旅游业一直是泰国服务贸易的重要部分，旅游业收入约占泰国国内生产总值的10%。同时泰国政府希望吸引越来越多的中国企业到泰国投资景区开发、影视城等高附加值的服务业	景区开发、影视城等

中国企业在投资泰国时应主动灵活调整经营方式，以适应泰国市场，保障投资收益。泰国市场不同于一般的亚非拉市场，具有准高端市场的特点：（1）泰国本土资金充裕，中方融资优势不明显；（2）泰国本土承包工程企业实力较强，特别是在土建方面具有明显优势；（3）泰国劳务政策严格，泰国建筑工人主要来自周边国家，中国劳务人员无法大规模进入泰国市场；（4）泰国有本土保护主义倾向，政府项目基本授予本土企业，外国公司只能与泰国公司合作开展业务。基于上述特点，我国企业可主动调整经营方式，如在电力等有一定收益保障的项目上，可探讨以投资方式开展合作；在市场选择上，可由施工向设计、咨询等上游产业链拓展，带动中国标准"走出去"，重点跟踪超高层建筑、大型桥梁、隧道等技术含量高、增值空间大的项目，避免与本土企业在低水平竞争；在属地化经营方面，可与本土承包工程企业建立稳定的合作关系，泰国本土企业信息灵通，人脉资源丰富，获取项目能力强，但在技术、资质和资金等方面较为缺乏，而中国企业可在技术、资质和资金上提供支持，双方企业合作互补性强，是我国企业开拓泰国市场的一条重要渠道①。

---

① 资料来源：中国驻泰国大使馆经济商务参赞处（http://th.mofcom.gov.cn/）。

中国与"一带一路"沿线国家经贸合作国别报告

尽管中泰关系发展没有太多隔阂障碍,两国关系总体保持顺畅,而且近些年在泰国投资的中国企业与日俱增,但是一些潜在的风险尤其是政治风险如泰国政治稳定性和连续性较差等不容忽视,见表5-8所示。

表5-8　　　　　　　　　中国企业投资泰国的主要风险

风险类型	注意事项
政治稳定性和连续性较差	泰国政治受军人集团影响较大,军事政变时有发生。政党斗争,互相倾轧,议会解散、提前选举也是屡见不鲜。国内政治不稳定,对在泰投资企业构成人身、财产安全威胁。2016年泰国举行大选,未来政局走势尚需进一步观察。根据此前经验,新政府对企业与前政府签署的合同有可能不予认可,或取消项目或调整后重新招标,给企业带来较大损失。鉴于基础设施投资项目大多投资大,建设周期长,因此在泰国局势明朗前,我国企业应做好防范风险预案,避免过多实质性投入,并及时就局势发展征询有关部门的意见
泰国南部三府宗教冲突时有发生,社会不稳定	位于泰国南部的惹拉府、北大年府和陶公府,由于民族关系错综复杂,社会十分动荡,人民的生命安全缺乏保障,正常的社会运作和经济发展受到极大限制。深层次的原因之一是占当地人口大多数的是信奉伊斯兰教的穆斯林,而泰国人民普遍信仰佛教,这也成为了引发冲突的重要因素。由于泰国南部暴力事件不断,边境三府从2005年7月开始实施紧急状态法。长久以来,社会一直不大稳定,因此中资企业在泰国投资要尽量避免到南部三府,谨防可能发生的安全问题
泰国国王普密蓬·阿杜德去世加剧泰国政局波动的风险	泰国普密蓬国王的逝世使得其作为泰国政局调和者的作用不复存在,泰国政局波动风险增加。2016年10月13日,作为泰国的政治领袖和精神领袖的泰国九世王普密蓬·阿杜德国王因病逝世,其在位70年时间里,经历了多次政治风波和军事政变,并始终在国家发生危机时力挽狂澜,作为"最终仲裁者"使动荡的局势恢复稳定。虽然目前泰国政局逐渐趋稳,但政局发展和社会稳定方面均存在诸多问题,如军政府不断加强军方和官僚体制的权力,而在推动全国政治和解问题上无所作为;社会治安总体情况不佳,与反叛组织相关的恐怖主义威胁呈上升趋势等。这些问题短期内难以得到有效解决,因此不排除将来会再度激化,再现"街头政治"的可能性。国王的逝世使得泰国缺少了能够团结各方势力、平衡力量、化解分歧的强力和德高望重的人物,可能会加剧政局波动的风险

资料来源:根据以下资料整理而得:①黄日涵、梅超:《"一带一路"投资政治风险研究之泰国》,中国网,2015-03-31(http://www.china.com.cn/);②刘晓峰:《泰国国王普密蓬·阿杜德去世的影响》,中国出口信用保险国别风险研究中心,2016-11-14(http://js.sinosure.com.cn/)。

第五章
中国与泰国经贸合作

泰国是"21世界海上丝绸之路"的重要战略支点国家，中国企业应把握"一带一路"契机，在防范相关投资风险的基础上选择泰国有利的行业进行投资，促进中泰两国在基础设施建设、农业、金融、能源、旅游等各领域深入合作，促进人员往来，增进传统友谊，实现双方互利共赢发展。

第六章
中国与新加坡经贸合作

第一节 新加坡经济现状与产业结构

新加坡属于高收入国家,2009年以来,经济实现持续增长。2015年,国内生产总值(GDP)为2927.39亿美元,人均GDP高达5.29万美元。但近几年新加坡经济增速呈现放缓的趋势,2015年GDP增速仅为2.01%,远低于2011年的6.21%,见表6-1所示。其主要原因在于新加坡运输工程业和电子制造业受到全球贸易低迷等因素的影响产量下降,全年制造业萎缩5.2%,建筑业增长也放缓至2.5%。根据新加坡贸工部,尽管金融保险以及批发贸易有望为新加坡的经济增长提供支持,但由于外部需求疲软,制造业前景仍然低迷。此外,油价波动、私人部门建筑行业需求的下降以及人力资源短缺也将对相关经济领域产生影响,因此,近期新加坡经济增速大幅度回升可能性不大。

表6-1　　　　　　新加坡2011~2015年主要经济数据

年份	GDP (亿美元)	GDP年增长率 (%)	人均GDP (美元)	按GDP平减指数衡量 年通货膨胀率(%)
2011	2752.21	6.21	53100	1.11
2012	2892.69	3.67	54500	0.73
2013	3003.88	4.68	55600	-0.7

第六章
中国与新加坡经贸合作

续表

年份	GDP（亿美元）	GDP年增长率（%）	人均GDP（美元）	按GDP平减指数衡量年通货膨胀率（%）
2014	3063.44	3.26	56000	0.043
2015	2927.39	2.01	52900	1.64

说明：截至本书成稿时，2016年的相关数据尚未公布。
资料来源：世界银行数据库（http://data.worldbank.org）。

从产业结构上看，新加坡服务业发达，是全球第四大国际金融中心和第三大外汇交易中心。第三产业占GDP的比重高达70%，第二产业占GDP的比重约为30%，第一产业及其他占GDP的比重则小于1%。2015年，在新加坡GDP构成中，农业、工业和服务业三个产业的占比分别为0.04%、26.40%和73.56%。

在农业领域，新加坡由于土地稀少，以都市农业为主。在种植结构上，大力发展果树、蔬菜和花卉等经济作物；在产业类型上，以种植热带兰花、饲养观赏用的热带鱼等高产值出口型农业为主；在粮食结构上，主要限于鱼类、蔬菜和蛋类的生产，蔬菜仅有5%自产，其余依靠进口。

新加坡的制造业以电子业和炼油业为主。同时，得益于优越的地理位置，新加坡不仅是全球采购和综合制造业的重要基地，也是世界船舶工业强国，其船舶及海洋工程装备产业处于世界领先地位。制造业是新加坡创造就业最为重要的部门之一，也是其金融服务的主要对象。新加坡一直将制造业列为支柱产业加以培育以增强其经济发展的后劲和抵御风险的能力，并出台一系列配套措施，把加强研发力度、提高创新能力列于首位，为新型制造业的持续发展提供良好的外部环境。

电子工业是新加坡的第一大支柱产业，主要涵盖集成电路、个人计算机配件、通讯设备、二极管和晶体管、消费电子产品、个人计算机、磁盘驱动器等领域。集成电路是新加坡电子制造产业中最重要的产业，2011年在电子制造业总产值中所占的比重已接近60%，占电子产品出口总额的55.9%。经过多年发展，新加坡已经成为世界重要的电子制造业生产中心之一，全球著名的电子业巨头都在新加坡设有生产基地，如今全球约

1/10 的初制晶圆和 40% 的硬盘介质都产自新加坡。

石油炼制业是新加坡的第二大制造业部门，炼油企业多为资本密集型国有大企业。作为世界三大炼油中心之一，新加坡炼油业的发展源于 1990 年初的海湾战争。该次战争使得科威特的炼油厂被迫关闭，世界石油供给量锐减，而世界石油需求量的增长依然强劲，拥有现代化的炼油设施的新加坡在这一轮世界性的竞争中脱颖而出。

新加坡服务业发达，是国际金融中心、国际贸易中心、国际航运中心以及国际旅游会议中心，服务型经济已经成为新加坡经济的主体。新加坡通过知识化和信息化贸易、物流、资讯、金融、旅游等产业来重新定位和彻底改造现有传统服务业，同时利用双语言的优势发展高标准的教育、健康保健和法律服务等新兴服务业，从而促使新加坡迈向以现代服务型经济为主的更高的经济形态。

贸易方面，新加坡主要进口机电产品和矿产品，主要出口电子产品、石油及相关产品、化工产品等制造业产品。贸易模式以进口原材料、初级产品、中间产品等进行技术加工后再出口为主。中国大陆、马来西亚、美国和中国台湾是新加坡主要进口来源方，马来西亚、中国香港、印度尼西亚、中国内地、欧盟 27 国及美国是新加坡商品的主要出口地。

联合国贸发会议发布的 2016 年《世界投资报告》显示，2015 年，新加坡吸收外资流量为 652.62 亿美元，对外直接投资流量为 354.85 亿美元；截至 2015 年底，新加坡吸收外资存量为 9784.11 亿美元，对外直接投资存量为 6252.59 亿美元。外资主要来源于欧盟、美国、日本、瑞士以及中国香港。新加坡吸收外资的行业流向主要为金融保险业（占 50.3%）、批发零售业（占 17.2%）、制造业（占 14.4%）、商业服务业（7.3%）、运输仓储业（占 3.7%）和房地产业（占 3.5%）。

第二节　新加坡具有国际竞争优势的产业

在二位码层面上计算新加坡各个产业的 RCA 指数[①]结果显示，新加坡

---

① 关于 RCA 指数详见本书上篇第一章第二节。

第六章
中国与新加坡经贸合作

具有显著比较优势（RCA>1.25）的9个产业全部为资本密集型产业，见表6-2所示。

表6-2　　　　　　　　　新加坡具有显著比较优势的产业

产业类型	产业	2009年	2010年	2011年	2012年	2013年	2014年	2015年
资本密集型	电机、电气设备及其零件，录音机及放声机、电视图像、声音的录制和重放设备及其零件、附件	2.62	2.69	2.55	2.46	2.49	2.41	2.39
	钟表及其零件	1.56	1.60	1.38	1.35	1.36	1.29	1.50
	航空器、航天器及其零件	1.40	1.41	1.47	1.48	1.54	1.19	1.41
	核反应堆、锅炉、机器、机械器具及其零件	1.33	1.27	1.19	1.19	1.19	1.08	1.23
	矿物燃料、矿物油及其蒸馏产品	1.19	1.11	1.21	1.12	1.07	1.32	1.24
	船舶及浮动结构体	0.73	0.57	1.30	0.91	0.77	0.55	0.58
	书籍、报纸、印刷图画及其他印刷品，手稿、打字稿及设计图纸	0.91	1.19	1.77	2.28	4.23	5.36	1.09
	有机化学品	1.83	1.80	2.22	2.27	1.88	1.98	2.07
	精油及香膏，芳香料制品及化妆盥洗品	1.21	1.48	1.81	1.93	1.78	1.68	1.93

说明：表格统计数据从金融危机之后的2009年开始到2015年，各产业按照历年比较优势算术平均数降序排列。历年比较优势算术平均数不具有特殊经济含义，仅为比较优势产业排序之用。
资料来源：根据UN COMTRADE数据整理而得。

新加坡具有比较优势的资本密集型产业包括：电机、电气设备及其零件，录音机及放声机、电视图像、声音的录制和重放设备及其零件、附件；钟表及其零件；航空器、航天器及其零件；核反应堆、锅炉、机器、机械器具及其零件；矿物燃料、矿物油及其蒸馏产品；船舶及浮动结构体；书籍、报纸、印刷图画及其他印刷品，手稿、打字稿及设计图纸；有机化学品；精油及香膏，芳香料制品及化妆盥洗品。其中，电子电器、化工及船舶修造这三大制造业为新加坡的三大支柱产业,并且一直保持迅猛发展。

一、电机、电气设备及其零件,录音机及放声机、电视图像、声音的录制和重放设备及其零件、附件

新加坡该产业的比较优势保持稳定。通过对 HS 编码的进一步研究发现,新加坡主要出口集成电路及微电子组件;二极管、晶体管及类似的半导体器件;光敏半导体器件;发光二极管;已装配的压电晶体;变压器、静止式变流器及电感器;有线电话、电报设备,包括有线载波通信设备;无线电话、电报、无线电广播、电视发送设备;电视摄像机;电路的开关、保护或连接用的电气装置。

从上述细分产业的分布可以看出,新加坡具有国际竞争优势的细分产业之一为包括集成电路、半导体、硬盘驱动器、电子系统以及信息通讯产品在内的电子产业。新加坡电子产业自建国初期形成至今,经历了由无到有、由弱到强,不断调整结构与转型升级,不断沿着全球价值链高端攀升这一过程,并由最初的劳动密集型转为现在的创新与知识密集型产业,力争保持在全球产业体系中的竞争优势,见表 6 – 3 所示。如今,新加坡已经成为世界领先的电子产业中心。目前,新加坡政府正在引导电子产业逐渐往微电子以及生物工程这个方向发展,希望将这两个产业结合起来提升传统电子产业未来发展的层次,以形成一个新的至少能在今后二三十年保持发展优势的产业。新加坡电子产业的重要细分产业概况如表 6 – 4 所示。

表 6 – 3　　　　新加坡电子产业向全球价值链高端攀升轨迹

阶段	阶段特征	主要产品	概况
第一阶段: 1965 ~ 1969 年	引进外资:劳动密集型	低值电子工业品配件	新加坡最初独立时为解决严重的失业问题采用了引进外资政策,政府成功说服多家著名电子企业,将他们劳动密集型的生产环节搬到新加坡。该阶段严重依赖跨国公司的技术转移

第六章 中国与新加坡经贸合作

续表

阶段	阶段特征	主要产品	概况
第二阶段：1970~1979年	迅速发展：劳动密集型	低值电子工业品配件	新加坡当地辅助企业提供电子产品的一般配件，主要零部件从母公司进口，然后进行加工、装配和包装，制成的产品主要用以出口和返销本国。该阶段电子产业迅速发展，充分就业，薪资飙涨，政府采取多项缓和措施，并创立劳资官三方协商委员会，奠定长期和平工业关系基础
第三阶段：1980~1987年	第一次转型升级：技术密集型	电脑、电脑附件	经济继续猛涨，薪金飙升失控，中国竞争日趋激烈，新加坡于1980年6月发起"第二次工业革命"，决定集中发展附加值较高的资本和技术密集的产业。电脑、电脑附件等技术密集型电子制造业成为先导产业
第四阶段：1987~1997年	第二次转型升级：高科技密集型	半导体、消费类电子产品	1987年，新加坡政府成立了特许半导体公司，推动新加坡半导体产业飞速发展。1991年新加坡成立微电子研究所IME，进一步推动半导体产业的国产化。新加坡逐渐成为电子领域的卓越中心，在半导体、电脑周边产品、数据存储及消费类电子产品等领域独占鳌头
第五阶段：1998年至今	第三次转型升级：创新与知识密集型	晶圆（硅芯片）、半导体	2000年，中国台湾第一家、世界领先的半导体公司——台联电到新加坡设厂投资，促使新加坡晶圆代工集群式发展，电子产业进一步迈向知识密集与自主创新时代。新加坡逐渐演变为国际顶级电子厂商集聚地，许多国际顶级电子厂商视新加坡为开拓和管理新兴市场的理想选择，并纷纷将其研发中心设在新加坡
未来趋势	第四次转型升级：创新与知识密集型	微电子与生物工程相结合	新加坡政府将生物工程学院，生物材料研究院等与微电子研究所联合起来，试图推进新加坡电子业向微电子、生物医药这个方向发展。新加坡政府要将新加坡建成亚太区域产业研究中心的国际中心城市，并致力于培育发展在世界性的高新科技领域具有领导能力的一些产业

资料来源：根据新加坡经济发展局（EDB）网站的相关报告及资料整理而得（https://www.edb.gov.sg/）。

表6-4　　　　　　新加坡电子产业的重要细分产业概况

产业名称	产业现状	代表企业
集成电路、半导体业	全世界集成电路芯片1/10来自新加坡	安华高、飞兆、美光、联发科技、联华电子（UMC）、联合封测（UTAC）、高通、晶圆系统公司（SSMC）等
硬盘驱动器、硬盘媒体制造业	新加坡是世界顶尖企业级硬盘驱动器制造国、主要的硬盘媒体生产地，占全球硬盘媒体约40%的市场份额	希捷（Seagate）、日立环球存储科技（Hitachi Global Storage Technologies）、昭和电工（Showa Denko）、Hoya等
电子制造服务（EMS）业	世界排名前10的6家电子制造服务（EMS）公司已在新加坡开展业务，业务范围涵盖设计、高价值制造、供应链管理和区域管理	伟创力国际（Flextronics）、Sanmina公司、Celestica集团、Jabil Circuit及创业公司（Venture）等；著名的原件设计制造商（ODM）、华硕（ASUSTek）、光宝集团（Lite-On）和纬创（Wistron）等

资料来源：根据新加坡经济发展局（EDB）网站相关资料整理而得（https://www.edb.gov.sg/）。

二、航空器、航天器及其零件；船舶及浮动结构体；钟表及其零件；核反应堆、锅炉、机器、机械器具及其零件

新加坡这几类制造业的比较优势在近几年一直保持着较强的国际竞争力。

新加坡航空器、航天器及其零件的生产主要集中于新加坡多个世界级综合航空园区。这些航空园区不断强化其航空基础设施以支持航空业的未来发展，其核心项目是占地约300公顷的实里达航空园（Seletar Aerospace Park）。在该园区内的企业受惠于连接跑道的一流的商业基础设施以及产业集群的协同效应。早在2012年，包括劳斯莱斯（Rolls-Royce），贝尔直升机（Bell Helicopter），赛斯纳飞机（Cessna Aircraft），福克服务亚洲（Fokker Services Asia），霍克太平洋公司（Hawker Pacific）在内的8家跨国公司就在实里达航空园开设了新工厂。

新加坡作为亚洲民航业以及航空维修业（MRO）的核心基地，目前主要生产发动机齿轮、阀门和厨房设备等飞机零部件。自2008年以来，

第六章
中国与新加坡经贸合作

新加坡航空展（Singapore Airshow）已经成功跻身于世界三大国际航空展之列，并有100多家国际航空公司纷纷在新加坡设立代表处。2015年，新加坡民航业对新加坡GDP直接和间接贡献是142亿新元（占比5.4%），其中包括：直接产值87亿新元，与航空业有关的供应链间接产值31亿新元，来自航空业及其供应链的雇员消费支出24亿新元。作为亚洲最大的航空维修中心，新加坡目前在亚洲飞机维修市场的占有率已高达25%，特别是在高附加值的发动机维修业务上，新加坡无疑是占据着亚洲的桥头堡位置。新加坡科技宇航维修公司（以下简称"新科宇航"）是全球最具实力和代表性的航空维修公司之一，近半个世纪以来一直带领新加坡航空维修业向该产业的高附加值端发展，见表6-5所示。

表6-5　　　　　　　　新加坡高附加值航空维修业成长历程

阶段	时间	事件、成果	主要业务
成立	20世纪70年代	1972年新加坡航空公司和马来西亚航空公司分道扬镳，新加坡政府决定继巴耶利巴机场之后，在樟宜再建一座新机场；1975年，作为新加坡航空维修公司的新科宇航正式投运	新科宇航刚开始是个维修站，除了专门负责为新加坡空军部队服务外，还负责提升该国航空业的地位
发展	20世纪70年代至21世纪初	大批航空维修公司成立，新科宇航通过和国际知名企业的战略合作、收购、兼并、投资等手段，成为拥有民航客机和军机MRO各领域业务的知名航空维修企业	飞机维护、大修、机翼改进、客改货，发动机维修和租赁，航空电子和电气部件维护修理，工程和发展服务，地勤人员培训，仓储配送和资产管理等
成熟	21世纪初至今	国际性MRO企业多达100多家，新科宇航成为世界级的航空维修商，被美国权威杂志《航空周刊》评选为世界最大的独立的第三方机体MRO提供者。在高附加值的发动机维修业务上，新加坡占据着亚洲大部分的市场份额	组件和发动机全面支持；飞机维修、改进等

资料来源：根据以下网站相关资料整理而得：（1）新加坡民航局（http://www.caas.gov.sg）；（2）新加坡经济发展局（https://www.edb.gov.sg/）。

然而，随着新加坡物价的上涨和国际竞争的激烈，新加坡航空维修业也面临着几大挑战。首先是成本问题，近十年新加坡物价年年攀升、全球金属原材料价格不断上涨，给航空维修业带来了高昂的人力成本和生产成本①；其次是人员流失问题，新加坡航空业维修人员主要来自中国大陆及中国香港、菲律宾、马来西亚和印度这几个国家（地区），物价上涨而工资涨幅不明显，维修工作的待遇的竞争力越来越弱；再者是面临激烈的国际竞争，周边国家特别是马来西亚和印度尼西亚凭借低廉的人力成本优势以及这几年在机场和基建领域的投资，正在逐渐蚕食新加坡的市场份额；而最大的挑战是来自飞机和发动机 OEM 制造商（包括美国通用电气、英国罗罗公司等），新加坡的航空维修业的市场主体，还是非 OEM 系的第三方维修企业，随着 OEM 制造商在售后服务市场中所占的比重越来越大，新加坡面临的挑战也越来越大②。

在此大背景下，新加坡政府希望其民航业从原有的合资授权维修业转型升级，凭借自己的地理位置、金融中心、高素质人才教育等优势，做强原本薄弱的航空研发制造产业，致力于打造发动机（引擎）制造中心③。如今，新加坡实里达航空园已成为世界飞机引擎制造中心，众多世界顶尖发动机制造商选择入驻该园区，见表 6-6 所示。据官方发布的数据显示，该航空园每年都创造 60 亿美元的工业收入，并且每年保持 10% 的增长速度。为进一步促进新加坡高端制造业的发展，2016 年 1 月，新加坡政府宣布，将自 2016 年 4 月起的未来 5 年内安排 130 亿美元预算，用于鼓励和支持高端制造业，尤其是航空制造业的科技研发创新。其中在航空制造领域，将主要聚焦于机器人、自动化技术等提升生产率的技术创新和人才培养等。

---

① 新加坡是一个资源进口型国家，面对只升不降的航空器材成本，只能被动接受。
② 魏君：《小国家的大战略——新加坡航空产业发展的启示》，载《大飞机》2016 年第 2 期。
③ 关于新加坡成为引擎制造的中心，新加坡 CIMB 私人银行的经济学家指出，新加坡由于国土面积较小，并不具备引进飞机总装线的条件。因此，新加坡将目光转向同样高附加值的航空发动机总装、设计、研发，选择生产次重要的引擎及其他零件。同时技艺精湛、受过教育的劳动力以及来自新加坡国家经济发展局的政策支持也是引擎制造商青睐新加坡的重要原因。

第六章
中国与新加坡经贸合作

表6-6 新加坡实里达航空园——世界飞机引擎制造中心的入园企业概况

世界顶尖发动机公司	公司在园区的现有投资	公司在园区的计划投资
罗罗公司	罗罗公司目前在该园区拥有一个技术研发中心、一个航空发动机总装厂和一个风扇叶片制造厂；2016年起，罗罗新加坡总装厂将参与在研的遗达7000发动机的装配和测试工作，这是罗罗第一次在欧洲以外的地方开展发动机研制。此前，罗罗所有航空发动机研制工作都在欧洲完成，生产才转移到新加坡	除了航空发动机总装、设计、研发，未来罗罗还将把新加坡设为其亚太地区的客户服务中心
美国通用电气公司	GE公司虽然目前尚未将研发向新加坡转移，但其近期仍斥资1.1亿新元在新加坡建立一个新的维修技术研发中心，为新一代飞机研发相应的维修技术。GE此次投资将主要用于研发诸如机器人、无人机、大数据等新一代维修技术，未来用于新一代航空发动机部件的维修。此前，这些新的维修技术研发工作都在美国进行	未来，GE希望新加坡能够成为创新维修技术的发源地，并将在该领域继续投资
劳斯莱斯公司	劳斯莱斯公司在该园区内建立其除英国外最现代化的航空发动机海外工厂	—
普惠公司	普惠公司在该园区建立除美国外唯一一个发动机风叶生产地	—

资料来源：《新加坡将殖民地时期飞机跑道变为飞机引擎制造地》，美国彭博新闻社，2016年2月17日（http://www.bloomberg.com/）。

新加坡得天独厚的地理位置，促使其成为世界船舶工业强国。世界级的物流基础设施使得新加坡在可靠性和交付速度方面获得良好声誉。世界一流的港口和空运设施、卓越的仓储和交付渠道，以及与区域和全球无与伦比的联系，使得新加坡成为全球采购和综合制造业的最佳基地。2016年4月数据显示，新加坡人均船舶资产全球第一，为8247美元，而中国人均船舶资产价值仅有51美元，见表6-7所示。目前，新加坡有两大船舶企业，分别为吉宝造船和胜科工业，前者是世界上最大的海洋钻探平台生产企业、世界领先的移动式海上钻井平台设计和建造企业，后者是全球领先的海事与岸外工程集团，为船舶维修、船舶建造与改船、钻井平台建造与维修等提供一系列综合解决方案，下属子公司主要包括裕廊船厂、胜宝旺船厂、SOME、PPL船厂和裕廊SML[①]。

---

① 资料来源：新加坡经济发展局（https://www.edb.gov.sg/）。

表6-7　新加坡以及主要船舶制造国人均船舶资产排名（2016年）

排名	国家	船舶数量（艘）	船队总价值（亿美元）	人均船舶资产（美元）
1	新加坡	1968	354	8247
2	挪威	1257	269	5840
3	丹麦	883	226	4173
4	希腊	4398	911	1105
5	日本	4329	810	635
6	德国	3116	427	518
7	韩国	1496	227	471
8	英国	715	170	283
9	美国	1139	307	104
10	中国	4439	668	51

资料来源：国际船舶网（http://www.eworldship.com/）。

在海洋工程装备建造业方面，新加坡隶属于第二梯队，欧美公司处于第一梯队，中国则处于第三梯队，见表6-8所示。新加坡拥有全球一流的海洋工程装备总装企业，这些企业有着"低端制造中的高端制造者"之称，承揽了众多欧美国家石油钻采平台制造以及海上浮式生产储卸油装置（Floating Production Storage and Offloading）的改装订单。新加坡吉宝造船的核心盈利产品——B Class自升式钻井平台，已在全球建造了80多座。

表6-8　全球海洋工程装备建造产业价值链的三大梯队

梯队	代表	特点
第一梯队	欧美公司	垄断着关键装备开发、设计、工程总包及关键配套设备供货和高端制造领域
第二梯队	新加坡和韩国公司	在功能模块设计建造、总装设计建造领域占据领先地位，拥有全球一流的海洋工业装备总装企业
第三梯队	中国公司	主要制造低端装备，难摆脱"后发劣势"，处于全球价值链末端的低水平竞争中

资料来源：根据中国行业研究网相关资料整理而得（http://www.chinairn.com）。

第六章
中国与新加坡经贸合作

三、矿物燃料、矿物油及其蒸馏产品；有机化学品；精油及香膏，芳香料制品及化妆盥洗品

新加坡这几类产业近几年的比较优势保持稳定。化学工业是新加坡的第二大制造业，仅次于电子工业。近年来，新加坡政府大力推进小国大石化的战略，将化学工业列为其核心工业之一，视化学工业为与电子工业和生命科学同等重要的产业，逐步扩大对其投资。新加坡主要通过利用邻国丰富的石油资源来发展本国的化学行业，同时借助本国位于马六甲海峡出入口这个重要的战略地位，把新加坡打造成了世界第三大炼油中心和石油贸易中心。得益于新加坡开放的产业政策，多家跨国化工公司斥巨资在新加坡发展各类项目。

新加坡的裕廊石化产业集群发展模式促进了新加坡化工业快速发展。20世纪90年代，新加坡实施建设"化工岛"计划，将本岛以南的7个岛屿进行填海、架桥加以合并，形成了一个庞大的化工岛——裕廊岛。裕廊岛是世界十大石油化工中心之一，囊括了众多世界领先能源和化工公司，也是化工产业与港城相结合的优秀范本。现有超过94家世界领先的石油、石油化工、专用化学品及配套服务公司入驻裕廊岛，包括巴斯夫（BASF）、埃克森美孚（ExxonMobil）、朗盛（Lanxess）、三井化学（Mitsui Chemicals）、壳牌（Shell）和住友化学（Sumitomo Chemicals）等众多全球领先的石油化工和专用化学品巨头。截至目前，裕廊岛已经成功吸引了350多亿新元的投资。化工区内配备了全套的市政公用设施，供能、供水、贮罐、终端设施、仓储和维修服务一应俱全。新加坡政府制定许多优惠政策以吸引大型领先跨国公司入岛，进而带动相关行业的其他企业进入，从而形成了石化产业集聚。其优势主要体现在：规模经济优势，范围经济优势，资源共享优势。在裕廊岛，化学品则没有进口关税，政府同意外资企业对本地工厂拥有100%的所有权，并完全返还利润。

此外，新加坡还着力提高油气产业的研发能力，主要致力于优化炼油厂价值链、开发高值产品和研制替代燃料，并在短时间内取得了良好效果。比如，新加坡着重开发高增值的精细化学品工业来服务其他相关的产业群，进一步拓展化工业。新加坡的精细化工公司可以利用新加坡与其客户和最终消费者近距离的优势，针对其消费者开发新的精细化学品，迅速地应对亚洲市场里不断涌现的各种新需求①。

第三节 新加坡外商投资政策及战略规划

一、新加坡吸引外资政策

吸引外资是新加坡的基本国策，外资准入政策宽松，对外资企业实行无差别的国民待遇，除国防相关行业及个别特殊行业如广播、印刷媒体、住宅产业之外，对外资的运作基本没有限制。此外，新加坡政府还制定了特许国际贸易计划、区域总部奖励、跨国营业总部奖励、金融与资金管理中心奖励等多项计划以鼓励外资进入。同时，新加坡经济发展局还推出了一些优惠政策和发展计划来推动企业拓展业务，如创新发展计划、企业研究奖励计划、新技能资助计划等。根据新加坡政府公布的2010年长期战略发展计划，电子、石油化工、生命科学、工程、物流等9个行业被列为奖励投资领域。

新加坡优惠政策的主要依据是《公司所得税法案》和《经济扩展法案》。其推出的各项优惠政策，外资企业基本上可以和本土企业一样享受。主要包括：（1）产业优惠政策。新加坡推出了先锋计划、投资加计扣除计划、业务扩展奖励计划等。（2）环球贸易补贴。（3）中小企业优惠。新加坡为扶持中小企业发展，推出了天使投资者税收减免计划、天使基金、孵化器开发计划、管理人才奖学金等。（4）创新优惠计划。

---

① 资料来源：新加坡经济发展局（https://www.edb.gov.sg/）。

二、新加坡长期发展规划

2008年金融危机爆发后,全球经济重心向亚洲转移,新加坡牢牢把握这一趋势,于2010年确定未来10年(2011~2020年)经济发展战略规划,包括未来几年新加坡主要经济发展目标和3大战略重点,并相应制定了7大经济发展战略,见表6-9所示。另外,在基础设施方面,新加坡在近几年也陆续制定了相关规划,见表6-10所示。

表6-9　　　　　新加坡经济发展战略规划(2011~2020年)

主要经济发展目标	3大战略重点	7大经济发展战略
保持GDP持续稳定增长; 增加就业岗位; 控制通货膨胀; 构建富有活力与稳定的知识性产业枢纽; 增强企业竞争力和创新能力	提高劳动生产力; 提升企业能力; 打造环球都市	通过提高劳动生产力和创新推动经济发展; 打造环球—亚洲枢纽; 建设富有活力的多元化企业生态; 加快研发成果商品化; 实现能源多元化和提高能源效率; 提高土地利用率; 打造独特的环球都市和宜居家园

资料来源:中国驻新加坡大使馆经济商务参赞处(http://sg.mofcom.gov.cn/)。

表6-10　　　　　　　新加坡基础设施发展规划

领域	实施时间	规划
铁道交通	2011~2021年 2013~2030年	铁道交通建设总投资将达到500亿美元 将地铁网络从现有的178公里扩大1倍到360公里等
航空	2012~	新加坡樟宜机场翻修、扩建,以及建设飞机保养、维修和翻新服务以及航空物流等设施,等等
港口	—	将港口搬迁到西部大士地区。丹戎巴葛港在2027年租约到期后将改建为集商务、旅游、休闲、居住于一体的滨海新城
供水	2013~2060年	扩大本地新生水和海水淡化产量,力争2060年日用水供应量比目前增加1倍

资料来源:中国商务部:《对外投资合作国别(地区)指南——新加坡(2016年版)》(http://fec.mofcom.gov.cn/article/gbdqzn/upload/xinjiapo.pdf)。

第四节　近年来中国与新加坡经贸合作成果

近年来，中新两国的经贸合作取得长足进展，合作内容也与双方国家发展战略结合日趋紧密，并成为区域合作典范。中国连续两年为新加坡第一大贸易伙伴，并连续三年为其对外投资第一大目的国。可以说，中新经贸合作目前已成为双边关系发展的"压舱石"和"推进器"。

中国与新加坡于2008年10月签署了《中国—新加坡自由贸易区协定》，是中国和东盟国家签署的首个全面自贸协定。根据该协定，新加坡于2009年1月1日起取消全部自中国进口商品关税；中国也于2010年1月1日前对自新加坡进口的97.1%产品实现零关税。两国还在服务贸易、投资、人员往来、海关程序、卫生及植物检疫等方面进一步加强合作。2010年4月，双方召开了第一次工作会议，对《中国—新加坡自由贸易区协定》执行情况进行了回顾，并探讨通过自贸协定进一步促进双边货物流通、服务、投资等方面的合作。2011年7月，双方签署两份补充协议，加强危机管理方面的合作，为双方企业办理关税优惠手续提供更多便利，同时在美容和城市交通服务等服务行业中为新加坡提供优于东盟其他国家的待遇。这些举措无疑极大促进了中新双方经贸合作的发展。

一、双边贸易

新加坡与中国长期保持着密切的贸易关系。近年来，中新双边贸易持续增长，但增速有所下滑，见图6-1所示。据中国海关统计，2015年中国与新加坡双边贸易额为807.4亿美元，下降0.1%，占中国与东盟十国双边贸易总额的16.8%，是中国在东盟的第三大、在全球的第十三大贸易伙伴。其中，我国出口531.9亿美元，增长6.5%，进口275.5亿美元，下降10.5%。中国与新加坡对外贸易在总体上呈现顺差，并且近年来呈现逐步加大的趋势，从2008年的122.3亿美元降至2015年的256.4亿美元。

第六章
中国与新加坡经贸合作

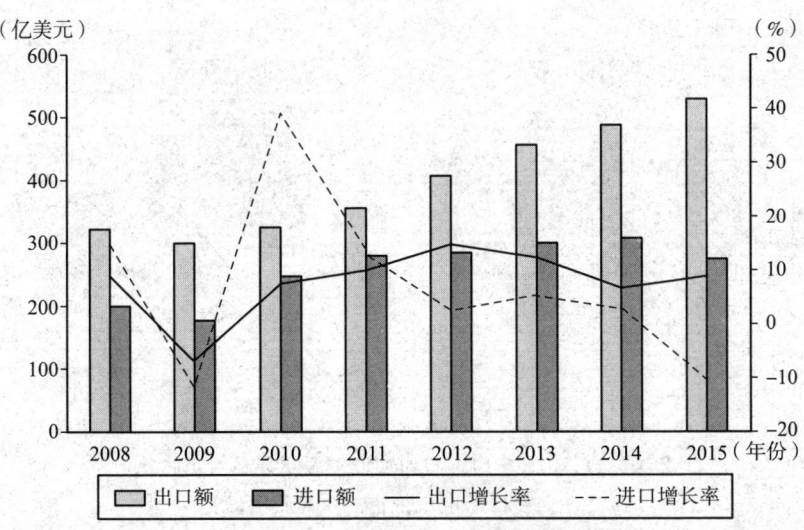

图 6-1 2008~2015 年中国对新加坡贸易额统计

资料来源：中国经济数据库（https://www.ceicdata.com/）。

中新两国在贸易总量扩大的同时，产品贸易结构也进一步优化，朝多元化的方向发展。双边货物贸易中，机电产品是最大类别，约占 60%，其次是机械、矿物燃料、塑料橡胶、家具等。2015 年，中国自新加坡进口的前 5 位产品有电子、特殊交易品及未分类商品、机械、塑料及其制品和矿物燃料，占中国自新加坡进口总额的比重分别为 31.98%、17.89%、14.47%、13.16% 和 10.51%，见图 6-2 所示，累计进口总额达 242.50 亿美元。其中，以电子进口最多，进口额达 88.10 亿美元，占新加坡对中国出口总额的 31.98%，同比下降 2.1%。同期，中国对新加坡出口的前五位产品是电子、机械、船舶、矿物燃料和家具，占中国对新加坡出口总额的比重分别为 27.97%、15.11%、10.41%、7.31% 和 5.98%，见图 6-2 所示，累计出口总额达 355.25 亿美元。其中，对电子出口最多，出口额达 148.77 亿美元，同比增长 29.4%；此外，中国在新加坡家具、船舶市场上也有较大优势，为其主要进口来源地，2015 年分别占据新加坡进口总额的 9.0% 和 15.6%。

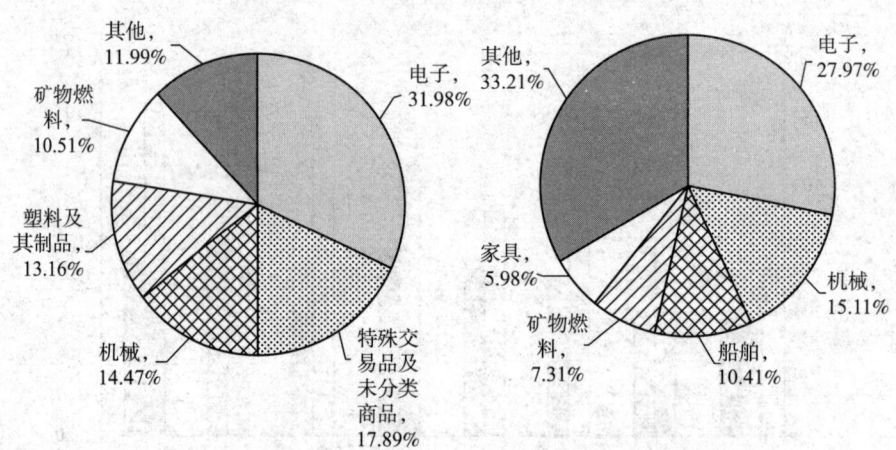

图 6-2 2015 年中国与新加坡主要贸易品金额占比
（左：中自新进口；右：中对新出口）

资料来源：中国海关统计数据（http://www.customs.gov.cn/）。

中国是新加坡机电产品、贱金属及制品、纺织品及原料和家具玩具的首位进口来源地，占市场份额的 20.2%、25.5%、29.7% 和 34.8%，同类产品竞争者主要来自中国台湾、马来西亚和日本等国家（地区）。

服务贸易方面，中新双边贸易量在近几年增长迅速。咨询服务、商务服务、贸易服务、金融、计算机及信息服务、运输是中新双边服务贸易最主要的类别。过去 10 年，双边服务贸易额增长 6 倍，在 2015 年，达到了 200 多亿美元。据中方统计，2014 年中新双边服务贸易额 390.71 亿美元，同比增长 102.9%，新加坡为中国第五大服务贸易伙伴，其中，中国对新出口 142.1 亿美元，同比增长 47.9%；自新进口 248.6 亿美元，同比增长 157.7%；中方逆差 106.5 亿美元。而 2013 年中新双边服务贸易额 168.6 亿新元，增长 15.2%，中国为新加坡第四大服务贸易伙伴。新加坡和中国的服务贸易，也随着中国企业"走出去"步伐的日益加速而快速增加[①]。

二、中国对新加坡投资

近几年，中新双方直接投资保持快速增长，尤其是中对新的直接投资

---

① 数据来源：中国驻新加坡大使馆经济商务参赞处（http://sg.mofcom.gov.cn/）。

第六章
中国与新加坡经贸合作

增长迅猛,见图6-3所示。到2015年,新加坡已经连续三年为中国第一大外资来源国和第四大对外投资目的国。截至2015年,新加坡累计在中国投资792.2亿美元,而中国对新加坡直接投资存量为319.85亿美元,2015年当年中国对新加坡直接投资流量为104.52亿美元。目前,在"一带一路"沿线的65个国家和地区中,新加坡对中国投资占沿线国家对中国投资总额的81.74%,中国对新加坡投资占中国对沿线国家投资总额的35.21%,可见新加坡在"一带一路"沿线国家中的重要性。

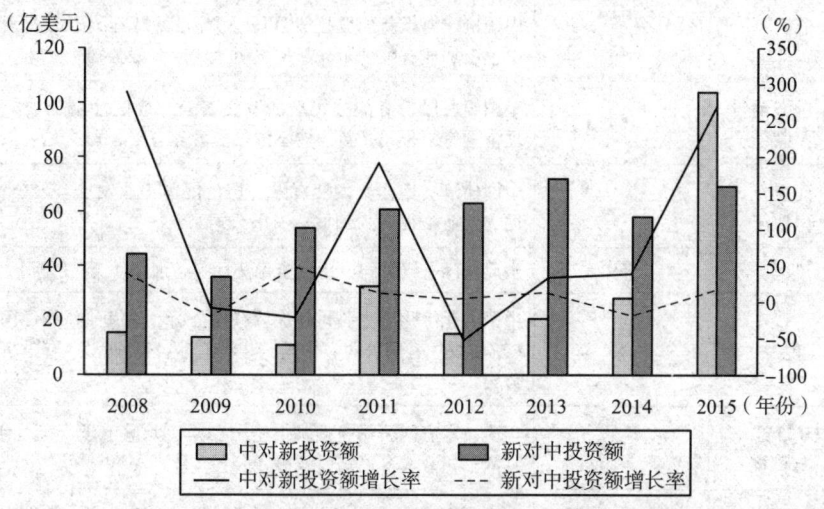

图6-3 2008~2015年中国与新加坡互相直接投资统计

资料来源:国家统计局(http://www.stats.gov.cn/tjsj/)。

实际上,在中新经贸投资持续强劲发展的背景下,新加坡已经当仁不让地站在了"一带一路"倡议推进的潮头。新加坡高效透明的经商环境、便利的金融服务和世界连通性成为中国企业"走出去"的国际化经营平台,"小身量"的新加坡已经成为我国推进"21世纪海上丝绸之路"建设沿线的一个重要战略支点。越来越多的中国企业选择在新加坡注册,成立区域公司总部、区域投资中心等,通过新加坡的良好经商环境来拓展与周边国家的经贸、投资等业务①。截至2015年底,约有900家中国企业赴新

---

① 资料来源:余南:《中新经贸合作打造区域典范 大支点助推"一带一路"建设》,新华网,2015年11月3日。

加坡进行海外直接投资，其中，中央企业多达81家。目前在新加坡的中资企业主要分布于贸易、金融咨询与管理服务、建筑与房地产、投资、能源、电子与科技、运输、船舶租赁、管理与买卖等领域，见表6-11所示。

表6-11　　　　　中国在新加坡直接投资主要行业概况

行业类型	企业数量（家）	代表企业
贸易	323	中国电建海投新加坡控股公司、中国建材国际新加坡公司、中色新加坡有限公司、新加坡明达实业有限公司
金融咨询与管理服务	64	中国银联股份有限公司新加坡代表处、鲁信（新加坡）管理咨询有限公司、新加坡弘俊投资管理有限公司
建筑与房地产	69	中国建筑（南洋）发展有限公司、恒华实业发展有限公司、远大铝业工程（新加坡）有限公司
投资	59	永晨国际有限公司、中铁资源集团（新加坡）有限公司
能源	55	中国石化炼化工程公司新加坡有限公司、中海油新能源国际（新加坡）有限公司、中国石化润滑油（新加坡）有限责任公司
电子、通讯与科技	38	华为技术有限公司（新加坡）分公司、元盛电子（新加坡）有限公司、骏梦网络科技有限公司
运输	29	中远集运东南亚有限公司、中国航油（新加坡）股份有限公司、中国海运（东南亚）控股有限公司
船舶租赁、管理与买卖	23	中太船务有限公司、华洋（新加坡）船务有限公司、中太船务有限公司

说明：该表中的主要行业是以投资企业数量而非投资金额多少来衡量。
资料来源：根据中国商务部《境外投资企业（机构）名录（2015年版）》整理而得。

三、承包工程与劳务合作

近几年，中国企业在新加坡新签承包工程合同数量呈下降趋势，但承包工程营业额及在新劳务人员数量呈上升趋势，见图6-4所示。据中国商务部统计，2015年，中国企业在新加坡新签承包工程合同额16.8亿美元，下降55.8%，完成营业额35.4亿美元，增长4.9%。此外，新加坡

第六章
中国与新加坡经贸合作

是我国在东盟最大的劳务派遣市场，目前在新加坡各类劳务人员约10万人。新签大型工程承包项目包括上海振华重工（集团）股份有限公司承建ZP2237-40新加坡岸桥场桥，上海隧道工程股份有限公司承建新加坡汤申线项目下225，中国电力建设股份有限公司承建新加坡地铁汤申线下227，滨海南车站及隧道工程等。

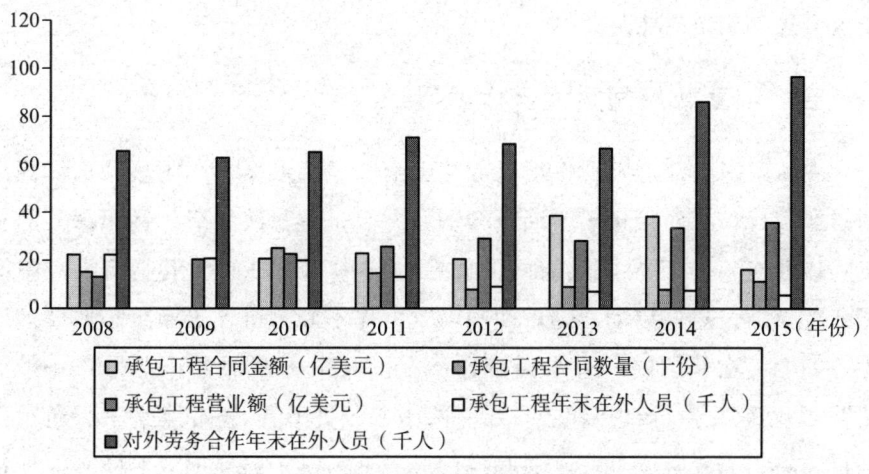

图6-4　2008~2015年中国对新加坡承包工程与劳务合作统计

说明：2009年中国对新加坡承包工程合同数量及金额数据缺失。
资料来源：中国商务部（http://www.mofcom.gov.cn/）。

四、金融合作

近几年，中新两国在金融领域取得一定进展。一是新加坡成为人民币合格境外机构投资者（简称RQFII）试点之一，以使驻新加坡的机构投资者使用岸外人民币投资中国的证券市场，总投资额度达500亿元人民币（约104亿新元）；二是中国考虑将新加坡定为人民币合格境内机构投资者（简称RQDII）计划的投资目的地，以使中国的机构投资者使用人民币投资新加坡的资本市场；三是在中新两国政府间的旗舰合作项目——苏州工业园区和天津生态城实行一套促进跨境人民币交易的试点政策。新加坡金融管理局2013年3月与中国人民银行签署了一份新的货币互换协议，将货币互换规模增加1倍至3000亿元人民币。双方在4月针对人民币业

中国与"一带一路"沿线国家经贸合作国别报告

务合作签署备忘录,5月正式在新加坡启动人民币清算服务,使新加坡成为中国境外首个离岸人民币清算中心。2016年3月,新加坡与中国人民银行再次续签双边货币互换协议三年。根据协议,互换规模扩大为3000亿元人民币。新加坡金管局指出,双边货币互换协议是中国人民银行和新加坡金管局之间的主要合作项目,加强区域经济抗跌性和金融稳定,目的在于加强银行在这两个市场展开业务的信心,并允许两国央行提供外汇流动资金来稳定金融市场。

五、中新政府间重大合作项目

中新两国的政府间合作项目贯穿于两国经济发展不同阶段,也体现出两国经贸合作与时俱进、不断开拓创新并且呈现梯次升级、逐步深入的特点。1994年,中新两国政府间的旗舰合作项目——苏州工业园区经中国国务院批准设立并启动。随着两国经贸合作不断推进,天津生态城应运而生。如今,在两国同时寻求经济转型,以及中国西部大开发和"一带一路"倡议等背景下,中新之间开辟的中新(重庆)战略性互联互通示范项目,将目光聚焦于互联互通和现代服务业。这个崭新的政府间合作项目也将再一次成为两国经济发展的助推器。该项目将以一种不同于以往的方式推进,见表6-12所示。

表6-12　　　　　　　中新政府间重大合作项目概况

项目名称	特点	成果、展望
苏州工业园	是中国和新加坡两国政府间合作的旗舰项目,改革开放试验田、国际合作示范区,中国发展速度最快、最具国际竞争力的开发区之一,苏州工业园区开展开放创新综合试验,苏州工业园区成为全国首个开展开放创新综合试验区域	2014年苏州工业园区生物医药、纳米技术应用、云计算等三大新兴产业分别实现产值283亿元、200亿元和192.8亿元,分别增长23%、48%和31.3%,园区成为全球纳米领域具有代表性的八大产业区域之一。在自主品牌方面,园区50家重点科技型自主品牌企业销售收入均超亿元、销售总收入增长15%,新增上市企业3家,累计达13家;"新三板"挂牌企业18家,居全国高新区首位。此外该园区还成为全国唯一的"国家纳米高新技术产业化基地"

第六章
中国与新加坡经贸合作

续表

项目名称	特点	成果、展望
天津生态城	是中国、新加坡两国政府战略性合作项目。生态城市的建设显示了中新两国政府应对全球气候变化、加强环境保护、节约资源和能源的决心，为资源节约型、环境友好型社会的建设提供积极的探讨和典型示范	按照两国协议，中新天津生态城将借鉴新加坡的先进经验，在城市规划、环境保护、资源节约、循环经济、生态建设、可再生能源利用、中水回用、可持续发展以及促进社会和谐等方面进行广泛合作。为此，两国政府成立了副总理级的"中新联合协调理事会"和部长级的"中新联合工作委员会"。中新两国企业分别组成投资财团，成立合资公司，共同参与生态城的开发建设
广州知识城	是中新政府又一跨国合作标志性项目，是新加坡以及广东省政府共同倡导创立的广东省经济转型的样板，及广东省战略发展新平台	中新广州知识城的发展愿景是以知识经济为创新模式，汇聚高端产业与人才，打造一座经济、人文与生态高度和谐及可持续发展的城市。未来的20年，占地123平方公里的知识城将成为一座为50万人提供生活、工作、学习、休闲的城市
中新（重庆）战略性互联互通示范项目	是中国和新加坡在中国西部地区设立的中新第三个政府间合作项目，以中国直辖市重庆作为项目运营中心	项目以"现代互联互通和现代服务经济"为主题，契合"一带一路"、"西部大开发"和"长江经济带"发展战略，将成为又一个高起点、高水平、创新型的示范性重点项目。该项目以服务贸易为主体，突出金融、航空、物流、通信合作的示范项目

资料来源：根据相关新闻报道整理而得。

当前，随着两国经济的发展，中新两国的园区合作也从主要是中国借鉴新加坡经验，逐步发展成相互学习。新加坡企业在进入中国市场的同时，也从园区乃至整个中国市场中找到了值得借鉴之处。

第五节 "一带一路"倡议实施以来中新高层交流及其成果

近几年，中新双边交流频繁。2015年是中新建交25周年，中新双方领导人在两国建交25周年之际实现成功互访，两国确立建立全方位合作伙伴关系，并为中新关系发展指明了新方向，注入了新动力，开启了新篇章,见表 6-13 所示。中新两国间进行了包括苏州工业园区、天津生态城、中新(重庆)战略性互联互通示范项目等多项重大项目合作。此外,两国在金融、科技、环保、文化教育、人力资源、社会治理等领域合作也十分引人注目。以"现代互联互通和现代服务经济"为主题的两国第三个政府间合作项目将成为两国新时期互利合作的又一个亮点。

表 6-13　　　　近年来中新双边交流及其成果

时间	事件	参加人	成果
2014 年 7 月 28 日	第二届中新社会治理高层论坛(北京)	新加坡副总理兼国家安全统筹部长及内政部长张志贤	新加坡社会治理方法对中国提升社会治理水平具有借鉴作用,中方愿意同新加坡开展合作,提升两国在社会治理、执法司法等领域交流合作水平
2014 年 8 月 16 日	南京青奥会期间两国元首会见(南京)	国家主席习近平、新加坡总统陈庆炎	双方达成共识,将继续扩大两国经贸、投资等领域合作
2015 年 4 月 8 日	两国司法、安全机构部长会面(北京)	国务委员、公安部部长郭声琨、新加坡副总理兼国家安全统筹部长及内政部长张志贤	双方达成深化双边执法合作以及在东盟和国际刑警组织框架下的合作的共识
2015 年 7 月 3 日	中国和新加坡庆祝建交 25 周年(北京)	国家主席习近平、新加坡总统陈庆炎	两国元首同意双方要总结经验,规划未来,进一步增强政治互信,保持高层密切交往势头,深化经贸和金融领域合作,扩大人文交流合作,一道推动中新关系上升到新高度
2015 年 10 月 12~14 日	中国国务院副总理张高丽访问新加坡。中新双边合作联合委员会第十二次会议、苏州工业园区联合协调理事会第十七次会议和天津生态城联合协调理事会第八次会议(新加坡)	新加坡总统陈庆炎、总理李显龙、副总理张志贤、副总理尚达曼	双方围绕两国各领域合作的新发展,重点讨论了中新第三个政府间项目、中新自贸协定升级、经济转型、金融合作、人文交流、包容和可持续发展六大议题。双方一致认为,第三个政府间项目是两国政府在中国西部开展的一个战略性合作项目,合作将致力于以现代互联互通和现代服务经济为主题,并形成网络发挥作用。双方对苏州工业园区和天津生态城开发建设提出了下一步发展目标和任务,表示将对工业园区和生态城建设继续给予有力支持

续表

时间	事件	参加人	成果
2015年11月6日	国家主席习近平访问新加坡,在新加坡总统府会见新加坡总统陈庆炎	国家主席习近平、新加坡总统陈庆炎	两国元首一致同意将中新关系定位为与时俱进的全方位合作伙伴关系,并启动中新自由贸易协定升级谈判。双方积极推进以重庆为运营中心的中新第三个政府间合作项目,将其建设成为中新互利合作新的示范项目。继续建设好苏州工业园区和天津生态城两大重点合作项目。双方还积极探讨两国企业结合"一带一路"倡议开拓在第三方市场合作模式,并在这一框架内挖掘金融合作潜力
2015年11月7日	签署《关于建设中新(重庆)战略性互联互通示范项目的框架协议》及其补充协议	—	中新两国政府在新加坡签署了《关于建设中新(重庆)战略性互联互通示范项目的框架协议》及其补充协议,正式启动以重庆为运营中心的第三个政府间合作项目。同日,重庆市政府与新加坡贸工部签署了《关于建设中新(重庆)战略性互联互通示范项目的实施协议》
2016年2月28日	"中新(重庆)战略性互联互通示范项目"取得新进展		两江新区正式与机场集团签订中新航空物流配套项目战略合作协议书,将在重庆打造国际航空保税物流经转口岸、空港保税冷链产业基地、生物医药基地、高端饰品产业基地,并拓展保税机务维修相关业务

资料来源:根据相关新闻报道整理而得。

第六节 中国企业投资新加坡的机会与风险

中国与新加坡互为重要的战略合作伙伴,双方之间存在着巨大合作潜力。近些年两国双边关系发展良好,双边政治的互信合作为两国经济投资奠定基础,中国和新加坡在政府间大项目、金融、科技环保、教育文化和社会治理等领域的合作不断结出新硕果。中新双方互惠互利双赢的合作关系无疑是区域经济合作的典范。在中国"一带一路"倡议的助推下,中新经贸合作将进一步飞速发展,并且新加坡的国际地位在该倡议的推进下很可能得到进一步增强。

未来中国与新加坡的经贸合作将集中在政府间合作项目、产业园区建设、基础设施建设、能源、金融合作等方面,值得重点关注的领域有电子工业、石化工业、航空业、海洋工程业、基础设施建设和金融业等,见表6-14所示。从现有的中新经贸合作来看,中国对新加坡投资近年来增长较快,主要集中在承包劳务、运输、建筑、能源等领域。结合新加坡经济状况以及我国与新加坡的经贸交流成果分析,新加坡处于工业化发展较高阶段,产业结构以服务业为主,吸收转换中国过剩产能行业作用有限,但是中新在资本密集型制造业以及服务业上具有合作潜力,一方面中国企业可以投资新加坡制造业产业链高端企业,以学习新加坡先进的管理经验与技术,另一方面,还可以利用新加坡便利的交通运输条件和国际金融中心的地位发展贸易和金融服务业等。

表6-14 中国企业投资新加坡的机会

行业	优势与机遇	投资机会
电子工业	电子工业是新加坡传统产业之一,占新加坡制造业产值的1/4以上,且逐年增加,并不断地沿着全球价值链的高端攀升。电子工业覆盖范围广,发展潜力大,一直以来都是外资的集中领域,也是新加坡政府奖励投资领域。目前政府正在引领电子产业与生物工程相结合,以形成新的优势产业	中国企业可投资新加坡具有高附加值的半导体装配和测试厂;硬盘驱动器和硬盘媒体、电脑周边产品、数据存储及消费类电子产品生产;硅晶圆制造厂;集成电路设计中心;电子制造服务(EMS)业以及电子产业与生物工程相结合的领域
石化工业	新加坡是世界第三大炼油中心和石油贸易枢纽之一,也是亚洲石油贸易定价中心,汇集了壳牌、美孚等知名化学公司及中石油、中石化等石化企业,企业主要聚集在裕廊岛石化工业区。此外,新加坡着力提高油气产业的研发能力,主要致力于优化炼油厂价值链、研制替代燃料、开发高值产品如精细化工品。同时石油化工也是新加坡政府奖励投资领域	中国企业可投资生产矿物燃料、矿物油及其蒸馏产品,有机化学品,精油及香膏、芳香料制品及化妆盥洗品等新加坡具有国际竞争优势的产品,以及替代燃料和高值产品,如精细化学品等

第六章
中国与新加坡经贸合作

续表

行业	优势与机遇	投资机会
航空业	新加坡是亚洲民航业的核心基地、亚洲最大的航空维修（MRO）中心，目前新加坡民航业已向航空研发制造产业转型升级，打造世界发动机制造中心。众多世界顶尖的发动机生产商已入驻新加坡。同时新加坡政府政策鼓励和支持航空制造业的科技研发创新，主要聚焦于机器人、自动化技术等提升生产率的技术创新和人才培养等	中国企业可投资新加坡航空研发制造产业，发动机（引擎）制造等，学习世界顶尖发动机巨头的发动机研制经验等
海洋工程业	新加坡海工在功能模块设计建造、总装设计建造领域占据领先地位，拥有全球一流的海洋工业装备总装企业，处于世界海工第二梯队。新加坡在市场、技术、人才、资金等方面都拥有充分的资源。同时海洋工程业也是新加坡政府长期规划中的重点发展产业之一	中国企业可借助新加坡在海工领域的优势以及国际化平台，迅速打开国际海工市场，率先感知市场需求，探索创新商业模式，聘请国际团队，助推中国船舶企业向海洋工程设计、技术、运营管理、市场营销等价值链高端业务拓展，提升国际竞争力
基础设施建设	近年来新加坡推出轨道交通建设计划，在地铁网络扩展、高速公路系统建设等方面加大力度。此外，港口、机场、供水系统等基础设施的整修、重建、搬迁等也提上议事日程，前景广阔	中国企业可投资于新加坡的铁道交通、航空、港口、供水等基础设施建设领域
金融业	中新双方高层都致力于推动中新在金融领域的合作；中国人民银行和新加坡金管局签订的双边货币互换协议，目的在于加强银行在这两个市场展开业务的信心，并允许两国央行提供外汇流动资金来稳定金融市场。此外，新加坡经济发达，金融服务发达、融资渠道多样，拥有良好的金融业生态	中国企业可投资新加坡金融业，满足"一带一路"倡议下企业"走出去"，以及人民币国际化推进下越来越多中国客户对海外金融，尤其人民币业务的更深需求

整体而言，新加坡经济发达，社会稳定，法律健全，金融服务发达、融资渠道多样，地理位置优越，基础设施完善，政府廉洁高效，拥有良好的投资环境。值得注意的是，投资新加坡也需防范潜在的政治风险、经济风险和汇率风险，见表6-15所示。

表 6-15　　　　　　　中国企业投资新加坡的主要风险

风险类型		注意事项
政治风险	政府违约风险	新加坡可能出现原有政权旁落，政权交替带来一定的政府违约风险。近年来反对党发展较快，并在国会中取得了一定议席，人民行动党的执政理念也不断受到年青一代的挑战。原总理李光耀的去世也一定程度上影响着新加坡政局的发展。未来，新加坡可能出现的政权交错更替、政党轮流执政、政府政策的变化等政府违约风险
	政治暴力风险	新加坡与马来西亚、文莱、印度尼西亚、越南、菲律宾等国家在海域上存在争端，为了争夺领土主权时有发生武装冲突甚至局部战争，导致区域国家间政治关系时常恶化。此外，《土地征用法》规定：凡为公共目的所需的土地，政府都可强制性征用
	区别性政府干预的风险	新加坡对外国投资者投资于通讯、新闻、电力、交通等公共事业，行政审批较严。新加坡《制造业限制投资法》对限制投资者进入的行业进行了规定，主要是一些关系新加坡国计民生的行业，目的是保护本国的民族工业，这些区别性政府干预政策带有一定的针对性，较为严厉
经济风险		新加坡资源匮乏，自然资源短缺，部分水、气资源依靠进口，受国际能源价格影响较大；劳动力供应不足，外籍劳务需求量大，且劳动力成本趋高。新加坡经济重视开拓创新，在多领域引领地区产业和技术前沿发展，经济有活力、韧性强，但亦受倚重廉价外劳和密集资本的传统增长方式导致资源负荷过重、对外部经济依赖较强等问题所累。新加坡的短期经济风险主要来自外部经济环境的影响，长期则主要看该国经济改革成效
汇率风险		新加坡不存在外汇管制，资金可以自由流入流出，但为了维持新元的稳定，新加坡实行新元非国际化政策，主要是对于非居民持有新元的规模及个人携带现金出入境存在一定的限制，一定程度上给中国对新投资带来了不便甚至是外汇兑换、资金转移等风险

资料来源：①中国驻新加坡大使馆经济商务参赞处（http://sg.mofcom.gov.cn）；②张华：《"一带一路"投资风险研究之新加坡》，中国网，2015 年 4 月 9 日（http://www.china.com.cn）。

　　新加坡是东南亚地区经济最发达的国家，是"一带一路"沿线的一个非常重要的国家，尽管中国对新加坡的投资可能会遭遇一定的风险，但是新加坡投资环境绝佳，是中国"走出去"战略不可忽视的阵地之一。相信随着"一带一路"倡议的实施和"中新经济走廊"的建设，中新两国能共同管控风险，进一步促进中新经贸投资合作的稳步快速发展。

第七章
中国与印度尼西亚经贸合作

第一节 印度尼西亚经济现状与产业结构

印度尼西亚是东南亚地区的第一大经济体,目前已成为该地区经济增长最快的国家。即使受了到2008年金融危机的冲击,印度尼西亚的经济仍然保持了较快的增长。但近几年由于该国进出口受国际需求与价格影响下滑明显,其经济增速有所放缓,2015年的GDP年增长率由2011年的6.17%下降到4.79%,见表7–1所示。但随着印度尼西亚服务部门投资限制的减少,基础设施建设投资的增加,以及国内消费的稳健增长,印度尼西亚的经济将被注入新的活力。

表7–1　　　　印度尼西亚2011~2015年主要经济数据

年份	GDP（亿美元）	GDP年增长率（%）	人均GDP（美元）	按GDP平减指数衡量年通货膨胀率（%）
2011	8929.69	6.17	3650	7.47
2012	9178.70	6.03	3700	3.75
2013	9125.24	5.56	3630	4.97
2014	8904.87	5.02	3500	5.39
2015	8619.34	4.79	3350	4.23

说明:截至本书成稿时,2016年的相关数据尚未公布。
资料来源:世界银行数据库(http://data.worldbank.org)。

从产业结构上看,印度尼西亚的工业和服务业在该国的GDP中所占的比重较大。2015年,在该国GDP构成中,农业、工业和服务业三个产业的占比分别为13.52%、40.01%和43.32%。

印度尼西亚是一个农业大国,盛产大米和棕榈油,是世界第三大大米生产国和第二大棕榈油生产国和出口国。全国耕地面积约8000万公顷,从事农业的人口约4200万人,约占总人口的16%。印度尼西亚气候湿润多雨,日照充足,农作物生长周期短,主要农作物和农产品有:水稻、玉米、棕榈油、大豆、干椰子肉、橡胶以及木薯等。

在工业领域,印度尼西亚以采矿、油气、纺织、轻工等产业为主。工业的发展主要得益于两点:其一,印度尼西亚是东南亚石油储量最多的国家,辽阔的海洋国土蕴藏着丰富煤炭资源与矿产资源,为其工业的发展提供了大量的生产要素。其二,印度尼西亚丰富而廉价的劳动力为工业发展提供了巨大的动力。区别于发达经济体日益明显的人口老龄化,印度尼西亚的人口结构呈现明显的年轻化,并且近些年劳动力由低附加值的农业部门流向高附加值的服务业部门和工业部门,大大促进了这两个部门的发展。石油产业是印度尼西亚最重要的工业部门,但石油产业的发展受国际局势的影响很大,国际油价的波动经常给印度尼西亚石油产业带来冲击。纺织服装、鞋帽制造业在近几年已迅速发展为印度尼西亚的重要产业,其产值、出口额和就业规模在其全国各行业中居领先地位。印度尼西亚该产业的供应链已经相当完备,制纤、纺纱、织布、染整、成衣制造等一应俱全,一跃成为世界十大纺织服装生产国和出口国之一。丰富廉价的年轻劳动力以及政策的强力支持是印度尼西亚纺织服装、鞋帽制造业迅速崛起的重要保障。在印度尼西亚政府优先发展的九个工业部门中,纺织、制鞋和皮革、家具业均在其中。印度尼西亚制造业推动经济增长的潜力较大,但由于该国能源供应低、物流费用高、基础设施差等问题,印度尼西亚制造业竞争力较低,尚未进入全球价值链,对国内生产总值的贡献还不是最佳。

近15年来,印度尼西亚的第三产业发展迅速,成为贡献GDP最多以及提供就业最多的部门,主要有旅游业、金融服务业、通信业等。消费服务业的发展带动了印度尼西亚整体经济增长,并在经济危机期间保障印度尼西亚经济增速维持高位。旅游业是印度尼西亚非油气行业中仅次于电子产品出口的第二大创汇行业,是印度尼西亚国民经济支柱产业之一。政府长期重视开发旅游景点,兴建饭店,培训人员和简化入境手续,但印度尼西亚旅游业的竞争力仍然落后于新加坡、马来西亚、泰国等东盟国家。如何发展现代服务业以实现第三产业内部结构优化升级是印度尼西亚第三产业发展所面临的主要问题。

贸易方面,印度尼西亚主要出口产品有石油、天然气、纺织品和成衣、木材、藤制品、手工艺品、鞋、铜、煤、纸浆和纸制品、电器、棕榈油、橡胶等,主要进口产品有机械运输设备、化工产品、汽车及零配件、发电设备、钢铁、塑料及塑料制品、棉花等。为了优化出口结构,印度尼西亚政府采取一系列措施鼓励和推动非油气产品出口业,这些措施包括简化出口手续,降低关税等。印度尼西亚的主要贸易伙伴是中国、日本、新加坡、美国、马来西亚、韩国、印度等。2015年印度尼西亚对外贸易总额2929.91亿美元,同比下降17.34%,其中出口总额1502.52亿美元,同比下降14.62%;进口总额1427.39亿美元,同比下降19.89%,贸易顺差75.13亿美元,而2014年的贸易为逆差18.86亿美元。

联合国贸发会议发布的2016年《世界投资报告》显示,2015年,印度尼西亚吸收外资流量为155.08亿美元,对外直接投资流量为62.50亿美元;截至2015年底,印度尼西亚吸收外资存量为2248.43亿美元,对外直接投资存量为301.71亿美元。印度尼西亚主要外资来源国为新加坡、日本、马来西亚和中国。吸引外商投资的领域主要为:采矿业,食品业,运输和仓储,通信业,金属、机械和电子行业,化工业和制药行业。

第二节 印度尼西亚具有国际竞争优势的产业

在二位码层面上计算印度尼西亚各个产业的显示性比较优势指数(RCA)① 结果显示,在印度尼西亚具有显著比较优势(RCA>1.25)的27个产业中,劳动密集型产业有18个,资本密集型产业有9个,见表7-2所示。

---

① 关于RCA指数详见本书上篇第一章第二节。

表7-2　　　　　　印度尼西亚具有显著比较优势产业

产业类型	产业	2009年	2010年	2011年	2012年	2013年	2014年	2015年
劳动密集型	动物或植物油脂	23.61	18.98	16.95	18.21	19.16	22.01	23.59
	编结用植物材料，其他植物产品	8.49	5.73	7.28	3.94	4.73	6.61	11.83
	化学纤维短纤	6.59	6.30	5.70	5.76	6.14	5.99	6.52
	咖啡、茶、马黛茶及调味香料	4.49	3.67	2.90	4.13	4.45	4.44	5.22
	可可及可可制品	4.46	4.04	2.66	2.20	2.62	2.68	3.21
	橡胶及其制品	4.31	5.29	5.43	4.45	4.54	3.72	3.83
	已加工羽毛、羽绒及其制品，人造花，人发制品	4.01	4.05	3.50	3.53	3.74	3.61	4.24
	木浆及其他纤维状纤维素浆，纸及纸板的废碎品	2.97	3.12	2.68	3.15	3.95	3.67	4.32
	木及木制品，木炭	2.80	2.65	2.48	2.74	2.81	3.07	3.57
	鱼、甲壳动物、软体动物及其他水生无脊椎动物	2.66	2.38	2.27	2.76	2.82	3.08	2.98
	鞋靴、护腿和类似品及其零件	2.23	2.42	2.50	2.78	2.98	3.13	3.67
	稻草、秸秆、针茅或其他编结材料制品，篮筐及柳条编结品	2.00	1.87	1.98	3.06	3.22	3.52	3.48
	纸及纸板，纸浆、纸或纸板制品	2.35	2.35	1.92	2.02	1.99	1.96	2.24
	非针织或非钩编的服装及衣着附件	2.10	2.00	1.81	1.90	1.96	1.92	2.11
	烟草、烟草及烟草代用品的制品	1.81	1.80	1.53	0.26	2.20	2.54	2.69
	针织或钩编的服装及衣着附件	1.66	1.51	1.47	1.57	1.55	1.63	1.72
	肉、鱼、甲壳动物、软体动物及其他水生无脊椎动物的制品	1.65	1.38	1.44	1.65	1.97	2.42	2.32
	棉花	1.34	1.26	1.02	1.00	1.18	1.47	1.63

续表

产业类型	产业	2009年	2010年	2011年	2012年	2013年	2014年	2015年
资本密集型	锡及其制品	45.24	26.89	24.93	26.08	29.03	24.48	26.38
	乐器及其零件、附件	7.98	7.58	7.39	7.97	8.53	8.98	9.89
	化学纤维长丝	3.46	3.04	2.77	2.99	2.74	2.69	2.56
	矿砂、矿渣及矿灰	5.66	4.12	2.54	2.09	2.74	0.90	2.45
	镍及其制品	3.45	4.96	3.37	3.37	3.44	3.57	3.48
	矿物燃料、矿物油及其蒸馏产品	2.20	2.04	2.08	2.02	1.93	2.29	2.27
	铜及其制品	2.44	2.03	1.85	1.26	1.11	1.35	1.34
	杂项化学产品	1.03	1.19	1.76	2.02	2.07	2.18	1.72
	肥皂、有机表面活性剂	1.42	1.29	1.31	1.70	1.80	1.71	1.80

说明：表格统计数据从金融危机之后的2009年开始到2015年，各产业按照历年比较优势算术平均数降序排列。历年比较优势算术平均数不具有特殊经济含义，仅为比较优势产业排序之用。

资料来源：根据UN COMTRADE数据整理而得。

一、主要劳动密集型产业

印度尼西亚具有比较优势的劳动密集型产业包括：动物或植物油脂；编结用植物材料，其他植物产品；化学纤维短纤；咖啡、茶、马黛茶及调味香料；可可及可可制品；橡胶及其制品；已加工羽毛、羽绒及其制品，人造花，人发制品；木浆及其他纤维状纤维素浆，纸及纸板的废碎品；木及木制品，木炭；鱼、甲壳动物、软体动物及其他水生无脊椎动物；鞋靴、护腿和类似品及其零件；稻草、秸秆、针茅或其他编结材料制品，篮筐及柳条编结品；纸及纸板，纸浆，纸或纸板制品；非针织或非钩编的服装及衣着附件；烟草、烟草及烟草代用品的制品；针织或钩编的服装及衣着附件；肉、鱼、甲壳动物、软体动物及其他水生无脊椎动物的制品；棉花。

1. 动物或植物油脂

印度尼西亚该产业的比较优势在近几年先下降后回升。通过对HS编码的进一步研究发现，印度尼西亚出口的主要是棕榈油及其分离品。

过去十多年来，印度尼西亚棕榈油产量出现了持续稳定的增长，并于2007年开始成为世界最大的棕榈油生产国，棕榈油产量超过马来西亚①。但自 2011 年以来，国际棕榈油价格下跌、国际需求疲软，对印度尼西亚棕榈油业产生了一定负面影响。对此，印度尼西亚政府制定了一系列鼓励政策以支持棕榈油业的发展：2011 年 10 月 1 日起将印度尼西亚棕榈油出口最高关税从 25% 下调到 22.5%，并对于棕榈油及其衍生品采取零出口税制度②。这一政策在全球市场需求疲软的背景下较大地刺激了印度尼西亚棕榈油的出口，为印度尼西亚赢得了更多的棕榈油市场份额。印度尼西亚棕榈油主要产区在苏门答腊岛，苏门答腊岛的棕榈种植面积和产量占印度尼西亚总面积产量的 80%。印度尼西亚的棕榈油生产商很多，著名的有金光集团（Sinar Mas Group）、米南伽奥甘农业公司（PT Perkebunan Minanga Ogan）、金鹰国际集团（RGM International）等，这些集团和公司掌握了印度尼西亚大部分棕榈油市场。其中，金光集团是印度尼西亚最大的棕榈种植、棕榈油精炼加工和油化学品生产商之一，拥有世界上最大的棕榈油精炼厂。

但就生产能力来讲，印度尼西亚棕榈油生产效率相对较低，印度尼西亚现有棕榈油加工能力也难以满足需求。印度尼西亚棕榈油生产效率为 3.8 吨/公顷，远低于马来西亚的 4.6 吨/公顷。印度尼西亚政府计划到 2020 年将原棕榈油产量提升至 4000 万吨。另外，印度尼西亚政府还计划从 2015 年开始，只允许出口 50% 的原棕榈油，到 2020 年只允许出口 30% 的原棕榈油，藉此发展国内棕榈油下游产业，带动印度尼西亚经济增长③。

鉴于此，中国企业可投资于印度尼西亚的棕榈油业，以利用印度尼西亚丰富的棕榈油资源，进入棕榈油这一世界最大的食用油产业领域。中国是世界上最大的棕榈油消费国，但因为缺少棕榈油的源头资源——棕榈种植园，中国企业在国际棕榈油行业中始终没有掌握定价权，同时也影响着中国棕榈油行业的市场稳定。我国天津聚龙集团④于 2006 年下半年起在印

---

① 目前世界上有约 20 个国家在生产棕榈油，主要生产国只有三个，分别是马来西亚、印度尼西亚和尼日利亚，这三个国家的总产量占世界棕榈油总产量的 88%。

②③ 数据来源：中国驻印度尼西亚大使馆经济商务参赞处（http://id.mofcom.gov.cn/）。

④ 天津聚龙集团自 1995 年成立以来，经过 10 多年的发展，已经成为全国棕榈油行业最大的国内企业，棕榈油贸易与进口量占全国总量的 16%，年产值近百亿元，在天津港保税区建有全国最大的棕榈油加工厂，并拥有多项棕榈油生产国家专利。为了掌握棕榈油的源头资源，寻求企业的更大发展，该集团经过一年多的综合考察，于 2006 年下半年起在印度尼西亚加里曼丹岛建立了中国企业在海外的第一个棕榈种植园。

第七章
中国与印度尼西亚经贸合作

度尼西亚加里曼丹岛建立了一个棕榈种植园，这是中国企业在海外建立的第一个棕榈种植园。2011年该集团在印度尼西亚建设的中国企业第一个海外棕榈油压榨厂正式开工并榨出首批毛棕榈油，这标志着中国棕榈油企业已经具备了棕榈树育种、栽培、种植，棕榈树养护、棕榈果采摘、毛棕榈油压榨，棕榈油精炼、分提的棕榈油全产业链运营能力，全面进入棕榈油这一世界最大的食用油产业领域。目前，聚龙棕榈园在第一种植园开始正式产油的同时，第二种植园的开发建设也已近尾声，第三、第四种植园正在规划与筹备之中。

2. 非针织或非钩编的服装及衣着附件，针织或钩编的服装及衣着附件、棉花等产业在内的纺织制衣产业

印度尼西亚这些产业的比较优势指数在2009年到2015年期间较为稳定，波动幅度较小，但整体上呈现缓慢下降趋势。这几类产业均处于纺织制衣行业的产业链中，属于上下游关系。通过对HS编码的进一步研究发现，非针织或非钩编的服装及衣着附件产业、针织或钩编的服装及衣着附件产业主要出口男女式的各类衣物，棉花产业主要出口棉纱线。

中国目前去印度尼西亚投资这些行业盈利空间不大。据印度尼西亚国家统计局统计，印度尼西亚目前有大中型纺织服装企业约4000家，雇工人数达180万人，年产值约合1000亿元人民币。同时印度尼西亚不产棉花，主要从澳大利亚、美国进口棉花。美国经济逐渐复苏理应对印度尼西亚纺织成衣业发展带来促进作用，但印度尼西亚该行业实际受益并不明显，主要原因在于面临越南及孟加拉国等地日益激烈的行业竞争。另外，近年来，电价调涨、最低薪资大幅提高及汇率贬值等因素造成印度尼西亚纺织品生产成本递增，使印度尼西亚纺织业发展雪上加霜。这些因素导致了印度尼西亚在金融危机之后纺织制衣行业的比较优势开始下降。

3. 橡胶及其制品

印度尼西亚该产业的比较优势在近几年先上升后回落。通过对HS编码的进一步分析发现，印度尼西亚出口的主要是天然橡胶和新的充气橡胶轮胎。

近两年国际市场天然橡胶价格暴涨，刺激了印度尼西亚天然橡胶的生

产。目前，印度尼西亚是世界第二大天然橡胶生产国和出口国，天然橡胶的种植面积世界第一。印度尼西亚对生产橡塑胶制品的橡塑胶加工机械需求迫切，而且需求量也非常大，但印度尼西亚本国的橡胶工业尚未发展起来，因此印度尼西亚政府十分注重鼓励橡塑胶加工机械的进口，对橡塑胶加工机械产品的进口有许多优惠。中国的橡塑胶加工机械产品由于生产成本低，定价较为低廉。多年来，中国企业凭借价格等优势，已经在印度尼西亚的橡塑胶加工机械市场占据了一定的地位。

4. 肉、鱼、甲壳动物、软体动物及其他水生无脊椎动物的制品；鱼、甲壳动物及其他水生无脊椎动物

印度尼西亚这两个产业的比较优势有缓慢上升的趋势。通过对 HS 编码的进一步分析发现，印度尼西亚主要出口的是带壳或去壳的甲壳动物，活、鲜、冷、冻、干、盐腌或盐渍的；蒸过或用水煮过的带壳甲壳动物，不论是否冷、冻、干、盐腌或盐渍的；适合供人食用的甲壳动物的细粉、粗粉及团粒；制作或保藏的鱼；鲟鱼子酱及鱼卵制的鲟鱼子酱代用品；制作或保藏的甲壳动物、软体动物及其他水生无脊椎动物。

印度尼西亚渔业资源虽然丰富，但并不适合中国企业进入。印度尼西亚对进口外国渔船有较多的限制，最新渔业法令限额每年进口渔船 320 艘，且船龄不得超过 10 年。而且运鱼船必须在 100 吨以上，所有渔船必须完全由引进的渔业公司自行作业。加工的水产品供国内销售约占八成，由于国内制冰、冷藏、加工和运输等设施不全，渔获物约一半鲜销，另一半加工成干、腌、熏制品销售。因此，虽然印度尼西亚的渔业水产品出口有较强的比较优势，但是由于政府较多的限制以及国内基础设施的缺乏，该产业并不适合中国企业前去投资。

5. 木浆及其他纤维状纤维素浆纸及纸板的废碎品；木及木制品，木炭；纸及纸板，纸浆、纸或纸板制品

这三类产业中木浆及其他纤维状纤维素浆，木及木制品的比较优势指数呈上升趋势，纸及纸板产业的比较优势在 2010 年和 2011 年间有所下降之后基本保持稳定。印度尼西亚制浆造纸行业具有多方面的竞争优势，包括土地覆被规模大、气候适合速生树种、剩余劳动力数量多、接近亚洲市

第七章
中国与印度尼西亚经贸合作

场等条件。目前,印度尼西亚制浆造纸行业的工厂有84家。在接下来几年内,印度尼西亚将陆续投资二十余个纸浆造纸项目。由于造纸行业原材料的依存度高,而印度尼西亚国内的废纸回收量跟不上,印度尼西亚废纸进口量一直居于全球第二位①。

二、主要资本密集型产业

印度尼西亚具有比较优势的资本密集型产业包括:锡及其制品;乐器及其零件、附件;化学纤维长丝;矿砂、矿渣及矿灰;镍及其制品;矿物燃料、矿物油及其蒸馏产品;铜及其制品;杂项化学产品;肥皂、有机表面活性剂。

1. 锡及其制品

印度尼西亚锡及其制品产业的比较优势在2009年到2010年有较大幅度的下降,之后基本保持稳定。通过对HS编码的进一步研究发现,印度尼西亚主要出口的是未锻轧锡。

印度尼西亚是世界第二大锡出口国,随着国内光伏产业持续爆发式增长以及智能手机和手提电脑的逐渐普及,锡的需求量也会大幅增长。但是目前印度尼西亚锡矿行业状况不佳,主要原因在于采矿设施简陋导致矿难频发,以及采矿造成环境污染较为严重。与此同时,印度尼西亚政府在2014年颁布了原矿出口禁令,停止所有原矿出口,在印度尼西亚采矿的企业必须在当地冶炼或精炼后方可出口。

2. 铜及其制品;矿砂、矿渣及矿灰;矿物燃料、矿物油及其蒸馏产品

印度尼西亚这三类产业的比较优势在2009年到2015年均有不同程度的下降,但之后回升。通过对HS编码的进一步分析发现,印度尼西亚主要出口的是铜矿砂;煤、煤砖、煤球及用煤制成的类似固体燃料;石油气及其他烃类气;石油焦、石油沥青及其他石油或从沥青矿物提取的油类的残渣。

印度尼西亚的石油、天然气和锡的储量在世界上占有重要地位。虽然

---

① 数据来源:中国驻印度尼西亚大使馆经济商务参赞处(http://id.mofcom.gov.cn/)。

其在2009年退出OPEC，但是印度尼西亚仍然是东南亚地区唯一的前OPEC成员国。印度尼西亚拥有巨大的天然气储量，是全球最大的液化天然气出口国。印度尼西亚煤炭已经成为中国南方部分地区的主要煤炭来源地。

印度尼西亚的石油、天然气和锡虽然丰富，但是并不适合中国石油企业继续扩大投资。印度尼西亚2009年退出了OPEC，退出原因在于国内能源需求日益增长、石油产量不断下降（成熟油田尤为明显）以及没有足够的投资扩大产能。尽管作了很多努力，诸多基建项目仍然被推迟，监管问题和不确定性降低了外国投资者的预期。2011年，印度尼西亚中央银行规定外国和本国上游公司必须通过地方银行管理收入，对于国际石油企业来说，这是一个重大变化，也是另一个影响外国投资者的障碍。

第三节 印度尼西亚外商投资政策及战略规划

一、印度尼西亚外资政策

印度尼西亚对于外国投资实行负面清单制，除非已为法令所限制和禁止，国内外投资者可自由投资任何营业部门。依照印度尼西亚2007年颁布的第25号《投资法》的规定，外国直接投资可以设立独资企业，但须参照《禁止类、限制类投资产业目录》的规定。该目录在2016年5月进行了调整，对外资开放了更多的行业，并且增加新条款，进一步放宽对东盟其他成员国投资者在印度尼西亚投资的股权限制和地域限制。限制和禁止投资的部门主要包括军火以及涉及国家文化建设及国家安全等方面的行业。在鼓励行业上，印度尼西亚主要鼓励外资进入本国矿业、制造业以及能源类行业。印度尼西亚对这些行业的奖励政策主要为减税和投资审批服务便利。印度尼西亚也存在一些投资壁垒问题，对外资控股比例等有一定的限制，见表7-3所示。

第七章　中国与印度尼西亚经贸合作

表7-3　印度尼西亚外资政策

类型	具体行业
限制和禁止投资产业	生产武器、火药、爆炸工具和战争设备的部门，特殊交通设施和博彩业等，以及基于健康、道德、文化、环境、国家安全等方面考虑的行业。目前完全禁止的产业有部分化学品、特殊交通设施和博彩业等，部分禁止类的产业有制糖、矿业和医药等（糖精工业部门允许外资以特别许可证的形式进入）
鼓励外资进入产业	矿业、鱼类加工业、工业制造业、钢铁工业、炼油厂的建设
开放外资股权限制	建筑公共工程行业外资持股比例不能超过67%；医院服务、专科诊所、临床实验室的外资股权比例不能超过67%；电力行业允许外资企业通过合作方式参与开发0.1和1万千瓦的发电项目，对1万千瓦以上的发电项目，外资股权比例不得超过95%；主要粮食作物（玉米、大豆、花生、绿豆、大米、木薯和红薯等）种植面积超过25公顷的，外资股权比例最高不能超过49%；信息通讯领域，从事邮递业必须获得特殊许可，且外资股权比例最高不能超过49%

资料来源：中国商务部：《对外投资合作国别（地区）指南——印度尼西亚（2016年版）》（http://fec.mofcom.gov.cn/article/gbdqzn/upload/yindunixiya.pdf）。

二、印度尼西亚长期发展规划

为实现经济增长及社会目标，印度尼西亚新政府制定了2015～2019年经济发展规划。新政府主要采取以下措施：一是重新配置政府预算，将预算资金重点投向基础建设领域；二是降低监督机制对投资的限制；三是制定更加优惠的税收政策、简化投资审批程序；四是完善有关法律法规；五是提高政府部门的规划能力，提高预算执行率；六是注重制造业和旅游业的发展。在印度尼西亚2015～2019年中期建设计划中，加强基础设施建设，特别是加强12个领域大型基础设施项目建设是新政府的工作重点，见表7-4所示。为吸引外资和本国私营企业参与基础设施建设，印度尼西亚政府正在努力为这些企业投资创造各种有利条件并建立合理的法律框架，同时进一步加强宏观调控，包括调整税率及投资政策等。这对于中国企业来说，意味着巨大的投资机会。此外，印度尼西亚政府于2011年颁布《2011～2025年加速扩大印度尼西亚经济发展总体规划》，提出未来将新建370个基础设施项目，加快产业升级。

表7-4　印度尼西亚 2015~2019 年中期建设计划主要关注的
12 个领域大型基础设施建设项目概况

项目编号	所属领域	具体项目
1	公路	建设 2650 公里长的公路和 1000 公里的高速公路,维修全长 46770 公里的现有公路
2	机场	兴建 15 个机场,在 6 个地点建设物流运输机场
3	港口	新建 24 个大型港口,增加 26 艘货轮、6 艘运输牲畜的船只和 500 艘民用客船
4	铁路网	在爪哇、苏门答腊、苏拉威西和加里曼丹岛建设全长 3258 公里的铁路网
5	轮渡码头	新建 60 个轮渡码头,增加 50 艘渡轮
6	公交线路	在 20 个城市建设快速公交线路
7	大型水坝	新建 49 个大型水坝(水库),建设 33 座水电站,为大约 100 万公顷的农田建设灌溉系统
8	宽带网络	为市县区建设完善的宽带网络
9	污水处理系统	在 227 个市县区建设污水处理系统,并为 430 个市县区提供污水处理服务
10	公寓大厦	建设 5257 座双顶公寓大厦,惠及 51.57 万户家庭
11	净水供应系统	在城镇建设净水供应系统,惠及 2140 万户家庭
12	能源设施	建设 2 个生产能力为日产 30 万桶的大型炼油厂,建设 5 个浮式天然气接收终端,为 100 万户普通家庭供应天然气,建设 78 个天然气供应站,为 60 万户渔民家庭供应天然气,增加 3500 万千瓦电力供应

资料来源:中国驻印度尼西亚大使馆经济商务参赞处(http://id.mofcom.gov.cn/)。

在能源领域,印度尼西亚政府制定了新能源目标,其未来的能源结构发展目标为:到 2025 年,新能源和可再生能源比例至少 23%、燃油装机降至 25% 以下、火电装机比例占比 25%、燃气装机占比 22%;到 2050 年,新能源和可再生能源比例至少 31%、燃油装机降至 20% 以下、火电装机 25%、燃气装机 24%①。为完成政府的上述目标,印度尼西亚国家电

---

① 数据来源:中国驻印度尼西亚大使馆经济商务参赞处(http://id.mofcom.gov.cn/)。

力公司 PLN 计划开发多种类型新能源和可再生能源，包括地热能、水力、风能、小型的分布式太阳能、生物质能、生物燃料、沼气等新能源发电站。PLN 同时鼓励其他类型新能源的研究，如太阳热能，海洋能、海洋热能转换和燃料电池。

未来印度尼西亚经济增长将越来越依赖工业发展，工业建设将成为印度尼西亚经济发展的重要支柱，印度尼西亚工业的发展将朝着提高技术、创新和人力资源水平等方向发展。为了实现工业增长目标，印度尼西亚政府将继续推动工业下游优化战略，对农林产品（油棕、可可、橡胶、藤条等）、矿物资源（铁、铝、镍、铜等）和油气为基础的工业进行下游优化发展，以提高国内附加值。同时通过加强研发能力建设、鼓励资源深度开发、科技创新、实施印度尼西亚国家标准、产品认证、培训人力资源等方式，重点发展以人力资源和工艺为基础的工业。同时，印度尼西亚政府将大力发展工业建设配套的基础设施，确保电力、水、天然气等原料供应和公路、港口、铁路等基础设施建设，并将重点通过工业园区等平台和载体推动工业发展。

三、印度尼西亚地区鼓励政策

印度尼西亚为了平衡地区发展，按照总体规划部署和各地区自然禀赋、经济水平、人口状况等特点，将重点发展"六大经济走廊"（Economic Corridors），即爪哇走廊、苏门答腊走廊、加里曼丹走廊、苏拉威西走廊、巴利—努沙登加拉走廊和巴布亚—马鲁古群岛走廊。

2014 年至 2016 年间，印度尼西亚政府又新批 6 个特殊经济区，大力推进经济建设。在原有廖内省巴淡（Batam）、北苏拉威西省比通（Bitung）、北苏门答腊省双溪芒克（Sei Mangke）、万丹省丹戎乐孙（Tanjung Lesung）4 个特殊经济区基础上，印度尼西亚经济统筹部又批准南苏门答腊省丹戎阿比—阿比（Tanjung Api – Api）、北马鲁古省摩罗泰（Morotai）和西努沙登加拉省曼达里卡（Mandalika）、双溪芒克（Sei Mangka）经济特区、洛司马威经济特区和梭隆（Sorong）经济特区，见表 7 - 5 所示。

表7-5　　　　　　　印度尼西亚的特殊经济区规划

经济特区名称		规划	投资企业
"六大经济走廊"	爪哇走廊	工业与服务业中心	—
	苏门答腊走廊	能源储备、自然资源生产与处理中心	—
	加里曼丹走廊	矿业和能源储备生产与加工中心	—
	苏拉威西走廊	农业、种植业、渔业、油气与矿业生产与加工中心	—
	巴利—努沙登加拉走廊	旅游和食品加工中心	—
	巴布亚—马鲁古群岛走廊	自然资源开发中心	—
新批特殊经济区	丹戎阿比—阿比特殊经济区	以椰子加工为中心，包括橡胶、矿产、煤炭加工等产业为主，园区总的基础设施投入将达12万亿印度尼西亚盾（约合10亿美元）	印度尼西亚国有企业 PT Pupuk Sriwidjaja、PT Taiba、PT Hanaruba Sawit Kencana 等公司将入区投资
	摩罗泰特殊经济区	以渔业加工、制造业和旅游业为主，预计项目开发投资需6.8万亿印度尼西亚盾（约合5.7亿美元）	台湾国际合作和发展基金（ICDF）、长荣公司、Everspring Marine、Kinpo Elektronik、CTCI等公司均有意投资
	曼达里卡特殊经济区	以旅游业为主，总投资需2.2万亿印度尼西亚盾（约合1.8亿美元）	印度尼西亚巴利旅游发展公司、PTMNC Land和环球国际等公司有意投资
	双溪芒克经济特区	建将以基础化工和天然气等行业为主要产业的工业园区，并将首先启动该经济特区附近的瓜拉丹绒（Kuala Tanjung）港口建设，用于运输经济特区生产的工业产品	印度尼西亚第一港口公司、印度尼西亚 Wika 国营建筑公司、Taspen公司一起投资经营
	洛司马威经济特区	以造纸、化肥等重工业为主要产业，目前在洛司马威已有Arun工业区，并已准备3000多公顷土地用于工业发展	
	梭隆经济特区	主要发展加工业，四类工业最具发展潜力，即从事木材加工的林业、促使农品下游化的农用工业、为采矿提供服务的物流业和海洋渔业	

资料来源：根据中国驻印度尼西亚大使馆经济商务参赞处网站相关新闻报道整理而得（http://id.mofcom.gov.cn/）。

第七章
中国与印度尼西亚经贸合作

印度尼西亚的特殊经济区是该国《2011~2025年经济发展中长期规划》的重点发展项目,作为印度尼西亚"六大经济走廊"战略的重要支撑点,并成为连接印度尼西亚主要岛屿的重要经济纽带。根据印度尼西亚关于特殊经济区有关规定,在特殊经济区内投资的企业将获得税收减免、基础设施配套、简化投资手续等优惠政策。对于经济特区,印度尼西亚期望能引进更多的先行性企业,行业涵盖物流、工业、技术、旅游、能源、出口加工等。

第四节 近年来中国与印度尼西亚经贸合作成果

一、双边贸易

近年来,中国对印度尼西亚的出口整体保持增长,但进口先增加后下降,中印之间的贸易增长率呈下降趋势,并且中国对印度尼西亚贸易顺差呈扩大趋势,见图7-1所示。截至2015年12月底,中国是印度尼西亚仅次于日本和美国的第三大出口目的国和第一大进口来源地。中方统计,2015年,中国印度尼西亚双边贸易额为542.0亿美元,同比下降14.7%,占中国与东盟十国双边贸易总额的11.5%,印度尼西亚是中国在东盟的第5大贸易伙伴。同年,中国对印度尼西亚贸易顺差额为145.04亿美元,其中,中国出口343.8亿美元,同比下降12.1%,进口198.2亿美元,同比下降18.9%。这意味着,与2014年同期相比,中国与印度尼西亚双边贸易总额呈现下降的态势,进、出口同比同时下降,进口降幅远远大于出口。

从贸易结构上看,在进口方面,中国自印度尼西亚进口资源性产品为主。2015年,中国自印度尼西亚进口的前五位产品有矿物燃料、动植物油、木浆及其他纤维、电子和木制品,占中国自印度尼西亚进口总额的比重分别为32.57%、15.44%、6.88%、6.21%和4.95%,见图7-2所示,进口额分别为64.68亿美元(同比下降23.4%)、30.66亿美元(同比增长2.9%)、13.66亿美元(同比增长9.9%)、12.34亿美元(同比增长

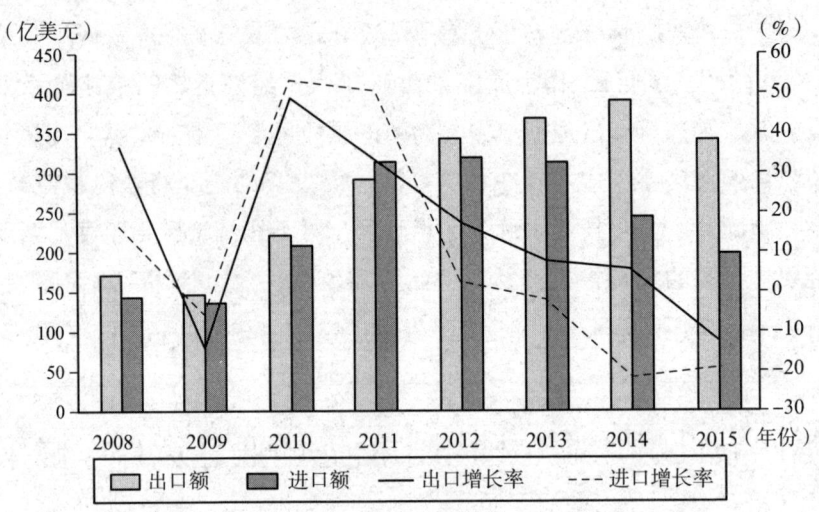

图7-1 2008~2015年中国对印度尼西亚贸易额统计

资料来源：中国经济数据库（https：//www.ceicdata.com/）。

4.4%）、9.84亿美元（同比下降8.3%）。除了上述五类产品，中国自印度尼西亚进口的商品还有矿砂、橡胶及其制品、机电产品、塑料制品、铜及制品、有机化学品、可可及制品、棉花、水产品等。整体来看，2015年，中国自印度尼西亚进口的资源性产品增减趋势波动不明显，但结合目前中国产业的发展态势，未来几年中国的能源和资源需求依然很大，确保与主要资源出口国之间的贸易联系对中国的持续发展非常重要。但是随着中国经济增长放缓、大宗商品价格剧降，中国自印度尼西亚进口的传统商品不断下降。此外中国高收入人群不断增加，对进口产品的品质要求越来越高，因此印度尼西亚茶叶、咖啡和创意产品这些在美国和西欧国家受到热烈欢迎的商品未来进入中国市场的可能性增大①。

在出口方面，得益于印度尼西亚日益壮大的国内市场和持续的基础建设，中国出口印度尼西亚的产品呈现多元化趋势。2015年，中国对印度尼西亚出口的前5位产品是机械、电子、钢铁、钢铁制品和塑料及其制品，占中国对印度尼西亚出口总额的比重分别为18.62%、16.43%、5.56%、

---

① 资料来源：南博网（http：//customs.caexpo.com/）。

第七章
中国与印度尼西亚经贸合作

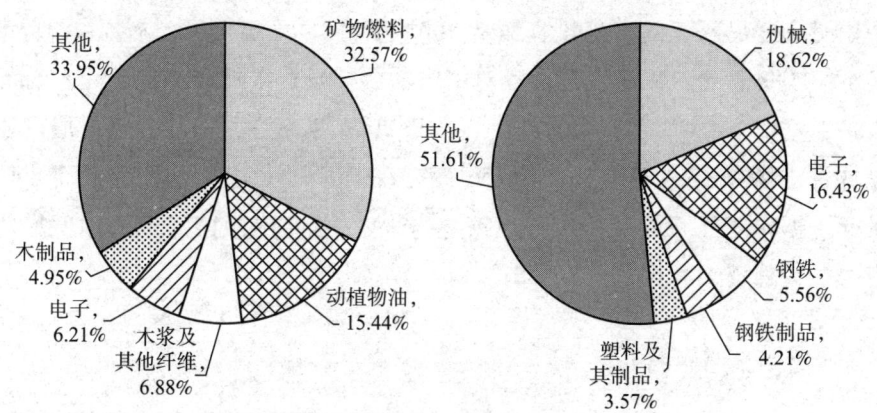

图 7-2　2015 年中国与印度尼西亚主要贸易品金额占比
（左：中自印度尼西亚进口；右：中对印度尼西亚出口）

资料来源：中国海关统计数据（http://www.customs.gov.cn/）。

4.21% 和 3.57%，见图 7-2 所示，出口额分别为 63.99 亿美元（同比下降 2.4%）、出口 56.46 亿美元（同比下降 8.3%）、19.11 亿美元（同比增长 8.1%）、14.48 亿美元（同比下降 8.1%）、12.26 亿美元（同比下降 13.4%）。除上述产品外，中国对印度尼西亚出口的主要商品还有塑料制品、肥料、干鲜水果、无机化学品、化学纤维长丝、鞋类制品、肥料、铝制品、音响器材制品等。

在印度尼西亚的十大类进口商品中，中国出口的机电产品、金属制品、纺织品、家具和瓷器处于较明显的优势地位；但中国出口的化工品、塑料制品、光学仪器和运输设备等仍面临着来自欧洲、美国、日本等发达国家的竞争。

二、中国对印度尼西亚投资

目前中国内地为印度尼西亚第四大外资来源地，位居新加坡、日本和中国香港地区之后①。近几年，中国持续加大对印度尼西亚的投资力度，

---

① 截至目前，中国对印度尼西亚的投资项目共 499 项，总额达 5.49 亿美元，而新加坡对印度尼西亚的投资项目共 1927 项，总额达 20 亿美元，是印度尼西亚第一大投资来源地，其次是日本（13 亿美元）以及中国香港（5.97 亿美元）。

中国对印度尼西亚的直接投资额从2008年的1.74亿美元增长至2015年的14.51亿美元,而印度尼西亚对中国的直接投资维持在1亿美元左右的水平,见图7-3所示。中方统计,截至2016年6月,中国对印度尼西亚累计直接投资87.4亿美元,印度尼西亚在中国累计实际投资金额25.4亿美元。据印度尼西亚《商报》报道称,未来10年内中国将成为印度尼西亚的最大外资来源国。

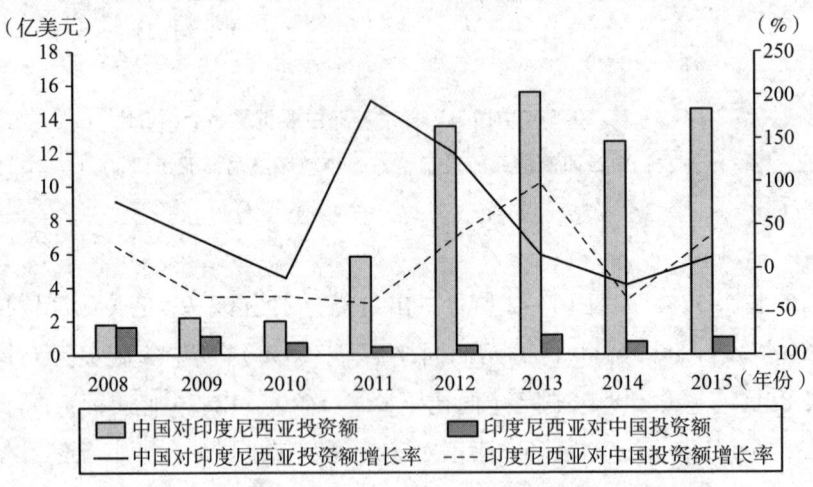

图7-3 2008~2015年中国与印度尼西亚互相直接投资统计

资料来源:国家统计局(http://www.stats.gov.cn/tjsj/)。

作为东盟最大的经济体,印度尼西亚已成为对中国最具有吸引力的投资目标国之一,目前在印度尼西亚投资的中国企业已经越来越多,合作领域也日益广泛,大型投资项目不断涌现。投资领域涉及农业、渔业、林业等第一产业,机械、交通、矿产、能源等第二产业,以及金融、通讯等第三产业,但从投资规模角度看则主要集中在采矿业、电力生产和工业制造、农林牧渔、金融业等领域,主要企业有十五冶矿业(印度尼西亚)有限公司、印度尼西亚中国高速铁路有限公司、中国中铁印度尼西亚有限责任公司、葛洲坝印度尼西亚有限公司、中国化学工程十一建设印度尼西亚有限公司、中国华电工程印度尼西亚有限公司、中国石油天然气管道局印度尼西亚分公司、华为技术投资(印度尼西亚)公司、中国银行雅加达分行、中国工商银行(印度尼西亚)有限公司等,见表7-6所示。

第七章
中国与印度尼西亚经贸合作

表 7-6　　中国在印度尼西亚直接投资主要行业概况

行业类型	企业数量（家）	代表企业
矿业	178	十五冶矿业（印度尼西亚）有限公司、环球胜利集团、CITEC印度尼西亚工程公司、苏拉威西矿业投资有限公司、鼎信不锈钢有限公司、博利镍业有限公司
贸易	68	印度尼西亚（雅加达）鸿鹏国际贸易有限公司、大新华环球贸易有限公司、凯金印度尼西亚有限责任公司
农、林、渔业	64	吉祥远洋渔业有限责任公司、印度尼西亚宗岳农业开发有限公司、印度尼西亚阿达福建渔业有限公司、BSL国际农业开发有限公司
建筑与房地产	25	中国港湾雅加达房地产发展有限公司、中冶二十冶印度尼西亚建设有限公司
基础设施建设	28	印度尼西亚中国高速铁路有限公司、中国中铁印度尼西亚有限责任公司、葛洲坝印度尼西亚有限公司、印度尼西亚栋梁工程有限公司、中国化学工程十一建设印度尼西亚有限公司
能源	20	中国华电工程印度尼西亚有限公司、中国石化集团国际石油工程印度尼西亚公司、渤海钻探印度尼西亚服务有限公司、中国石油天然气管道局印度尼西亚分公司
电力、热力、燃气供应	17	东方电气（印度尼西亚）有限公司、中国华电集团发电运营有限公司印度尼西亚阿萨汉水电分公司、大唐印度尼西亚马都拉发电有限公司、上海电力建设有限责任公司印度尼西亚PT子公司
金属冶炼	16	印度尼西亚青山镍铁有限责任公司、三九镍业有限公司、禾雅印度尼西亚太平洋金属冶炼有限公司
电子、电信与科技	13	华为技术投资（印度尼西亚）公司、烽火国际（印度尼西亚）有限责任公司

说明：该表中的主要行业是以投资企业数量而非投资金额多少来衡量。
资料来源：根据中国商务部《境外投资企业（机构）名录（2015年版）》整理而得。

此外，近年来越来越多的中国手机生产商在印度尼西亚投资建厂，在印度尼西亚销售的手机约有80%为中国制造。2015年，联想和海尔两家中国手机生产商在印度尼西亚兴建手机组装厂。此前，已有两家中国手机生产商欧珀和华为在印度尼西亚建设了手机组装厂。2016年，小米手机也在印度尼西亚建立手机组装厂。

中国与印度尼西亚两国基建合作已有一定基础，印度尼西亚泗马大

中国与"一带一路"沿线国家经贸合作国别报告

桥、加蒂格迪大坝等一批工程项目顺利进行，建立了良好的口碑。此外，中国企业目前在印度尼西亚主要投资和承包的基建项目还有Sukowati C油田、印度尼西亚加里曼丹铁路项目、雅万高铁项目等道路交通项目、芝拉扎3期100万千瓦燃煤电站项目等，见表7-7所示。其中，两国雅加达－万隆高速铁路项目合作取得成功，使得中国高铁走进印度尼西亚，标志着中国铁路特别是高速铁路"走出去"取得历史性突破，同时也推进中国和印度尼西亚的经贸合作迈向新台阶。印度尼西亚新任总统佐科·维多多上任以来也尤其重视加强基础设施建设，并强调消除贫困，加大引进外资，增加就业机会，未来投资环境还将进一步改善。

表7-7 中国与印度尼西亚企业间重大合作项目

项目名称	参与企业	项目内容
SukowatiC 油田	中国石油与印度尼西亚国家石油公司组成的中国印度尼西亚联营体	中国印度尼西亚联营体共同开发位于印度尼西亚中爪哇省的Sukowati C油田，预计征地4.6公顷。开发Sukowati C油田是为了提高Sukowati和Tuban石油的产量，据初步勘探，该油田储量约1.5亿桶石油，技术上可挖掘30%~45%
印度尼西亚加里曼丹铁路项目	中国铁路股份有限公司和印度尼西亚Mega Guna Ganda Semesta公司组成的财团共同投资，中国铁路股份有限公司负责建设	总投资额达50亿美元，项目总长480公里，途经东加里曼丹省（约160公里）和中加里曼丹省（约320公里），预计建设工期约3.5年
雅万高铁项目等道路交通项目	中国铁路总公司牵头组成的中国企业联合体，与印度尼西亚维卡公司牵头的印度尼西亚国企联合体组建的中国印度尼西亚合资公司	雅万高铁是印度尼西亚雅加达－万隆高速铁路，是印度尼西亚第一条高铁。合资公司将负责印度尼西亚雅加达至万隆高速铁路项目的建设和运营，标志着中国铁路特别是高速铁路"走出去"取得历史性突破
芝拉扎3期100万千瓦燃煤电站项目	国成达工程公司（总承包商）、印度尼西亚SSP公司和印度尼西亚国家电力公司子公司（业主）	该项目系印度尼西亚3500万千瓦电站项目之一，也是中国企业在印度尼西亚正式开工建设的第一台百万千瓦级电站项目，具有标志性意义，总投资金额约14亿美元，预计工期39个月。项目将全部使用中国电站设备和技术标准，将为印度尼西亚经济发展提供有力的能源保障

资料来源：根据中国商务部网站相关资料整理而得（http://ccct.mofcom.gov.cn/）。

三、承包工程与劳务合作

近年来,中国在印度尼西亚承包工程合同金额有一定的波动,但承包合同数量、完成营业额及在外人员基本呈逐年增长的趋势,见图7-4所示。据中国商务部统计,截至2016年6月底,中国企业在印度尼西亚累计签订承包工程合同额538.6亿美元,完成营业额345.8亿美元。其中,2016年1~6月新签承包工程合同额32亿美元,同比下降12%,完成营业额18亿美元,同比增长7%。新签大型工程承包项目包括中国港湾工程有限责任公司承建印度尼西亚DBK-MRC煤炭开发及运输通道基础设施项目,江苏河海科技工程集团有限公司承建印度尼西亚唐格朗围海吹填项目,华为技术有限公司承建印度尼西亚电信等。

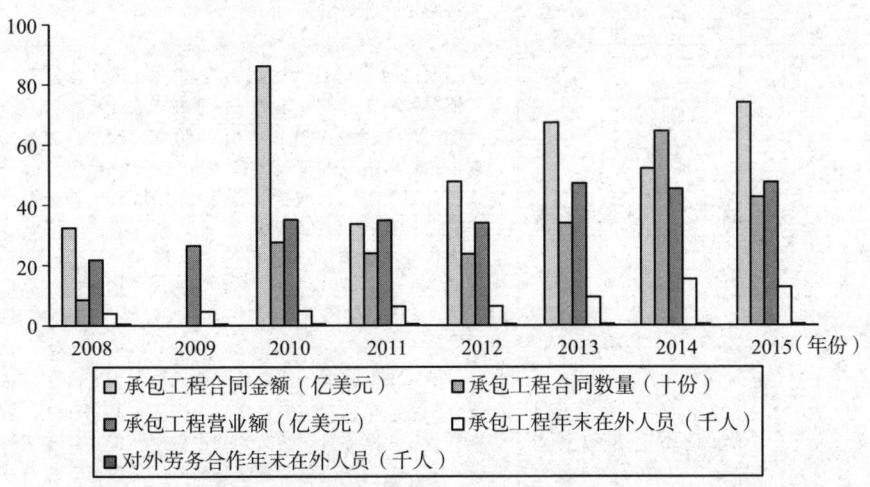

图7-4　2008~2015年中国对印度尼西亚承包工程与劳务合作统计

说明:2009年中国对印度尼西亚承包工程合同数量及金额数据缺失。
资料来源:中国商务部(http://www.mofcom.gov.cn/)。

四、金融合作

近年来,中国与印度尼西亚不仅在贸易与投资方面合作紧密,两国在金融领域的交流也日益密切。中国人民银行、中国国家开发银行、中国工商银行与印度尼西亚国有银行在贷款协议或金融合作谅解备忘录等方面都展开了较为深入的合作,见表7-8所示。

表7-8　　近年来中国和印度尼西亚主要金融合作

时间	参与方	成果
2013年10月1日	中国人民银行、印度尼西亚银行	续签了双边本币互换协议，旨在加强双边金融合作，便利两国经贸往来，共同维护金融稳定。互换规模为1000亿元人民币（175万亿印度尼西亚卢比），有效期三年，经双方同意可以展期
2014年11月25日	印度尼西亚财政部部长班邦	代表印度尼西亚政府，在雅加达签署筹建亚洲基础设施投资银行备忘录，印度尼西亚成为亚洲基础设施投资银行第22个意向创始成员
2015年9月16日	中国国家开发银行、印度尼西亚万自立银行、印度尼西亚人民银行、印度尼西亚国家银行	中国国家开发银行为印度尼西亚三家国有银行提供30亿美元授信，签署贷款授信协议。三家印度尼西亚国有银行每家获得中国国家开发银行10亿美元的授信，还款期限为10年，其中30%是人民币贷款，其余70%是美元贷款，这笔贷款将用于印度尼西亚贸易与投资合作等项目的融资和再融资
2015年9月16日	中国工商银行（印度尼西亚）有限公司、印度尼西亚国家储蓄银行	签署印度尼西亚"百万民居"房屋项目合作谅解备忘录。根据备忘录，工行印度尼西亚在未来3年将向BTN银行提供50亿元人民币或等值10万亿印度尼西亚盾的贷款。工行印度尼西亚与BTN银行签署的合作谅解备忘录包含多个方面，包括工银印度尼西亚向BTN银行在基础设施建设、房屋建造方面提供贷款，购买BTN银行信贷资产及与BTN银行的银团贷款合作等。该合作有助于帮助印度尼西亚政府解决印度尼西亚民众住房问题
2015年6月4日	印度尼西亚金融服务管理局主席穆利亚曼、中国银监会副主席周慕冰代表双边监管层	签署中国印度尼西亚银行业监管合作谅解备忘录。通过签署合作备忘录，双边监管层将加强信息共享和合作监管，有助于不断完善双边监管合作机制、提高跨境银行监管水平，有利于金融监管服务局与中国银监会进行有效的信息沟通和交叉核实，及时了解互设机构的经营情况，发现问题或不良发展趋势，做到及时预警、及时惩戒，从而促进双边互设机构的合法稳健经营
2016年10月18日	中国工商银行、印度尼西亚三家国有企业	中国工商银行与印度尼西亚多种矿业公司（Antam）、印度尼西亚水泥公司（Semen Indonesia）和印度尼西亚鹰记航空公司（Garuda Indonesia）三家国有企业签署贷款意向书，工商银行共向他们提供40亿美元贷款，三家分别获得15亿美元、10亿美元和15亿美元的贷款用于扩展业务

资料来源：根据相关新闻报道整理而得。

第五节 "一带一路"倡议实施以来中国与印度尼西亚高层交流及其成果

近几年,中国和印度尼西亚双边交流频繁,成果丰硕。双方交流主要围绕在"21世纪海上丝绸之路"和印度尼西亚发展战略框架下两国加深基础设施建设以及海洋等领域的合作这一主题展开,见表7-9所示。

表7-9　　　近年来中国印度尼西亚两国双边交流及其成果

时间	事件	参与人	成果
2014年11月9日	国家主席习近平在人民大会堂会见印度尼西亚总统佐科	国家主席习近平、印度尼西亚总统佐科	双方达成共识以海上和基础设施建设等领域为重点,带动两国整体合作
2015年1月26日	中国印度尼西亚高层经济对话第一次会议26日在京举行	国务委员杨洁篪、印度尼西亚经济统筹部长索菲安·查利尔	落实两国领导人达成的共识,就双方经贸和投资等重大合作议题深入交换意见,加强在重大基础设施建设、电力等领域的合作。双反达成共识,习近平主席提出的共建"21世纪海上丝绸之路"倡议与印度尼西亚佐科总统建设海洋强国的战略构想具有广泛的战略契合点
2015年3月27日	国务院总理李克强在人民大会堂会见来华进行国事访问并出席博鳌亚洲论坛2015年年会的印度尼西亚总统佐科	国务院总理李克强、印度尼西亚总统佐科	双方达成共识,加强高铁、轻轨、电力等基础设施和产业园区建设合作
2015年4月22日	国家主席习近平在雅加达会见印度尼西亚总统佐科	国家主席习近平、印度尼西亚总统佐科	双方达成共识,利用"21世纪海上丝绸之路"构想和印度尼西亚新的发展战略给双方合作带来的契机加深各方面合作。双方承诺积极落实《中国印度尼西亚经贸合作五年发展规划》,尽快签署优先项目清单。签署《关于开展雅加达—万隆高速铁路项目的框架安排》

续表

时间	事件	参与人	成果
2015年5月7日	印度尼西亚总统佐科在雅加达会见到访的国务院副总理刘延东	印度尼西亚总统佐科、国务院副总理刘延东	双方达成共识，推动中方"21世纪海上丝绸之路"构想和印度尼西亚"全球海洋支点"发展规划对接，深化在海洋、经贸、高铁、旅游等各领域合作
2015年7月3日	中国—印度尼西亚合作的机遇与挑战座谈会在雅加达举行		与会政府官员和专家学者围绕中国印度尼西亚对接发展战略、共建"一带一路"、深化务实合作等问题进行了深入研讨，达成积极共识
2015年11月15日	国家主席习近平在土耳其安塔利亚会见印度尼西亚总统佐科	国家主席习近平、印度尼西亚总统佐科	双方达成共识，推进铁路、能源等领域互利合作
2016年3月11日	印度尼西亚投资协调委员会主席弗兰基在北京出席投资论坛	印度尼西亚投资协调委员会主席弗兰基	弗兰基表示，目前印度尼西亚正处于人口红利期，诚邀中国投资者在5个劳动密集型领域进行投资，即制造业、农业、海洋运输业、基础设施和旅游业
2016年3月23日	印度尼西亚副总统卡拉在中国海南三亚出席博鳌亚洲论坛2016年年会	印度尼西亚副总统卡拉	会上印度尼西亚副总统卡拉向中国推介印度尼西亚投资环境，表示印度尼西亚具有广阔的市场和更便宜的生产基地，并且现在印度尼西亚政府正在制定高效的规则，为外资在印度尼西亚经营提供便利

资料来源：根据相关新闻报道整理而得。

第六节 中国企业投资印度尼西亚的机会与风险

中国和印度尼西亚两国都有一个共同的目标，即实现现代化，而实现现代化在一定意义上是要实现工业化。中国与印度尼西亚在工业化各个领域合作都具有很强的互补性和广泛的合作空间。一方面，印度尼西亚对中国产能合作的意愿强烈；另一方面，印度尼西亚作为东南亚地区经济增长最快的国家，也颇受中国企业青睐。作为东南亚最大的国家，印度尼西亚已成为东盟十国中最具吸引力的投资目的国之一。投资吸引力主要表现在：经济增长前景看好，国内需求不断增长，市场潜力巨大；人口众多且

第七章
中国与印度尼西亚经贸合作

人口结构年轻、劳动力丰富廉价；投资环境不断改善；对外开放程度较高，金融市场稳定；自然资源丰富；地理位置重要、海岸线漫长、控制众多关键的国际海上交通枢纽等。

中印两国在基础设施建设、能源和海上合作方面合作前景广阔，见表7-10所示。从中国和印度尼西亚现有的经贸合作来看，中印经贸合作成果丰硕，双边贸易投资稳步发展。中国对印度尼西亚的投资主要利用印度尼西亚的基础设施需求和劳动力优势，集中在基础设施建设、能源开发、棕榈油种植业以及劳动密集型制造业如纺织、手机生产等。同时中国企业在印度尼西亚不断推进综合产业园区、经济特区等领域合作。此外，两国金融合作也取得一定成效，中国多家银行为印度尼西亚提供贷款，印度尼西亚加入亚洲基础设施投资银行等。这些金融合作将为中印两国间的投资合作项目提供资金支持。近两年两国高层领导人的双边交流及签署协议主要与海上和基础设施建设等方面的合作相关。

表7-10　　　　　　　中国企业投资印度尼西亚的机会

领域	机遇	投资机会
基础设施建设	印度尼西亚整个国家处于从传统农业社会、资源社会向新兴工业化社会的转变进程中，基础设施建设需求旺盛，但目前基建技术落后，成为经济发展和引进外资的"瓶颈"之一。而中国企业在港口、码头、高速公路、电力等基础设施建设方面都具有不错的竞争力，且拥有性价比较好的生产经营模式。同时印度尼西亚政府出台《2015~2019年中期发展规划》，将预算资金重点投向基础建设领域，并鼓励国外投资者投资基础设施建设。更为重要的是，为保持投资吸引力，增强外国投资者信心，印度尼西亚专门制订并颁布了PPP总统项目规定	中国印度尼西亚两国在基础设施建设领域具有很强的互补性和广阔的合作空间，中国企业可投资于交通、通讯等大型基础设施项目
能源	中国和印度尼西亚传统的能源合作主要以石油、天然气和煤炭开发合作为目标。但是由于印度尼西亚电力生产发展水平较低，虽然印度尼西亚水电、火电、风电和地热等各类电力资源都比较丰富，但随着经济的快速发展，电能缺口却越来越大，同时由于油气田老化严重，传统区块的天然气产量很难增加。并且随着近年来传统的能源消费模式渐渐受到质疑，各类新能源合作将成为中国和印度尼西亚能源合作的一大亮点	以风能、核能及潮汐、地热等绿色清洁能源为代表的新能源合作将成为中国与印度尼西亚能源合作的一大亮点，未来在能源领域中资企业可主要投向以各类清洁新能源

续表

领域	机遇	投资机会
海上合作	中国印度尼西亚在海洋渔业、油气、滨海旅游等传统海洋经济领域的合作卓有成效，在海洋生态环境保护合作、海上互联互通领域的合作也已经起步。两国在保护海洋、开发海洋资源方面存在着诸多共同利益，应采取进一步措施，深化海洋经济合作，努力扩大合作规模，拓宽合作领域	中国与印度尼西亚应深化海洋经济合作，加深两国在海洋生态环境保护合作、海上互联互通领域的合作
棕榈油	印度尼西亚的棕榈油加工业前景被看好，目前是世界最大的棕榈油生产国。中国是世界上最大的棕榈油消费国，但因为缺少棕榈油的源头资源——棕榈种植园，中国企业在国际棕榈油行业中始终没有掌握定价权，同时也影响着中国棕榈油行业的市场稳定。中国投资于越南的棕榈油业，可通过利用印度尼西亚丰富的棕榈油资源，进入棕榈油这一世界最大的食用油产业领域	未来中国更多的企业可以进入印度尼西亚棕榈油的种植与生产领域

此外，印度尼西亚政府还希望与中国在钢铁、石化、金属、塑料等工业领域展开合作，产业新城或将成为产能合作重要载体。同时旅游业亦成为印度尼西亚政府投资重点，除巴厘岛外，印度尼西亚政府将建立 10 个新的旅游目的地，并鼓励中国企业进行投资。

印度尼西亚政局较为稳定，但是也存在一些不利于投资的因素，中资企业在投资印度尼西亚的时候须尤为注意。印度尼西亚除了基础设施落后、加工制造能力有限、教育水平较低、东西发展不平衡等结构性问题属于硬环境限制之外，最主要的问题是国内排华情绪、投资政策多变，缺乏规范和透明的法律体系、政府办事效率低下、腐败贪污现象较为严重等，见表 7 - 11 所示。

表 7 - 11　　　　　　　中国企业投资印度尼西亚的主要风险

风险类型	注意事项
印度尼西亚国内的民族主义情绪可能引发的排华事件	印度尼西亚虽然与我国不存在岛礁主权矛盾，然而在海洋划界问题上依然存在一些分歧。随我国在南海施工的进度升级，后续在南海可能与印度尼西亚之间也会有利益交织点，目前印度尼西亚仍然坚持将我国所属的南海西南海域的一部分划为其"纳土纳海"范畴，所以也要注意中国与印度尼西亚发生利益冲突时可能引发的排华事件。1965年至1967年、1974年、1978年、1980年以及20世纪80年代都曾出现过排华事件，最近的一次大规模排华事件发生在1998年，造成了上千名华人丧生

第七章
中国与印度尼西亚经贸合作

续表

风险类型	注意事项
印度尼西亚投资政策多变,缺乏规范和透明的法律体系	印度尼西亚法制环境不佳且许多法律规定不尽合理,有法不依、执法不严的现象时有发生。税收和劳务政策是否稳定、目前已有的印度尼西亚法律能否有效执行以及在政策实施过程中是否会存在腐败问题,都是中资企业面临的问题
印度尼西亚政府部门办事效率低下,腐败现象较为严重	印度尼西亚目前国内的传统家族势力把控既得利益,这些既得利益集团没有动力也没有足够的魄力去改变印度尼西亚官僚体系腐败现象,因此,那些尝试去改善政治透明度的举措都很难奏效
要警惕滋生的恐怖主义威胁	印度尼西亚是全球最大的伊斯兰国家,存在一些宗教极端主义和恐怖主义分子,虽然人数不多,但组织较为严密,破坏力也比较强。进入 21 世纪以来,印度尼西亚接连遭到恐怖袭击。2002 年 10 月,巴厘岛发生恐怖爆炸;2003 年 8 月,雅加达万豪酒店发生恐怖爆炸;2004 年 9 月,澳大利亚驻印度尼西亚使馆门前发生恐怖爆炸;2009 年 7 月,在雅加达发生恐怖袭击,这一次的恐怖袭击敲响了伊斯兰极端主义威胁的警钟

资料来源:黄日涵、梅超:《"一带一路"投资政治风险研究之印度尼西亚》,中国网,2015 年 3 月 13 日,http://opinion.china.com.cn/。

中国与印度尼西亚两国在多个领域都具有很强的互补性和良好的合作前景,双方都积极推进"丝绸之路经济带与 21 世纪海上丝绸之路"建设。中国企业在此背景下前往印度尼西亚投资的热情高涨,值得提醒的是,中国企业在前往印度尼西亚投资时,需要全面考量其优劣势,注意各项潜在风险合理决策,在实现企业自身发展同时也促进中印两国互利共赢发展。

第八章
中国与越南经贸合作

第一节 越南经济现状与产业结构

越南属于中低收入水平的发展中国家,21世纪以来,越南经济实现多年连续增长,经济总量不断扩大,对外开放水平不断提高,基本形成了以国有经济为主导、多种经济成分共同发展的格局。凭借着优越的地理位置、不断增加的年轻劳动力等优势,越南逐步克服2008年金融危机的不利影响,在近几年实现经济平稳较快增长,到2015年,越南GDP约为1935.99亿美元,同比增长6.68%,创五年来新高,成为世界经济发展最快的国家之一。越南人均GDP也由2011年的1540美元增长到2015年的2110美元,见表8-1所示。

表8-1 越南2011~2015年主要经济数据

年份	GDP（亿美元）	GDP年增长率（%）	人均GDP（美元）	按GDP平减指数衡量年通货膨胀率（%）
2011	1355.39	6.24	1540	21.3
2012	1558.20	5.25	1750	10.9
2013	1712.22	5.42	1910	4.76
2014	1862.05	5.98	2050	3.66
2015	1935.99	6.68	2110	-0.191

说明：截至本书成稿时,2016年的相关数据尚未公布。
资料来源：世界银行数据库（http://data.worldbank.org）。

第八章
中国与越南经贸合作

从产业结构上看，越南是传统农业国，工业基础较为薄弱，进入21世纪后，越南工业化进程明显加快，外资和国内私人投资主要集中在制造业和服务业，从而推动制造业和服务业迅速发展，在国民经济中所占比重不断上升，产业结构不断优化。到2015年，越南农业占国民经济的16.99%，工业占33.25%，服务业占39.73%，三大产业结构趋向协调。

农业在越南经济中具有重要地位，同时也存在诸多问题。越南大量出口大米、橡胶和水产品，咖啡、香料在越南出口农产品中也占有重要地位。自2012年起，越南开始超越泰国成为世界第一大大米出口国。越南粮食作物主要包括稻米、玉米、马铃薯、番薯和木薯等，经济作物主要有水果、咖啡、橡胶、腰果、茶叶、花生、蚕丝等。在农业结构中，种植业和养殖业分别占70%和24%，其他占6%。但是，越南农业存在生产规模小、生产效率低、生产成本和环境成本高且技术过时等许多问题，削弱了农业竞争力。

工业在越南国民经济总产值中的比重不断上升，并且越南已代替中国成为了世界制造业新工厂。越南主要工业部门有电力、煤炭、冶金、机械制造、化工、采矿、建筑材料、纺织、造纸等，原油、钢铁、水泥、纸张等产量在近几年都呈上升趋势。目前越南已经成为世界上第五大水泥生产国，仅次于中国、印度、伊朗和美国。随着最新的6条水泥生产线投入运营，这一排名或将升至第三或第四。得益于廉价的劳动力以及越南政府对外商投资的大力支持，越南代替中国成为了世界制造业新工厂。PC芯片处理器英特尔在越南胡志明市投资10亿美元建立了测试和组装工厂，三星则是越南最大的海外投资商，2014年其在越南的生产投资达到了110亿美元，而苹果的供应商台湾鸿海精密集团也在越南进行智能手机配件生产，多家外国巨商都将在越南投资建纺织工厂。

越南服务业发展较快，旅游业较为发达。越南旅游资源丰富，下龙湾等多处风景名胜被联合国教科文组织列为世界自然和文化遗产。近年来越南旅游业增长迅速，经济效益显著。2016年前9个月，赴越外国游客达726.5万人次，同比增长25%；国内游客4880万人次；营业总收入近291.2万亿盾（约合132亿美元），同比增长20.2%。越南主要客源国

(地区)为中国大陆、韩国、日本、美国、中国台湾地区、马来西亚、澳大利亚、泰国、法国。越南旅游业在快速发展的同时也存在着税负较高、投资环境有待完善、基础设施薄弱和签证手续繁杂等问题。此外,越南证券市场目前已成为世界增长最快的五个证券市场之一。越南国家证券委员会统计数据显示,截至2016年7月22日,越南证券指数达649.87分,比2015年底增长12.2%;市值达1570万亿越盾(约合704亿美元),比2015年底增长15.5%,相当于国内生产总值的37.4%。

在贸易方面,越南大力发展"大进大出"的加工贸易模式,即从国外进口零部件及原料,加工成成品再出口。近年来,由于越南加工贸易产业逐渐由原来单一的纺织业向机械设备、电子产品与计算机产品产业发展,越南出口结构逐步改善,出口商品技术含量和附加值含量逐步提高。越南主要出口商品包括:电话及零部件、纺织品、计算机及零配件、鞋类、水产品、石油、木材及木制品、运输设备、咖啡、大米;主要进口商品有:机械设备及零件、电子产品、计算机及零配件、纺织原料、电话及零部件、成品油、钢材、化学原料及中间体、化肥、化学品、燃气。越南主要出口市场为中国、欧盟、美国、日本;主要进口市场为中国大陆、中国台湾地区、新加坡、日本、韩国等国家(地区)。

联合国贸发会议发布的2016年《世界投资报告》显示,2015年越南吸收外资流量为118.00亿美元;截至2015年底,越南吸收外资存量为1027.91亿美元。自越南于2006年正式加入WTO并成功举办APEC领导人非正式会议起,越南市场更加开放,投资环境进一步改善。到2015年,共有62个国家和地区在越投资,主要外资来源地为韩国(协议金额67.2亿美元,占外资总额的29.6%)、马来西亚(协议金额24.7亿美元,占外资总额的10.9%)、日本(协议金额18.4亿美元,占外资总额的8.1%)、中国台湾地区(协议金额13.9亿美元,占外资总额的6.1%)、新加坡(协议金额67.2亿美元,占外资总额的29.6%)。2015年中国企业对越南投资协议金额为7.3亿美元,在越外资来源国中排名第十。同奈省是越南吸引外资最多、工业发展最快的地区,截至2015年一季度末,该省31个工业园区共有超过1000个外商直接投资项目,吸引外资约177亿美元。

第二节 越南具有国际竞争优势的产业

在二位码层面上计算越南各个产业的显示性比较优势指数（RCA）[①]结果显示，在越南具有显著比较优势（RCA＞1.25）的37个产业中，劳动密集型产业有28个，资本密集型产业有9个，见表8-2所示。

表8-2　　　　　　越南具有显著比较优势产业

产业类型	产业	2009年	2010年	2011年	2012年	2013年	2014年	2015年
劳动密集型	咖啡、茶、马黛茶及调味香料	16.82	14.22	13.73	15.24	11.90	13.82	8.84
	鱼、甲壳动物、软体动物及其他水生无脊椎动物	11.48	10.59	9.64	8.10	6.91	6.68	5.03
	稻草、秸秆、针茅或其他编结材料制品，篮筐及柳条编结品	13.47	13.84	11.25	9.89	9.95	10.34	8.39
	鞋靴、护腿和类似品及其零件	10.86	11.06	10.67	9.82	9.29	9.53	9.39
	谷物	7.16	7.88	5.67	4.63	3.24	2.90	2.73
	非针织或非钩编的服装及衣着附件	5.97	6.32	6.35	6.25	6.12	6.02	5.57
	针织或钩编的服装及衣着附件	5.34	5.60	5.14	5.02	4.87	5.11	4.89
	帽类及其零件	4.96	5.24	4.67	4.08	3.63	3.56	3.34
	皮革制品，鞍具及挽具，旅行用品、手提包及类似容器，动物肠线（蚕胶丝除外）制品	3.19	3.37	3.16	3.04	3.23	3.66	3.63

① 关于RCA指数详见本书上篇第一章第二节。

续表

产业类型	产业	2009年	2010年	2011年	2012年	2013年	2014年	2015年
劳动密集型	家具，寝具、褥垫、弹簧床垫、软坐垫及类似的填充制品	3.67	3.79	3.13	2.77	2.54	2.43	2.30
	其他纺织制成品，成套物品，旧衣着及旧纺织品，碎织物	2.67	3.45	2.70	2.47	2.58	2.39	2.28
	制粉工业产品，麦芽，淀粉，菊粉，面筋	4.27	5.77	5.96	7.30	5.67	5.18	5.68
	肉、鱼、甲壳动物、软体动物及其他水生无脊椎动物制品	3.95	5.03	4.78	3.97	4.42	5.01	3.90
	食用水果及坚果、柑橘属水果或甜瓜的果皮	3.38	3.54	3.60	3.43	2.89	3.14	3.27
	编结用植物材料，其他植物产品	2.40	2.21	2.26	2.98	2.98	2.80	2.58
	蚕丝	2.43	2.72	2.99	2.55	2.81	2.80	2.86
	其他植物纺织纤维，纸纱线及其机织物	2.26	1.91	1.86	1.84	1.30	1.37	1.04
	浸渍、涂布、包覆或层压的织物，工业用纺织制品	2.00	2.86	3.10	2.63	2.54	2.42	2.21
	棉花	1.91	2.48	2.07	1.95	2.28	2.97	3.15
	木及木制品，木炭	1.25	1.71	1.97	1.93	2.17	1.87	2.05
	陶瓷产品	1.68	1.66	1.43	1.43	1.25	1.11	0.84
	生皮（毛皮除外）及皮革	1.81	1.71	1.44	1.26	1.10	1.19	1.55
	杂项制品	1.21	1.35	1.42	1.60	1.55	1.46	1.40
	絮胎、毡呢及无纺织物，特种纱线、线、绳、索、缆及其制品	1.26	1.29	1.22	1.19	1.14	1.14	1.10
	针织物及钩编织物	1.04	1.30	1.35	1.22	1.19	1.22	1.48
	食用蔬菜、根及块茎	1.74	1.07	1.66	1.86	1.11	1.82	0.91
	谷物、粮食粉、淀粉或乳的制品，糕饼点心	1.20	1.27	1.19	1.09	1.01	0.75	0.87
	烟草、烟草及烟草代用品的制品	1.04	1.22	1.02	1.00	1.00	0.81	0.74

续表

产业类型	产业	2009年	2010年	2011年	2012年	2013年	2014年	2015年
资本密集型	橡胶及其制品	2.79	3.62	3.14	2.56	2.18	1.69	1.53
	化学纤维长丝	2.57	2.70	2.85	2.51	2.28	2.11	1.70
	锡及其制品	0.68	0.95	1.27	0.71	0.87	0.79	0.57
	盐，硫黄，泥土及石料，石膏料、石灰及水泥	1.05	1.21	1.95	2.39	3.09	3.30	2.36
	电机、电气设备及其零件，录音机及放声机、电视图像、声音的录制和重放设备及其零件、附件	0.59	0.78	1.16	1.67	2.02	1.92	2.05
	化学纤维短纤	3.05	3.23	3.13	2.84	2.17	1.61	1.29
	玻璃及其制品	1.13	1.24	0.97	1.22	1.04	1.27	1.35
	肥皂、有机表面活性剂	1.24	1.27	1.02	1.04	0.85	0.70	0.68

说明：表中统计数据从金融危机之后的2009年开始到2013年，各产业按照历年比较优势算术平均数降序排列。历年比较优势算术平均数不具有特殊经济含义，仅为比较优势产业排序之用。

资料来源：根据UN COMTRADE数据整理而得。

一、主要劳动密集型产业

越南具有比较优势的劳动密集型产业包括：咖啡、茶、马黛茶及调味香料；鱼、甲壳动物、软体动物及其他水生无脊椎动物；稻草、秸秆、针茅或其他编结材料制品，篮筐及柳条编结品；鞋靴、护腿和类似品及其零件；谷物；非针织或非钩编的服装及衣着附件；针织或钩编的服装及衣着附件；帽类及其零件；皮革制品，鞍具及挽具，旅行用品、手提包及类似容器，动物肠线（蚕胶丝除外）制品；家具、寝具、褥垫、弹簧床垫、软坐垫及类似的填充物；制粉工业产品，麦芽，淀粉，菊粉，面筋；肉、鱼、甲壳动物、软体动物及其他水生无脊椎动物制品；食用水果及坚果，柑橘属水果或甜瓜的果皮；编结用植物材料；蚕丝；其他植物纺织纤维，纸纱线及其机织物；棉花；木及木制品；陶瓷产品；生皮及皮革；絮胎、毡呢及无纺织物，特种纱线，线、绳、索、缆及其制品；针织物及钩编织物；食用蔬菜、根及块茎；谷物、粮食粉、淀粉或乳的制品，糕饼点心；烟草、烟草及烟草代用品的制品。

1. 咖啡、茶、马黛茶及调味香料

越南该产业的比较优势总体呈现下降趋势。通过对 HS 编码的进一步分析发现，越南主要出口的是咖啡，不论是否焙炒或浸除咖啡碱；咖啡豆荚及咖啡豆皮；含咖啡的咖啡代用品。

越南土壤、气候等环境非常适合咖啡的生长，但是产量有所过剩，产业比较优势有所下降，并不适合我国企业前去投资。越南咖啡主要用于出口，其出口量仅次于大米，在各项农产品出口中位居第二。越南政府对咖啡产业的支持力度大，每年都会投资咖啡基础设施，提供技术和生产线以及各种优惠政策。但是近年来越南咖啡生产盲目扩展导致质量降低，供过于求，并且咖啡豆的过度种植也导致土地和水资源浪费。

2. 鱼、甲壳动物、软体动物及其他水生无脊椎动物

越南该产业的比较优势呈下降趋势。通过对 HS 编码的进一步分析发现，越南主要出口的是鲜、冷、冻鱼片及其他鱼肉；带壳或去壳的甲壳动物，蒸过或用水煮过的带壳甲壳动物，适合供人食用的甲壳动物的细粉、粗粉及团粒。

尽管越南拥有丰富的海洋生物资源，但是该产业目前存在很多问题。越南优越的水文条件为其海洋渔业和海水养殖业的发展提供了重要基础。同时，越南海域拥有者丰富的海洋生物资源，很多都拥有极高的经济价值。虽然如此，越南的渔业还是存在很多问题，主要是其质量、安全、清洁方面的问题。随着越南工业、农业的发展，水质受到了化学物质和农药的污染；同时供水排水系统不佳，使得养殖池塘水质难改；病害的传播无法得到有效的控制。所以，随着其出口市场消费者对于产品的安全卫生要求的提高，越南水产品的竞争力开始下降。

3. 谷物

越南该产业的比较优势呈下降趋势。通过对 HS 编码的进一步分析发现，越南主要出口的是稻谷、大米。越南大米产业的发展得益于越南得天

第八章
中国与越南经贸合作

独厚的自然条件和丰富的农业人力资源、政府政策的扶持、具有竞争力的价格优势等。但是，越南大米产业存在诸多问题，第一，农业技术落后，对自然环境破坏较大。越南在农业土地和水资源利用率等方面发展滞后，导致滥伐森林、过度频繁地使用土地和其他自然资源，生产中大量使用化肥和杀虫剂导致越来越多的土地品质下降和水污染严重。第二，高质量大米所占比重较低。第三，越南农产品贸易以原材料产品为主，农产品售价低于其他主要竞争者，然而低价格的出口竞争不具有长期性，大米出口增量不增收。此外，越南农业发展还面临两大挑战，一是过度依赖中国市场，中国目前是越南橡胶、大米、水产品、木制品、胡椒、木薯等主力产品的最大出口市场之一；二是越国内农产品消费市场不稳定。这些问题的存在削弱了越南大米产业对外资的吸引力。

4. 食用水果及坚果

越南该产业的比较优势基本保持稳定。通过对 HS 编码的进一步分析发现，越南出口的主要是鲜或干的椰子、巴西果及腰果。越南水果近年来的出口额一直稳步增长，但是前景不容乐观。主要原因在于，越南水果种植主要利用其自然地理环境优势，但是缺乏种植技术和品牌，对中国市场的依赖较为严重（越南水果出口额中的六成以上来自中国）。一旦其他技术先进的国家开始种植，越南水果的优势将会受到威胁。中国作为越南水果的主要出口市场，目前已经开始增加水果种植面积。为应对这一挑战，越南应积极拓展其水果、坚果出口市场，降低对中国市场的依赖，往多元化的方向发展。

5. 稻草、秸秆、针茅或其他编结材料制品，篮筐及柳条编结品；鞋靴、护腿和类似品及其零件；非针织或非钩编的服装及衣着附件；针织或钩编的服装及衣着附件；帽类及其零件；皮革制品，鞍具及挽具，旅行用品、手提包及类似容器、动物肠线（蚕胶丝除外）

越南在这些劳动密集型制造业上的比较优势总体保持稳定但略有下降，并具有如下特点：第一，以传统制造业为主，轻工业产品出口创汇能力强。其中纺织品出口是其第一大创汇产品。第二，国内机械化设备产量不足，生产过度依赖机械设备进口。第三，原材料需要大量进口，产业链断裂。第四,附加值低。

6. 木及木制品;木炭

越南木及木质品和木炭产业的比较优势在近几年呈上升趋势。木制品是越南重要的出口商品之一,出口金额位居东南亚第一、亚洲第二和世界第六,年出口额近20亿美元,并且呈逐年增长的趋势,主要出口市场为美国、日本、欧盟和中国等120多个国家和地区。近年来越南木制品出口增长的主要原因有两点:一是国外市场包括美国和欧盟在内对木制品需求增长;二是不少订单从中国转移至越南。中国木制品因被征收反倾销税、人工费增加和其他政策性收费使得在华投资的木制品企业陆续迁至越南。

越南木制品成本低,用工便宜,产品质量好,比较具有竞争力,但是同时也存在诸多问题,见表8-3所示。胡志明市木材加工协会(Hawa)称,目前越南木制品设计环节较薄弱,与中国香港、新加坡、泰国和菲律宾等国家(地区)相比相差甚远。而在木制品产值中,设计环节占50%~60%。若能提高设计水平,越南木制品出口将更有优势。近年来,尽管越南木制品加工业,尤其是木制工艺品加工业发展迅速,但因原材料严重依赖进口,而从湄公河流域国家进口用于加工出口木制品的木料折损率很高,导致投入成本较高因而利润率较低。另一个难题是木制手工艺品企业都是中小企业,存在家庭作坊式生产、资金缺乏、联营生产能力弱、极易受市场波动影响等不足。小作坊工人素质和生产环境都达不到工业生产规模。具有一定生产实力的企业大都是外国投资企业。外资企业具有比内资企业相对充足的管理能力和资金能力,工艺水平和设备也都先进。而且这些企业都具备完善的欧、美、日大型超市的销售网络。而国内木制品加工企业虽然也有较好的信誉,但是生产能力不足。比如,现在订单增多的情况下,国内企业因资金、设备、人工、原料等条件不充足无法满足生产需求①。此外,越南国内对于国产木制品的需求不足。由于出口木制品只需完成合同订单,不需要负责物流和销售,而木制品在国内销售渠道较短、较窄,没有形成产业链,越南木制品企业因而更愿意开拓出口市场。再加

---

① 资料来源:中国驻越南大使馆经济商务参赞处(http://vn.mofcom.gov.cn)。

上越南消费者尚未认可国内木制家具装饰品，而青睐自中国、马来西亚等国进口的产品，以及越南政府较重视并鼓励木制品出口（木制品出口免增值税，而在国内销售征收10%的增值税），越南木制品企业逐渐失去了国内市场。

表8-3　　　　　　　　　越南木制品业存在的主要问题

存在问题	具体表现
设计环节较薄弱	目前越南木制品设计环节较薄弱，与中国香港特区、新加坡、泰国和菲律宾等国家（地区）相比相差甚远，木制品增加值低
原材料严重依赖进口	越南木制品原材料缺乏，每年需要源源不断地进口木料和其他原料。越南80%的木制品原材料依赖进口，而且从湄公河流域国家进口用于加工出口木制品的木料折损率很高
生产技术落后	越南木制品加工企业大部分是家庭作坊式的，生产规模和资金规模都比较小，生产效率低下，经常会受到市场波动和宏观经济因素的影响。平均每天每个越南工人可生产出1.9张椅子，而在中国该数字为4.5张
外资企业占比过高，本土企业竞争力不足	外资企业占据了越南木制家具产业的巨大份额，而越南本土公司的占比仅为20%。越南是一个木制品出口大国，然而这些出口收入相当一部分都属于外商投资企业。越南本土木制品企业大部分为各个品牌做代工，所赚取的利润很低
越南国内对国产木质品需求不足	越南木制品企业国内营销投入不足、越南消费者对国产木制品认可程度低、政府对木制品出口的鼓励是导致越南国内对国产木制品需求不足的主要原因

资料来源：根据中国驻越南大使馆经济商务参赞处网站相关资料整理而得（http://vn.mofcom.gov.cn/）。

近几年，越南政府逐渐意识到这些问题，因此建议越南木制品行业企业进行优化组合，并倡导企业注重国内市场营销。越南政府建议，每一种主力产品，尤其是出口产品应以国内实力强的企业牵头形成生产链条，以使分工合理，并增强与国外企业在合同谈判中的优势。

越南是中国红木材料的主要进口来源地，越南的红木市场直接影响到中国国内的木材及红木家具市场。在过去10年间越南对红木出口大幅提税、严禁出口等事件都对中国红木家具市场产生了重大影响，见表8-4所示。

表 8–4 越南 10 年间红木大事件

时间	事件	具体内容
2005 年 3 月	越南木制品产业开始引起世界关注	"越报"网站 2005 年 3 月 19 日曾援引越南木材林业协会秘书长的话称,越南 2300 多家家具生产加工和出口企业主要集中在胡志明市和中南部地区,年消耗原木 200 万立方米。木制品年出口额近 20 亿美元,主要出口市场为美国、日本、欧盟和中国等 120 多个国家和地区。引起世界对越南木制品市场的关注
2013 年 7 月	越南红木出口大幅提税	越南红木出口提税 200%,以交趾黄檀为例,从原来海关核定征税价 3900 美元提高到 15000 美元,原来的二线红木如花梨木由原来的 500 美元提高到 1500 美元
2013 年 10 月	越南暂时禁止大红酸枝木材出关	凡在老挝、越南已订购的大红酸枝木材,必须于 2013 年 10 月 25 日前全部出关,10 月 25 日起越南政府禁止出口。面对禁令,大量堆积木材等候出关
2014 年 7 月	越南反华游行导致大量中国在越南红木商撤资	自 2014 年 5 月份越南国内反政府势力煽动反华游行后,中国在越南经营红木的商家撤回国内、国内经营红木的商家不去越南进货交易。越南国内的几大红木集散地变得十分清冷、萧条
2016 年 1 月	柬埔寨禁止从越南走私红木	柬埔寨总理府举行内阁会议,会议上,洪森总理宣布,将从即日起断绝所有与越南走私红木的口岸和通道
2016 年 8 月	越南红木木材市场供给紧张,越南严禁红木锯材出关	越南红木木材市场紧张,大料一木难求,价格连日上涨,大部分工厂停工。同时为了平衡供需关系,越南公安开始全面检查签证,持旅游签证到红木木材市场附近均被罚款和限定三日内离境。2016 年 8 月 24 日,越南公安突击检查红木开料,严禁红木锯材出关。查到一律没收

资料来源:根据品牌红木网站相关资料整理而得。

未来越南木制品业将面临更为广阔的市场。首先,越南与欧盟关于扩大对欧出口木材和木制品之间的谈判于 2016 年底完成,签署的《森林执法、治理与贸易的自愿伙伴关系协定》(VPA/FLEGT)旨在通过越南木材合法担保体系(VNTLAS)授予出口欧洲货物合格证书以扩大越南木材和木制品对欧出口。其次,目前世界对于木材需求非常大,而相较之下越南出口金额所占比重较小。欧美、日本等国房地产市场发展的良好势头也有利于扩大越南木材业在全球木材市场中的出口份额。另外,虽然中国目前仍是最大的木制品生产和出口国,但中国该行业正面临劳动力成本增加、政府对制造业的发展侧重点向电子、机械等领域转移等问题,竞争力逐渐下降,越南木材行业因而逐渐从中国企业手中夺得更多订单。在此背景下,不少中国木材企业正考虑产业向国外转移,越南则是目的地之一。

7. 家具;寝具、褥垫、弹簧床垫、软坐垫及类似的填充制品

越南家具产业的比较优势在近几年有所下降。越南地处潮湿的热带地区,森林资源丰富,依靠合法木材来源、娴熟生产工艺、廉价人工成本和广阔销售市场,很快成为世界木制家具和木制品生产和销售大国。2015年越南木制家具出口额为69亿美元,同比增长10.7%,越南成为继中国、德国和意大利之后的第四大家具出口国。目前,越南木制家具最大的出口对象是美国,年出口金额达26亿美元,约占出口总额的38.2%。据业界预测,2025年越南木制家具出口金额将是2015年的3倍,达到200亿美元。①

越南是世界上最大的红木家具生产国。追溯历史,越南最早的红木家具厂基本都由中国商人开办,越南红木家具多为中式仿古家具,其制作加工已有近百年历史。这一方面是受我国传统家具文化影响,另一方面,越南本身是许多优质硬木木材的原产地,比如香枝木(越南黄花梨)、酸枝木、乌木等。越南红木家具存在价格较为低廉的优势,同时也存在诸多缺点,见表8-5所示。

表8-5　　　　　　　　越南红木家具历史及优缺点

	具体内容
历史	在很早以前,中国商人就利用越南红木资源丰富和劳动力低廉的优势,在越南投资红木家具制造业。越南因而汇聚了不少来自浙江东阳、广东中山、福建仙游等地的能工巧匠,他们基本上都是中国老板派去,在越南,他们成了领工族。自1992年起,受中国巨大的市场需求驱使,以及在华人红木家具企业的带动下,大批越南企业开始投资生产中国红木家具,从而形成了一个庞大的产业。在越南北宁省、北江省等(相当于中国的县),几乎家家户户都从事红木家具制造。目前从总体上来看,越南红木家具行业以松散型的家庭作坊式为主,以几个人和十几个人的生产单位为主

---

① 数据来源:中国驻越南大使馆经济商务参赞处(http://vn.mofcom.gov.cn/)。

续表

	具体内容
优势	越南红木家具目前主要是价格上的优势。越南本身有木材资源，劳动力便宜，再加上有些产品偷工减料，或者工艺上的简单化，致使越南红木家具价格与国内产品相比具有很强的竞争力，有些产品的售价，甚至跟在国内买同样木材原料的价格差不多
缺点	越南红木家具普遍不如国产的好，有6大缺点：(1) 工艺相对粗糙。由于越南红木家具厂家多是给各个经销商供货，不是自有品牌，所以工艺上不是特别讲究。越南红木产品经不起仔细端详，大部分还需要在国内二次加工。(2) 使用白皮较多。(3) 面板薄。正常的面板应该在12毫米左右，但越南红木家具为了节省成本，往往只有5毫米。(4) 面板边槽浅。(5) 使用假榫。榫卯结构是一公一母搭配的，越南许多红木产品都是无母双公。(6) 缺少神韵，这与越南工人对中国传统文化了解不多有关

资料来源：根据中华古典家具网站相关资料整理而得。

近年来，越来越多的中国家具制造厂开始迁移到越南，该国1/3的外商投资家具企业来自中国。越南的劳动力成本比中国低20%左右，这对中国家具厂商而言极具吸引力。此外，自2015年以来，美国已对包括床、床头柜和其他木制的中国家具产品加征进口关税，以保护其国内生产商免遭中国产品以过低的价格进行销售所带来的影响①。因此，许多中国家具公司已经把他们的制造设施转移到邻近的越南，以绕过美国的反倾销税。然而，大量中国企业开始以越南为制造基地再向美国出口家具的现状已经引起了美国的关注，"越南制造商很快也将遭到美国反倾销调查"这种风声在四处攒动，中国在越南的家具企业开始加紧筹划，以避免这种预期可能会带来的不利影响。

8. 浸渍、涂布、包覆或层压的织物，工业用纺织制品；其他纺织制成品，成套物品，旧衣着及旧纺织品，碎织物

越南纺织制品产业比较优势在近几年保持稳定，越南纺织业发展势头被看好。在2015年至2025年间，越南纺织品享受与日本、欧盟、韩国的自贸区协定的政策优惠，将极大促进越南纺织行业的快速发展。同时越南是美国第二大纺织品来源地，占美国进口同类商品的10%，预计

---

① 根据美国海关的数据，美国每年从中国家具进口总额约为120亿美元。

第八章
中国与越南经贸合作

未来该比例还将增加。目前，越南每年消费布匹 82 亿平方米，其中进口 65 亿平方米，本地生产 17 亿平方米。预计到 2025 年布匹销量将达 120 亿平方米，服装纺织品出口也将由 2014 年的 245 亿美元增加至 400 亿美元[①]。

但目前越南纺织业面临诸多挑战，一是国内纺织企业尚未拥有能力形成纱线—印染—制衣这一完整产业链，大多数国内企业集中在产品附加值最低的制衣环节。投资一个染整厂的资金高达上千万美元，这让越南国内纺织行业中小型企业"力不从心"。二是越南纺织业原辅料过于依赖进口，尤其是从中国进口。越南纺织业 60% 原辅料须从中国进口，而斜纹防水布料、毛巾等高端布料，则 70%～80% 依赖从中国进口。三是越南纺织企业主要从事加工或指定商品生产，无法左右原材料的使用，国内大多数企业生产技术落后、款式老旧，生产的主要是针织品和低端纺织品，质量无法满足客户要求，缺乏市场竞争力。此外，越南纺织品在主要出口市场仍面临较高关税，包括美国（17.5%）、加拿大（17%）、墨西哥（30%）和秘鲁（17%），同时还要面临来自中国大陆和中国台湾地区企业的激烈竞争[②]。

在美国前总统奥巴马推行跨太平洋伙伴关系协定（TPP）期间，纺织行业是越南加入 TPP 的核心利益所在，但由于越南纺织业原辅料过于依赖从非 TPP 成员——中国进口，导致其在 TPP "从纱原则"原产地和供应链方面面临巨大挑战。如果越南在 TPP 签署后，其纺织服装行业继续使用中国的原材料，就会由于原产地规则而损失收益，因此越南的一些纺织服装企业希望尽快找到替代中国的原料和配件来源地，同时希望越南工业进一步投资发展纱线、布匹行业，为越南企业深入参与 TPP 成员国内的供应链提供基础。如今虽然 TPP 未能生效，但是越南当局仍会重视 TPP 的原产地规则难题，要求国内纺织行业加快实现原料的自给自足并发展配套产业，加强相互配合，最大程度减少原料进口，以使越南纺织业既能满足原产地要求，又能保证价格竞争力[③]。

[①][②][③] 数据来源：中国驻越南大使馆经济商务参赞处（http://vn.mofcom.gov.cn/）。

当前越南聚集了来自中国、韩国、日本和法国等多个国家的纺织企业，尽管外商企业数量偏少，但是却占据了越南纺织服装60%的出口额，其中中资企业贡献较大。受到贸易因素和成本因素的推动，21世纪以来中国越来越多的纺织企业开始在境外建厂投资①，而越南由于具有充足的劳动力资源、长期、持续、优惠的招商政策和特殊的区位优势等，见表8-6所示，正在成为中国纺织企业对外投资的重要目的地。通过转移新增产能，借助采购、生产和销售的全球化大大改善了国内企业的经营效益。中国纺织企业在越南的纺织业生产经营具有鲜明的特征，如表8-7所示。

表8-6 越南纺织业吸引中资企业的优势

优势	内容
充足的劳动力资源	越南国内总人口约9千万人，其中适龄就业人口约5千万人，市场潜力巨大，而且越南女性劳动力多于男性的现状满足纺织企业更青睐女性员工的需求。尽管过去几年越南工人工资出现了快速上涨，但当地200美元的平均工资仍远低于我国国内500~600美元的工资水平
长期、持续、优惠的招商政策	越南政府在企业所得税和土地租金等方面做出了大幅度让步，如"四免九减半"政策，即外国企业只要满足员工总数达到5000人、投资规模突破3亿美元这两个条件，就可从首个获利年度起3年之内免缴企业所得税、之后9年企业所得税减半缴纳，该优惠条件远远超过了我国目前给予外商投资企业"两免三减半"待遇。而且中资企业在越南不需要缴纳类似于城建税、教育税等其他税种，大大降低了税负成本
特殊的区位优势	越南于2006年底加入了WTO，是中国—东盟自贸区成员，后来致力于FTA和TPP的谈判。2015年10月初，包括美国、日本和越南在内的12国就TPP达成基本协议，同意进行自由贸易，若TPP能生效这意味着未来越南对美国出口纺织品和服装将实行零关税，必将刺激越南国内纺织产能和毛利率提升，所以国内许多纺织企业提前来越南布局，为未来分享政策红利做准备

---

① 截至2014年底，中国纺织业已在全球100多个国家和地区投资建立超过2600家纺织服装生产、贸易和产品设计企业，其中大多数分布在亚洲。2004年至今，国内约200家服装企业在东南亚建设了生产车间。此处，贸易因素为：应对欧美等国的贸易保护措施、规避贸易壁垒、为了享受特殊的贸易政策；成本因素为：中国纺织行业人工成本、土地成本、原材料成本等相对上升。

第八章
中国与越南经贸合作

续表

优势	内容
其他优势	水费：中国每吨 3.5 元；越南每吨 2.4 元，成本降低 31%；电费：中国每度 0.65 元，越南每度 0.39 元，成本降低了 40%；用地成本：越南仅为国内的 20% 左右，企业还能以每吨比国内便宜 3000~4000 元的价格进口质量更好的美棉和澳棉。此外，与孟加拉国、柬埔寨和印度尼西亚等其他东南亚国家相比，越南国内政治环境相对稳定，政府鼓励开放、吸引外资的态度更加坚定，基础设施和法制建设日益完善

资料来源：何东莲：《中国纺织业"走出去"的探索与思考》，中国东盟贸易促进会—越投网（http://cn.vnone.com）。

表 8-7　　　　　中国企业在越南的纺织业生产经营特征

特征	具体内容
越南子公司的生产线属于国内纺织企业的新增产能	目前中国实施"走出去"的纺织企业基本没有缩减国内原有产能，一方面，新增产能对外转移在某种程度上是为满足海外客户的需求。近年来阿迪达斯（Adidas）、耐克（Nike）和优衣库（Uniqlo）等知名品牌逐渐将过去全部由中国大陆供货的订单分拆成内地和海外各一半，为维持与大客户长期合作关系，企业被迫随订单转移新增产能。另一方面，新增产能对外转移并未降低对中国市场的依赖。很多在越南投资的中资纺织企业大部分棉纱都会回销中国，反映内地消费市场潜力仍待提高
越南子公司的整体技术水平高于国内母公司	在越南投资的中资纺织企业大多在国内 A 股上市，实力雄厚、资金充裕，所以绿地投资为主，在投资规模和设计产能方面远胜过韩、日等国同行；另外，由于越南政府对于生产重点机械产品和服务于投资生产重点机械产品项目而进口的设备和物资实行零关税，所以中资企业纷纷从欧洲进口国际上最先进的设备生产线，通过提高机械化程度以降低越南劳动力素质不高对生产的影响
国内纺织企业赴越南投资的"产业链整体转移"现象明显	例如百隆东方来越南投资建厂后不久，位于产业链下游的申洲国际、山东鲁泰和台湾国平等面料和纺织企业也相继转移至此。原因在于：越南纺织业整体实力不强，全产业链布局不均衡，以成衣制造为主，能为中资企业提供产业配套的本土企业不足；美国在 TPP 中坚决主张"纱线优先"（yarn-forward）的原产地原则，原料上从纱线到布料的生产，加工上从裁剪到缝制的过程均必须在 TPP 成员国境内完成，这也成为我国大批纺织企业向越南转移的重要因素
重视本土化经营是各家越南子公司的普遍做法	越南的中资纺织企业里本土化程度很高，绝大多数员工都来自于当地招聘。同时适度提高管理层中越南籍员工的比例也已成为各家中资企业的普遍做法，公司管理效率也得到很大提高。此外，中资企业薪水比本土企业稍高，公司还给当地员工配置职工宿舍、食堂以及免费医疗等福利，所以越南籍员工普遍很重视这份工作

资料来源：何东莲：《中国纺织业"走出去"的探索与思考》，中国东盟贸易促进会—越投网（http://cn.vnone.com）。

二、主要资本密集型产业

越南具有比较优势的资本密集型产业包括：橡胶及其制品；化学纤维长丝；锡及其制品；盐、硫黄、泥土及石料，石膏料，石灰及水泥；电机、电气设备及其零件，录音机及放声机、电视录像、声音的录制和重放设备及其零件、附件，化学纤维短纤；玻璃及其制品；肥皂、有机表面活性剂。

1. 橡胶及其制品

越南橡胶及其制品产业的比较优势在近几年呈下降趋势。越南近年来天然橡胶产业迅速崛起，成为仅次于泰国和印度尼西亚的第三大天然橡胶生产国。天然橡胶在其国民经济中占有重要地位，是仅次于大米和木器的第三大农林出口产品。2003~2016年越南新种植面积在2012年达到峰值后急速减少，但是每单位面积的橡胶产量都高于印度、马来西亚、印度尼西亚及中国等橡胶种植国家。为稳定橡胶价格，越南与泰国、印度尼西亚和马来西亚在削减橡胶供应上达成共识。为履行该承诺，越南2016年天然橡胶出口量或下滑12%，降至100万吨左右①。

当前，越南橡胶出口仍以初加工产品为主，今后将重点发展升级橡胶加工业，以提高产品附加值。

2. 盐，硫黄，泥土及石料，石膏料、石灰及水泥

越南该产业的比较优势在近几年呈上升趋势。通过对HS编码的进一步研究发现，越南主要出口的是硅酸盐水泥、矾土水泥、矿渣水泥、富硫酸盐水泥及类似的水凝水泥。

受国内外水泥市场需求增长的影响，越南水泥行业前景被看好。越南水泥从2010年完全实现自给，并且开始大规模出口。目前世界水泥市场的需求不断增加，而一些传统水泥出口大国并没增加出口量，这为越南水泥产业的发展提供良好商机。同时越南国内对水泥的需求量也与日俱增。2014年，越南水泥销量逾7000万吨，同比增长15%。其中内销5098万

---

① 数据来源：中国驻越南大使馆经济商务参赞处（http://vn.mofcom.gov.cn/）。

吨,外销 1950 万吨。未来 5 年,越南拟完成大量交通项目。预计到 2030 年,越南基础设施建设需投资 2200 亿美元,其中,建筑投资约 1270 亿美元①。这些都利好越南水泥行业。

但是目前越南水泥行业存在几个薄弱点:一是水泥产量低,生产成本高;二是燃料费用高,替代燃料有限;三是与中国和泰国相比,越南水泥厂折旧率大;四是金融杠杆高;五是缺乏长期的出口规划。

第三节 越南外商投资政策及战略规划

一、越南外资政策

越南对于外商投资行业分为禁止投资行业、限制投资行业以及鼓励投资行业等,见表 8-8 所示。禁止投资行业基本都是危害国家安全和公共利益的行业,比如处理从国外输入越南的有毒废弃物、生产有毒化学品或使用国际条约禁用毒素的行业;限制行业基本为金融、文化、娱乐、资源及教育等行业;鼓励投资行业有七类,主要集中在新能源、高新技术、环境保护、工业区建设、发展文化产业等方面。

表 8-8　　　　　　　　越南外资政策

类型	具体行业/政策
禁止外资投资产业	危害国防、国家安全和公共利益的项目;危害越南文化历史遗迹、道德和风俗的项目;危害人民身体健康、破坏资源和环境的项目;处理从国外输入越南的有毒废弃物、生产有毒化学品或使用国际条约禁用毒素的项目
限制外资进入产业	对国防、国家安全、社会秩序有影响的项目;财政、金融项目;文化、通信、报纸、出版等项目;娱乐项目;房地产项目;自然资源的考察、寻找、勘探、开采及生态环境项目;教育和培训项目

① 数据来源:中国驻越南大使馆经济商务参赞处 (http://vn.mofcom.gov.cn/)。

续表

类型	具体行业/政策
鼓励外资进入产业	（1）新材料、新能源的生产；高科技产品的生产；生物技术；信息技术；机械制造；配套工业； （2）种、养及加工农林水产；制盐；培育新的植物和畜禽种子； （3）应用高科技、现代技术；保护生态环境；高科技研发和培育； （4）使用5000人以上劳动密集型产业； （5）工业区、出口加工区、高新技术区、经济区及由政府总理批准重要项目的基础设施建设； （6）发展教育、培训、医疗、体育和民族文化事业的项目； （7）发展民间传统手工业； （8）其他需鼓励的生产和服务项目：25%以上的纯利润用于研究与发展
优惠和鼓励政策	（1）税务上的优惠权益，主要包括免缴或减免法人所得税及红利税、免缴或减免及其进口税、减免必需的原材料进口税、免缴出口产品所需要的原材料进口税等； （2）非税务上的优惠权益，主要包括允许引进专家技术人员、允许活动土地所有权、允许汇出外汇以及其他保障和保护措施等； （3）放宽对外商持股比例的限制，对于工业企业投资，无论工厂设在何处，允许外商持大部分或全部股份

资料来源：中国商务部：《对外投资合作国别（地区）指南——越南（2016年版）》（http：//fec.mofcom.gov.cn/article/gbdqzn/upload/yuenan.pdf）。

2006年7月1日，越南出台新的《投资法》，对国内和外商投资实行统一管理，取消之前《外国投资法》的诸多限制，进一步开放市场。越南尤其鼓励外商到高新技术开发区投资建厂，对于这类投资项目的鼓励措施主要包括在企业所得税、个人所得税、地租、出入境和居留方面给予很高的优惠政策待遇。

二、越南长期发展规划

2011年，越共十一大提出，到2020年将越南建成迈向现代化的工业国，到21世纪中叶建成社会主义定向的现代化工业国目标。越共十一大审议并通过《越南经济社会发展战略》。2016年继续提出《2016~2020年间经济社会发展规划》。根据规划，越南将继续坚持以经济建设为中心，推动经济重组与转变增长方式相结合，提高生产率、效益和竞争力，合理调整工业布局，最大限度发挥各部门、各地区的优势以更深融入全球价值链，见表8-9所示。

表 8-9　越南 2016~2020 年各行业、领域重组总体规划

行业/领域	目标	具体规划
农业	把提高农业重组效益与建设新农村、改善农民生活相结合	建设高科技、大规模生产农业；推动先进科学技术的应用，提高质量、效益和竞争力；保障可持续发展，国家粮食安全和食品卫生安全。组织再生产，增强价值链之间的联系。继续布局、改革、提高农林业公司的经营效益。优先安排国家财政资金，优惠贷款并调动国有以外资源有效实施新农村建设规划。努力使农业领域产品附加值增速年均达到 2.5%~3%，到 2020 年有 40%~50% 乡镇达到新农村标准
工业	加快推进工业重组，使工业向有科技含量、国家价值比重、附加值高、有竞争优势，能参与全球生产网络和价值链、可持续和环保的方向发展	发展各类基础工业、电子信息业、软件业并优先发展服务农业的工业。集中发展辅助工业、增强国内企业和外国投资企业的联系，以行业集群方式形成辅助工业区。稳固、有效发展并逐步形成国防、国家安全工业集团。发展达到先进水平、有国际竞争力的建筑业。快速发展建筑材料工业，特别是新型、高质量材料。争取实现工业、建筑业年均增速 8%~8.5% 的目标；到 2020 年，工业、建筑业占 GDP 比重约 40%
服务业	快速发展服务业，特别是有优势、有技术含量和附加值高的行业	将旅游业发展成为前沿经济行业；促进品牌建设和宣传，为出入境、人员往来手续提供便利，保障人员和国家安全。同步发展批发、零售配送系统；注重发展电子商务；主动参与全球配送系统。发展和提升金融、银行、证券、保险和其他助推经营服务的质量。合理、有效地发展运输业，注重多方式与物流运输。鼓励各经济成分参与医疗、教育、高科技、文化和体育等发展服务。争取实现服务领域年均增速 6.6%~7.1% 的目标，到 2020 年服务业占比达 GDP 的 45%
海洋经济	将大力发展海洋经济与坚决保卫国家主权和改善海岛地区人民生活相结合	鼓励各经济成分投资发展油气开发与加工；海港、船舶制造和修理、海洋运输；开发和加工海产品、渔业后勤服务；海岛旅游等。加快对海岛资源、环境的基础调研
区域经济	注重发展区域经济，提高建设和管理规划质量，保障公开、透明	和谐发展各区域和艰苦地区。发展经济走廊、经济带、口岸经济区。打造一批体制有突破性并具有国际竞争力的经济特区

资料来源：根据中国商务部《越南 2016~2020 年间经济社会发展规划》整理而得（http://ccct.mofcom.gov.cn/）。

在口岸经济区建设方面，越南提出《口岸经济区至 2020 年发展及展

望2030年规划》。重点推动6个沿海重点经济区的建设，并集中加速南部、北部、中部三大重点经济区发展，制定《2010~2020年三个重点经济区经济社会发展规划》。

同时，越南针对多个重点产业分别出台了多项决议，包括能源和电力、交通运输领域、煤炭领域、电子商务和工业等领域，见表8-10所示。此外，越南政府在通讯基础设施、工业园区、供排水及环保领域也出台了相关决议。2015年3月，越南总理批准实施越南通信技术至2020年及2025年远景发展目标纲要。按照上述发展目标预测，至2020年，越南通信技术及服务软件行业至少每年增长15%以上。越南将重点吸引国外资金投资进入该领域，未来5~10年，仅在通信电子硬件建设方面将吸引外资50亿美元，通信技术行业将成为发展速度快、营业收入高、出口量大的行业。

表8-10　　　　　越南针对重点领域出台的决议

领域	规划决议
能源和电力	《越南国家电力第七个电力发展规划（2011~2030年）》
交通运输	《建设基础设施配套体系，使越南到2020年基本成为迈向现代化的工业国》
煤炭	《2020年越南煤炭工业发展规划和2030年展望》
电子商务	《2016~2020年电子商务发展总体规划》
工业	《越南工业2025年发展战略规划和2035年前景展望》，加工制造业、电子信息业、新能源工业和再生能源工业、机械制造业和化学工业被列为优先发展工业

资料来源：根据中国商务部网站相关资料整理而得（http://ccct.mofcom.gov.cn/）。

第四节　近年来中国与越南经贸合作成果

中越两国互为重要的经贸伙伴，近年来两国在双边贸易和投资、工程承包和劳务合作等方面的合作都取得瞩目成就。两国之间签署的经贸合作协议极大地促进了双边经贸发展。2011年10月，两国签署《中越经贸合作五年发展规划》。2013年10月，双方签署《关于建设发展跨境经济合作区的谅解备忘录》，目前双方正在商定《关于建设跨境经济合作区的共

第八章
中国与越南经贸合作

同总体方案》。但是中国与越南尚未签署货币互换协议。

一、双边贸易

近年来,中越双边贸易持续快速增长,见图8-1所示,中国已连续12年成为越南最大贸易伙伴国,同时也是越南第一大进口来源地和第四大出口市场。2015年中越双边贸易额继续平稳、向好发展,据中国海关统计,2015年中国与越南双边贸易总额达959.79亿美元,较2014年同期增长14.9%,占中国与东盟十国贸易总额的20.3%,跃居中国在东盟的第二大贸易伙伴。其中,中国自越南进口298.45亿美元,同比增长49.9%;对越南出口661.34亿美元,同比增长3.9%;中国对越南贸易呈现顺差,顺差额为362.89亿美元。相比其他东盟国家,2015年,中国与越南双边贸易呈现较快发展,进口和出口增速非常明显,中国对越南贸易仍然保持较大幅度顺差。2016年越南有望超越马来西亚,成为中国在东盟第一大贸易伙伴,并提前完成两国领导人制定的2017年双边贸易额达到1000亿美元的目标。

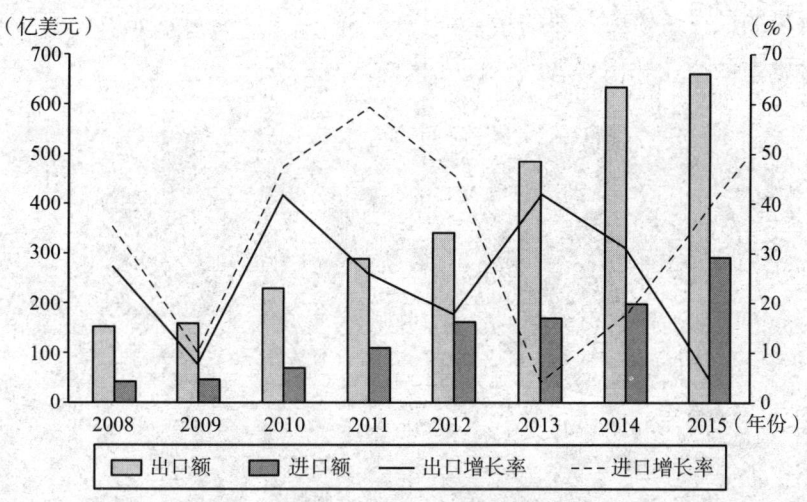

图8-1　2008~2015年中国越南贸易额统计

资料来源:中国经济数据库(https://www.ceicdata.com/)。

从贸易结构上看,中越之间的贸易结构在不断优化,两国的优势产业拉动贸易额持续上涨。2015年中国自越南进口的前5位产品是电子、棉花、机械、矿物燃料和鞋靴类似品,占中国自越南进口总额的比重分别为38.55%、4.88%、3.74%、3.38%和3.32%,见图8-2所示,进口额分别为115.04亿美元(同比增长38.7%)、14.56亿美元(同比增长13.6%)、11.16亿美元(同比增长0.1%)、9.93亿美元(同比下降40.7%)、9.91亿美元(同比增长48.3%)。同期,中国对越南出口的前5位产品是电子、机械、钢铁、化学纤维短纤和铝及其制品,占中国对越南出口总额的比重分别为19.51%、10.31%、6.28%、4.20%和4.20%,见图8-2所示,出口额分别为129.03亿美元(同比增长7.0%)、68.19亿美元(同比下降12.3%)、41.53亿美元(同比增长9.6%)、27.78亿美元(同比增长22.9%)、27.76亿美元(同比激增104.5%)。长期以来,中国自越南进口的主要产品有电子、能源、机械等,中国对越南主要出口的产品有电子、机械、钢铁等。2015年,中国铝及其制品对越南的出口金额持续增加,自越南进口大宗产品的金额也在增加。电子产品的进口额非常大,在自越南进口产品中增速很快,说明越南在该领域电子产品的竞争力有所提高。同样,机电产品也是中国对越南出口的第一大产品,且贸易额取得了较为快速的增长,说明中国电子产品愈发成熟,获得越来越多越南的企业和消费者的认同和接受。

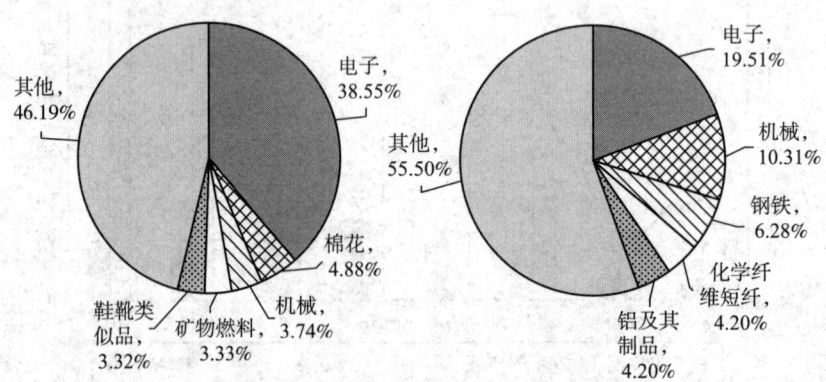

图8-2 2015年中国与越南主要贸易品金额占比
(左:中自越进口;右:中对越出口)

资料来源:中国海关统计数据(http://www.customs.gov.cn)。

此外,边境贸易在中越双边贸易中发挥着越来越重要的作用。据越南

第八章
中国与越南经贸合作

工贸部统计,中越边境贸易2015年达到了234亿美元,同比增长10%。同时带动了双方在边境地区旅游、物流、人员往来等多个领域的发展与合作,中越边境贸易发挥着越来越独特的作用。

二、中国对越南投资

越南作为东盟重要市场之一,凭借生产成本较低、地缘相近等优势,逐渐成为中资企业海外直接投资的重要目的地之一。近年来,中国在越南投资规模不断扩大,已成为越南第九大外资来源地,但是仍然远不如对东盟其他国家的投资规模。据国家统计局统计,2015年中国对越南直接投资流量5.6亿美元,同比增长68.27%,见图8-3所示。截至2015年末,中国对越南直接投资存量33.74亿美元。而越南对中国的直接投资一直维持在不足0.1亿美元的水平。中国在越南投资的稳步提升很大程度上促进了越南经济的发展,特别是在带动当地就业、完善越南产业链结构以及促进越南工业化进程上作用明显。据不完全统计,截至2015年底,中国在越南投资的项目已达1284个,累计金额约100亿美元。中方对越南投资项目已吸纳当地员工约8万~10万人,占越南外资企业吸纳当地员工总数的5%~7%,一定程度上缓解了当地就业的紧张状况。但是当前中国在越南的投资还处在金额小、项目多、项目水平总体偏低的初级阶段。

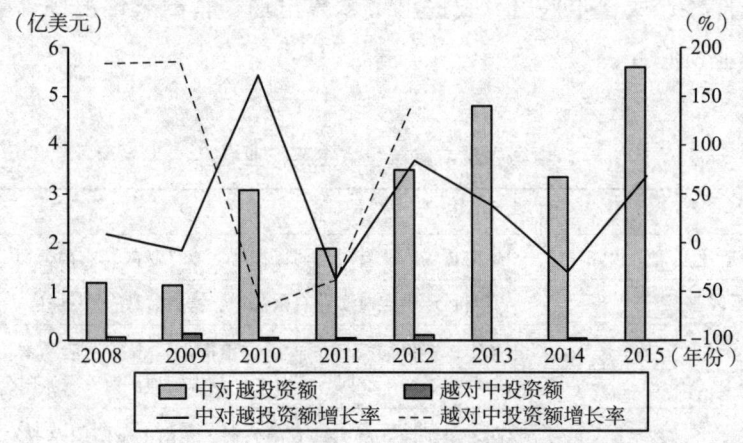

图8-3 2008~2015年中国与越南互相直接投资统计

说明:2013~2015年越南对中国的直接投资数据缺失。
资料来源:国家统计局(http://www.stats.gov.cn/tjsj/)。

中资企业在越南的投资主要集中在加工制造、批发和零售业、矿业、纺织服装业、基础设施、建筑服务等领域,主要企业有中国建筑(东南亚)有限公司、中国建材国际越南公司、歌尔电子(越南)有限公司、中国铁建十六局集团越南有限公司、华为技术(越南)有限公司、交通银行股份有限公司胡志明市分行等,见表8-11所示。中方投资遍布越南各地,在越南63个省市(58个省和5个直辖市)中的55个省市中均有投资项目,但主要分布在越南南部胡志明市周边省份和北部河内、海防、广宁、北宁、北江等省市。值得一提的是,大量中国企业在越南投资批发与零售业在为越南国内零售业发展注入动力的同时,也给越南国内相关企业带来挑战。目前越南全国共有8660个集市、800个超市、168个各类商业中心和超过100万小型个体户商店。其中,现代零售渠道仅能满足民众25%的需求,余下75%仍依赖于传统市场。预计到2020年,现代零售渠道市场份额将有所上升并满足40%的消费需求。对于越南而言,这是巨大的机会,同时也是挑战,因为越南国内零售商存在资金能力有限的弱点,同时企业还面临人力资源、零售平台布置、物流中心和广告费用等方面的困难。在越南国际经济融入程度不断加深的背景下,越南零售商面临着越来越多来自在越投资外国企业实力不对等的竞争。这导致越南本地企业零售市场份额日益减少,许多越南企业通过全部转让或逐步退出方式退出了零售市场,越南零售市场多数已被外国企业所掌控。

表8-11 中国在越南直接投资主要行业概况

行业类型	企业数量(家)	代表企业
加工制造业	98	越南长兴工业有限公司、德信皮业(越南)有限公司
批发和零售业	83	安泰物产供应链实业有限公司、博通贸易有限公司
矿业	64	越中矿产焦炭公司、越南谅山同莫矿产开发股份有限公司、信鼎金属冶炼有限责任公司、越中宝通矿业开发有限公司
纺织服装业	40	花之羞服饰(越南)有限公司、越南上服纺织企业发展有限公司、富源国际制线有限公司、泰荣集团(越南)有限公司

第八章
中国与越南经贸合作

续表

行业类型	企业数量（家）	代表企业
橡胶和塑料制品业	36	和平橡胶发展有限责任公司、胡志明市三羊橡塑有限责任公司、济南民峰塑料有限公司
农、林、渔业	30	隆平高科越南公司、越南通威有限责任公司、越南蓄臻中谷蔗糖有限公司、高平省普绿农业推广有限公司
建筑业	30	中国建筑（东南亚）有限公司、中国建材国际越南公司、越中水泥及机械制造有限公司
电子、电信与科技业	29	华为技术（越南）有限公司、歌尔电子（越南）有限公司、道尔技术（越南）有限公司
机械制造业	23	现代农装碧浪（越南兴安）有限公司、海防—南阳联营公司、华越机器股份有限公司
电力、水利水电	22	中国能源建设集团广东火电工程有限公司越南有限责任公司、越南永新一期电力有限公司、中国能建广东省电力设计研究院越南代表处、越南北方电气设备制造联营公司、江西水电检修安装工程越南有限公司
基础设施建设	10	中国铁建十六局集团越南有限公司、中国铁路物资总公司驻越南办事处、北京铁研越南北方铁路通号改造工程咨询监理项目部、北京铁研越南统一铁路通号改造工程咨询监理项目部、中国交通建设股份有限公司越南分公司

说明：表中的主要行业是以投资企业数量而非投资金额多少来衡量。
资料来源：根据中国商务部《境外投资企业（机构）名录（2015年版）》整理而得。

中资企业积极参与越南大型合作项目，主要涉及工业园、经贸合作区、发电厂等基础设施建设领域。目前，中国对越南较大的投资项目包括：铃中出口加工区、深圳—海防经济贸易合作区、永兴一期火电厂、永新二期燃煤火电厂、太原安庆热电厂、越南海阳热电厂和富朐一期风电EPC等，见表8-12所示。越南与中国在电力领域合作颇多主要原因在于越南处于经济快速发展阶段，电力短缺现象严重，已经成为制约经济发展的"瓶颈"，因此越南政府正加大对电力行业的投资，并加强与国外企业在电力能源领域的合作。

表 8-12　　　　　　　中国与越南企业间重大合作项目

项目名称	参与企业	项目内容
越南龙江工业园	前江投资管理有限责任公司	龙江工业园（LJIP）于 2007 年 11 月成立，该项目期限为 50 年。总面积为 540ha，包括：工业用地：357.59ha（66.22%）；基础设施用地：13.37ha（2.48%）；内部路道用地：64.13ha（11.88%）；绿化用地：70.18ha（13%）；仓库用地：20.94ha（3.88%）；娱乐、服务区用地：13.79ha（2.55%）
铃中出口加工区	中国电气进出口联营公司、胡志明市西贡工业区开发公司	铃中出口加工区是中国企业走出国门在国外建立的第一家出口加工区。园区分三个区，共占地 326 公顷。该加出口区已经被认为是越南最成功的工业区之一，特别是在亚洲国家和地区的投资商中享有较高的知名度，成为中国和越南加工区合作的成功模式
深圳—海防经济贸易合作区	深越联合投资有限公司（由深圳中航技集团、中深国际、海王集团等 7 家企业合资成立）	合作区位于越南海防市安阳县内，占地总面积 800 公顷。合作区规划建设工业产业园区和综合配套服务园区两个功能区，工业园区主要以纺织轻工、机械电子、医药生物等为主导产业，综合园区主要提供研发、信息交流、法律咨询、物流、员工餐饮等配套服务
永兴一期火电厂	南方电网公司等	该项目是目前中国在越南最大的投资项目，也是目前中国企业在越南的首个电力 BOT 项目。自第一回线路投运起至 2014 年 12 月 31 日，南方电网累计向越南供电 302 亿千瓦时
永新二期燃煤火电厂	上海电气集团、越南电力集团	永新二期燃煤火电厂项目总投资约 13 亿美元，预计 2013 年建成，建成后年发电量为 75 亿至 80 亿千瓦时，将有助于缓解越南南方用电紧张的情况
太原安庆热电厂	中国人民电器集团有限公司、越南太原安庆热电股份公司	该项目位于太原省大慈县安庆乡，项目总投资 43000 亿越南盾（约合 2 亿美元），装机容量为 12 万千瓦，合同金额 1.68 亿美元。项目于 2013 年 2 月 1 日动工，2015 年 4 月并网发电。年发电量 8 亿度，为越当地提供 450 个工作岗位，年上缴财政上千亿越南盾，为解决社会民生问题做出了贡献
越南海阳热电厂	中国能源建设集团等	项目总投资 18 亿美元，总功率 120 万千瓦。项目拟于 2016 年一季度开工，预计 2020 年竣工
富呦一期风电 EPC	中国水电工程顾问集团有限公司、越南电力集团顺平风电股份公司（EVNTBW）	该项目位于越南平顺省，装机容量 24MW，使用德国复兴银行 KFW 提供的 ODA 贷款，合同金额 4000 万美元，是我国企业在越取得的首个风电项目建设 EPC 合同

资料来源：根据中国商务部网站相关资料整理而得（http://ccct.mofcom.gov.cn/）。

第八章
中国与越南经贸合作

三、承包工程与劳务合作

越南是中国在东盟的重要工程承包市场，近年来中国对越南承包工程与劳务合作流量保持稳定，见图8-4所示。据中国商务部统计，2015年中国企业在越南新签承包工程合同173份，新签合同额35.23亿美元，完成营业额39.84亿美元；承包工程年末在越南劳务人员8521人，对外劳务合作年末在越南人员3246人。目前，中方承建的部分大型项目已经陆续建成投产。其中，锦普热电厂一、二期项目已于2011年9月正式移交越方；金贩化肥厂已于2012年1月30日建成投产；宁平煤头化肥厂已于2012年3月30日建成投产；新莱氧化铝厂于2012年12月建成投产。"三线一枢"一期和"荣市—胡志明市"通讯信号改造已于2014年8月完工、永兴二期火电已移交越方、沿海三期火电厂等项目进展基本顺利。新签大型工程承包项目包括中国能源建设集团广东省电力设计研究院有限公司承建越南永兴一期燃煤电厂BOT项目，中国十九冶集团有限公司承建台塑河静高炉工程施工项目，中国海诚工程科技股份有限公司承建理文集团越南后江省年产40万吨包装纸生产线等。

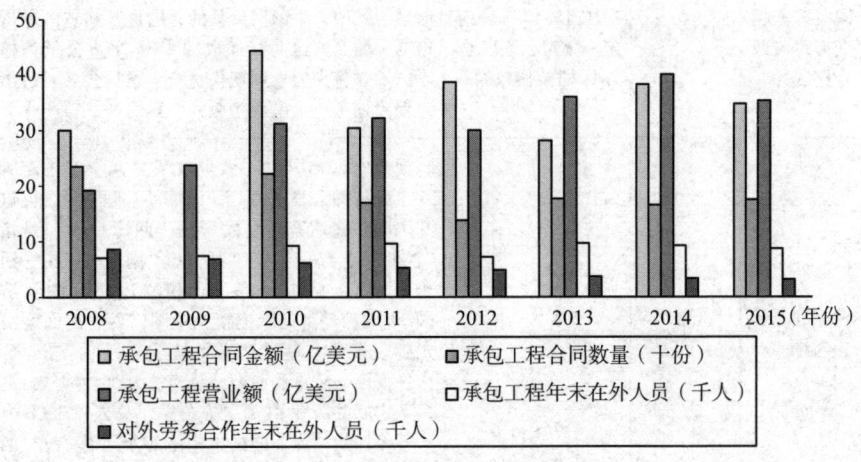

图8-4 2008~2015年中国对越南承包工程与劳务合作统计

说明：2009年中国对越南承包工程合同数量及金额数据缺失。
资料来源：中国商务部（http://www.mofcom.gov.cn/）。

四、中越政府间重大合作项目

为促进中越两国互联互通，加强双边贸易往来和投资发展，两国政府共同推动了多个重大合作项目，包括中国东兴—越南芒街跨境经济合作区建设、中国河口—越南老街跨境经济合作区建设，以及与"一带一路"倡议相对接的"两条经济走廊一个经济圈"建设等，见表8-13所示。

表8-13　　　　　　　　中国与越南政府间重大合作项目

项目名称	签署日期	项目协议	项目内容
中国东兴—越南芒街跨境经济合作区	2010年9月14日	《共同推进建立中国广西东兴—越南广宁省芒街跨境经济合作区协议》	协议签订之后，按双方平等互利的原则，中国广西东兴与越南芒街双方各划出一定面积的区域共建跨境经济合作区。两国将在经济合作区主要推进产业园区建设和基础设施建设。迄今跨境经济合作区配套范围内的一些重大产业项目已陆续开工建设，这些项目包括红木文化产业园、东兴国际汽贸机电城、富安居家居建材博览中心、东兴市城市建设档案馆工程等；配套的江平工业园、东兴边贸中心初具规模，松柏产业园、冲榄工业园等产业园区正加紧规划
中国河口—越南老街跨境经济合作区	2010年6月8日	《中国河口—越南老街跨境经济合作区框架协议》	按照协议，跨境合作区范围分为核心区域和扩展区域。其中，中国河口县的北山片区和越南老街市的金城商贸区对接而成的5.35平方公里为核心区域，将大力发展现代物流、国际会展、进出口保税加工、金融保险服务、宾馆餐饮等产业
"两个经济走廊一个经济圈"	—	—	越南政府2015年初正式批准了"两个经济走廊一个经济圈"发展规划，以推动互联互通，促进与中国和柬埔寨贸易发展。"两廊一圈"是指"昆明—老街—河内—海防"、"南宁—谅山—河内—海防"两个经济走廊和"环北部湾经济圈"。北面经济走廊连接到中国广西，南面经济走廊连接到柬埔寨，涉及中国广西、广东、云南、海南、香港和澳门及越南的10个沿海地带。两条走廊共跨度14万平方公里，总人口3900万人。按照越南方面的设想，在2020年左右，"两个经济走廊和一个经济圈"发展规划将为越南贡献2000亿美元左右的GDP

资料来源：根据中国商务部网站相关资料整理而得（http://ccct.mofcom.gov.cn/）。

第八章
中国与越南经贸合作

第五节 "一带一路"倡议实施以来中越高层交流及其成果

近年来，中越两国高层交流频繁，成果显著，见表8-14所示。两国政府主要在将中国"一带一路"倡议与越南"两条经济走廊一个经济圈"发展规划相对接等方面达成共识，并加强双边党际、交通、旅游、产能合作、文化、铁路、能源、金融、地方合作等领域的合作。这无疑将进一步挖掘双方合作潜力，拓展合作空间，为新形势下两国务实合作的进一步发展注入强劲动力。

表8-14　　　　　　近年来中越双边交流及其成果

日期	事件	参与人	成果
2013年10月	国务院总理李克强访越	国务院总理李克强	中国商务部和越南工贸部签署的《关于建设跨境经济合作区的谅解备忘录》，将加强贸易投资自由化、人员往来便利化、基础设施互联互通、监管服务高效便捷等方面的合作
2015年4月7日~4月10日	越南共产党中央委员会总书记阮富仲对中华人民共和国进行正式访问	越南共产党中央委员会总书记阮富仲	两国达成共识，双方积极研究商签《中越边境贸易协定》（修订版）。尽快协商并确定跨境经济合作区建设共同总体方案，推进基础设施互联互通项目。推进农业、制造业、服务业等产业和科技、医疗、检验检疫等领域合作。双方重点围绕以建设"21世纪海上丝绸之路"为主的经济合作交换了意见，就成立由两国专家组成的"基础设施合作工作组"和"金融合作工作组"达成共识。双方确认将以亚投行为基轴，推动港口设施、干线公路等基础设施建设和互联互通
2015年4月14日	中国商务部代表团在越南岘港与越工贸部共同主持举办中越贸易合作工作组第五次会议	—	双方回顾了自第四次会议以来两国间贸易合作关系发展情况；并就如何推动中越两国贸易关系健康稳定发展交换意见。此外，中越双方就双边贸易、工业合作等具体问题达成共识。会后，双方签署了中越贸易合作工作组第五次会议纪要

续表

日期	事件	参与人	成果
2015年7月15日	中越金融与货币合作工作组首次会议在越南召开	—	双方主要就中越两国近期宏观经济形势和货币政策、金融稳定和金融市场发展、双边贸易与投资中的本币结算以及工作组下一步工作计划等议题交换了意见
2015年7月16日	中共中央政治局常委、国务院副总理张高丽在河内与越南副总理阮春福以及总理阮晋勇分别举行会谈	国务院副总理张高丽、越南副总理阮春福、总理阮晋勇	双方达成共识,加强双边经济、贸易、投资、旅游合作,希望在不久的将来双边贸易额能达到1000亿美元。将中国的"一带一路"合作倡议与越南的"两条经济走廊一个经济圈"发展规划对接起来
2015年11月5日	国家主席习近平抵达越南,开始对越南进行国事访问	国家主席习近平	中越两国就扩大"一带一路"和"两廊一圈"框架内合作和加强产能合作达成重要共识。两国进行了党际、交通、旅游、产能合作、文化、铁路、能源、金融、地方合作等领域合作文件的签署。其中包括关于支持和协助进行河内—老街—海防铁路项目可行性研究的协议,该铁路项目长约381公里,投资约约44亿美元。此外,中国向越南城市轨道项目提供2.5亿美元贷款,向Mong Cai - Van Don高速公路项目提供3亿美元贷款。未来5年中国还将向越南援助10亿美元建设学校和医院等社会福利设施
2016年9月10日~15日	越南总理阮春福对中国进行正式访问	国务院总理李克强、越南总理阮春福	中越双方签署了《中华人民共和国政府和越南社会主义共和国政府经贸合作五年发展规划延期和补充协议》、《中华人民共和国政府和越南社会主义共和国政府边境贸易协定》(2016年修订)、《中华人民共和国国家发展和改革委员会与越南社会主义共和国工贸部关于产能合作项目清单的谅解备忘录》、《中华人民共和国国家发展和改革委员会与越南社会主义共和国计划投资部关于共同制定陆上基础设施合作2016~2020年规划的谅解备忘录》、《中华人民共和国教育部和越南社会主义共和国教育培训部2016~2020年教育交流协议》等合作文件

资料来源:根据相关新闻报道整理而得。

第六节 中国企业投资越南的机会与风险

越南作为东盟重要成员国之一，是中国推进"一带一路"倡议的重要一环。越南计划到21世纪中叶建成社会主义定向的现代化工业国，实现该目标需要在释放经济要素资源优势、升级现有产业结构、开拓国内外消费市场等多个领域共同发力，需要越南不断提高对外开放水平。同时，2015年初越南的"两条经济走廊一个经济圈"发展规划与中国的"一带一路"倡议相对接，为两国经贸发展提供新契机。

中越两国在基础设施建设、建筑业、可再生能源、服务业、通信技术行业、海洋经济等领域合作前景广阔，中国企业在越南木制品加工、家具等行业仍具有一定的投资空间，见表8-15所示。越南对于中资企业而言，具有资源丰富、地缘相近、市场前景好以及成本低廉等优势，是中国低端制造业产能转移的重要承接地。从现有的经贸合作来看，中越经贸关系稳步发展，进一步迈向纵深，中越产能合作不断深化。中国对越南的投资主要集中在加工制造、批发和零售业、矿业、纺织服装业、基础设施、建筑服务等领域。两国跨境经济合作区建设发展顺利，将为两国加深经贸合作的注入新动力。从近年来两国双边交流情况来看，基础设施建设依然是两国合作的重点，是中越两国建设"两廊一圈"过程中应最优先考虑的因素，是重中之重，双方签署了多个基础设施建设项目。同时中越两国的金融合作逐渐加深，两国设立中越金融与货币合作工作组，对两国金融合作发展进行探讨。此外，越南政府规划2016年至2020年将大力发展海洋经济、通信技术和新能源产业并鼓励外资参与。可以预见，未来中越两国将继续在基础设施建设、金融等服务业领域加深合作，同时，两国在可再生能源、通信技术行业、海洋经济领域的合作也将不断发展。

表 8–15　　　　　　　　中国企业投资越南的机会

领域	优势与机遇	投资机会
基础设施建设	越南基础设施建设需求很大，预计到 2030 年，越南基础设施建设需投资 2200 亿美元，同时中越两国签署了多份基础设施建设合作协议。越南"两廊一圈"发展规划需要大量的铁路、公路、电力等基础设施建设	铁路、公路、电力等
建筑业	越南政府规划 2016～2020 年发展达到先进水平、有国际竞争力的建筑业，快速发展建筑材料工业，特别是新型、高质量材料，争取实现建筑业年均增速 8%～8.5% 的目标，到 2020 年，工业、建筑业占 GDP 比重约 40%，预计到 2030 年，越南建筑投资约 1270 亿美元。同时国外对越南水泥等工业建筑材料需求也呈增长趋势，越南水泥产业比较优势呈现上升趋势	水泥等建筑材料，特别是新型、高质量材料等
可再生能源	目前越南需从中国和老挝进口大量的能源，越南可再生能源具有较大的开发潜力，主要体现在：一是风能。越南有近 3400 公里的海岸线，每年每平方米的风能达 500～1000kWh（千瓦时）。二是太阳能。每天每平方米为 5kWh。三是水能。每年水电站发电功率超过 4000MW（兆瓦）。四是生物质能。每年越南的生物质能约 7300 万吨，其中农林渔业 6000 万吨，垃圾 1300 万吨，发电功率达 5000MW	风能、太阳能、水能、生物质能
服务业	越南政府规划 2016～2020 年将快速发展服务业，特别是有优势、有技术含量和附加值高的行业。将旅游业发展成为前沿经济行业；同步发展批发、零售配送系统；注重发展电子商务；主动参与全球配送系统。发展和提升金融、银行、证券、保险。鼓励各经济成分参与医疗、教育、高科技、文化和体育等发展服务。争取实现服务领域年均增速 6.6%～7.1% 的目标，到 2020 年服务业占达 GDP 的 45%	旅游、批发与零售配送系统、电子商务、政府允许外资进入的金融、教育、文化等领域
通信技术行业	越南通信技术行业发展前景看好。2015 年 3 月，越南总理批准实施越南通信技术至 2020 年及 2025 年远景发展目标纲要，预测至 2020 年，越南通信技术及服务软件行业至少每年增长 15% 以上。越南将重点吸引国外资金投资进入该领域，未来 5～10 年，仅在通信电子硬件建设方面将吸引外资 50 亿美元，通信技术行业将成为发展速度快、营业收入高、出口量大的领域	通信电子硬件、服务软件等
海洋经济	越南政府规划 2016～2020 年将大力发展海洋经济与坚决捍卫国家主权和改善海岛地区人民生活相结合。鼓励各经济成分投资发展油气开发与加工；海港、船舶制造和修理、海洋运输；开发和加工海产品、渔业后勤服务；海岛旅游。加快对海岛资源、环境的基础调研	油气开发与加工、海港、船舶制造和修理、海洋运输、开发和加工海产品、渔业后勤服务

续表

领域	优势与机遇	投资机会
木制品加工业	越南木制品拥有巨大的全球需求,并且近期越南与欧盟签署关于扩大对欧出口木材和木制品的协议,未来,木制品业将面临更为广阔的市场。尽管越南木制品加工业仍然存在许多问题,但越南森林资源丰富、劳动力成本较低,中资企业仍可适当扩大对越南该产业的投资,并且建议提升木制品设计环节的附加值,以提高竞争优势	木及木制品加工
家具产业	越南是世界上最大的红木家具生产国,未来出口量还将继续增长。越南森林资源丰富,廉价劳动力资源丰富。据业界预测,2025年出口金额将是2015年的3倍,达到200亿美元。中资家具企业可适当扩大对该产业的投资,但应注意应对美国的反倾销调查	红木家具

越南政局基本保持稳定,越共十二大顺利进行权力交接,将主要精力集中在革新开发上,同周边及世界各主要国家均保持良好外交关系,但同中国在南海区域存在争端。2014年5月,越南爆发大规模反华暴乱,引发两国关系高度紧张。但此后,越南政府采取包括抓捕审判暴乱分子、积极补偿受损企业等一系列措施,控制了事态进一步恶化。2014年7月以来,两国领导层多次会晤,双方关系基本恢复。

下篇　南亚篇

　　南亚地区包括印度、巴基斯坦、阿富汗、孟加拉国、斯里兰卡、尼泊尔、不丹和马尔代夫八国，包含了超过世界五分之一的人口，是世界上人口最多和最密集的地域，同时也是继非洲之后全球最贫穷的地区之一。近年来这一地区国家调整发展战略，积极推动对外开放，逐步放开外资进入的领域，在国内消费需求大幅上升，外部资本大量涌入和良好的外部环境推动下不断增长，南亚成为全球经济增长最快的地区之一和世界重要的新兴市场，以印度为代表的新兴经济体正在快速崛起。联合国经济和社会事务部发布《2016年世界经济形势与展望》报告称，尽管最近经济增长放缓，东亚和南亚在2016~2017年度仍将是世界上最具活力和经济增长最快的地区。

　　南亚是中国近邻，也是中国推动"21世纪海上丝绸之路"重建以及经济走廊建设的重要节点，对中国实施"一带一路"倡议意义重大。经济的相互依存、基础建设发展的需求以及国家经济向海洋定位的方向为中国与南亚国家创造了大量合作互补的可能性。"一带一路"倡导的理念与南亚国家的经济社会发展战略高度契合，在追求中国自身战略目标实现的同时，"21世纪海上丝绸之路"与经济走廊建设也为南亚国家实现经济社会发展提供了重大机遇。

第九章
中国与阿富汗经贸合作

第一节 阿富汗经济现状与产业机构

阿富汗属于低收入国家，经济发展不稳定，经济体量小、波动较大。阿富汗重要的地理位置和丰富的资源没有给其带来经济的繁荣，反而使其成为兵家必争之地，陷入战乱。阿富汗受到塔利班恐怖组织危害严重，特别是自2014年伴随着总统选举与美国和北约撤军进程的推进，阿富汗政治和不安定因素增多，安全情况急剧恶化。严峻的安全形势严重阻碍了阿富汗的经济发展，2014年阿富汗经济增速大幅放缓，到2015年阿富汗经济出现衰退。2015年阿富汗GDP为191.99亿美元，GDP增速为-0.42%，见表9-1所示。

表9-1　　　　　　　　阿富汗2011~2015年主要经济数据

年份	GDP（亿美元）	GDP年增长率（%）	人均GDP（美元）	按GDP平减指数衡量年通货膨胀率（%）
2011	179.3	12.51	570	10.6
2012	205.37	14.54	720	8.3
2013	200.46	2.40	730	4.72

续表

年份	GDP （亿美元）	GDP 年增长率 （%）	人均 GDP （美元）	按 GDP 平减指数衡量 年通货膨胀率（%）
2014	200.5	0.02	670	0.243
2015	191.99	-0.42	630	0.94

说明：①根据世界银行计算方法，GDP 的美元数据是通过采用各个年份的官方汇率换算以阿富汗本国货币衡量的 GDP 而得，GDP 年增长率为以阿富汗本国货币衡量的 GDP 的增速；
②截至本书成稿时，2016 年的相关数据尚未公布。
资料来源：世界银行数据库（http://data.worldbank.org）。

从产业结构上看，阿富汗产业结构发展不平衡，农业生产停滞不前，工业发展落后，但服务业迅速崛起。在阿富汗 2015/2016 财年 GDP 构成中，农业、制造业和服务业三个产业的占比分别为：22.12%、22.13% 和 52.28%。阿富汗服务业在战后得到迅速发展，比重约占国内 GDP 的一半，但近年来增长速度有所下降，主要原因是国内零售业和贸易产业的下降。

农牧业是阿富汗国民经济的主要支柱，吸收了国内近 40% 的劳动力。农牧业人口占全国总人口 85%。可耕地面积占全国土地总面积 12%，森林面积占 3%，牧草地面积占 46%，山区面积占 39%。农业耕种技术和水平与中国 20 世纪六七十年代状况相似，缺少现代化、高科技农业设施。粮食不能自给自足，每年需要国际援助或进口解决粮食短缺问题。受自然地理条件限制，阿富汗几乎没有大型农场。主要农作物包括小麦、大麦、水稻、玉米、棉花、干果以及各种水果。畜牧业是阿富汗农业重要组成部门，畜牧业主要以放养为主，有绵羊、山羊、牛以及家禽等。

在工业领域，多年战乱使阿富汗工业基础几陷崩溃，缺少完整工业体系，工业产值仅占 GDP 的 1/5。从行业来看，以轻工业和手工业为主，主要有化工、建材、制造、制药、印刷、食品、纺织、皮革、地毯、农产品加工等。从企业来看，基本没有大型企业，主要以中小型企业为主。近年来，受阿富汗安全局势恶化影响，工业企业数量从 2008/2009 财年的 831

第九章
中国与阿富汗经贸合作

家减少到 2015/2016 财年的 678 家。现有的企业中,发电厂、水泥厂等规模型企业屈指可数,多数企业属劳动密集型、作坊式的初级加工厂,规模小、生产工艺落后、设备老化、仓储简陋,缺少产品质量标准和质量检测机构,产品主要面向国内市场。阿富汗政府希望内资、外资投资建设规模企业,但因战乱原因,多数未能落实。

服务业是阿富汗战后以来发展最快的行业。服务业产值占 GDP 的比重由 2006/2007 财年的 33% 升至 2015/2016 财年的 52.3%,尤其是金融、通信、物流业发展迅速。其中,通信产业发展最快,是外商投资最集中的行业之一,也是阿富汗政府收入最多的部门之一。全国 34 省已开设通讯服务。2015/2016 财年,阿富汗互联网从零起步,目前国内互联网用户大约 121 万人。由于西方人经常出入的高档宾馆、购物场所是武装分子重点袭击的对象,涉外服务业因此受到的影响较大。

贸易方面,阿富汗同 60 多个国家和地区有贸易往来。2015/2016 财年外贸总额为 82.94 亿美元。其中,进口 77.23 亿美元,出口 5.71 亿美元。对外贸易多年来一直存在巨额逆差。这种局面难以在短期内扭转。阿富汗国内市场供应严重依赖进口,小到日用百货,大到工矿设备,均需进口。主要进口产品有家居用品和医药、食品以及石油产品等。主要出口商品只有几十种初级产品,包括手工地毯、干果、鲜水果、药材、棉花、大理石等。阿富汗主要贸易伙伴是其邻国,其中伊朗、巴基斯坦和中国是阿富汗主要进口伙伴国,2015/2016 财年进口额分别达到 18.08 亿美元、13.468 亿美元和 10.44 亿美元。巴基斯坦和印度是阿富汗的主要出口伙伴国,2014/2015 财年出口额分别达到 2.27 亿美元和 1.89 亿美元。

联合国贸发会议发布的 2016 年《世界投资报告》显示,2015 年,阿富汗吸收外资流量为 0.58 亿美元;截至 2015 年底,阿富汗吸收外资存量为 17.50 亿美元。阿富汗外资主要来源国有南非、土耳其、阿联酋、加拿大、美国、巴基斯坦、伊朗、英国、中国、荷兰和印度。外商投资重点集中在能矿、建筑、航空、电信、媒体和第三产业,对加工制造业投资较少,涉农行业基本无人问津。

第二节 阿富汗具有国际竞争优势的产业

在二位码层面上计算阿富汗各个产业的显示性比较优势指数（RCA）①，结果显示，阿富汗具有显著比较优势（RCA > 1.25）的7个产业，全部为劳动密集型产业，见表9-2所示。

表9-2　　　　　　　　阿富汗具有显著比较优势产业

产业类型	产业	2009年	2010年	2011年	2012年	2013年	2014年
劳动密集型	虫胶，树胶、树脂及其他植物液、汁*	205.38	297.00	302.47	0.00	0.00	0.00
	地毯及纺织材料的其他铺地制品	175.31	190.00	148.10	203.15	164.06	161.22
	食用水果及坚果，柑橘属水果或甜瓜的果皮	91.92	68.24	68.35	45.43	52.23	78.76
	咖啡、茶、马黛茶及调味香料	7.12	17.39	6.24	47.51	49.46	52.92
	羊毛、动物细毛或粗毛，马毛纱线及其机织物	23.26	40.78	18.82	16.80	49.66	29.83
	生皮（毛皮除外）及皮革	8.95	19.00	23.87	11.85	14.98	11.55
	含油子仁及果实，杂项子仁及果实，工业用或药用植物，稻草、秸秆及饲料	20.72	18.67	16.53	8.90	3.15	3.58

说明：①表格统计数据从金融危机之后的2009年开始到2014年，各产业按照历年比较优势算术平均数降序排列。历年比较优势算术平均数不具有特殊经济含义，仅为比较优势产业排序之用。
②截至本书成稿时，2015年的相关数据尚未公布。
注：*阿富汗该产业在2011年之后无出口数据，故2012年后的比较优势定为0。
资料来源：根据UN COMTRADE数据整理。

阿富汗具有比较优势的劳动密集型产业主要包括植物汁液及果胶、水果及坚果、茶及调味香料、地毯、羊毛制品和皮革等。

---

① 关于RCA指数详见本书上篇第一章第二节。

第九章
中国与阿富汗经贸合作

一、虫胶，树胶、树脂及其他植物液、汁

阿富汗在该产业主要出口植物中提取的汁液及果胶物质，但在 2011 年之后不再出口。阿富汗曾经在该产业上具有极明显的比较优势，在 2011 年以前一直高居首位，对 HS 编码的进一步研究发现，在 2011 年，阿富汗向世界出口此类产品总额达 4 亿 7 千多万美元。但到 2012 年，则无关于该产业的出口数据。

二、地毯及纺织材料的其他铺地制品

阿富汗在该产业上具有很明显的比较优势，历年来略有波动，但一直处于高位。阿富汗地毯世界闻名，不过因 30 年战乱，阿富汗品牌地毯在国际市场上的份额却已微不足道。因设备及原料不足等问题，阿富汗不得不输出半成品，据称大部分的阿富汗地毯是在巴基斯坦完成，特别是切割和清洗多运至巴基斯坦进行，然后转运出口。阿富汗商工部部长曾宣称，出口到欧洲和其他国家的阿富汗地毯均被冠以巴基斯坦商标，只有极少数阿富汗地毯直接出口到国外。

三、食用水果及坚果，柑橘属水果或甜瓜的果皮

阿富汗在该产业上也具有很明显的比较优势，在 2009 年至 2012 年有部分下降，但 2012 年后重新上升，在对 HS 编码的进一步研究发现，阿富汗主要出口新鲜或晒干的葡萄，还有其他一些坚果。阿富汗盛产坚果和葡萄，但连年战争严重破坏了当地的农业，一半以上的农田消失，大多数灌溉渠道以及贮水系统都成为了废墟，农业机构形同虚设。但适宜坚果和葡萄生长的自然条件使得阿富汗仍得以出口该类产品。

四、咖啡、茶、马黛茶及调味香料

阿富汗在该产业的比较优势在 2011 年之前有小幅波动，但 2012 年急剧上升至高位，对 HS 编码的进一步研究发现，阿富汗主要出口马黛茶和调味香料。阿富汗人习惯在食物中放调味香料，而阿富汗当地常见的调味香料受到巴基斯坦和印度菜式的深远影响。比如，阿富汗当地一种家常香

辛料粉同烧制印度菜常用的综合咖喱粉（garam masala）颇为类似。阿富汗的综合调味香料粉里放有藏红花、肉桂、丁香、胡椒以及辣椒，突显了南亚菜系对阿富汗菜的影响；同时，里面的小豆蔻、莳萝、薄荷、孜然、芫荽等成分则反映了波斯菜系和阿拉伯菜系对阿富汗菜系的影响。

五、羊毛、动物细毛或粗毛，马毛纱线及其机织物

阿富汗在该产业上也具有明显的比较优势，羊毛等动物毛的出口是阿富汗的传统贸易。据新华网2015年6月1日报道，阿富汗羊毛产业从业人员平均每天可以挣2美元。工人们需要从羊身上剪下羊毛，然后在没有手套、面具的工作环境下进行编织。赫拉特的一位胸、肺疾病专家表示，羊毛工人易受致病细菌攻击，造成呼吸系统疾病以及胸部感染。

六、生皮（毛皮除外）及皮革

阿富汗在该产业具有一定的比较优势，但不如前两项劳动密集型产业，历年来略有波动，总体较平稳。同羊毛出口一样，皮革出口也是阿富汗的传统贸易。阿富汗皮革具有深层防水、透气等优点，深受市场欢迎。

七、含油子仁及果实，杂项子仁及果实，工业用或药用植物，稻草、秸秆及饲料

阿富汗在这类产业上的比较优势历年来总体上不断下降，优势减弱明显，对HS编码的进一步研究发现，阿富汗主要出口含油子仁及果实和稻草、秸秆及饲料。阿富汗自然条件适合水稻生长，水稻收割后剩下的稻草、秸秆通常出口。

第三节　阿富汗外商投资政策及战略规划

一、阿富汗外资政策

阿富汗对外资实行国民待遇原则，没有具体的行业鼓励政策。但如果

第九章　中国与阿富汗经贸合作

企业投资阿富汗优先发展领域，如大型能矿资源性项目，进口用于生产的机械设备可申请免税等优惠。为鼓励投资，阿富汗只允许投资企业免关税进口用于生产的机械设备、物资用品等，完税后可以自由汇出公司利润、红利等，无财政补贴。同时鼓励外商开设外汇账户，并可通过当地银行汇出个人和公司合法所得、办理外贸货款结算，外资公司所得利润可全额汇出，对使用外籍雇员没有限制，外籍人员或机构可以长期租用当地房屋和土地，但禁止购买。为保护私营企业的发展，阿富汗于2005年12月修改并出台了《阿富汗私营投资法》，规定了外资企业禁止和限制投资的行业，对公司注册和管理进行了规范。阿富汗禁止外资进入的行业有核能、赌博、毒品、制酒业等。此外，阿富汗对外商投资方式并无限制，对外资持股比例也没有限制。

二、阿富汗长期发展规划

阿富汗政府将能矿开发定为重点发展方向，视为推动经济发展、增加财政收入、扩大就业、实现经济自立的主要"财源"和"发动机"。同时，全力推进区域和境内"互联互通"网及TAPI天然气管道项目，该项目指从土库曼斯坦铺设管道向阿富汗、巴基斯坦和印度出口天然气，打造地区"交通枢纽"，为能矿开发和过境运输贸易的发展装上"车轮"。据《阿富汗每日瞭望报》报道，阿富汗矿业石油部部长萨巴2016年3月表示，阿富汗政府正在制定天然气开发总体规划，规划期为20年（2015~2035）。该规划对阿富汗的天然气开发十分重要，将为阿富汗未来天然气领域铺平道路[①]。

第四节　近年来中国与阿富汗经贸合作成果

2015年12月17日，在肯尼亚首都内罗毕举行的世界贸易组织（WTO）

---

① 资料来源：商务部：《对外投资合作国别（地区）指南——阿富汗（2016年版）》（http://fec.mofcom.gov.cn/article/gbdqzn/upload/afuhan.pdf）。

第十届部长级会议批准阿富汗成为世界贸易组织成员。由此，阿富汗成为WTO第164个成员方和第36个最不发达成员方，这将有助于阿富汗经济发展与和平重建。近年来，中国与阿富汗在经贸合作方面有较多发展，但波动较大。

一、双边贸易

中国与阿富汗贸易存在互补性，中国是阿富汗的重要贸易伙伴。近年来，中阿双边贸易整体上保持增长，但增速缓慢，见图9-1所示。据阿富汗中央统计局统计，2016年1~6月，中阿双边贸易额1.71亿美元，同比下降5.8%。其中中国对阿富汗出口1.69亿美元，同比下降4.6%，自阿富汗进口137万美元，同比下降62.7%。2015年，中阿双边贸易额3.76亿美元，同比下降8.4%。其中中国对阿富汗出口3.64亿美元，同比下降7.4%，自阿富汗进口0.12亿美元，同比下降30.96%。2014/2015财年中国成为阿富汗第三大进口国，当年阿富汗进口和出口贸易额分别是77.29亿美元和5.71亿美元。根据2014年中阿两国政府换文，2015年起，中国政府给予原产于阿富汗的97%税目输华产品零关税待遇，这有助于中阿之间贸易的增长。

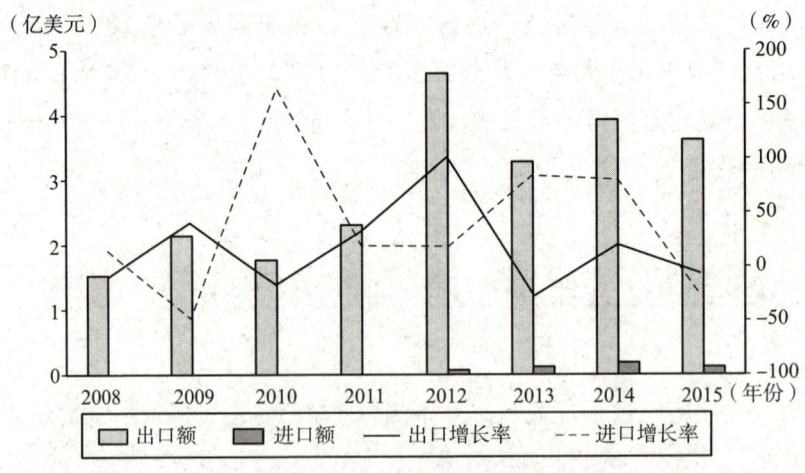

图9-1 2008~2015年中国对阿富汗进出口贸易额统计

资料来源：中国经济数据库（https://www.ceicdata.com/）。

第九章
中国与阿富汗经贸合作

但是目前中阿之间贸易总体上还处于很低的水平,根据中国国家统计局相关数据排名显示,2013年中阿贸易额在中国与有统计数据的51个亚洲国家和地区排名中,仅排名第46位,排名非常靠后,仅略高于马尔代夫、巴勒斯坦、东帝汶和不丹等国,占中国与亚洲贸易总额比例非常低。

从贸易结构上看,中国对阿富汗主要出口商品为电器及电子产品、运输设备、机械设备和纺织服装,主要进口商品为农产品。

二、中国对阿富汗直接投资

自2008年中国对阿富汗投资额激增以来,中国对阿富汗的直接投资波动较大,见图9-2所示。据中国商务部统计,截至2016年6月底,中国累计对阿富汗直接投资5.21亿美元,阿富汗累计对华实际投资7361万美元。其中,2016年1~6月,中国累计对阿富汗非金融类直接投资流量62万美元,同比增长342.9%;阿富汗对华直接投资16万美元。2015年当年中国对阿富汗直接投资流量-327万美元。

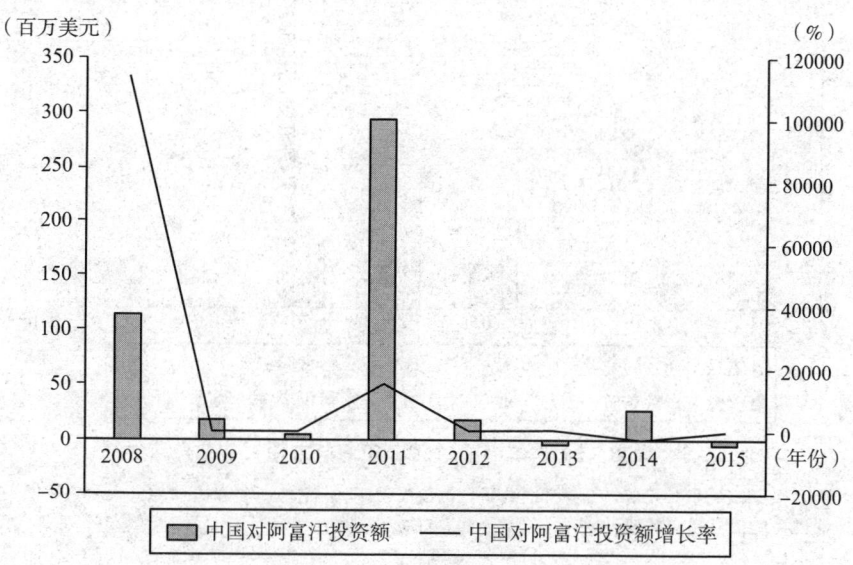

图9-2 2008~2015年中国对阿富汗直接投资统计

说明:阿富汗对中国的直接投资数据缺失。
资料来源:国家统计局(http://www.stats.gov.cn/tjsj/)。

三、承包工程与劳务合作

近年来,中国对阿富汗承包工程与劳务合作流量先增加后下降,见图9-3所示。据中国商务部统计,截至2016年6月底,我国在阿富汗累计签订工程承包合同额8.99亿美元,完成营业额10.17亿美元。其中,2016年1~6月,我国在阿富汗新签工程承包合同额73万美元,同比下降87.8%;完成营业额607万美元,同比增长191.8%。2015年中国企业在阿富汗新承包工程合同金额3990万美元,新签承包工程合同4份,完成营业额1130万美元;承包工程年末在外人员49人。中国在阿工程承包的主要领域包括电信、输变电线路、道路建设等,主要项目是阿姆河盆地油田项目和埃纳克铜矿项目。继2008年中冶—江铜联合体获得埃纳克铜矿项目开发权后,2011年12月,中石油和阿富汗当地Watan石油天然气公司联合体与阿富汗矿业部正式签署阿富汗姆达利亚盆地油田项目开发协议。

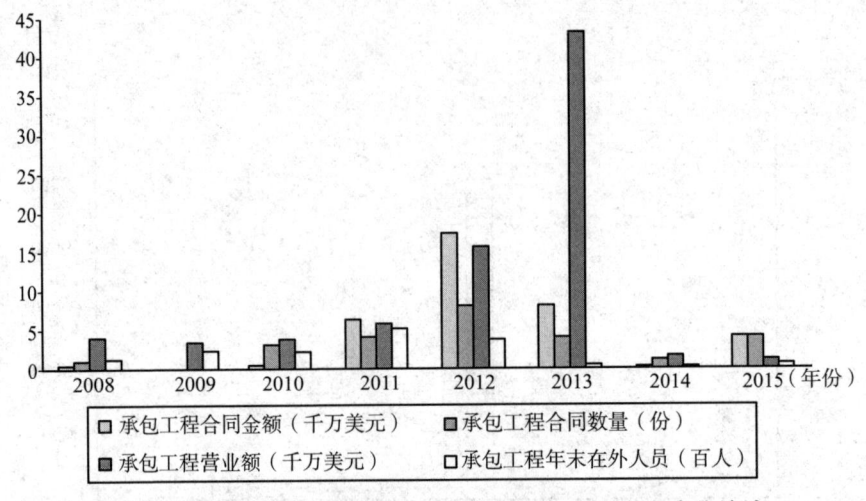

图9-3 2008~2015年中国对阿富汗承包工程与劳务合作统计

说明:①2009年对外承包工程合同数量数据缺失;②阿富汗对外劳务合作在外人员数据缺失。
资料来源:中国商务部(http://www.mofcom.gov.cn/)。

阿富汗承包工程市场竞争并不激烈,国际承包公司较少。阿富汗政府有大量国际援助工程计划,包括公路、水电站、大型工厂等。由于战乱,项目推迟开工、完工,中途停工现象十分普遍。各承包公司承接项目时,

第九章
中国与阿富汉经贸合作

十分谨慎。参与竞标的公司多数持能中就干、不中也无所谓的态度，报价往往很高，特别是在安保费、运输费、保险等方面的报价较高。

四、中国对阿富汗援助

60多年来，中国政府和人民始终真诚支持阿富汗的发展，在力所能及的范围内向阿方提供帮助，援建了帕尔旺水利修复工程、喀布尔共和国医院、总统府多功能中心、喀布尔大学中文系教学楼等多个具有社会影响力的项目。2015年8月25日，中国援阿农业机械设备项目移交仪式在阿富汗首都喀布尔举行。2015年12月16日，中国政府就阿富汗"10.26"大地震向阿富汗政府定向提供现汇援助协议签字仪式在喀布尔举行。

五、中阿签署文件

2014年2月，中阿签署中国援助阿富汗农业机械设备项目换文。4月，中阿签署援阿国家科技教育中心项目交接证书。7月，中阿签署援阿外交部礼宾车辆项目交接证书。8月，中阿签署援阿总统府、矿业部和高教部三批援助物资项目交接证书。中阿签署中国给予阿富汗97%税目产品零关税待遇的换文。9月，中阿签署援阿共和国医院技术合作项目和援阿共和国医院医护人员培训项目换文。10月，加尼总统访华期间，中阿签署经济技术合作协定，向阿提供5亿元人民币无偿援助，并宣布在2015~2017年3年内，中方将向阿富汗提供总额15亿元人民币的无偿援助。中方将积极支持阿方加强能力建设，2015~2019年5年内将为阿富汗培训3000名各领域专业人员。11月，中阿签署援阿喀布尔大学中文系教学楼和招待所项目交接证书①。

第五节 "一带一路"倡议实施以来中阿高层交流及其成果

近两年中阿双边高层交流频繁，成果显著，见表9-3所示。中阿两

---

① 资料来源：中国驻阿富汗大使馆网站（http://af.china-embassy.org/）。

国达成战略友好伙伴共识,中国为阿富汗提供多项援助,两国在基础设施建设、矿产开采等方面将加深合作。

表9-3　　　　　　　　近年来中阿双边交流及其成果

时间	事件	参加人	交流内容及成果
2014年2月7日	习近平主席会见阿富汗总统卡尔扎伊(索契)	国家主席习近平阿富汗总统卡尔扎伊	双方达成共识,对两国友好关系给予肯定
2014年9月29日	习近平主席特使尹蔚民出席阿富汗新总统加尼就职典礼(喀布尔)	习近平主席特使、人力资源和社会保障部部长尹蔚民阿富汗总统加尼	双方愿密切合作,推动两国战略合作伙伴关系向前发展;中方继续支持阿和平重建进程,提供力所能及的帮助
2014年10月28~31日	阿富汗总统加尼对华进行国事访问(北京)	国家主席习近平、国务院总理李克强、全国人大常委会委员长张德江	双方同意充分发挥中阿经贸合作联委会机制的作用,尽早在华召开经贸联委会第二次会议,探讨扩大和深化两国经贸投资合作;双方表示将高度重视中阿关系,保持密切合作,加强战略沟通,推动两国战略合作伙伴关系向前发展。双方将进一步促进两国政府、立法、司法机构和政党间的交流与合作,增进相互理解和信任;双方愿推动埃娜克铜矿项目和阿姆河盆地油田项目取得实际进展;双方同意,2014年中国政府将向阿方提供5亿元人民币无偿援助,并签署《中华人民共和国政府与阿富汗伊斯兰共和国政府经济技术合作协定》。2015年至2017年,中方将向阿富汗提供总额15亿元人民币的无偿援助。中方将积极支持阿方加强能力建设,未来5年将为阿富汗培训3000名各领域专业人员;双方同意,中阿两国将以2015年中阿建交60周年作为"中阿友好合作年"
2014年10月31日	阿富汗问题伊斯坦布尔进程第四次外长会开幕(北京钓鱼台)	国务院总理李克强阿富汗总统加尼	李克强表示,推动伊斯坦布尔进程向前发展,有利于促进阿富汗问题早日解决,实现地区安全与繁荣。希望会议发出地区、国家和国际社会坚定支持阿富汗平稳过渡和安全发展的明确信号,重申对阿富汗和平重建的长期承诺,展现对阿富汗未来的坚定信心

第九章
中国与阿富汗经贸合作

续表

时间	事件	参加人	交流内容及成果
2015年6月26日	中国—阿富汗经贸联委会第二次会议（北京）	商务部副部长高燕 阿富汗财政部部长哈基米	双方达成共识：两国互为战略伙伴，共同推进"一带一路"建设；双方就双边贸易、投资、援助和人力资源开发合作，以及两国自贸区建设、中国企业在阿富汗投资的重点项目等议题进行了友好坦诚务实的讨论，并签署有关文件

资料来源：根据相关新闻报道整理而得。

第六节　中国企业投资阿富汗的机会与风险

阿富汗曾是古丝绸之路途经的重要地区，是"一带一路"倡议重点关注的国家。在"一带一路"倡议下，处于"一带一路"规划的战略连接地带的阿富汗的战略位置尤为重要，同时阿富汗又存在诸多问题，要推进"一带一路"倡议，阿富汗这一环可以说非常关键。阿富汗经济结构和资源禀赋与我国有很强的互补性，从长期来看，中阿经贸合作潜力很大。

中阿两国在能源产业、矿业、基础设施建设方面具有较大的合作空间，中资企业可重点投资阿富汗该类产业。从整体上看，阿富汗经济发展十分落后，重工业基础极其薄弱，主要依赖手工业和轻工业发展。阿富汗矿藏资源和能源资源较为丰富，但尚未得到充分开发，同时阿富汗政府正在开展经济重建，积极争取外援，重塑国家经济架构，希望将矿业和石油天然气产业打造为国民经济支柱，培养自身"造血"功能，逐步实现财政自立。因此，与阿富汗政府及企业在资源开发方面的合作具有一定的可行性，这也是"一带一路"大背景下中阿经贸关系潜在增长点。此外，阿富汗一直以来交通等基础设施不够完备，战乱更使原有基础设施遭到严重损毁。因此，在"一带一路"建设过程中，阿富汗基础设施建设应该是前期建设中重点考虑的领域。

但由于内外因素的共同作用，中国企业投资阿富汗的风险较大。阿富汗目前是一个战乱国家,安全形势严峻,特别是自2014年初以来,伴随着总统选举和美国及北约撤军进程的推进,阿富汗政治和社会不安定因素增多,安全情况急剧恶化。具体而言,投资阿富汗的风险主要体现为以下几方面①:

第一,恐怖主义依旧十分严重,将对阿富汗稳定造成长期负面影响。阿富汗恐怖主义历来十分严重,塔利班掌权时代成为基地组织大本营。阿富汗恐怖组织活动依旧频繁,从目前形势看来未来恐怖袭击仍会有增无减,从袭击地点看呈全国蔓延的趋势,阿富汗国内舆论对安全状况普遍表示忧虑。恐怖袭击频发,一方面说明恐怖组织活动频繁,另一方面也表明阿中央政府及所属部队控制能力低下,在更深的层次反映的是阿政府履约能力差,即使与阿政府达成官方协议,也很可能有始无终。此外,ISIS(伊斯兰国)在中东蔓延,2015年初已经在阿富汗出现其势力,中国新疆是"一带一路"的核心区,是丝绸之路的战略重心,本身也存在一定程度的恐怖主义和分离势力,中国新疆与阿富汗毗邻,要防止ISIS势力渗透至新疆,杜绝国际恐怖主义势力蔓延至中国境内,见表9-4所示。

表9-4　　　　　　　2015年1~4月阿富汗恐怖爆炸案统计

时间	地点
2015年1月20日	中部加兹尼省
2015年1月29日	东部拉格曼省
2015年3月25日	首都喀布尔总统府附近
2015年3月30日	东部加兹尼省
2015年4月9日	北部马扎里沙里夫市
2015年4月10日	东部楠格哈尔省省会贾拉拉巴德,中部加兹尼省
2015年4月18日	东部楠格哈尔省省会贾拉拉巴德

资料来源:周帅:《"一带一路"投资政治风险研究之阿富汗》,中国网,2015-05-07,http://opinion.china.com.cn/。

---

① 下文中关于风险的资料来源:周帅:《"一带一路"投资政治风险研究之阿富汗》,中国网,2015-05-07(http://opinion.china.com.cn/)。

第九章
中国与阿富汗经贸合作

第二,部落势力强大,中央政府对部落地区控制力弱,部落封闭且相互间存在矛盾。虽然在以美国为首的联军帮助下建立了民选政体,但是阿富汗的国家结构并没有发生太大变化,部落依旧是阿富汗的基石,中央政府不能任命部落长老,中央政府及地方行政机关"悬浮"于部落之上,其权力对部落地区影响十分有限。大部分阿富汗平民居住在城市之外的农村,生活在自己所属的部落地区,对部落的认同甚至大于对中央政府的认同,历届政府对绝大多数阿富汗人的行动或思想的影响微乎其微。部落长老拥有巨大的声望和影响力。阿富汗总统及中央政府虽然在民主选举下产生,但是并不能获得所有部落的支持与忠心。而部落本身有很强的封闭性,一个部落就是一个有组织的团体,自给自足,部落里几乎拥有村民所需要的一切。阿富汗的部落不仅是行政和生产单位,而且还是军事单位。阿富汗人骁勇善战,部落成员几乎人人拥有武器,担负着保卫部落、攻击仇敌的任务。这些部落自成体系,近乎独立,不与外界接触就可以正常生活,所以阿富汗行政机关通过的政策,一旦落实到大城市之外的部落地区,很可能遭到漠视,因为部落可能根本就不觉得这些工程与自己的福利有什么关系,甚至会认为是外部力量在掠夺本部落生存的地域。一些部落之间也存在着矛盾,部落内部也时有内讧,普什图人在历史上就分成两个相互敌对的大派别,所以阿富汗内战从某种程度上来讲也是部落之间、民族之间的斗争。

第三,毒品交易泛滥,短期内不会有太大改善。阿富汗地处世界主要毒源地"金新月"的中心地区,由于阿富汗长期动荡的形势,加之其居民剽悍尚武,使得阿富汗的罂粟种植面积十分广泛,全国大部分省都有罂粟种植,其罂粟种植面积达5.8万公顷,阿富汗已成为世界鸦片生产第一大国,2014年鸦片产量为5500吨。阿富汗已经形成了一条成熟的毒品产业链:春天毒贩向农民支付订金;收获季节配有武装的毒贩驱车前来收购;收购的鸦片或直接出境或加工为成品再转运出境。毒品种植已经成为相当一部分阿富汗平民的生活来源,有将近10%的人口直接或间接地参与毒品的种植、贩运、走私。政府虽然出台了禁毒措施并鼓励替代种植,但是效果并不明显。更为严重的是阿富汗的毒品交易也成为了恐怖组织的重要财源，是恐怖势力长期存在的重要因素。阿富汗毒品对中国的威胁也越来越严重。由于临近等因素，中国新疆的民族分裂势力、极端宗教势力和暴力恐怖势力开始参与贩毒活动，潜在危害很大。毒品的泛滥严重影响阿富汗国内稳定，也对地区和平与安全带来威胁和挑战。

此外，阿富汗党派斗争激烈、宗教势力影响大，美国、印度等大国对中国在阿富汗的影响存有戒心，这些因素结合在一起，使"一带一路"规划在阿富汗进行投资过程中存在着不容忽视的政治风险，在阿富汗进行投资时需要综合考虑谨慎从事，规避政治风险。

因此，在阿富汗投资的政治风险很高，如果阿富汗政局在未来进一步恶化，将对中国政府提出的"中巴经济走廊"、"一带一路"等计划的实施带来较大的负面影响。鉴于阿富汗目前的安全局势，中国企业要深入调研，谨慎决策，在全面做好安防保障的基础上开展各项合作。

第十章
中国与巴基斯坦经贸合作

第一节 巴基斯坦经济现状与产业机构

巴基斯坦是经济快速增长的发展中国家,是世界第 25 大经济体。根据巴基斯坦央行和国家统计局相关数据,2015 年巴基斯坦 GDP 为 2699.71 亿美元,同比增长 10.92%,人均 GDP 为 1440 美元,同比增长 9.25%,见表 10-1 所示。2015 年,巴基斯坦通胀率降至 10 年来新低,失业率由 2014 年的 6.3% 降至 6%,外汇储备创历史新高。

表 10-1　　巴基斯坦 2011~2015 年主要经济数据

年份	GDP（亿美元）	GDP 年增长率（%）	人均 GDP（美元）	按 GDP 平减指数衡量年通货膨胀率（%）
2011	2137.55	20.50	1150	11.92
2012	2246.46	5.10	1260	9.69
2013	2311.50	2.90	1350	7.69
2014	2433.83	5.29	1400	7.19
2015	2699.71	10.92	1440	—

说明:①根据世界银行计算方法,GDP 的美元数据是通过采用各个年份的官方汇率换算以巴基斯坦本国货币衡量的 GDP 而得,GDP 年增长率为以巴基斯坦本国货币衡量的 GDP 的增速;②截至本书成稿时,2016 年的相关数据尚未公布。

资料来源:世界银行数据库(http://data.worldbank.org.cn)。

2015年，巴基斯坦农业增长率为2.9%，高于2014年的2.7%；工业增长率为3.62%，低于2014年的4.45%；服务业增长率为4.95%，高于2014年的4.37%。从产业结构上看，服务业成为巴基斯坦经济增长的主要推动力。2014/2015财年，巴基斯坦第一、第二、第三产业的占比分别为20.9%，20.3%，58.8%。

巴基斯坦是典型的农业国家，农业在国民经济中占有传统的重要地位。巴基斯坦的农业以种植业为主，粮食作物主要有小麦、水稻、小米、高粱、玉米、大麦等，其中以小麦、水稻为主；经济作物主要有棉花、甘蔗、烟草等，其中以棉花、甘蔗为主。棉花是巴基斯坦赖以生存的主要经济作物，是巴基斯坦支柱产业——纺织业的基础和出口创汇的主要来源。除了种植业，巴基斯坦的畜牧业基础较好，人均占有大牲畜比例在亚洲国家中名列前茅。林业发展落后，因为森林资源比较匮乏。但由于水产资源丰富，渔业比较发达。2015年，巴基斯坦种植业、畜牧业、林业和渔业占农业总产值比例分别为39.6%、56.3%、2%、2.1%，增长率分别为1%、4.1%、3.2%和5.8%。目前巴基斯坦靠畜牧业拉动农业产值增长，有800万户农民从事畜牧业生产，产业附加值达8013亿卢比（约合80亿美元），在种植业仅增长1%、且林业和渔业所占比重过小的情况下，畜牧业的超预期增长直接拉动了巴农业增长。

在工业领域，纺织业是巴基斯坦工业中最重要的行业，其次为食品加工业，近年来，工程、机械、电子、汽车、化工等行业也逐步发展。2015年，巴基斯坦生产制造业增速放缓，导致工业发展停滞不前。除采矿和挖掘业增速略高于上年以外，占工业比重最大的生产制造业（占65.4%）增幅下降，且有5个子部门出现负增长。具体为：木材加工、发动机产品、造纸和纸板、食品饮料和烟草、橡胶制品，分别下降78.5%、10.7%、7.3%、1%和0.6%；钢铁、汽车、皮革、电力、纺织品分别增长35.6%、17%、9.6%、8.2%、0.5%。

巴基斯坦的经济结构由主要以农业为基础转变为以服务业为基础，服务业对GDP增长的贡献高达2/3，吸收了1/3的就业人口。巴基斯坦服务

第十章
中国与巴基斯坦经贸合作

业占 GDP 的比重从 2000 年的 50.7% 提高到 2015 年 58.8%，2015 年巴基斯坦服务业增长率为 4.95%，略低于 5.2% 的预期目标，但高于 2014 年的 4.37%，且所有子部门均呈现增长态势，但主要靠银行和保险业驱动。目前，巴基斯坦农业对 GDP 的贡献仅为 1/4，工业增速更是低于 GDP 增速，服务业已成为巴基斯坦提高生产率、创造就业机会、提升国民平均收入的主要推动力。

贸易方面，2015 年，巴基斯坦货物进、出口分列全球 52 位和 66 位，货物进出口额分别为 442.19 亿美元和 221.88 亿美元，同比下降 7% 和 10%，占全球货物贸易的份额分别为 0.26% 和 0.13%。从商品结构看，主要进口产品依次为工业制成品、能源和矿产品、农产品、其他产品，占比分别为 56.5%、26.5%、16.2% 和 0.7%；主要出口产品分类依次为工业制成品、农产品、能源和矿产品、其他产品，占比分别为 75.7%、21.0%、2.7% 和 0.5%。从国别结构看，主要进口来源国依次为中国、阿联酋、欧盟和沙特阿拉伯，进口额占比分别为 25.0%、13.0%、9.7% 和 6.8%；主要出口目的地依次为欧盟、美国、中国和阿富汗，出口额占比分别为 30.1%、16.6%、8.8% 和 7.8%。

联合国贸发会议发布的 2016 年《世界投资报告》显示，2015 年，巴基斯坦吸收外资流量为 8.65 亿美元，对外直接投资流量为 0.23 亿美元；截至 2015 年底，巴基斯坦吸收外资存量为 315.99 亿美元，对外直接投资存量为 17.19 亿美元。巴基斯坦外资主要来源地为中国、中国香港、瑞士、美国、英国，以上国家和地区约占巴基斯坦吸引外国直接净投资的 90%。外商投资巴基斯坦主要集中在能源领域，具体行业分布有：油气开发业、通讯业、化工业、交通运输业、贸易、金融业和纺织业。除此之外，巴基斯坦每年接受来自美国、英国、中国、日本、世界银行、亚洲开发银行、德国等国家和国际机构的援助达数十亿美元，援助方式主要有无偿援助、援助式贷款和商业贷款等。

第二节 巴基斯坦具有国际竞争优势的产业

在二位码层面上计算巴基斯坦各个产业的显示性比较优势指数（RCA）[①]，见表10-2。结果显示，在巴基斯坦具有显著比较优势（RCA＞1.25）的17个产业中，资本密集型产业有2个，劳动密集型产业有15个。

表10-2　　　　巴基斯坦具有显著比较优势产业

产业类型	产业	2009年	2010年	2011年	2012年	2013年	2014年	2015年
劳动密集型	棉花	54.15	49.61	51.60	57.03	55.38	55.01	82.43
	其他纺织制成品，成套物品，旧衣着及旧纺织品，碎织物	47.26	46.90	44.20	42.09	42.64	43.62	69.08
	谷物	15.92	18.63	16.63	12.04	12.62	13.11	20.81
	生皮（毛皮除外）及皮革	9.32	9.76	10.24	10.52	10.98	11.27	16.05
	化学纤维短纤	8.84	11.43	10.89	8.84	8.01	7.65	9.15
	编结用植物材料，其他植物产品	3.52	5.75	5.06	6.00	6.73	28.34	7.72
	皮革制品，鞍具及挽具，旅行用品、手提包及类似容器，动物肠线（蚕胶丝除外）制品	9.19	8.22	7.16	6.92	7.12	7.03	10.22
	针织或钩编的服装及衣着附件	7.34	7.65	7.44	7.05	6.81	8.12	12.63
	虫胶，树胶、树脂及其他植物液、汁	3.52	4.14	7.11	10.91	10.21	7.17	7.80
	非针织或非钩编的服装及衣着附件	5.38	5.97	6.23	6.62	6.76	6.90	11.58

[①] 关于RCA指数详见本书上篇第一章第二节。

续表

产业类型	产业	2009年	2010年	2011年	2012年	2013年	2014年	2015年
劳动密集型	地毯及纺织材料的其他铺地制品	7.84	6.37	5.86	5.91	5.89	5.46	8.00
	其他动物产品	3.07	3.07	4.39	4.54	3.46	2.87	3.63
	食用水果及坚果,柑橘属水果或甜瓜的果皮	2.10	2.31	2.49	2.80	3.23	3.15	4.60
	鱼、甲壳动物、软体动物及其他水生无脊椎动物	1.99	2.01	1.95	2.26	2.39	2.51	3.78
	玩具、游戏品、运动用品及其零件、附件	1.46	1.77	1.73	1.76	1.82	2.05	2.76
资本密集型	盐,硫黄,泥土及石料,石膏料、石灰及水泥	12.44	9.65	9.02	11.63	11.99	11.93	13.93
	炸药,烟火制品,火柴,引火合金,易燃材料制品	4.20	3.88	3.68	4.50	4.07	2.86	3.86

说明:表中统计数据从金融危机之后的 2009 年开始到 2015 年,各产业按照历年比较优势算术平均数降序排列。历年比较优势算术平均数不具有特殊经济含义,仅为比较优势产业排序之用。

资料来源:UN COMTRADE 数据整理。

一、主要劳动密集型产业

巴基斯坦具有比较优势的劳动密集型产业主要包括植物产品、纺织原料及纺织制品、皮革制品三大类。

1. 植物产品

巴基斯坦在该产业类型上表现出较为明显的比较优势,主要体现在棉花;谷物;食用水果及坚果,柑橘属水果或甜瓜的果皮的出口上。巴基斯坦是一个农业国家,农业人口占 90%,被誉为粮仓的印度河平原和北部山谷建有庞大的灌溉系统,为水稻、小麦、棉花、甘蔗等粮食和经济作物的生长提供了良好的水利条件,为大米等谷物出口提供得天独厚的条件。棉花是巴基斯坦主要的经济作物和出口创汇资源,主要种植在东部与印度接壤的旁遮普省、信德省和西北边区省。以上几省优越的自然条件有利于棉花生长，属典型的大陆性气候，无霜期长，加上印度河流域良好的灌溉条件，70%~90%的棉花生长期间为晴好天气，成熟期与收花期基本无雨，所以棉花品质好。巴基斯坦是仅次于中国、印度和美国的世界第四大棉花生产国，但近年来棉花产量大幅度下降，从1500万包下降到1000万包，导致不得不进口棉花①。同时，巴基斯坦也是大米的主要出口国，巴基斯坦的大米价格在世界范围内较低，对非洲等低收入国家较有吸引力。但最新数据显示，截止到2016年前11个月，巴基斯坦的巴斯玛蒂和非巴斯玛蒂品种大米表现不好，收益下滑，主要原因是和印度低价大米的竞争和缺乏新品种的研究和开发。此外，巴基斯坦地处亚热带，水果资源非常丰富，在平原洼地盛产柑橘、芒果、番石榴和各种瓜类，在山地高原则盛产桃子、葡萄、柿子等。目前，巴基斯坦出口的水果主要包括了柑橘、芒果等。

2. 纺织原料及纺织制品

巴基斯坦在纺织制品的出口上具有较高的比较优势，且较为稳定，主要体现在其他纺织制成品，成套物品，旧衣着及旧纺织品，碎织物；针织或钩编的服装及衣着附件；非针织或非钩编的服装及衣着附件的出口上。纺织业是巴基斯坦最重要的支柱产业和最大的出口行业，从业人数占制造业就业人数的1/3以上，产值占制造业产值的近一半。巴基斯坦是世界第12大和亚洲第8大纺织品出口国，其中棉纱和棉布的出口量居世界前列。巴基斯坦纺织品出口以棉纱、布匹等初级产品和毛巾等低附加值制成品为主，是世界第二大棉纱和毛巾出口国、第三大布匹出口国②。巴基斯坦纺织品尤其是服装（成衣和针织品）主要出口到欧盟和美国，市场较为集中；而棉纱、棉布等初级产品则主要出口到中国、印度、孟加拉国、韩国、日本等竞争对手，经这些国家深加工后再出口到欧美。巴基斯坦纺织业有诸多特点，见表10-3所示。

---

①② 资料来源：中华人民共和国驻巴基斯坦共和国大使馆经济商务参赞处（http：//pk. mofcom. gov. cn）。

第十章
中国与巴基斯坦经贸合作

表 10-3　　　　　　　　　　巴基斯坦纺织业特点

特点	说明
地域布局较集中	巴基斯坦60%以上的纺织企业集中在产棉大省——旁遮普省，30%分布在信德省，其余各省和地区仅占10%左右。位于旁遮普省的费萨拉巴德，是巴基斯坦著名的纺织工业城，巴基斯坦主要的纺织技术资源也集中在该城，包括巴基斯坦农业大学、巴基斯坦国家纺织大学、巴基斯坦棉花科研所、巴基斯坦农业科研所等
企业规模小且工业化程度不高	目前巴基斯坦全国从事轧棉、纺纱、织布、加工和后处理、服装（针织和成衣）、化纤等不同类型的企业共约3万家，但绝大多数为小型或作坊式企业，具有一定规模且工业化程度较高的企业仅占10%左右
原料仍需大量进口	巴基斯坦虽然是产棉大国，但为了满足生产需要，每年仍需进口原棉、化纤、黄麻等原材料
出口占比高，但结构欠佳且增长日渐乏力	巴纺织品出口仍以纺织品（棉布、棉纱等初级纺织制成品和床上用品、毛巾等剪裁制成品）为主，而服装出口占比稍低。世界纺织品和服装贸易的一个明显趋势是向以高附加值的服装贸易为主转变（服装出口占6成以上），巴基斯坦未能跟上这一形势
贸易国别集中度较高	巴纺织品的主要出口目的国和地区分别为欧盟、美国、中国香港、中国内地、土耳其、阿联酋、孟加拉国、加拿大、南非、斯里兰卡等，对这些国家（地区）的出口额约占巴纺织品出口额的80%以上。欧美一直是巴基斯坦纺织品最大的出口目的地，贸易国别的高度集中，使巴直接间接地过度依赖于欧美市场，易受到国际市场波动的冲击
外资流入持续下滑	近几年，由于巴基斯坦安全局势恶化，能源短缺严重，外资流入急剧减少
行业协会自助自律能力较强	全巴纺织厂商协会（APTMA）以及巴基斯坦纺织业各领域的具体行业协会，在纺织业发展中发挥着重要作用：一是影响政府的产业政策制定与实施；二是加强行业自律，如提供贸易纠纷仲裁等服务；三是贸易促进和招商投资；四是产业保护与自救，如应成员企业请求向政府提出进口产品反倾销、反补贴等诉求；五是共同开拓海外市场，包括与政府合作，组织和参加境内外各类贸易投资展会等

资料来源：中华人民共和国驻巴基斯坦共和国大使馆经济商务参赞处（http://pk.mofcom.gov.cn）相关市场调研报告整理。

目前，受国内能源危机、海外市场收缩、竞争日益激烈等原因，巴基斯坦纺织业发展并不乐观。同时，巴基斯坦纺织业还面临生产成本高、技术落后、国际分工地位低等诸多问题和结构性矛盾，如表10-4所示。

表 10-4　　　　　　　　　巴基斯坦纺织业存在的问题

问题	说明
生产成本高	巴基斯坦纺织企业生产成本大幅上升，原因有：一、由于能源危机发酵，电力成本不断攀升；二、由于国内经济基础薄弱，利率较高，融资成本高；三、由于棉花、化纤和黄麻等原材料需要进口，原材料成本高；四、其他成本：员工工资上涨，税率提高，基础设施不发达导致的物流成本增加
技术设备落后	总体来说，巴基斯坦纺织业工业化程度不高，手工劳动仍占很大比重，目前，除纺纱、织布的设备和工艺接近国际先进水平外，化纤、服装、染整等方面的技术和设备均存在较大差距
国际分工地位较低	在纺织业的全球生产价值链中，巴基斯坦主要停留在初级产品、初加工制成品、中低档纺织消费品等附加价值相对低的环节。长期的国际分工格局导致巴对纺织业的投入主要集中在纺纱和织布环节，纺织业产业结构日益僵化
市场壁垒较多	欧美发达国家在劳工权益、环保、技术标准等方面提出诸多苛刻要求，并会采取反倾销、反补贴等措施
国际市场竞争激烈	中、印两大纺织品出口国凭借规模优势，对巴基斯坦海外市场构成挑战，孟加拉、斯里兰卡等小国利用最不发达国家的身份，获得市场准入便利和优惠关税待遇，也在挤占巴基斯坦在欧美市场的出口份额。同时，由于生产成本高，国内经济已无法对纺织企业进行补贴等原因，巴基斯坦纺织品在国际市场上竞争力不断下降
政治形势动荡	巴基斯坦政局持续动荡、安全形势不断恶化，国际形象严重受损，国际商业往来明显减少，巴基斯坦定期举办的纺织品国际展会也不甚景气，外国采购商纷纷将订单转移到其他国家以避险

资料来源：中华人民共和国驻巴基斯坦共和国大使馆经济商务参赞处（http://pk.mofcom.gov.cn）相关市场调研报告整理。

虽然巴基斯坦纺织业发展遇到瓶颈，且短时间改变的可能性很小，但综合其产业本身特点、巴基斯坦经济资源和社会情况，巴纺织业仍然存在发展潜力和机遇，见表 10-5 所示。

表 10-5　　　　　　　　巴基斯坦纺织业发展潜力和机遇

潜力和机遇	说明
国内市场潜力待开发	巴基斯坦人口约 1.97 亿人，是世界第六人口大国。目前，巴基斯坦纺织产品内销比例较小，国内占大多数的贫困人口更倾向于购买中国、东南亚等国出口的廉价纺织品。随着巴基斯坦在振兴经济方面做出努力，国内经济环境改善，国内市场将逐渐壮大

第十章　中国与巴基斯坦经贸合作

续表

潜力和机遇	说明
政府政策大力支持	《纺织品政策（2009~2014）》实施期间，巴基斯坦政府在"公共发展项目（PSDP）"项下设立了包括出口发展计划（EDPIU），卡西姆港口的"巴基斯坦纺织城"工业园区、"拉合尔服装城"工业园区、"费萨拉巴德服装城"工业园区、"卡拉奇服装城"工业园区等公共项目，由联邦政府、省政府共同拨款，以优惠政策吸引纺织企业集聚，并以国际市场为导向，整体性提高巴基斯坦纺织业的附加值水平。此外，政府还定期举办或支持行业协会举办各类服装、纺织品机器机械设备展（如国际纺织品和服装大会、巴基斯坦国际纺织服装工业展（Textile Asia）、巴基斯坦博览会（Pakistan Expo）等，为纺织品打开国际销路。并且，2016年2月，巴基斯坦－卡塔尔长期液化天然气（LNG）购买协议签订，巴基斯坦纺织业首次恢复天然气全天候供应。其次，巴基斯坦商务部表示2016年7月1日起，取消纺织品的增值税，缓解生产商的资金紧缺状况
产业基础较扎实	巴基斯坦纺织业有较好的产业基础，纺织业体系较完整，在纺织城费萨拉巴德，既有纺织企业棉纱厂，也有纺织企业织布厂、纺织企业印染厂等上中下游企业。同时，在巴基斯坦举办的专业展会由于影响较大，也会为各地投资者和合作者提供相应的产业配套服务
资源优势依然明显	虽然近年来巴基斯坦产棉量有所下降，但仍然是产棉大国，且巴基斯坦劳动力丰富价格低廉，纺织行业还拥有大量的熟练和半熟练工人
海外市场份额稳定	虽然受世界市场竞争影响，但巴基斯坦纺织产品在欧美市场中的份额依然比较稳定。随着欧美经济复苏和巴基斯坦国内能源问题的改善，纺织品出口份额有望增加

资料来源：中华人民共和国驻巴基斯坦共和国大使馆经济商务参赞处（http：//pk.mofcom.gov.cn）相关市场调研报告整理。

过去几十年，中国也凭借廉价劳动力优势大力发展纺织业，成为纺织出口大国。目前，中国的产业模式正由劳动密集型转向资本密集型，纺织业在中国已逐渐丧失竞争力，需要向其他具有比较优势的地区转移。近年来，巴基斯坦经济实现稳步增长，但仍处于相对贫穷状态。巴基斯坦经济结构存在缺陷，承接中国纺织业转移有利于巴基斯坦进入劳动密集型产业发展阶段，促进就业，实现经济增长。中国企业应加强与巴基斯坦相关领域的合作，长期来看，中巴纺织业发展合作前景广阔。

3. 皮革制品

巴基斯坦在皮革制品的出口上有很明显的比较优势主要体现在生皮

(毛皮除外)及皮革;皮革制品,鞍具及挽具,旅行用品、手提包及类似容器,动物肠线(蚕胶丝除外)制品的出口上。巴基斯坦制革协会称,皮革行业是巴基斯坦第二大出口创汇产业。目前,巴基斯坦全国共有720家皮革厂,规模较大的有30~50家,创造了近五十万工作岗位①。巴基斯坦拥有丰富的天然皮革原料,为皮革产业的发展提供了优厚的资源优势。但受全球商业价格下降、能源危机、缺少政府补贴和政策支持的影响,巴基斯坦皮革出口近来有所下降,2015年出现负增长的趋势,2015年7月至2016年3月巴基斯坦皮革出口额减少20%②。

二、主要资本密集型产业

巴基斯坦具有比较优势的资本密集型产业主要包括盐,硫黄,泥土及石料,石膏料、石灰及水泥;炸药,烟火制品,火柴,引火合金,易燃材料制品。

1. 盐,硫黄,泥土及石料,石膏料、石灰及水泥

巴基斯坦在该产业上有明显且较稳定的比较优势。巴基斯坦主要出口盐、水泥及石料等。巴基斯坦拥有较丰富的矿产资源,主要矿藏储备有天然气、石油、煤、铁、铝土,还有大量的铬矿、大理石和宝石。巴基斯坦出口盐具有很大优势:一是储量巨大,为世界第一;二是巴基斯坦盐纯度高,且几乎为岩盐。目前,巴基斯坦的水泥年产能巨大,地区分布上,大约1/5分布在北部地区,剩下的分布在南部地区。巴基斯坦的石料出口主要是大理石的出口,最大出口国是中国,其次分别是美国、意大利、沙特阿拉伯、阿联酋、英国、德国等。

2. 炸药,烟火制品,火柴,引火合金,易燃材料制品

巴基斯坦在该产业上一直保持着稳定的比较优势,除了2014年稍有下降,2015年又恢复到了此前的平均水平。

---

① 资料来源:《对外投资合作国别(地区)指南——巴基斯坦(2016年版)》(http://fec.mofcom.gov.cn/article/gbdqzn/upload/bajisitan.pdf)。
② 资料来源:巴基斯坦制革协会主席费罗兹在新闻发布会中的声明。

第十章
中国与巴基斯坦经贸合作

第三节 巴基斯坦外商投资政策及战略规划

一、巴基斯坦外资政策

巴基斯坦政府推行经济改革和经济自由化、私有化，制定了较宽松、自由的投资政策，希望通过改善政策体系、提供优惠待遇和良好的投资服务来增强吸引外资方面的竞争力。根据巴基斯坦《1976年外国私人投资（促进与保护）法案》、《1992年经济改革促进和保护法案》以及巴基斯坦投资优惠政策规定，巴基斯坦所有经济领域均向外资开放，外国和当地投资者享有同等待遇，允许外商拥有100%的股权，允许外商自由汇出资金。在最低投资金额方面，对制造业没有限制，但在非制造业方面，则根据行业不同有最低要求，服务业（含金融、通讯和IT业）最低为15万美元，农业和其他行业为30万美元。巴基斯坦投资政策规定限制投资的5个领域是：武器、高强炸药、放射性物质、证券印制和造币、酒类生产（工业酒精除外）。此外，由于巴基斯坦是伊斯兰国家。外国企业不得在当地从事夜总会、歌舞厅、电影院、按摩、洗浴等娱乐休闲业。除此之外，外商在巴基斯坦投资享受设备进口关税、初期折旧提存、版权技术服务费等方面的优惠政策。

二、巴基斯坦长期发展规划

巴基斯坦计划委员会（PC）是巴基斯坦政府负责国家发展战略研究与制定的部门。2007年8月，PC制定公布了《2030年展望》（Vision 2030），主要内容是：以知识进步为动力，有效利用资源，坚持快速、可持续发展，建设经济繁荣发达、社会公平正义的巴基斯坦。到2030年国内生产总值（GDP）达到7000亿美元，人均GDP达到3000美元（以2005年不变价计算）。

2011年5月，在经巴基斯坦内阁批准后，PC公布了《巴基斯坦经济发展框架》(Framework for Economic Growth Pakistan),提出巴基斯坦在对未来5~10年经济发展的思路总结和战略规划,确定发展战略核心是采取新方法加速和保持经济发展。具体措施主要包括:经济发展速度由目前的每年3%左右逐步提高到7%,提高生产效率及其对经济发展的贡献度,提高政府效率,深化并保持各项政策公开性,提高市场活力和城市创造力,加强市场连通性,加强青年教育和社区建设等。

三、巴基斯坦基础设施发展规划

巴基斯坦本国基础设施建设基金缺乏,国内建设资金主要来自公共领域发展项目资金,2014/2015财年巴基斯坦PSDP资金为5250亿卢比。巴基斯坦基础设施建设对外国无偿援助和贷款的依赖度高,其中对世界银行、亚洲开发银行等国际机构及中国、美国、英国、日本等国的无偿援助和贷款依赖度较高,同时还积极鼓励外国投资者参与当地基础设施投资。为了促进经济发展,改善国内投资环境,巴基斯坦政府大力发展基础设施建设,主要内容如表10-6所示。

表10-6　　　　　　　　巴基斯坦基础设施发展规划

产业	主管部门	相关规划	具体内容
能源电力	水电部、石油和自然资源部等	《2030年远景规划》	1. 采取PPP、BOT等方式,加快以印度河为主的河流大中型水电站建设,力争2030年将水电发电量由目前的646万千瓦提高到3266万千瓦;2. 开发预计储量达1800亿吨的塔尔煤田,大力发展火电站建设,争取在2030年达到2000万千瓦装机量;3. 加大油气资源勘探开发力度,预计可开发储量由现在的8.4亿桶和515亿立方英尺提高到270亿桶和2820亿立方英尺;4. 2030年核电装机目标880万千瓦,可再生能源装机容量970万千瓦;5. 通过私有化等措施提高水电和电网管理部门工作效率,升级更新输电网络
铁路	铁道部	《2030年远景规划》	确立了"使铁路成为国家主要运输形式、运输系统逐渐盈利、有力促进国家经济发展"的目标,拟通过购置新机车,升级现有轨道和信号系统,新建部分货运专线路段,增加复线里程,修建连接瓜达尔地区的铁路,修建和改进连接邻国的铁路

续表

产业	主管部门	相关规划	具体内容
地铁轻轨	各省政府	—	巴基斯坦的拉合尔、卡拉奇、伊斯兰堡—拉瓦尔品第、白沙瓦4个主要都市区均有建设城市轨道交通系统的设想。其中拉合尔已完成初步设计和科研,正在筹建中
公路	交通部和国家公路局	2009年制定"十年投资规划"	拟于2010~2020年全面扩建公路网络,新修和改扩建8条高速公路、4条国道,将全国公路密度提高至0.64公里/平方公里,道路运行速度提高25%,车辆运行成本降低10%,道路故障减少50%
航空	巴基斯坦民航局	—	目前重点项目是在建的伊斯兰堡新机场。目前,巴基斯坦政府正酝酿巴航私有化、租赁新客机等提升空运效能
电信	信息技术和电信部、电信管理局	—	截至目前,巴基斯坦政府出台过《2000年巴基斯坦信息技术政策和行动计划》、《2003年电信部门放松管制政策》、《2004年移动通讯发展政策》、《2004年宽带发展政策》等产业政策,均适用至今。新的《电信政策》正在酝酿中,将对未来10年巴基斯坦电信发展和宽带建设做出规划

资料来源:《对外投资合作国别(地区)指南——巴基斯坦(2016年版)》(http://fec.mofcom.gov.cn/article/gbdqzn/upload/bajisitan.pdf)。

第四节 近年来中国与巴基斯坦经贸合作成果

一、双边贸易

中巴贸易有一定互补性,合作空间和潜力较大。近年来,中巴双边贸易增速均保持在10%以上。目前,中国已成为巴基斯坦第二大贸易伙伴国。中国对巴基斯坦的出口商品日趋多样化,机电产品所占比重逐年增加,但中国自巴基斯坦进口的商品种类变化不大,仍停留在传统商品。中国对巴基斯坦的主要出口商品为:机械设备、钢铁及其制品、化学品、电子电器、计算机与通讯产品、肥料、农产品等,其中,机械设备所占比例近40%。巴基斯坦对华主要出口商品为:棉纱、棉布、大米、矿石、皮革等,其中,棉纱线所占比例超过一半。

据中国海关统计,2015年中巴双边贸易额为1189.27亿美元,同比增长18.3%。其中,中国出口164.50亿美元,同比增长24.42%;中国进口24.77亿美元,同比下降10.1%;贸易顺差139.73亿美元,见图10-1所示。近年来随着双边贸易规模的扩大,贸易纠纷也呈上升趋势,中资企业应高度重视。

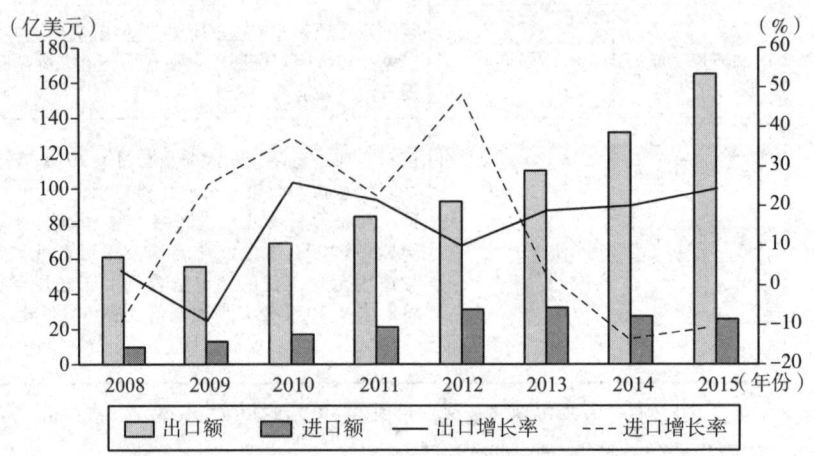

图10-1 2008~2015年中国对巴基斯坦贸易额统计

资料来源:中国经济数据库(https://www.ceicdata.com/)。

二、中国对巴基斯坦直接投资

巴基斯坦是中国在南亚地区最大的投资目的地。但在2007年以前,中国对巴基斯坦投资总额仅为1.08亿美元。2007年,在两国政府间经贸合作协定的推动下,中国对巴基斯坦投资出现量的飞跃[①]。2007年1月,中国移动以4.6亿美元收购巴基斯坦Paktel移动通讯公司88.88%的股份,

---

① 资料来源:《对外投资合作国别(地区)指南——巴基斯坦(2016年版)》(http://fec.mofcom.gov.cn/article/gbdqzn/upload/bajisitan.pdf)。

第十章 中国与巴基斯坦经贸合作

而后又全资收购并斥资数亿美元改扩建网络设施;2008年,中国国家开发银行与巴财政部联合投资2亿美元成立了中巴联合投资公司;2011年5月,工商银行投资5000万美元在巴基斯坦设立卡拉奇和伊斯兰堡两个分支机构;2011年9月,东方集团控股的香港上市公司联合能源集团成功收购BP巴基斯坦公司全部资产,该公司在巴基斯坦实际投资总额已超10亿美元;2014年5月,中国移动赢得巴基斯坦纳3G牌照和4G牌照拍卖。据中国商务部统计,2014年中国对巴基斯坦投资流量达到2008年以来的峰值,为10.14亿美元。2015年,中国对巴基斯坦直接投资流量3.21亿美元,截至2015年末,中国对巴基斯坦直接投资存量40.36亿美元,见图10-2所示。随着中巴经济走廊的推进,预计中国对巴基斯坦投资将会出现新一轮的大幅增长。

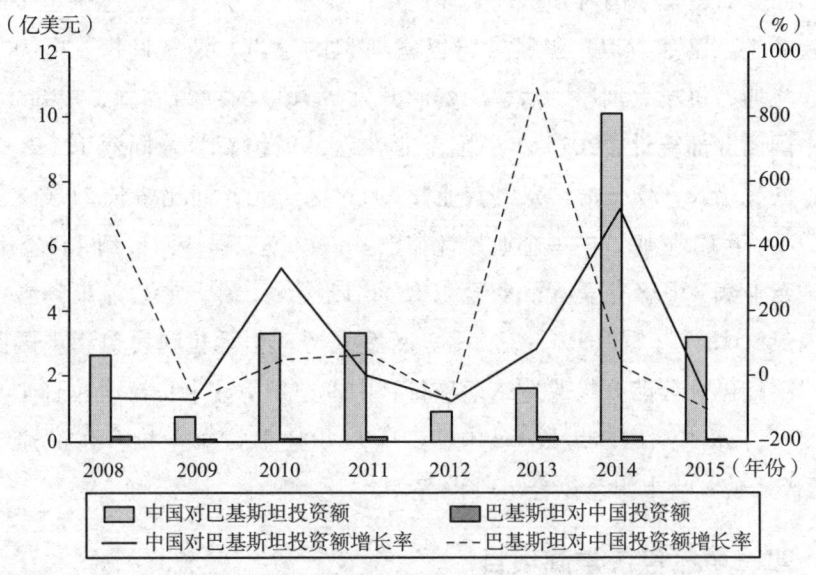

图10-2 2008~2015年中国与巴基斯坦互相直接投资统计

资料来源:国家统计局(http://www.stats.gov.cn/tjsj/)。

目前,中国企业在巴基斯坦投资的主要项目有:中移动CMPAK移动通讯公司、联合能源巴基斯坦分公司、中巴联合投资公司、海尔鲁巴经济区(工业园)、工商银行卡拉奇分行及其所属伊斯兰堡分行、普拉姆轻骑摩托车公司、新疆外运巴中苏斯特口岸有限公司等,业务范围涵盖水利水电、矿业、港口建设、家电制造和通讯等领域，参建大小项目一百多个，其中影响较大的有瓜达尔港项目等。瓜达尔港位于巴基斯坦俾路支省西南部，为深水港，是欧洲、非洲和西亚与远东地区海上交通运输的枢纽，同时扼守波斯湾口，是中亚地区通往印度洋最近的出海口。该港口于 2002 年 3 月开工兴建，2015 年 2 月基本竣工，是中巴友谊的标志性工程。2016 年 11 月 13 日，由中方运营的瓜达尔港正式开航，当天下午 3 时许，中远"惠灵顿"轮从新建的瓜达尔港出发，将来自新疆喀什的货物，转运到中东和非洲。此外，中国公司还承建了巴基斯坦境内曼格拉大坝、巴洛塔水电站、高摩赞水电站等一系列水利水电工程项目。

三、承包工程与劳务合作

巴基斯坦是中国对外承包工程重点市场之一。近年来，越来越多的中国企业进入巴基斯坦，积极参与巴基斯坦的通讯、油气勘探、电力、水利、交通、机场、港口、房建、资源开发等领域的项目实施，成绩不俗。据中国商务部统计，2015 年中国企业在巴基斯坦新签合同额 121.8 亿美元，同比增长 377.6%，完成营业额 51.6 亿美元，同比增长 21.6%。截至 2015 年 12 月底，中国企业累计在巴签订承包工程合同金额 454.5 亿美元，营业额 330.8 亿美元。截至 2015 年 12 月底，中国在巴基斯坦各类劳务人员 9515 人，见图 10 - 3 所示。新签大型工程承包项目包括中国路桥承建喀喇昆仑公路升级改造二期项目、中国建筑承建卡拉奇至拉合尔高速公路（苏库尔至木尔坦段）、中铁二十局承建卡拉奇至拉合尔高速公路（阿普杜勒·哈吉姆至拉合尔段）等。

四、中巴经济走廊项目

中巴经济走廊（CPEC）是由李克强总理在 2013 年 5 月访问巴基斯坦时提出，初衷是加强中巴之间交通、能源、海洋等领域的交流与合作，加强两国互联互通，促进两国共同发展①。如果建成，中巴经济走廊将形成

---

① 资料来源：中巴经济走廊官网（http：//cpec.gov.pk）。

第十章
中国与巴基斯坦经贸合作

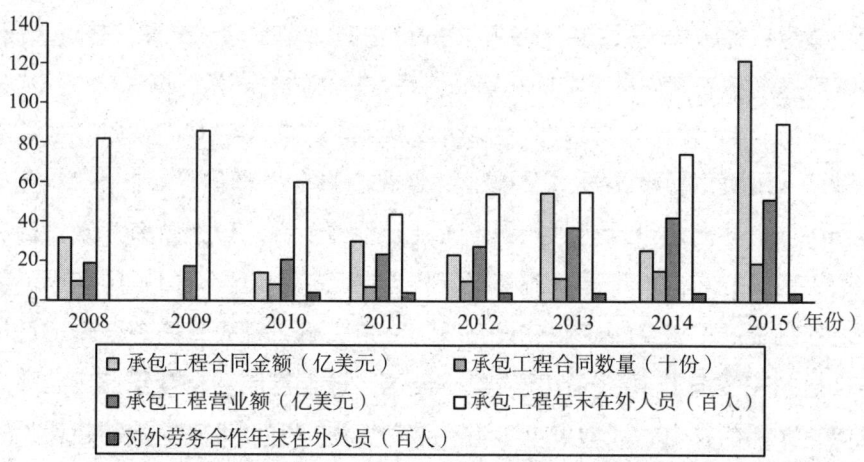

图 10-3　2008~2015 年中国对巴基斯坦承包工程与劳务合作统计

说明：2009 年对外承包工程合同数量数据缺失。

资料来源：中国商务部（http：//www.mofcom.gov.cn/）。

一个北起中国新疆喀什，南到巴基斯坦瓜达尔港，全长 3000 公里，连接中国、中亚、南亚三大经济区域，并通过瓜达尔港直达中东的贸易、产业、能源、交通网络。

当前，中巴经济走廊远景规划正在不断推进之中。2013 年 5 月，两国总理发表联合声明，双方同意在充分论证的基础上，共同研究制定中巴经济走廊远景规划，推动中巴互联互通建设，促进中巴投资经贸合作取得更大发展①。同年 7 月，巴基斯坦总理谢里夫访华，两国总理签署了"中巴经济走廊合作备忘录"，并一致同意成立联合合作委员会制定中巴经济走廊远景规划和短期行动计划，重点实施交通基础设施和沿线经济开发区等支点项目建设，发挥骨干支撑作用，扎实有效推进②。2015 年 4 月习近平主席访巴期间，将中巴关系提升为全天候战略合作伙伴关系，并建议"以中巴经济走廊建设为中心，以瓜达尔港、交通基础设施、能源、产业合作为重点，形成'1+4'经济合作布局，实现合作共赢和共同发展。要推

---

① 资料来源：《中华人民共和国和巴基斯坦伊斯兰共和国关于深化两国全面战略合作的联合声明》。

② 资料来源：吴乐珺、赵明昊：《加快区域经济一体化发展，构建亚洲合作新纽带》，载《人民日报》2013 年 7 月 6 日，第 1 版。

动瓜达尔港建设稳步进行,推动中巴经济走廊建设全面、平衡、稳步发展,惠及广大民众,成为对本地区互联互通建设具有示范意义的重大项目"①。

目前,中巴经济走廊合作委员会以及下设的能源、基础设施、远景规划等工作组负责协调推进"中巴经济走廊"事务。两国已经签署50多项合作协议,共同建设瓜达尔港等重大基础设施项目,包括国家开发银行和中国工商银行在内的中国政府与银行将为在巴基斯坦投资的中国企业提供相应的融资。中巴经济走廊建设已取得一定成果,首先,能源合作项目快速推进:在经济走廊沿线,建设经济园区,进行产能互补合作;建立火力发电,太阳能发电,风力发电项目;推动大中小型水力发电站的建设,解决巴基斯坦能源短缺的问题。其次,中巴之间和巴国内互联互通全面展开,打造快捷、畅通的交通网络,全面提升巴基斯坦的基础设施建设水平。在亚洲基础设施投资银行,丝路基金的支持之下,建设油气管线,地下光缆,高压输电线路等,并大力推动瓜达尔港的基础设施建设。最后,中方对巴贷款根据项目进展逐步发放,并积极探索多种融资形式。中国国家开发银行与巴方在2015年4月签署了6份合作协议,涉及金额约35亿美元,为中巴经济走廊提供资金保障。截至2016年2月25日,已签订4个项目的贷款合同总计6.8亿美元,发放贷款1.23亿美元②,用于中巴经济走廊建设工作。

第五节 "一带一路"倡议实施以来中国与巴基斯坦高层交流及其成果

中巴两国友谊深厚,巴基斯坦是中国丝绸之路经济带上的重要支点国家,又是中国海上丝绸之路的沿岸国家,中国的"一带一路"倡议构想

---

① 资料来源:杜向泽、杨迅:《习近平同巴基斯坦总理谢里夫举行会谈》,载《人民日报》2015年4月21日,第1版。
② 资料来源:郑青亭:《中国领衔对巴基斯坦直接投资,中巴经济走廊初具规模》,载《21世纪经济报道》,2016年3月7日(http://nance.jrj.com.cn/2016/03/07034920650746.shtml)。

第十章
中国与巴基斯坦经贸合作

和规划得到了巴基斯坦方面的热烈响应,完全契合巴基斯坦国家的发展战略和利益。中国和巴基斯坦交流紧密,尤其是2015年国家主席习近平访问巴基斯坦,两国关系上升到全天候战略伙伴关系。近年来中巴双边交流及其成果如表10-7所示。

表10-7　　　　　　　　近年来中巴双边交流及其成果

日期	事件	参加人	成果
2014年11月8日	巴基斯坦总理谢里夫访华	国家主席习近平总理李克强巴基斯坦总理谢里夫	双方签订协议,在未来六年里,中国政府和银行将提供456亿美元用于巴基斯坦当地的基建与能源建设。在中巴经济走廊的框架下,中国政府承诺这456亿美元将分别在基础设施建设领域投资118亿美元,在能源项目上投资338亿美元
2015年4月20~21日	国家主席习近平对巴基斯坦进行国事访问	国家主席习近平巴基斯坦总统侯赛因、总理谢里夫以及巴基斯坦议会、军队和政党领导人	双方发表联合声明,并签署能源、交通基础设施、经贸、金融、科技等领域超过50份合作协议。中方还将帮助巴基斯坦建造位于费萨拉巴德以及拉合尔的两条电力输送线,以解决由于基础设施老旧而造成的电力输送的问题
2016年2月23日	中国援巴议会大厦光伏发电项目启用	巴基斯坦总理谢里夫、参议院主席拉巴尼、国民议会议长萨迪克、中国驻巴基斯坦大使孙卫东	能源合作:中国援建的巴基斯坦议会大厦太阳能光伏发电项目正式启用,日均发电量可满足议会大厦需要
2016年5月31日	巴基斯坦中电胡布两台660MW燃煤发电项目签署EPC合同	巴基斯坦驻华大使哈立德,中巴经济走廊特使扎法尔,国家电投党组成员、副总经理马璐,中国能源建设集团副总经理,中国电力工程顾问集团有限公司党组书记、总经理吴春利,中国电力国际有限公司党组副书记、总经理余兵,国家开发银行企业局副局长姜道国	中电胡布燃煤发电项目总投资近20亿美元,预计2019年实现商运。该项目是2015年4月习近平主席出访巴基斯坦时签署的中巴51项合作协议之一,是中电国际实施"走出去"战略的重要举措

资料来源:根据相关新闻报道整理而得。

习近平主席在对巴基斯坦进行国事访问期间取得了丰硕的成果，签署了51项合作协议和谅解备忘录，达成总值460亿美元的能源、基础设施投资计划，标志着中巴经济走廊建设取得实质性进展。在这一揽子合作协议和文件中，有近20个项目涉及能源领域，预计能产生16400MW电能。其中，10400MW的项目被列为早期收获项，将在2018年前完工。而在基础设施领域，两国签署了约11项合作协议和谅解备忘录。

1. 能源合作

中国电建和巴基斯坦政府签署卡拉奇卡西姆港1320MW燃煤电站项目协议；上海电气与Sino - Sindh Resources公司签署塔尔（Thar）煤田1块区煤电综合项目合作协议；中电国际与巴基斯坦Hubco能源公司签署1320MW燃煤发电项目的合作协议；中国机械设备进出口总公司和旁遮普省政府签署岩盐燃煤电站项目便利化协议；中国国家电网公司与巴基斯坦国家输配电公司签署Matiyari到拉合尔、Matyari到费萨拉巴德的输变电项目合作协议；华能集团和旁遮普省政府签署能源战略合作框架协议；中国长江三峡集团公司与巴基斯坦水电发展署就巴水电发展达成谅解备忘录；中国出口信用保险公司与巴基斯坦水能部就中巴经济走廊项目合作签署框架协议。中巴领导人还通过视频为5个能源项目揭幕，包括720MW卡洛特水电项目、50MW大沃风电项目、50MW特萨察尔风电项目、900MW中兴通讯太阳能项目和100MW吉姆普尔风电项目。

2. 资金支持

此次签署的合同中还涉及大量的融资协议。苏基—克纳里870MW水电项目、卡西姆港1320MW煤电项目、塔尔煤田1块区煤电项目、2块区660MW煤电项目、卡洛特720MW水电项目、中兴能源900MW太阳能项目、吉姆普尔风能项目、50MW大沃风电项目等将获得来自中国国家开发银行、中国进出口银行、中国工商银行等机构的资金支持。另外，中国国家开发银行与巴基斯坦哈比银行签署了共同向中巴经济走廊提供融资的框架协议。中国工商银行与巴基斯坦当地四家能源电力项目签署了能源电力项目融资协议，金额总计达43亿美元。丝路基金、三峡集团及巴基斯坦私营电力和基础设施委员会共同签署联合开发巴基斯坦水电项目的谅解备忘录。丝路基金将投资入股由三峡集团控股的三峡南亚公司，为巴基斯坦清洁能源开发、包括该公司的首个水电项目——3350MW 吉拉姆河卡洛特水电项目提供资金支持。巴基斯坦私营电力和基础设施委员会将为丝路基金和三峡集团在巴基斯坦的能源项目投资提供便利。该项目是丝路基金2014 年底注册成立后投资的首个项目。并且，签署融资协议的巴基斯坦苏克阿瑞大型水电站、大沃风电站、萨希瓦尔燃煤电站、塔尔煤电一体化四个能源电力项目均位于中巴经济走廊沿线。

3. 基础设施

被称为中巴经济走廊旗舰项目的瓜达尔港，目前已具备运营能力，但仍面临基础设施比较缺乏的问题。针对这一问题，两国政府在习近平访问期间签署了一系列基础设施项目的合作协议，包括瓜达尔医院的可行性研究、东段高速公路的优惠贷款、新国际机场的优惠贷款、从瓜达尔到纳瓦布沙阿的液化气码头和管线项目。

第六节　中国企业投资巴基斯坦的机会与风险

巴基斯坦是南亚地区人口仅次于印度的重要大国，但受制于能源、资源、技术、资金等生产要素匮乏的限制，经济增长比较缓慢。总体而言，巴基斯坦出口主要依赖于矿业、农业、纺织业、皮革业等，集中于资本密集型和劳动密集型产业。但是，在目前国际商品价格普遍下降、国际竞争力愈发加大的情况下，巴基斯坦的各项出口压力也有所增加。中国是巴基斯坦重要的贸易伙伴，并随着习近平主席访问巴基斯坦两国关系上升到全天候战略伙伴关系，巴方十分欢迎中国企业前去投资。在 2014 年的巴基斯坦投资论坛上，巴基斯坦驻华大使马苏德·哈立德试图向中国投资者传递这样一个讯息：巴基斯坦是中国海外投资的理想目的地。"巴基斯坦有庞大的消费人群，其独特的地理位置使之成为跨区域贸易和投资的理想目的地。"哈立德建议中国投资者关注巴基斯坦的纺织品、农业、皮革、石材、矿产、渔业、水果、乳制品和油气行业等领域的投资机会。巴基斯坦驻广州总领事馆总领事巴伯·阿明说："对在中国国内渐渐失去竞争力的企业，巴基斯坦是他们进行海外投资和转移的理想目的地。他们在中国的整个厂房都可以迁至巴基斯坦。"① 中国企业可以将技术、资金、优势的产能和成熟的经验与巴基斯坦现状有机结合，不仅可以促进巴基斯坦经济的发展和经济活力的释放，中国的优势产能也可以找到发挥的场所，释放出巨大经济能量。具体来讲，中国企业投资巴基斯坦的机会如表10-8所示。

表10-8　　　　　　　　中国企业投资巴基斯坦的机会

领域	机遇	投资机会
能源	巴基斯坦陷入能源危机，电力供应严重短缺，即使是在巴基斯坦首都伊斯兰堡，夏季每日停电时间达到12小时，绝大部分农村和山区每日停电时间更是高达20小时。巴基斯坦非常重视中巴经济走廊项目，提供非常优惠的能源合作政策，欢迎中国能源企业前去投资。并且，中国能源企业由于产能过剩，也急需走出去和转移过剩产能	中国能源企业可以在中巴经济走廊的框架下，将水电、光电以及其他可再生能源项目带入巴基斯坦，改善巴基斯坦的能源环境，为中国企业走出去提供便利环境
基础设施	巴基斯坦的基础设施十分落后，阻碍经济发展。巴基斯坦提供多种优惠政策寻求对其基础设施的承建和援建	中国企业可以利用国内基础设施建设的已有经验，加强和巴基斯坦基础设施方面的投资和合作
纺织行业	中巴两国都是纺织品生产和出口大国，相互之间存在一定的竞争关系，但两国在发展水平上的差异，加上巴基斯坦的资源优势、区位优势，也为彼此合作带来很多机会。虽然早年间我国企业投资巴基斯坦纺织业多以失败告终，但在"中巴经济走廊"的建设下，我国企业投资巴基斯坦拥有良好的外部条件。2013年8月，中国纺织工业联合会赴巴与全巴纺织厂商协会开展合作洽谈，双方就投资合作将设立联合工作组。巴基斯坦纺织业对外资进入不设限，而且在国家级和省级的工业园区对外资提供鼓励和优惠政策，对我国纺织企业转移过剩产能和落后产能具有一定的吸引力	中国纺织企业可以逐步将产能转移到巴基斯坦，积极参与其设备更新、技术升级和纺织服装城建设，努力在投资、技术和研发方面寻求合作，适时投资入驻"中巴经济走廊"沿线的经济特区和工业园区，建设海外生产基地、服装设计中心、海外销售中心、纺织机械研发机构等
皮革行业	由于设备改造、劳动力成本上升和环保压力不断加大，中国制革厂发展陷入困境，急需产业转移。同时，巴基斯坦皮革资源丰富，劳动力价格低，发展陷入困境，需要投资和技术支持	中国皮革企业可以去巴基斯坦投资建厂，利用巴基斯坦廉价劳动力资源和传统优势，转移加工环节

资料来源：笔者根据有关资料整理。

---

① 资料来源：根据21世纪经济报道相关新闻整理。

第十章
中国与巴基斯坦经贸合作

世界经济论坛《2015~2016年全球竞争力报告》显示,巴基斯坦在全球最具竞争力的140个国家和地区中,排126位。世界银行《2016年全球营商环境报告》显示,巴基斯坦排第138位。中国企业既要充分利用巴基斯坦的自然资源、市场空间、外交资源和劳动力优势,抓住巴基斯坦经济发展的战略机遇,开展各种模式的投资合作,又要审慎判断该市场的政治风险、社会风险、经济风险等,寻求安全发展,适应当地穆斯林宗教文化,全面融入当地社会,实现互利共赢,共同发展。中国企业投资巴基斯坦面临的主要风险由表10-9所示。

表10-9 中国企业投资巴基斯坦的主要风险

风险类型	注意事项
政治风险	恐怖袭击:巴基斯坦国内安全局势不容乐观,暴力流血事件频发。恐怖事件的制造者有恐怖分子、宗教极端主义势力、地区主义势力等,涉及到塔利班组织、教派对立与冲突,地区、族群矛盾。虽然巴基斯坦是对华友好的国家,但针对中国人的袭击事件也时有发生,不仅造成了财产损失,还严重威胁到中方人员的人身安全,值得中国企业注意。但同时,为了保护在巴基斯坦中国公民的安全,巴基斯坦政府专门部署了1万名士兵为他们提供保护
	宗教冲突:巴基斯坦是伊斯兰国家,存在多种教派,主要是逊尼派和什叶派及其各自的支派。宗教极端主义势力经常制造暴力和恐怖事件
社会风险	地区主义突出:旁遮普省是大省,旁遮普人是巴基斯坦最大的族群(约占总人口63%),在巴中央政府机构和军队中占有很大的比例,对国家政策具有极大影响力,也受益最大。而对于最为贫穷落后的俾路支省,当地民众有着强烈的被剥夺感,不满中央权力过大,认为本省的权益没有得到尊重,有些分裂主义分子有时会采取暴力恐怖手段
经济风险	能源短缺和基础设施落后:能源短缺和落后的基础设施制约巴基斯坦的发展,但中国对巴基斯坦的投资也主要集中在能源合作和基础设施建设方面,未来会显著改善

资料来源:中华人民共和国驻巴基斯坦共和国大使馆经济商务参赞处(http://pk.mofcom.gov.cn)相关资料整理。

第十一章
中国与不丹经贸合作

第一节 不丹经济现状与产业结构

不丹是联合国认定的最不发达国家之一,经济发展较为落后,但不丹是世界幸福指数最高的国家之一。2006年发布的"全球快乐国度排行榜"中,不丹名列第8位,位列亚洲第1位。其领导者认为GNH(国民幸福指数)比GDP(国内生产总值)更重要,自然资源保持较好,没有用来商业开采以发展经济。但在全球化的不断冲击下,不丹也越来越认识到经济发展的重要性,积极融入全球化浪潮,并由著名品牌设计事务所Future-Brand设计商业性的国家品牌形象,推进出口贸易发展战略。不丹经济平稳发展,2015年的GDP为20.58亿美元,GDP增长率为6.49%,人均GDP为2532.17美元,见表11-1所示。

表11-1　　　　　　　　不丹2011~2015年主要经济数据

年份	GDP (亿美元)	GDP年增长率 (%)	人均GDP (美元)	按GDP平减指数衡量 年通货膨胀率(%)
2011	18.20	7.89	2485.5	8.61
2012	18.24	5.07	2452.57	9.18
2013	17.98	2.14	2382.6	5.86

第十一章
中国与不丹经贸合作

续表

年份	GDP（亿美元）	GDP年增长率（%）	人均GDP（美元）	按GDP平减指数衡量年通货膨胀率（%）
2014	19.59	5.74	2505.86	7.57
2015	20.58	6.49	2532.17	1.98

说明：①根据世界银行计算方法，GDP的美元数据是通过采用各个年份的官方汇率换算以不丹本国货币衡量的GDP而得，GDP年增长率为以不丹本国货币衡量的GDP的增速；
②截至本书成稿时，2016年的相关数据尚未公布。
资料来源：世界银行数据库（http://data.worldbank.org.cn）。

从产业结构来看，农业是不丹的支柱产业，农业人口占总就业人口的大多数，但近些年第二、第三产业发展较快。不丹水电资源丰富，目前水电及相关建筑业已成为拉动经济增长的主要因素。2015年，在不丹GDP构成中，农业、工业和服务业三个产业的占比分别为：17.43%、43.21%和39.36%。

在农业领域，不丹可耕地面积约占国土总面积的16%，主要农作物有玉米、稻子、小麦、大麦、荞麦、马铃薯和小豆蔻，畜牧养殖较普遍。主要树种有婆罗双树、橡树、松树、冷杉、云杉、桦树等，以丰富的名木花草闻名遐迩。盛产水果，苹果、柑橘等大量水果向印度和孟加拉国出口。2015年，农业约占GDP的17.43%，比2014年增长4.57%，农业人口占总就业人口的60%左右。但目前不丹的粮食生产还不能自给自足，不丹皇家廷布学院发表的2014年食品安全报告指出，不丹全国用于粮食种植的土地占总土地面积不到4%，导致将近五成的稻米都需从印度与泰国进口。因此，近年来，不丹积极打造"绿色经济体"，在2011年提出全国有机农业计划，目标是在2020年使全国农业转型成为有机农场，并希望扩大农耕地，在粮食上自给自足，借此减少对进口食品的依赖，并持续降低废料和废气排放量。不丹当局不仅向农民传授有机作物的良好耕种法，教导他们如何通过种植有机作物增加收入，也为他们提供资金支援。①

在工业领域，2015年不丹工业总产值545.74亿努，增长8.1%，占

---

① 资料来源：乔恩芳：《不丹计划在2020年实现农业全面有机化目标》，环球网，2016年3月15日（http://world.huanqiu.com/exclusive/2016-03/8712252.html）。

GDP 的 43.2%。在服务业方面，以旅游业为主，是不丹外汇的重要来源之一。每年 3 月至 6 月、9 月至 12 月是旅游旺季，游客主要来自日本、美国和中国等地。近几年，来不丹旅游的外国游客人数逐年增加，从 2010 年的 41000 人增加到 2014 年的 134000 人，见表 11-2 所示。

表 11-2　　　　　　　　2010~2014 年不丹旅游入境人数

年份	入境人数（人）
2010	41000
2011	66000
2012	105000
2013	116000
2014	134000

说明：截至本书成稿时，2015 年和 2016 年的相关数据尚未公布。
资料来源：世界银行 WDI 数据库（http://data.worldbank.org.cn）。

不丹目前还只是 WTO 观察员，对外贸易主要在南盟成员间进行。印度是其最大贸易伙伴，与不丹签有自由贸易协定，孟加拉国与不丹签有优惠贸易协定。不丹的其他主要贸易伙伴还有韩国、泰国、新加坡、日本、中国等。2015 年，不丹进口额为 11.7 亿美元，出口额为 5.85 亿美元。不丹主要出口产品为电力、化学制品、木材、加工食品、矿产品等。主要进口产品为燃料、谷物、汽车、机械、金属、塑料等。

联合国贸发会议发布的 2016 年《世界投资报告》显示，2015 年，不丹吸收外资流量为 0.12 亿美元；截至 2015 年底，不丹吸收外资存量为 2.15 亿美元。不丹经济建设严重依赖外国和国际组织援助，其中，印度是最大援助方。此外，不丹还接受来自日本、丹麦、联合国开发计划署、奥地利、荷兰、瑞士、亚洲开发银行、世界银行等方面的援助。

第二节　不丹具有国际竞争优势的产业

在二位码层面上计算不丹各个产业的显示性比较优势指数（RCA）[①]，

[①] 关于 RCA 指数详见本书上篇第一章第二节。

第十一章
中国与不丹经贸合作

结果显示，在不丹具有显著比较优势（RCA＞1.25）的10个产业中，资本密集型产业有6个，劳动密集型产业有4个，见表11-3所示。

表11-3　　　　　　　　　　不丹具有显著比较优势产业

产业类型	产业	2009年	2010年	2011年	2012年
劳动密集型	咖啡、茶、马黛茶及调味香料	1.96	5.25	6.71	6.13
	食用蔬菜、根及块茎	5.15	3.66	4.96	3.96
	食用水果及坚果、柑橘属水果或甜瓜的果皮	3.71	4.87	4.36	3.77
	蔬菜、水果、坚果或植物其他部分的制品	1.61	2.8	2.08	1.63
资本密集型	盐、硫黄、泥土及石料、石膏料、石灰及水泥	44.53	62.6	54.18	44.84
	其他贱金属、金属陶瓷及其制品	5.5	42.43	29.94	1.47
	钢铁	11.25	15.65	14.17	14.49
	无机化学品、贵金属、稀土金属、放射性元素及其同位素的有机及无机化合物	6.75	11.01	9.77	8.79
	铜及其制品	4.88	9.04	9.48	4.89
	木及木制品、木炭	1.82	2.35	2.18	1.86

说明：①表格统计数据从金融危机之后的2009年开始到2012年，各产业按照历年比较优势算术平均数降序排列。历年比较优势算术平均数不具有特殊经济含义，仅为比较优势产业排序之用。
②截至本书成稿时，2013年之后的相关数据尚未公布。
资料来源：UN COMTRADE数据整理。

一、主要劳动密集型产业

不丹具有劳动密集型显著比较优势的产业均为农业产业。农业是不丹经济的支柱产业，在咖啡、茶、马黛茶及调味香料；食用蔬菜、根及块茎；食用水果及坚果、柑橘属水果或甜瓜的果皮；蔬菜、水果、坚果或植物其他部分的制品产业具有较强的国际竞争力。

不丹的气候多样，从亚热带雨林、稀树大草原、温带到高山地区，因此，不丹可以种植热带作物——稻米、香蕉、芒果、番木瓜与荔枝，也可以种植寒温带的大麦、樱桃与梨。

不丹农业整体呈现为高劳动投入和低产出，农产品的加工能力有限，

中国与"一带一路"沿线国家经贸合作国别报告

农业技术的研究和开发仍处于萌芽阶段。政府对农业的补贴也很有限，主要用于支持运输成本，有时也提供免费的种子、种苗。目前，不丹正在大力发展有机农业。不丹皇家大学自然学院助理教授索南·塔什博士认为，"不丹正在从传统劳动密集但低产出、满足生存的状态，慢慢走向半商业化。而发展有机农业，是不丹农业的最好出路。从产业的角度，不丹具备发展有机农业的潜力和条件。这些优势除了多样化的农业气候、无工业污染的环境等自然条件外，政治稳定、政府支持也是重要因素。此外，不丹并不沉迷于绿色革命，拥有强大的社会凝聚力，已经形成农民的合作社与组织等社会基础。"但同时，不丹发展有机农业也面临很多挑战：不丹位于喜马拉雅的东麓，西向印度洋，气候变幻莫测；土地破碎，地势陡峭，加上暴雨频繁，极易水土流失；相当部分国土位于高寒山区，并不适宜人居与农耕；山高谷深，居住分散，也使得交通和农业基础设施（如灌溉工程）的供给成本极高，且供应不足；环境保护前置，农作物易受野生动物侵袭。所以，塔什博士提出，"农业在不丹经济中扮演着非常重要的角色，但需要转型和提升。可以重点发展轻体积、低重量、高价值的产品，充分利用比较优势，以提升不丹农产品的竞争力；积极促进有机农业和气候智能技术的探索和运用。此外，还要努力改善农业和交通基础设施，为农产品进入市场降低成本。"①

二、主要资本密集型产业

不丹具有显著竞争优势的资本密集型产业包括：盐、硫黄、泥土及石料、石膏料、石灰及水泥；其他贱金属、金属陶瓷及其制品；钢铁；无机化学品、贵金属、稀土金属、放射性元素及其同位素的有机及无机化合物；铜及其制品；木及木制品、木炭。这些产业竞争优势主要来源于不丹国内丰富的自然资源。不丹的矿产资源主要有白云石、石灰石、大理石、石墨、石膏、煤、铅、铜、锌等矿藏。

---

① 资料来源：李丽：《亲访不丹：有机农业的机会与困境》，社会资源研究所，2016年10月20日。

第三节 不丹外商投资政策及战略规划

一、不丹外资政策

2010年,不丹修改了它的外国直接投资政策,加大开放力度,努力创造良好的投资环境。不丹不仅加大了外国直接投资的控股比例,而且将开放领域拓展到了能源、医疗等产业部门,而且可操作性非常强。可以看出,不丹政府加强外国直接投资的决心非常大。不丹的外国投资之前主要来源于印度。一直以来,不丹资金缺口非常大,自身只能满足50%的投资需要,外援一直是不丹经济发展的一个重要工具。

二、不丹长期发展规划

不丹未来的战略规划主要在农业方面。不丹在2011年提出全国有机农业计划,农业部也制定了相应的十年规划。2012年6月,在巴西里约热内卢举办的"联合国可持续发展大会"上,不丹总理吉格梅·廷里宣称,不丹将在十年时间内,把所有农地全部转化为有机耕作,使不丹成为世界第一个100%的有机国度。不丹政府承诺所有食品生产100%采取有机种植方式,并会推行全国整体有机生产的农业政策。围绕提升国民幸福总值的国家发展目标,不丹农业的发展旨在维护三个基本目标:保护环境、提高农村收入、实现谷物和油料自给。

第四节 近年来中国与不丹经贸合作成果

不丹是唯一没有与中国建交的邻国,两国除双边贸易外几乎无经贸合作。2016年1~6月,中不双边贸易额258.3万美元,同比下降58.4%;其中,中国对不丹出口257.8万美元,同比下降56.1%,自不丹进口0.5

万美元,同比下降98.6%。截至2016年6月,不丹来华投资项目数3个,无实际投入。中国在不丹暂无直接投资。同期,中国在不丹累计签订工程承包合同额1106万美元,完成营业额102万美元。①

第五节 "一带一路"倡议实施以来中不高层交流及其成果

虽然中国和不丹没有建交,但近几年中不在农业等领域的交往取得一定进展。2016年10月30日,中国农业部副部长屈冬玉在北京礼节性会见了不丹农业大臣益西·多吉一行。屈冬玉介绍了中国农业发展情况,特别是高海拔地区农业发展情况,表示愿意与不丹分享农业发展经验,并探讨建立农业合作机制,在合作机制的框架下,开展农业科技交流、设施农业、动物遗传育种,特别是牦牛和马的育种等领域的合作。益西·多吉介绍了不丹农业的发展情况,赞赏中国在农业和扶贫方面取得的成就,并表示完全赞同屈冬玉关于加强双边农业合作的建议。②

第六节 中国企业投资不丹的机会与风险③

从不丹的产业机构上来看可投资的领域,目前,不丹正由过去单一的农业结构向多元化的产业结构转变,经济结构逐步合理化。不丹全国虽有60%的人口从事农业生产,但实际上农业对国民生产总值的贡献率极低(2015年为17.43%)。近年来,不丹通过发展水电业、制造业、建筑业

---

① 资料来源:《中国不丹经贸合作简况》,中华人民共和国商务部亚洲司(http://yzs.mofcom.gov.cn/article/t/201609/20160901384786.shtml)。
② 资料来源:《屈冬玉会见不丹农业大臣益西·多吉》,中国农业信息网,2016年11月1日(http://www.agri.cn/V20/ZX/nyww/201611/t20161101_5346457.htm)。
③ 本节内容资料大部分来源:黄日涵、梅超:《"一带一路"投资政治风险研究之不丹》,中国网,2016年2月20日(http://opinion.china.com.cn/opinion_53_143953.html)。

第十一章
中国与不丹经贸合作

等工业部门拉动第二产业发展，以及开发旅游业促进第三产业兴起。其中，重点和特色是水电业和旅游业。得益于紧邻喜马拉雅山的地理位置优势，不丹国内地势落差大，河流湍急，利用水力发电是其天然的优势。但是值得一提的是，不丹的水电业发展受印度影响较大，无论是水电开发还是电力出售方面基本绕不开印度，尤其是在电力出售方面，除了满足不丹国内基本用电需求外，其余电力皆数售予印度。电力开发上，也是与印度签有多个合作协议，中国企业要想进军不丹水电业可能性不大。与之相比，旅游业方面可以考虑一试。不丹本身旅游业资源得天独厚，其特殊的地理位置、多样的气候类型，丰富的佛教人文景观等都是促进不丹旅游业发展的重要因素。

目前，不丹仍然是周边国家中唯一没有和中国建立起正式外交关系的国家，在边界问题上也存在主权争议，但是总体上两国友好，双边关系稳定。2012年8月，时任外交部副部长傅莹率领代表团访问不丹，同不丹举行第20轮边界会谈，双方都表示过建交的意愿。

第十二章
中国与马尔代夫经贸合作

第一节 马尔代夫经济现状与产业机构

马尔代夫是世界上著名的旅游胜地，属于中等收入国家，其经济政策自由开放、简单透明，强调发展国民经济，坚持在保护环境的基础上发挥自身资源优势，积极吸收国外资金与援助，加快经济发展。近40年来，由于旅游业的拉动，马尔代夫经济持续高速发展，年均GDP增速在7%左右。但近10年来受自然灾害、全球金融危机以及本国政局动荡等因素影响，马尔代夫经济增长放缓，经济波动较大。除了2013年、2014年GDP增长率较高外，其他几年增长均较缓慢，见表12-1所示。2015年，马尔代夫国内生产总值（GDP）31.42亿美元，经济增长2.65%。此外，马尔代夫人均GDP持续增长，通货膨胀率也逐年下降。从产业结构来看，2015年马尔代夫三大产业占GDP的比重为：第一产业3.0%、第二产业15.2%和第三产业83.0%。

表12-1　　马尔代夫2011~2015年主要经济数据

年份	GDP（亿美元）	GDP年增长率（%）	人均GDP（美元）	按GDP平减指数衡量年通货膨胀率（%）
2011	24.50	5.67	5840	10.6
2012	25.14	2.61	5950	5.54

第十二章
中国与马尔代夫经贸合作

续表

年份	GDP（亿美元）	GDP年增长率（%）	人均GDP（美元）	按GDP平减指数衡量年通货膨胀率（%）
2013	27.95	11.17	6000	6.03
2014	30.62	9.55	6470	3.30
2015	31.43	2.65	6670	0.953

说明：①根据世界银行计算方法，GDP的美元数据是通过采用各个年份的官方汇率换算以马尔代夫本国货币衡量的GDP而得，GDP年增长率为以马尔代夫本国货币衡量的GDP的增速；②截至本书成稿时，2016年的相关数据尚未公布。

资料来源：世界银行数据库（http://data.worldbank.org.cn）。

农业方面，马尔代夫全国可耕地面积6900公顷，土地贫瘠，农业十分落后。当地蔬菜和水果品种主要有空心菜、小白菜、黄瓜、西红柿、辣椒、茄子、丝瓜、冬瓜、南瓜、椰子、木瓜、西瓜、香蕉、木薯，家禽养殖业数量极少，粮食及其他蔬菜、水果、肉类、蛋类、奶制品全部依赖进口。2015年农业产值为3.68亿卢菲亚，占GDP的3.0%，全年进口食品4.08亿美元，占全部进口的20.47%。

渔业方面，渔业是马尔代夫三大经济支柱之一，它是马尔代夫的传统经济产业和基本唯一的本国商品出口产业，也是马尔代夫重要的外汇收入来源之一。马尔代夫渔业资源丰富，当地水产品主要是黄鳍金枪鱼和鲣鱼，以及少量的珊瑚鱼类，尚未有水产养殖业。

工业方面，马尔代夫基础产业短缺，无现代化的工业。工业仅有发电、供水以及小型船舶修造厂、水产品和水果加工、编织等手工艺制作、服装加工等小型制造业。主要出口商品为冷冻及罐装金枪鱼、鲣鱼制品。2015年第二产业总产值为35亿卢菲亚，占GDP的15.2%。

服务业方面，旅游业是马尔代夫另一经济支柱。优越的地理条件和独特的岛国风光为马尔代夫的旅游业奠定了良好的基础，19世纪70年代马尔代夫开始大力发展旅游业，发展十分迅速，旅游收入对其GDP的贡献率多年保持在30%左右，是马尔代夫主要的外汇收入来源。截至2015年底，马尔代夫全国各类在运营住宿酒店约300家，共有床位3.4万个，其中旅游度假岛115个，拥有约2.8万张客房床位。2015年外国游客赴马尔代夫旅游的人数123.4万人次，较2014年增长2.4%，人均在马尔代夫停留时间为5.7天，客房入住率达69%，旅游业产值67.4亿卢菲亚，占GDP的23.9%。2015年中国赴马尔代夫游客36万人次，已连续6年成为马尔代夫最大游客来源地，占全部游客数量的30%。

贸易方面，马尔代夫大部分生产资料和生活用品依赖进口。2015年进口总额为18.96亿美元，较2014年同期减少4.8%，其中石油类产品占15.04%，食品占21.40%，运输工具和配件占9.95%，建筑材料占12.71%，机械设备占6.43%，电具及配件占5.25%，家具家私占3.52%，家用电器占2.84%，其他占22.87%。2015年出口总额2.40亿美元，较2014年同期下降20.3%，其中本国产品出口1.44亿美元，再出口0.96亿美元。本国出口商品基本全部为海产品，出口额为1.37亿美元，占本国产品出口比重为95%，黄鳍金枪鱼和鲣鱼为主要品种。马尔代夫的主要进口国家为阿联酋、新加坡、印度、斯里兰卡、马来西亚；主要出口国家为泰国、法国、斯里兰卡、意大利和英国。

因市场规模有限，资源短缺，外国投资进入马尔代夫市场的空间有限，马尔代夫每年吸引外资不多。联合国贸发会议发布的2016年《世界投资报告》显示，2015年，马尔代夫吸收外资流量为3.24亿美元；截至2015年底，马尔代夫吸收外资存量为27.83亿美元。马尔代夫吸引的外资集中在旅游、基础设施、交通通讯、海水淡化以及银行领域。

第二节　马尔代夫具有国际竞争优势的产业

在二位码层面上计算马尔代夫各个产业的显示性比较优势指数（RCA）①，结果显示，在马尔代夫具有显著比较优势（RCA＞1.25）的2

---

① 关于RCA指数详见本书上篇第一章第二节。

第十二章
中国与马尔代夫经贸合作

个产业中,全部为劳动密集型产业,见表 12-2 所示。

表 12-2　　马尔代夫具有显著比较优势产业

产业类型	产业	2009 年	2010 年	2011 年	2012 年	2013 年	2014 年	2015 年
劳动密集型	鱼、甲壳动物、软体动物及其他水生无脊椎动物	156.94	162.42	166.00	170.03	158.61	150.68	147.17
	肉、鱼、甲壳动物、软体动物及其他水生无脊椎动物的制品	35.23	31.32	32.96	31.62	36.03	40.97	35.64

说明:表格统计数据从金融危机之后的 2009 年开始到 2015 年,各产业按照历年比较优势算术平均数降序排列。历年比较优势算术平均数不具有特殊经济含义,仅为比较优势产业排序之用。

资料来源:UN COMTRADE 数据整理。

马尔代夫具有比较优势的劳动密集型产业主要包括鱼、甲壳动物、软体动物及其他水生无脊椎动物;肉、鱼、甲壳动物、软体动物及其他水生无脊椎动物的制品,归结而言,主要就是海产品及其制品的出口。

马尔代夫是印度洋的群岛国家,拥有丰富的海洋资源,最主要的就是海产品,渔业优势十分明显。马尔代夫及周围水域拥有 700 多种鱼类,主要产有金枪鱼、海参、鲣鱼、龙虾,还有少量的石斑鱼、鲨鱼、海龟和玳瑁等。目前马尔代夫鱼类产品主要出口到欧美、中国香港和台湾等地。受渔业发展政策和捕捞能力的限制,马尔代夫渔业近年来发展缓慢,占 GDP 比例逐年下降,2015 年渔业产值为 4.55 亿卢菲亚,占 GDP 的 0.8%。

目前,马尔代夫正在积极和中方进行渔业合作和贸易相关的谈判。马尔代夫的鱼类产品干净、质量好,但直接出口到中国的却很少,马尔代夫看中中国的庞大市场,积极推进和中国的自贸区建设,希望可以低关税甚至零关税将鱼类产品大量出口到中国。除了渔业贸易外,马尔代夫也期待吸引来自中国在海洋生物养殖技术方面的投资,促进其海洋养殖经济的发展。

中国与"一带一路"沿线国家经贸合作国别报告

第三节 马尔代夫外商投资政策及战略规划

一、马尔代夫外资政策

马尔代夫市场开放度较高,鼓励外国资金进入几乎所有领域。马尔代夫的外国投资者享受法律保护,企业可以自由聘用外国管理、技术人员和劳工,投资利润和所得可以自由汇出。

马尔代夫吸收外资集中在旅游、基础设施、交通通讯、海水淡化以及银行领域,而且未对外资不允许的行业作出规定。可允许投资行业如下:财务顾问业务,审计业务,保险业务,水上体育活动,商业潜水(海上救助),国内航空运输,航空公司的餐饮服务,大鱼拖钓船,技术支持服务(影印机、电梯、ATM机),服装制造,水生产、装瓶、配送,公共关系咨询、社论、广告和翻译服务,水泥包装和配送,航空公司和水运航线的普通代理商、乘客代理商、货物代理商,温泉经营管理,水处理厂,船,软件开发和相关支持服务,融资租赁服务,水产加工,传统医疗服务,水下摄影摄像产品和明信片,冰块制作和特色餐厅,专业企业评估,航空学校,IT系统综合实现服务。

二、马尔代夫长期发展规划

马尔代夫政府一直致力于实施开放性的经济政策,创造有利于竞争和经营的政策环境,推动经济持续稳定发展。

2013年8月,马尔代夫上届政府经济发展部发布《马尔代夫经济多元化发展战略》,提出到2025年马尔代夫各领域的发展目标,包括人均GDP达到1.25万美元,GDP年增长率不低于7%,总量达到50亿美元,失业率降低至10%,以及旅游、交通、卫生、教育、基础设施建设等各领域发展目标。2013年11月,新一届政府上台以来,更加重视发展经济,进一步提高开放程度,吸引外资促进经济发展。2014年4月,马尔

第十二章
中国与马尔代夫经贸合作

代夫政府在新加坡召开首次海外投资论坛,推出了北部经济特区建设、马累国际机场扩建、马累港新建、乎鲁马累岛二期建设、石油天然气勘探5个重点工程。

马尔代夫政府各部门一般定期制定各领域发展5年规划,目前新政府整体发展规划尚未完成。马尔代夫准备开展可再生能源发展计划,现正在分阶段招标实施,领域涉及太阳能、风能、垃圾处理、生物能源等。为进一步改善投资环境,保障投资者利益,马尔代夫政府还在研究重新修订和制定公司法、外国投资法等法案。

第四节 近年来中国与马尔代夫经贸合作成果

一、双边贸易

中国和马尔代夫之间双边贸易差别较大,基本上为中国对马尔代夫出口,从马尔代夫进口很少。据中国海关统计,2015年中马双边贸易额1.73亿美元,同比增长65.6%。其中,中国向马尔代夫出口1.72亿美元,同比增长6.8%;从马尔代夫进口19.33万美元,同比下降49.12%,见图12-1所示。

据中国海关统计,近年来,中国向马尔代夫主要出口机电产品和轻工业产品,其类别包括:(1)机械器具及零件;(2)电机、电气、音像设备及其零附件;(3)车辆及其零附件(铁道车辆除外);(4)针织或钩编的服装及衣着附件;(5)玻璃及其制品;(6)皮革制品、旅行箱包、动物肠线制品;(7)光学、照相、医疗等设备及零附件;(8)家具、寝具等、灯具、活动房;(9)食用蔬菜、根及块茎;(10)玩具、游戏或运动用品及其零附件。中国从马尔代夫进口商品产业分布则比较零散,但没有技术密集型产业,主要类别包括:(1)针织或钩编的服装及衣着附件;(2)电机、电气、音像设备及其零附件;(3)盐、硫黄、土及石料、石灰及水泥等;(4)非针织或非钩编的服装及衣着附件;(5)其他纺织制

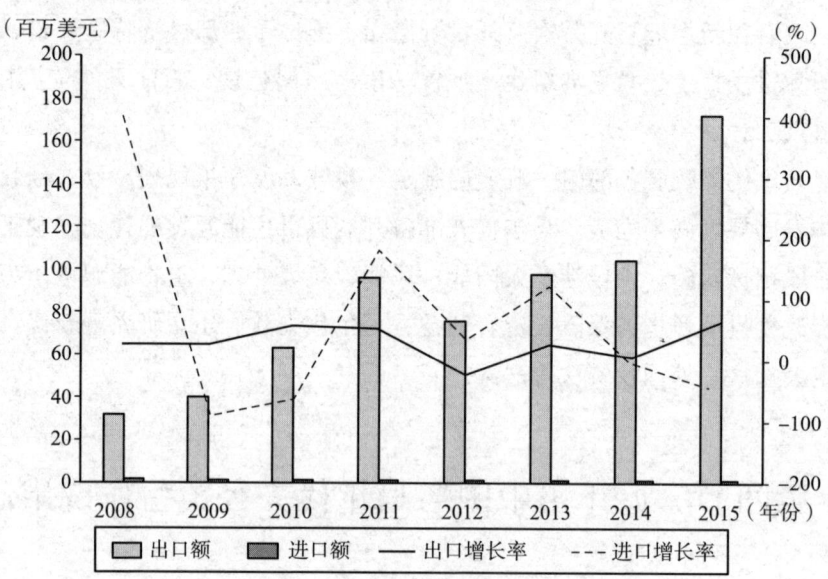

图12-1 2008~2015年中国对马尔代夫进出口贸易额统计

资料来源：中国经济数据库（https://www.ceicdata.com/）。

品、成套物品、旧纺织品；（6）车辆及其零附件（铁道车辆除外）；（7）艺术品、收藏品及古物；（8）铜及其制品；（9）钢铁；（10）羊毛等动物毛、毛纱线及其机织物。

二、中国对马尔代夫直接投资

据中国商务部统计，2014年中国对马尔代夫直接投资流量72万美元。截至2014年末，中国对马尔代夫直接投资存量237万美元。由于整体市场规模小而分散，且外国人在马尔代夫从事零售业、渔业捕捞等受到限制，中国企业和个人在马尔代夫投资较少，目前仅限于少量从事渔业加工、餐饮、医疗等行业人员。

三、承包工程与劳务合作

中国在马尔代夫的承包工程和劳务合作流量整体呈上升趋势，在2015年达到峰值，见图12-2所示。据中国商务部统计，2015年中国企业在马尔代夫新签承包工程合同2份，新签合同额45431万美元，完成营业额 14380 万美元；当年派出各类劳务人员 163 人，年末在马尔代夫劳务人员 252 人。新签大型工程承包项目包括 2014 年的中铁十四局集团有限公司承建马尔代夫 800 套住房工程；江苏省交通工程集团有限公司承建援马尔代夫环礁岛公路项目；中国电力建设股份有限公司承建马尔代夫易卜拉欣·纳西尔国际机场（IN-IA）新远程停机坪和滑行道的建设等；2015 年北京城建集团有限责任公司承建易卜拉欣纳西尔国际机场改扩建项目；中国水电建设集团国际工程有限公司承建马尔代夫易卜拉欣纳西尔国际机场跑道修复及沥青混凝土加铺项目等。

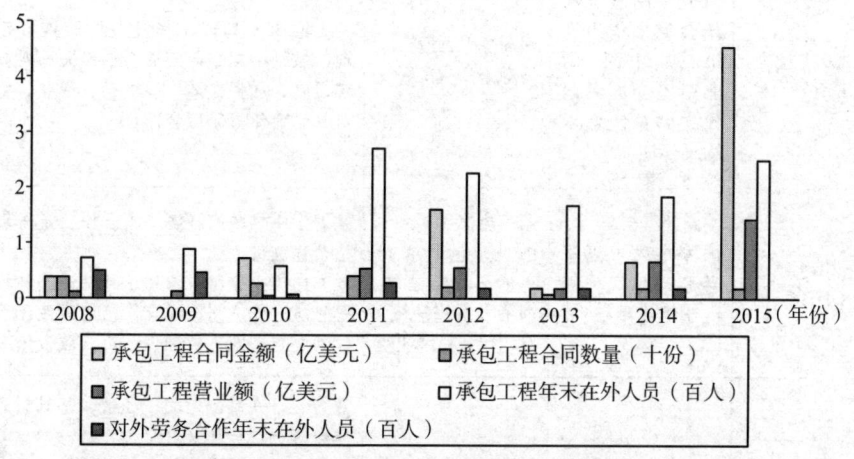

图 12-2 2008~2015 年中国对马尔代夫承包工程与劳务合作统计

说明：①2009 年对外承包工程合同数量数据缺失；②2015 年对外劳务合作年末在外人员数据缺失。
资料来源：中国商务部（http：//www.mofcom.gov.cn/）。

第五节 "一带一路"倡议实施以来中马高层交流及其成果

"一带一路"倡议实施以来，中国和马尔代夫交流频繁，2014 年，习近平主席首次访问马尔代夫，马尔代夫总统将中方提供合作建造的马累与机场岛的跨海大桥命名为中马友谊大桥，成为中马经贸合作标志性项目。两国领导人实现互访,双方达成在多项领域合作的共识。此外,两国还成立了中马经贸委员会并取得丰硕成果,签署了《启动中国—马尔代夫自由贸易协定谈判的谅解备忘录》,使得中马经贸合作迈向新台阶。同时,中国—马尔代夫自贸区谈判也在有条不紊地进行之中。近几年中国马尔代夫双边交流及其成果如表12-3所示。

表12-3 近年来中国与马尔代夫双边交流及其成果

时间	事件	参加人	双边交流及成果
2014年6月6日	国务院副总理汪洋会见来华出席第二届中国—南亚博览会的马尔代夫副总统贾米勒(昆明)	国务院副总理汪洋马尔代夫副总统贾米勒	中方愿协助马方在华开展旅游推介活动,鼓励中国企业投资马尔代夫旅游基础设施,加强在港口、机场、渔业、应对气候变化等领域合作
2014年8月16日	国家主席习近平会见马尔代夫总统亚明(南京)	国家主席习近平中央政治局委员王沪宁、栗战书、国务委员杨洁篪马尔代夫总统亚明	签署了中马政府经济技术合作协定等双边合作文件 双方愿扩大旅游、贸易、基础设施建设等领域合作,将海洋合作培育成两国合作新亮点,双方要加强多边领域合作
2014年9月14~16日	国家主席习近平对马尔代夫进行了国事访问(马累)	国家主席习近平中央政治局委员王沪宁、栗战书、国务委员杨洁篪马尔代夫总统亚明	双方签订一系列外交、经贸、基础设施建设等领域合作文件 为中方参与建设的马尔代夫拉穆环礁连接公路项目和民用住宅项目揭牌 双方愿加强海洋经济、海上安全、海洋科研和环保、灾害防控等领域合作,规划好双边贸易投资,重点推进基础设施建设和民生领域合作 中方将积极研究支持马方提出的马累—机场岛跨海大桥项目,支持中国企业参与马经济发展计划和青年城等项目建设,投资马尔代夫旅游服务业,鼓励更多中国公民来马旅游
2014年12月16日	中马经贸联委会第一次会议(北京)	商务部副部长高燕马尔代夫经济发展部部长萨伊德	双方积极评价两国经贸关系现状,围绕"21世纪海上丝绸之路"、双边贸易投资、旅游合作、有关重大项目、经济技术合作、多边领域合作等议题友好、坦诚、深入地交换了意见,达成广泛共识

第十二章
中国与马尔代夫经贸合作

续表

时间	事件	参加人	双边交流及成果
2015年6月11日	国家副主席李源潮会见来华出席第三届中国—南亚博览会的马尔代夫总统亚明（昆明）	国家副主席李源潮 马尔代夫总统亚明	双方达成共识，深化经贸、基建、旅游、海洋等领域合作，并签署了有关合作文件
2015年9月28日	中马经贸联委会第二次会议（库伦巴岛）	商务部副部长高燕 马尔代夫经济发展部部长穆罕默德·萨伊德	双方就扩大双边贸易投资、启动中马自贸区谈判、加强基础设施建设、推进人力资源合作等议题深入交换意见，达成广泛共识 双方共同签署了《启动中国—马尔代夫自由贸易协定谈判的谅解备忘录》
2015年10月19日	中国—马尔代夫投资论坛（北京）	全国人大常委会副委员长沈跃跃 中国贸促会会长姜增伟 马尔代夫副总统阿迪布、驻华大使费萨尔、经济发展部部长萨伊德	双方达成共识，积极推进"21世纪海上丝绸之路"建设，深化投资等各领域合作
2015年12月21~22日	中国—马尔代夫自贸协定第一轮谈判（马累）		双边就谈判领域和范围、谈判分组和推进方式、贸易数据和信息交换以及降税模式等议题进行了磋商，并就职责范围等文件达成一致
2016年2月29日~3月4日	中国—马尔代夫自贸协定第二轮谈判（北京）		双方就货物贸易、服务贸易、投资、经济技术合作、原产地规则、海关程序和贸易便利化、技术性贸易壁垒和卫生与植物卫生措施、贸易救济以及法律问题等议题深入交换了意见，就部分议题的案文进行了磋商
2016年5月23~26日	中国—马尔代夫自贸协定第三轮谈判（马尔代夫）		双方就货物贸易、服务贸易、投资、原产地规则、海关程序和贸易便利化、技术性贸易壁垒和卫生与植物卫生措施、经济技术合作以及法律问题等议题进行了深入磋商，取得了积极进展

续表

时间	事件	参加人	双边交流及成果
2016年9月26~30日	中国—马尔代夫自贸协定第四轮谈判（香港）		中国香港特别行政区正式参加中国—马尔代夫自贸协定谈判，并将以中国香港名义与马尔代夫单独商签自贸协定 双方就货物贸易、服务贸易、投资、经济技术合作等议题深入交换了意见，达成广泛共识

资料来源：根据相关新闻报道整理而得。

第六节　中国企业投资马尔代夫的机会与风险

除了海产品出口有着非常明显且稳定的比较优势外，马尔代夫整体上还是一个进口依赖型的国家。旅游业、船运业和渔业是马尔代夫经济的三大支柱，也是吸引外来投资的重点领域。随着经济的开放化、多元化发展，中国企业可考虑在以下领域进行投资，见表12-4所示。

表12-4　　　　　中国企业投资马尔代夫的机会

行业	投资机会
旅游业	优越的地理位置、辽阔的海域、美丽的海岛、独特的岛国风光为马尔代夫的旅游业提供了得天独厚的条件。目前，尚有800多个无人岛有待开发。度假胜地的发展和管理、旅游活动的开展，以及陆地和海上运输、酒店餐饮等旅游相关行业市场广阔，是吸引外资的重要领域之一
渔业	马尔代夫渔业资源丰富，捕鱼业是马尔代夫传统的经济产业和外资聚集地。近年来，捕鱼业发展相对缓慢，但是鱼加工业发展迅速，政府积极鼓励该产业的新技术和资本投资，为外来投资开辟了新的发展空间
交通运输业	船舶为马尔代夫的主要交通工具，其他交通方式相对落后。随着经济的发展，环礁运输服务及燃料补给技术、马累商业转运港建设及扩展、国际机场建设及运营等项目提上日程，交通运输方式的多元化发展增加了对外资的需求
新能源项目	马尔代夫能源主要依赖进口，供应紧张，开发太阳能、风能、生物能等新能源势在必行。政府正尝试采用BOT方式（建设—运营—转让），分阶段招标以吸引外资投入进行新能源开发

第十二章
中国与马尔代夫经贸合作

续表

行业	投资机会
金融业	马尔代夫没有外汇管制,金融领域对外资开放,欢迎外国金融机构入驻;与金融相关的银行、会计和管理咨询业务等也迎来发展良机
其他项目	随着经济发展计划的推进,马尔代夫的填海造陆、污水处理、跨海大桥建设等项目正逐步投入运营,为外资提供了较为广阔的投资空间;娱乐、传媒、医疗设施、住宅基础建设等发展空间较大的领域也对外资开放

资料来源:张华:《"一带一路"投资风险研究之马尔代夫》,中国网。

虽然马尔代夫开放程度大,但投资企业也要注意风险的防范,主要风险见表12-5所示。

表12-5　　　　　中国企业投资马尔代夫的主要风险

风险类型	注意事项
政治风险	投资被国有化:尽管法律严禁将外资企业国有化,但历史上马尔代夫曾经发生过此类恶性事件,且现在也难以保证未来不会再发生
	政治稳定性差:马尔代夫政局一直动荡不安,政权更迭频繁,政党纷争不断
	恐怖主义活动:马尔代夫深受恐怖主义活动影响,由此引发的政治暴力事件频发
	腐败问题严重:在透明国际清廉指数调查中,马尔代夫被列为极端腐败国家,政治腐败情况严重。在对马尔代夫投资过程中,外资往往不得不遵从向政府部门行贿的潜规则
经济风险	金融体系不完善:马尔代夫金融体系较小,以银行机构为主。因马尔代夫外汇短缺,除经马政府授权的公司,其他公司在金融体系兑换美元十分困难,目前人民币与当地货币卢菲亚尚不能直接兑换
	内部市场狭小:马尔代夫国内市场整体规模较小且比较分散
	基础设施条件落后:交通运输等基础设施条件较为落后

资料来源:张华:《"一带一路"投资风险研究之马尔代夫》,中国网。

总体而言,中国和马尔代夫经贸合作尚处起步阶段,但随着"一带一路"倡议的实施和中马两国相互了解的深入,中马两国的经贸合作将不断发展。

第十三章
中国与孟加拉国经贸合作

第一节 孟加拉国经济现状与产业结构

孟加拉国资源匮乏，人口众多，生产技术落后，是世界49个最不发达国家之一。但孟加拉国政府注重经济发展，推行私有化政策，着力改善投资环境，同时依靠劳动力资源优势，促进纺织服装产业发展，近年来孟加拉国经济实现了快速稳定增长，国内生产总值年均增长率维持在6%以上，到2015年，孟加拉国GDP已达到1950.79亿美元，同时，孟加拉国通货膨胀率较为稳定，人均GDP也持续增长，见表13-1所示。

表13-1　　　　　孟加拉国2011~2015年主要经济数据

年份	GDP（亿美元）	GDP年增长率（%）	人均GDP（美元）	按GDP平减指数衡量年通货膨胀率（%）
2011	1286.38	6.46	839	7.86
2012	1333.56	6.52	859	8.16
2013	1499.90	6.01	954	7.17
2014	1728.85	6.06	1090	5.67
2015	1950.79	6.55	1210	5.87

说明：①根据世界银行计算方法，GDP的美元数据是通过采用各个年份的官方汇率换算以孟加拉国本国货币衡量的GDP而得，GDP年增长率为以孟加拉国本国货币衡量的GDP的增速；
②截至本书成稿时，2016年的相关数据尚未公布。
资料来源：世界银行数据库（http://data.worldbank.org.cn）。

第十三章
中国与孟加拉国经贸合作

从产业结构上看,孟加拉国国内经济主要依靠传统农业、渔业、纺织业及皮革业,轻、重工业发展极其落后,缺乏资本密集型产业。2014/2015财年,孟加拉国农业、工业和服务业三大产业占GDP的比重分别为16.3%、30.4%和53.6%。

在农业上,孟加拉国农产品主要有茶叶、稻米、小麦、甘蔗、黄麻及其制品、白糖、棉纱、豆油。孟加拉国的气候极适于黄麻的生长,黄麻及制品是孟加拉国第二大出口产品。2014/2015财年,孟加拉出口原麻1.12亿美元,黄麻产品7.57亿美元,两项合计占孟加拉国总出口额的2.8%。

在工业上,孟加拉国重工业薄弱,制造业欠发达,从业人口约占全国总劳动力的8%。孟加拉国工业生产以原材料和初级产品生产为主,主要工业产品包括水泥、化肥、纸张等。纺织服装业是其支柱产业,也是其最集中的出口产业,服装出口占孟加拉国总出口额的八成,出口的主要目的地为欧洲、美国及日本等国家和地区。皮革业是孟加拉国的传统优势行业,出口的皮革产品主要是坯革、成品革和皮鞋制品,如皮制服装、皮鞋等,而生皮革和蓝湿革则禁止出口。出口的主要目的地为欧洲、日本和北美等国家和地区。

在服务业上,孟加拉国政府高度重视旅游业发展,预计未来十年孟加拉国旅游业的产值、投资、就业和出口绝对量将高速增长,高于世界平均增长水平。根据世界旅游理事会(WTTC)对184个国家的统计,2014年孟加拉国旅游业总产值为6279亿塔卡(约合78.5亿美元),排名第68位,占GDP的比重为4.1%,排名第168位。但预计至2025年孟加拉国旅游产业总产值将以每年6.5%的速度增长,增速排名第12位。孟加拉国旅游业对经济发展的贡献程度不仅落后于世界平均水平,也落后于周边国家。总体来看,孟加拉国旅游资源相对有限,宗教特色和地区特色明显,难以成为国际性旅游市场,且交通等配套设施落后,严重制约了旅游市场发展。但随着经济发展和民众收入水平的提高,孟加拉国本国民众旅游需求将大幅上升,本地旅游市场发展前景广阔。

贸易方面,孟加拉国主要出口纺织产品,针织或钩编的服装及衣着附件和非针织或非钩编的服装及衣着附件这两类出口总额占总出口额的近80%,另外还出口一定量的水产品。主要进口商品为机电设备、石油及石油产品、棉花及棉纱线、钢铁、化工品、粮食、家电设备、塑料及橡胶制品等。主要贸易伙伴为美国、德国、英国、法国、西班牙、意大利、加拿大、比利时、日本、荷兰、土耳其、印度、中国、新加坡、日本、韩国、马来西亚、泰国。目前,中国为孟加拉国第一大商品进口来源地。

联合国贸发会议发布的2016年《世界投资报告》显示,2015年,孟加拉国吸收外资流量为22.35亿美元;截至2015年底,孟加拉国吸收外资存量为129.12亿美元。从地区情况看,孟加拉国为南亚地区第二大外资国,仅次于印度。根据孟加拉国央行数据,2013/2014财年,孟加拉国吸引外资15.04亿美元。报告指出,2008/2009财年外商直接投资额为9.6亿美元,2012/2013财年达到17.3亿美元。过去5年内,外商在孟加拉国直接投资的增长率达到80%,有效地缓解了孟加拉国外资短缺的状况。此外,外国资本大量投资于孟加拉国的制衣业。随着中国人力成本的上升,一些跨国公司将服装制造业等劳动力密集型产业逐渐转移到更具吸引力的南亚、东南亚国家,孟加拉国是制衣业转移的主要目的地之一。孟加拉国主要直接投资国为美国、英国、马来西亚、日本、中国、沙特阿拉伯、新加坡、挪威、德国、韩国等。

第二节 孟加拉国具有国际竞争优势的产业

在二位码层面上计算孟加拉国各个产业的显示性比较优势指数(RCA)[①],结果显示,在孟加拉国具有显著比较优势(RCA>1.25)的10个产业中,全部是劳动密集型产业,见表13–2。

---

① 关于RCA指数详见本书上篇第一章第二节。

第十三章
中国与孟加拉国经贸合作

表 13-2　　　　　　　　孟加拉国具有显著比较优势产业

产业类型	产业	2009 年	2010 年	2011 年
劳动密集型	其他植物纺织纤维，纸纱线及其机织物	132.27	164.75	137.07
	针织或钩编的服装及衣着附件	31.90	33.44	34.44
	非针织或非钩编的服装及衣着附件	29.23	32.12	33.76
	其他纺织制成品，成套物品，旧衣着及旧纺织品，碎织物	9.63	10.91	13.85
	特种机织物，簇绒织物，花边，装饰毯，装饰带，刺绣品	10.29	10.87	6.29
	生皮（毛皮除外）及皮革	6.71	6.73	7.38
	帽类及其零件	6.00	5.89	4.72
	鱼、甲壳动物、软体动物及其他水生无脊椎动物	4.60	5.20	4.95
	鞋靴、护腿和类似品及其零件	1.86	2.00	2.19
	棉花	1.64	1.46	1.31

说明：①表格统计数据从金融危机之后的 2009 年开始到 2011 年，各产业按照历年比较优势算术平均数降序排列。历年比较优势算术平均数不具有特殊经济含义，仅为比较优势产业排序之用。
②截至本书成稿时，2012 年之后的相关数据尚未公布。
资料来源：UN COMTRADE 数据整理。

孟加拉国具有比较优势的劳动密集型产业主要包括纺织业、皮革业及渔业三大类。

一、纺织原料及纺织制品

孟加拉国在纺织业上的比较优势十分明显，主要包括其他植物纺织纤维，纸纱线及其机织物；针织或钩编的服装及衣着附件；非针织或非钩编的服装及衣着附件；其他纺织制成品，成套物品，旧衣着及旧纺织品，碎织物，在对其 HS 编码进一步研究发现，孟加拉国主要出口黄麻及其制品和成衣制品。

孟加拉国是特别适合黄麻的种植，国家黄麻年产量 80 万吨左右，其中有 4/5 的黄麻用来出口，是世界上最大的黄麻出口国之一，黄麻的生产是孟加拉国的经济命脉。虽然后来由于孟加拉国生产技术的落后，国际黄麻市场萎缩等原因，孟加拉国失去了国际黄麻市场，但在2009年后，孟加拉国政府对黄麻产业的大力支持，使得黄麻产业重新取得了优势。孟加拉国黄麻及其制品出口到世界上100多个国家和地区。其中生黄麻主要出口到巴基斯坦、中国和印度三个国家，占生黄麻总出口额的八成以上；黄麻纱、线主要出口到土耳其、伊朗和比利时三个国家，占黄麻纱线总出口额的近六成；黄麻制品主要出口到印度、伊朗、美国和土耳其，占其总出口额的1/2左右。

成衣制品现在是孟加拉国最大的出口产业，据孟加拉国官方统计，目前孟加拉国有大小服装加工企业约四千多家，吸纳了约1/2的工业劳动力，女性占七成以上，其中大型服装加工企业有约六百家。孟加拉国成衣出口在总出口中所占比重自20世纪80年代以来上升飞速，现已是孟加拉国赖以赚取外汇的最重要来源，是孟加拉国经济的生命线。孟加拉国成衣产品出口高度集中，美国和欧盟是其最大的市场，占总出口额的95%左右。

二、皮革制品

孟加拉国在该产业上也有比较明显且稳定的比较优势，主要体现在生皮（毛皮除外）及皮革。皮革制品产业是孟加拉国第四大出口商品，年均皮革产量2.5亿平方英尺，约占世界总产量的2%～3%。孟加拉国现有两百多家皮革工厂，其中八成以上的产品用来出口。坯革与成品革、皮鞋、其他皮革产品是孟加拉国皮革工业的三个部分，其中，坯革与成品革明显占有最大份额。孟加拉国的皮革销往世界各地，主要出口国和地区为中国香港、意大利、德国、日本、西班牙、中国内地和美国。

三、鱼、甲壳动物、软体动物及其他水生无脊椎动物

孟加拉国在该产业上具有较显著的比较优势，且一直处于比较平稳状态。孟加拉国的渔业是其传统产业，孟加拉国现有渔业加工企业一百多家，实际运营的只有六成左右。其中只有57家企业通过了欧盟的审批，产品可以进入欧盟市场。出口的渔业产品主要是各种冷冻鱼、虾，还有少

量的脱水鱼干和虾干。此外，由于近几年孟加拉国螃蟹资源得到进一步开发，该国大量出口鲜活螃蟹。孟加拉国冷冻海产品主要出口到欧盟、美国和日本，少量出口到东南亚国家和中东国家。其中，向欧盟、美国和日本的出口量占孟加拉国冷冻海产品总出口量的95%左右。

第三节 孟加拉国外商投资政策及战略规划

一、孟加拉国外资政策

孟加拉国关于外商投资领域的政策非常开放，只有武器、军火、军用设施和机械，核能，造币，森林保护区内的森林种植以及机械化开采四个行业不允许外国企业投资，其他所有行业都属于孟政府鼓励投资的领域。孟加拉国政府对外国投资提供一系列税收减免政策，对部分行业投资企业的产品出口给予一定的现金补助。在互利基础上，外商可以选择独资，也可以选择合资。不过，孟加拉国政府对外商在银行、保险及其他金融机构行业投资采取限制措施。

二、孟加拉国长期发展规划

根据孟加拉国政府对外发布的第六个五年规划（2011~2015年），政府将努力实现GDP年均增长7.3%以上，并控制通货膨胀率在7个百分点以内；到2015年将贫困率从现在的31.5%降低到22%，创建1000万个新就业岗位；在五年内吸引投资13.5万亿塔卡，其中77.2%来源于私有投资，其余来源于公共投资，投资占GDP比重由目前的24.4%上升至32.5%；电能产量增至1.55万兆瓦，电力覆盖范围达到68%，提高能源效率10%，将天然气产量提高至45亿立方英尺等。

根据孟加拉国政府发布的远景规划，政府将努力在2017年实现GDP年均增长达到10%；确保2021年实现电能产量2万兆瓦，2030年达到4万兆瓦。2021年孟加拉国将从低收入国家进入中等收入国家之列，2041

年进入发达国家行列。

第四节　近年中国与孟加拉国经贸合作成果

自 1975 年中孟建交以来，在双方的共同努力下，中孟经贸关系取得长足发展，两国间投资合作稳定增长，双边贸易额稳步攀升。

一、双边贸易

孟加拉国是中国在南亚第三大贸易伙伴，近年来，中孟双边贸易额增长迅速，据中国海关统计，2015 年，中孟两国进出口总额 147.08 亿美元。其中，中国对孟加拉国出口 139.04 亿美元，同比增长 18%；进口 8.04 亿美元，同比增长 5.6%，见图 13-1 所示。

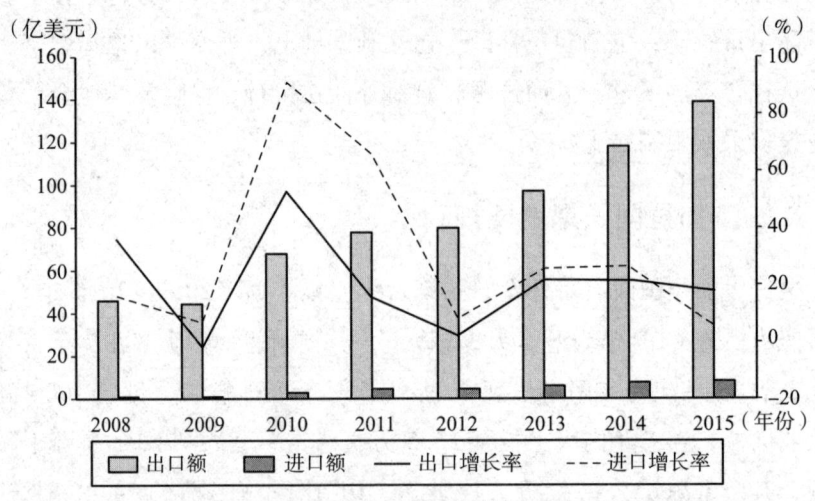

图 13-1　2008~2015 年中国对孟加拉国进出口贸易额统计

资料来源：中国经济数据库（https://www.ceicdata.com/）。

中国对孟加拉国出口商品主要类别包括：（1）棉花；（2）锅炉、机械器具及零件；（3）电机、电气、音像设备及其零附件；（4）化学纤维短纤；（5）化学纤维长丝；（6）肥料；（7）针织物及钩编织物；（8）车

第十三章
中国与孟加拉国经贸合作

辆及其零附件,但铁道车辆除外;(9)特种机织物、簇绒织物、刺绣品等;(10)钢铁制品。

中国从孟加拉国进口商品主要类别包括:(1)其他植物纤维、纸纱线及其机织物;(2)非针织或非钩编的服装及衣着附件;(3)针织或钩编的服装及衣着附件;(4)其他纺织制品;(5)矿砂、矿渣及矿灰;(6)塑料及其制品;(7)生皮(毛皮除外)及皮革;(8)鱼及其他水生无脊椎动物;(9)光学、照相、医疗等设备及零附件;(10)棉花。

二、中国对孟加拉国直接投资

孟加拉国是中国在南亚地区海外工程承包与投资的重要市场。据中国商务部统计,2015年当年中国对孟加拉国直接投资流量3100万美元。截至2014年末,中国对孟加拉国直接投资存量1.60亿美元,见图13-2所示。投资领域涉及服装、纺织、陶瓷、装修、饮用水、医疗、养殖、印刷、家电、轻工等,但主要集中在纺织服装及其相关的机械设备等领域。主要投资企业有中孟陶瓷公司、运城制版孟加拉国公司、利兹服装公司等。其中,在孟加拉国最大的中资民营企业利得成服饰集团拥有工人7000多人。

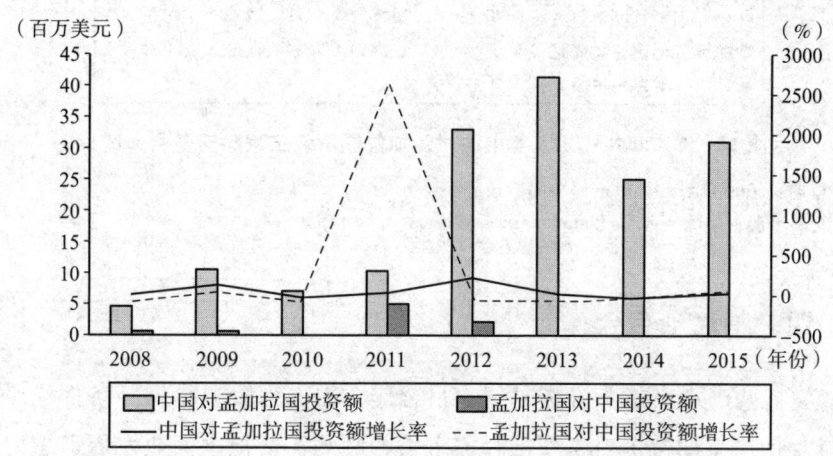

图13-2 2008~2015年中国与孟加拉国互相直接投资统计

资料来源:国家统计局(http://www.stats.gov.cn/tjsj/)。

三、承包工程与劳务合作

据中国商务部统计,2014 年中国企业在孟加拉国新签承包工程合同 59 份,新签合同额 38.1 亿美元,完成营业额 17.79 亿美元;当年派出各类劳务人员 3800 人,年末在孟加拉国劳务人员 3936 人,见图 13 - 3 所示。新签大型工程承包项目包括中铁大桥局股份有限公司承建孟加拉国帕德玛大桥项目,中国电力建设股份有限公司承建孟加拉国帕德玛大桥河道整治项目,中国能源建设集团广东省电力设计研究院有限公司承建沙基巴扎联合循环电厂等。

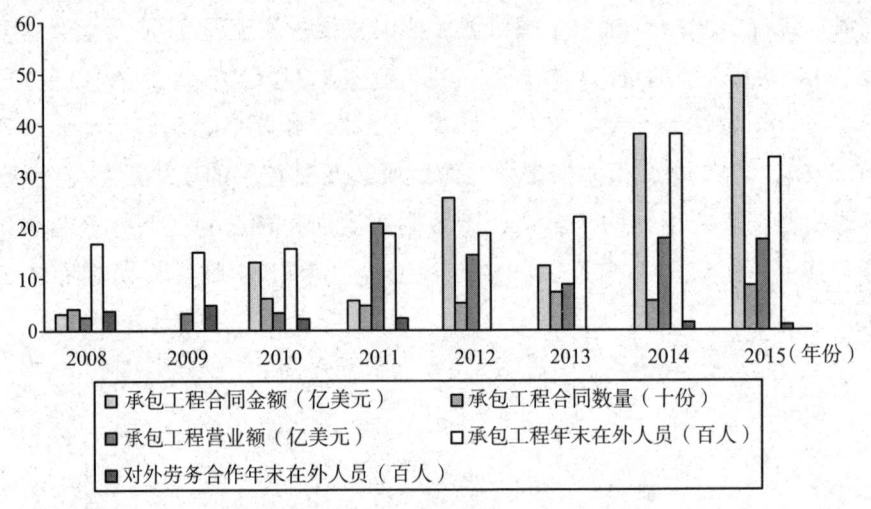

图 13 - 3　2008~2015 年中国对孟加拉国承包工程与劳务合作统计

说明:2009 年对外承包工程合同数量数据缺失。
资料来源:中国商务部 (http://www.mofcom.gov.cn/)。

四、基建项目合作

中孟两国正在稳步推进基建项目合作,中方为孟方提供了条件优厚的信贷支持。孟加拉国对基建项目需求大,制约孟加拉国商业发展最重要因素是基础设施不足,其次是腐败严重。为了改善孟加拉国的基础设施现状,孟政府工作首要重点是能源和交通领域的发展。孟政府计划建立多个

第十三章
中国与孟加拉国经贸合作

电站项目和扩建铁路网,并希望中国可以积极参与。建立电站有助于改善孟加拉国的供电现状,发展铁路对孟建立环保型国内交通体系非常重要。孟加拉国希望中国对孟提供100多亿美元优惠贷款,用于改扩建铁路网。

近期中孟双方正就10个基建项目商谈商务合同,中方提供优惠买方信贷,总金额约40亿美元。项目包括政府基础网络建设三期1.5亿美元、单点系泊系统3.34亿美元、卡纳普里河底隧道7.02亿美元、拉杰沙希地表水处理厂5亿美元、更换500万个电表1.66亿美元、更换农村过载变电器2.31亿美元、达卡电力公司33/11KV变电站2.4亿美元、达卡电力公司132/33KV变电站1.1亿美元。其中,中国交通建设集团承建卡纳普里河隧道项目现已获得批准,中国政府将提供全额贷款。中孟双方主要基建项目概况见表13-3所示。

表13-3　　　　　　　　中孟双方主要基建项目概况

项目类型	参与方	项目
吉大港水管线项目	中石油管道局、孟加拉国吉大港水务局总经理	2015年6月4日,在孟加拉国吉大港,中石油管道局副局长高建国代表管道局与孟加拉国吉大港水务局总经理AKM Fazlullah签订孟加拉国吉大港输水与配管管线项目施工协议。该项目由孟加拉国吉大港水务局建设,由世界银行为其提供贷款资助。项目将于2015年7月启动,2019年6月完工
燃煤电厂项目	中国华电集团公司香港分公司、孟加拉国电力发展委员会	2014年4月29日,中国华电集团公司香港分公司与孟加拉国电力发展委员会(BPDP)在孟签署合作备忘录。双方共同出资在孟加拉湾莫斯卡里岛上建设总装机容量为1320兆瓦的燃煤电厂。该电厂项目将采取"建设、拥有、运营"即BOO方式执行。建设电厂所需资金30%由双方以出资入股股份方式支付,70%使用商业贷款。电厂有望于2019年投入运营。BPDP承诺从新建电厂采购电力期为25年
燃煤电厂项目	山东电力建设第三工程公司、鸿泰公司与孟当地公司S. ALAM公司	山东电力建设第三工程公司、鸿泰公司与孟当地公司S. ALAM公司合资在吉大港建设一座1320MW燃煤电站,并成立项目公司,中方占比30%。2016年2月16日,项目公司与孟电力发展局(BPDB)签署购电协议,购电平准价格为8.259美分/度(约合6.61塔卡/度或0.52元/度)。项目设计使用年限为25年,工期40个月,2019年竣工。总投资约25亿美元,70%资金约17.5亿美元来自中国贷款。山东电力建设第三工程公司同时也是该项目EPC合同总承包方

资料来源:根据中国商务部网站相关资料整理而得(http://www.mofcom.gov.cn/)。

五、中孟政府间重大合作项目

中孟政府间重大合作项目主要是孟加拉国吉大港（中国）工业园区项目。自 2014 年起，孟政府就开始筹划研究在 Anwara 地区设立中国工业园，现已取得一定进展。2016 年 5 月 14～19 日，应中港斯里兰卡区域公司邀请，公司总规划师、中交城市与区域开发规划研究院院长陈有文带队与中国港湾投资部、斯里兰卡区域公司、孟加拉国办事处相关人员一行对孟加拉国吉大港（中国）工业园区项目进行为期 5 天的考察。考察组沿线考察孟加拉国经济发展情况、交通基础设施现状，深入了解孟加拉国发展环境。实地考察了吉大港出口加工区（CEPZ）、吉大港韩国出口加工区（KEPZ）、吉大港，以及吉大港（中国）工业园场址。就未来吉大港（中国）工业园合作模式与孟加拉国工业园管理局进行深入交流。在充分了解孟加拉国投资环境与市场前景的基础上，考察组就孟加拉国办事处如何适应孟加拉国经营环境、确定推动业务多元化的经营策略，以及吉大港（中国）工业园项目推进思路提出建议。考察组还赴中国驻孟加拉国大使馆就中孟两国经济合作往来，以及工业园区发展前景进行交流。

第五节 "一带一路"倡议实施以来中孟高层交流及其成果

2015 年是中孟建交 40 周年，两国利用此契机，在近两年进行了多次交流和会晤，见表 13－4 所示。双方达成共识，共同推进"一带一路"建设和孟中印缅经济走廊建设。此外，孟加拉国还是亚投行的意向创始成员国，希望获得亚投行对其多项基建项目的资金支持。

第十三章
中国与孟加拉国经贸合作

表 13-4 近年来中孟双边交流及其成果

日期	事件	参加人	交流内容及其成果
2014年6月6日	国务院副总理汪洋会见来华出席第二届中国—南亚博览会的孟加拉国总理哈西娜（昆明）	国务院副总理汪洋 孟加拉国总理哈西娜	共同推进21世纪海上丝绸之路建设，建设孟中印缅经济走廊；中国政府积极支持企业赴孟投资，扩大自孟进口，努力改善双边贸易不平衡状况
2014年6月10日	国家主席习近平会见孟加拉国总理哈西娜（北京）	国家主席习近平 孟加拉国总理哈西娜	双方达成共识，将共同推进"一带一路"建设和孟中印缅经济走廊建设*
2015年6月29日	—	—	孟加拉国签署《亚洲基础设施投资银行协定》，加入亚投行
2015年8月25~26日	高虎城部长率领中国政府经贸代表团访问孟加拉国（达卡）	中国政府代表、商务部部长高虎城 孟加拉国总理哈西娜、财政部长穆希特、外交部长阿里、道路交通和桥梁部长卡德尔	双方积极评价了中孟经贸关系现状，围绕共建"一带一路"、双边贸易、投资及产业园区合作、对孟援助、有关重大项目合作等议题交换了意见，达成共识
2016年10月14~15日	国家主席习近平访问孟加拉国（达卡）	国家主席习近平 孟加拉国总统哈米德	双方签署了共建"一带一路"以及产能、能源、信息通信、投资、海洋、防灾减灾、人文等领域合作文件，打造中孟大项目合作新布局；双方将2017年确定为"中孟友好交流年"，扩大在文化、教育、旅游等领域合作；双方签署关于建立战略合作伙伴关系的联合声明

注：*孟中印缅经济走廊倡议是2013年5月国务院总理李克强访问印度期间提出。辐射作用将带动南亚、东南亚、东亚三大经济板块联合发展。中国西南、印度东部、缅甸、孟加拉国相对而言均不发达，此前邦省级别的合作动力有限。而将打造"经济走廊"上升至国家层面，能够通过四国延伸带动亚洲经济最重要三块区域的联动发展。如果中印两国积极合作，今后中印缅孟经济合作将迎来快速发展期，中国"西进南下"的策略将顺利推进。

资料来源：根据相关新闻报道整理而得。

第六节 中国企业投资孟加拉国的机会与风险

孟加拉国经济落后，但是随着"孟中印缅经济走廊"的建设、南亚地区的经济发展,该地区经济贸易格局可能将被改写,孟加拉国的经济地位也将发生较大的变化。在互联互通的区域建设背景下,孟加拉国凭借其优越的地理位置有望成为区域合作的重要商业枢纽。自1975年中孟建交以来,两国经贸关系迅速发展,孟加拉国成为中国在南亚地区的重要合作伙伴之一。随着"一带一路"倡议的实施,中孟之间合作也将得到进一步发展。

中国与孟加拉国在基础设施建设领域具有较为广阔的合作前景,中资企业可重点投资孟加拉国基建项目。孟加拉国基础设施比较落后,工业基础薄弱,目前急需建设自己的基础产业,尤其注重基础设施建设,其对基础设施建设项目和能源项目有巨大需求。孟加拉国政府近年来筹划进行了众多基建项目,中孟现有的合作项目也大多集中在基建项目上。此外,中孟两国正在推进孟加拉国吉大港(中国)工业园区项目,进一步加深了两国的经贸合作。从近两年中孟交流情况来看,两国将在"一带一路"和孟中印缅经济走廊建设框架下,加深两国在双边贸易、基础设施投资及产业园区的合作。可以预见,中国对孟加拉国的投资未来仍将集中在基础设施、能源等基建项目上。

中国企业投资孟加拉国的主要风险在于政局不稳、社会治安恶化,政府效率低下以及大国在孟加拉国的影响力争夺所带来的政治风险。具体如下①:

首先,孟加拉国内政党斗争仍在继续,政治危机仍未彻底解决。2011年,在执政党人民联盟的主导下,孟加拉国议会通过宪法修正案废除了看守政府制度,前反对党联盟反应激烈。自2012年以来,前反对党民族主义党频繁发动全国性的游行示威活动向政府施压。尽管其效果有限,冲突活动逐渐减弱,且无论哪个政党执政,重视吸引外资以及创造良好的营商环境已是朝野共识,但一直未得到根本解决的政党冲突可能引发潜在政治危机。另外,孟加拉国工会力量强大,与政党联结紧密,经常参与政党斗争,由政治危机所引发的游行、罢工活动也影响着孟加拉国整体

---

① 资料来源:任琳、牛恒:《"一带一路"投资政治风险研究之孟加拉》,中国网,2015 - 03 - 30 (http://opinion.china.com.cn/)。

第十三章
中国与孟加拉国经贸合作

投资环境。

其次，孟加拉国社会治安条件差。近年来，由于贫富悬殊、腐败等问题严重，孟加拉国安全和社会治安形势持续恶化，地方黑势力以及地方保护主义力量较强。有研究中称"敲诈、凶杀、持枪抢劫、绑架、走私贩毒和黑社会团伙之间的火并等各类传统案件不断发生"。

再次，孟加拉国部分政府部门能力及效率不高，贪腐相对严重。当地商人、银行、海关和有关政府人员相互勾结，欺诈舞弊行为时有发生。盛行的腐败风气降低了经济运行总体效率，对经济发展制约较大，影响了投资者的积极性。

第十四章
中国与尼泊尔经贸合作

第一节 尼泊尔经济现状与产业结构

尼泊尔是农业国,经济落后,是联合国确定的最不发达的48个国家之一,但发展潜力较大。尼泊尔经济发展严重依赖外援,预算支出的1/3来自外国的捐赠和贷款,2014/2015财年,尼泊尔政府收到国外无偿援助743.6亿卢比。近年来,尼泊尔经济增长较为稳定。但在2015年,尼泊尔经历了特大地震、颁布新宪法和政府更迭,经济发展受到一定影响,增速较前两年放缓。2015年,尼泊尔GDP达到208.81亿美元,增长率为3.36%,人均GDP持续增加,2015年达到743美元,见表14-1所示。

表14-1　　　　　　尼泊尔2011~2015年主要经济数据

年份	GDP（亿美元）	GDP年增长率（%）	人均GDP（美元）	按GDP平减指数衡量年通货膨胀率（%）
2011	189.14	3.42	696	10.8
2012	188.52	4.78	685	6.63
2013	192.71	4.13	692	6.58

第十四章
中国与尼泊尔经贸合作

续表

年份	GDP （亿美元）	GDP 年增长率 （%）	人均 GDP （美元）	按 GDP 平减指数衡量 年通货膨胀率（%）
2014	197.70	5.38	702	8.7
2015	208.81	3.36	743	5.87

说明：①根据世界银行计算方法，GDP 的美元数据是通过采用各个年份的官方汇率换算以尼泊尔本国货币衡量的 GDP 而得，GDP 年增长率为以尼泊尔本国货币衡量的 GDP 的增速；
②截至本书成稿时，2016 年的相关数据尚未公布。
资料来源：世界银行数据库（http://data.worldbank.org.cn）。

从产业结构来看，农业是尼泊尔的经济命脉。2014/2015 财年，在尼泊尔 GDP 构成中，第一产业（农业）对 GDP 的贡献是 32.3%，第二产业（工业和建筑业）的贡献为 14.5%，第三产业（服务业）的贡献为 53.2%，其中批发和零售业占 13.3%，交通、通讯和仓储产业占 10.6%，房地产、租赁产业占 7.7%，酒店和餐饮业占 1.8%。

农业是尼泊尔的第一大产业，也是最重要的产业，农业人口占尼泊尔总人口约 80%。尼泊尔山多地少，耕地面积为 325.1 万公顷，耕地分布不均衡，整个农业生产水平十分低下，基本上处于自给自足的自然经济状态。并且，耕作方式落后，经济作物和高附加值农产品生产率低，未形成机械化、现代化的农场管理模式。尼泊尔粮食作物主要有水稻、玉米、小麦、大麦和小米，经济作物主要有甘蔗、烟草、黄麻、棉花、土豆、油料作物等。除此之外，畜牧业是尼泊尔尚待开发的一个产业。尽管尼泊尔全国随处可见家禽家畜的饲养（主要是牛、羊、猪、鸡），但多以小集体饲养为主，目前仍未形成大型的商业性饲养场，畜牧业有待开发和发展。

在工业方面，尼泊尔基础薄弱，规模较小，机械化水平低，发展缓慢。主要行业有制糖、纺织、皮革制鞋、食品加工、香烟和火柴、黄麻加工、砖瓦生产和塑料制品等。据尼泊尔 2014/2015 财年经济概览显示，2014/2015 财年，尼泊尔工业增长 2.6%，占 GDP 的 14.5%。

在服务业方面，尼泊尔地处喜马拉雅山南麓，自然风光旖旎，气候宜人,徒步旅游和登山业比较发达。赴尼泊尔旅游的主要为亚洲游客,其中以印度游客居多,其次为西欧和北美游客。2014年,中国赴尼泊尔游客超过15万人次,排名第二。但由于2015年的特大地震影响,尼泊尔旅游业受到严重影响,目前,赴尼旅游人数正在逐渐回升。

贸易方面,尼泊尔是进口依赖型国家,目前尼泊尔在生活消费品、生产原料等方面主要依靠进口。尼泊尔于2004年正式加入WTO,成为首个加入WTO的最不发达国家。尼泊尔主要的出口商品有钢铁制品、纱线(涤纶、棉及其他)、羊毛地毯、纺织品、成衣等;主要的进口商品有成品油、钢铁、机械及配件等。2014/2015财年,尼泊尔对外贸易总额达8712.21亿卢比(约88.27亿美元),同比增长7%,逆差增长10.5%,达6979.4亿卢比(约70.7亿美元)。其中出口总额为866.4亿卢比,占GDP的4%,进口总额为7845.81亿卢比,同比增长8.6%。印度、中国、阿联酋、印度尼西亚、泰国、阿根廷、巴西、美国、马来西亚、日本等是尼泊尔的主要贸易伙伴。

联合国贸发会议发布的2016年《世界投资报告》显示,2015年,尼泊尔吸收外资流量为0.51亿美元;截至2015年底,尼泊尔吸收外资存量为5.79亿美元。尼泊尔的外资主要来源国和地区有印度、中国内地、英国、土耳其、韩国、美国、英属维尔京群岛、中国香港等。

第二节 尼泊尔具有国际竞争优势的产业

在二位码层面上计算尼泊尔各个产业的显示性比较优势指数(RCA)①,结果显示,在尼泊尔具有显著比较优势(RCA>1.25)的23个产业中,资本密集型产业有6个,劳动密集型产业有17个,见表14-2所示。

---

① 关于RCA指数详见本书上篇第一章第二节。

第十四章
中国与尼泊尔经贸合作

表 14-2　　尼泊尔具有显著比较优势产业

产业类型	产业	2009年	2010年	2011年	2012年	2013年	2014年	2015年
劳动密集型	编结用植物材料，其他植物产品	291.90	406.96	308.38	295.36	194.35	184.87	205.83
	地毯及纺织材料的其他铺地制品	85.47	78.27	96.28	88.81	97.12	90.27	108.25
	其他植物纺织纤维，纸纱线及其机织物	37.71	50.77	59.95	89.29	75.00	65.35	91.31
	化学纤维短纤	28.70	33.69	33.38	37.08	34.18	34.34	35.32
	化学纤维长丝	27.24	28.73	28.71	32.53	27.54	24.30	18.91
	咖啡、茶、马黛茶及调味香料	19.19	20.92	22.26	34.90	37.50	28.13	37.04
	帽类及其零件	10.61	21.59	32.93	19.54	18.38	16.32	16.46
	食用蔬菜、根及块茎	22.61	17.81	8.14	14.37	5.87	6.50	4.24
	絮胎、毡呢及无纺织物，特种纱线；线、绳、索、缆及其制品	10.53	17.06	16.91	11.02	12.87	13.06	15.43
	其他纺织制成品，成套物品，旧衣着及旧纺织品，碎织物	10.28	14.21	14.80	13.97	12.53	11.41	13.85
	蔬菜、水果、坚果或植物其他部分的制品	8.91	1.68	11.61	13.86	15.31	14.01	15.51
	生皮（毛皮除外）及皮革	4.85	5.87	7.18	9.26	7.97	8.26	7.57
	非针织或非钩编的服装及衣着附件	5.85	6.45	6.85	4.99	6.18	6.14	6.35
	特种机织物，簇绒织物，花边，装饰毯，装饰带，刺绣品*	3.19	2.56	4.44	2.66	3.59	1.14	0.00
	谷物、粮食粉、淀粉或乳的制品，糕饼点心	3.47	2.82	3.74	2.31	2.46	2.80	2.54
	精油及香膏，芳香料制品及化妆盥洗品	2.66	2.63	3.55	2.78	2.50	2.19	1.83
	含油子仁及果实，杂项子仁及果实，工业用或药用植物，稻草、秸秆及饲料	2.33	1.64	3.04	2.84	2.10	2.55	1.60

续表

产业类型	产业	2009年	2010年	2011年	2012年	2013年	2014年	2015年
资本密集型	艺术品、收藏品及古物**	14.05	7.28	5.75	3.90	5.01	4.80	5.10
	盐，硫黄，泥土及石料，石膏料、石灰及水泥	12.61	5.13	7.01	5.71	4.50	7.99	0.03
	钢铁	4.68	4.83	4.91	4.34	5.02	3.81	3.17
	食品工业的残渣及废料，配制的动物饲料	4.67	3.11	3.66	3.53	2.94	3.57	4.93
	铜及其制品	2.76	2.54	2.50	2.58	2.38	2.21	2.41
	钢铁制品	1.71	2.58	1.72	2.96	2.28	2.39	1.84

说明：表格统计数据从金融危机之后的2009年开始到2015年，各产业按照历年比较优势算术平均数降序排列。历年比较优势算术平均数不具有特殊经济含义，仅为比较优势产业排序之用。

注：* 尼泊尔该产业在2014年后无出口数据，故2015年的比较优势定为0。

** 商品编码HS97为艺术品、收藏品及古物，因其在贸易中占比重小，对一国产业结构影响不大，因此不做特别分析。

资料来源：UN COMTRADE数据整理。

一、主要劳动密集型产业

1. 地毯及纺织材料

尼泊尔在该产业上具有明显的比较优势，主要体现在地毯及纺织材料的其他铺地制品；其他植物纺织纤维，纸纱线及其机织物。进一步对其HS编码研究发现，尼泊尔主要出口羊毛地毯、纺织品、成衣等。尼泊尔的手工羊毛地毯世界闻名，地毯工业也是尼泊尔的重要出口创汇产业。编织艺术是尼泊尔古老传统艺术，尼泊尔手工打结地毯设计工艺来源于中国西藏。1964年，尼泊尔通过商船向欧洲出口了第一批地毯，尼泊尔地毯进入了国际市场，从而成为尼泊尔工业的重要组成部分，至今，地毯行业也是尼泊尔创造就业和获取外汇最多的产业。但尼泊尔的毛毯厂雇用童工现象严重。

2. 咖啡、茶、香料

尼泊尔在该产业上的比较优势显著且呈增长态势，主要体现在咖啡、

第十四章
中国与尼泊尔经贸合作

茶、马黛茶及调味香料。尼泊尔丘陵地区的土壤和气候很适合种植咖啡，目前，尼泊尔政府已把咖啡作为本国一种重要的经济作物和有潜力的商品。尼泊尔咖啡种植几乎不使用化肥和农药，属于有机咖啡，主要品种是阿拉伯咖啡。国际市场对尼泊尔咖啡需求旺盛，2015/2016 财年，尼泊尔咖啡产量约为 434 吨，其中 112 吨用于出口，而国际市场对其的需求为 7000~8000 吨，产量仅能满足国际市场需求的 5%[1]。2015 年，尼泊尔咖啡种植面积增加 237 公顷，尼泊尔茶叶与咖啡发展董事会正在通过培训等方式鼓励农民种植咖啡。目前，尼泊尔有 30000 多农户从事咖啡种植。实际上，尼泊尔大面积的山区范围目前都空置，如果都用来种植咖啡，足以满足全球市场的供应。尼泊尔咖啡的主要出口国有韩国、德国及其他欧洲一些国家，同时，加拿大和日本也是该产品的新兴出口目的地国。

二、主要资本密集型产业

1. 盐，硫黄，泥土及石料，石膏料、石灰及水泥

尼泊尔在该产业的比较优势呈下降趋势，2015 年甚至不具备显著性比较优势。尼泊尔的石灰石和石膏储量丰富，但国内熟料总产能约 300 万吨，2016 年国内水泥消费量在 600 万吨左右，并以每年 10%~15% 增长，不足部分需通过进口水泥或熟料填补[2]。

中国企业已经积极参与到尼泊尔的水泥产业中来，2015 年 3 月 17 日，中国红狮控股集团和尼泊尔的希瓦股份公司在尼泊尔首都加德满都签署协议，计划共同投资 3 亿美元，在尼泊尔建设年产 300 万吨的新型水泥厂，是目前尼泊尔最大的水泥生产投资项目[3]。一期项目已于 2017 年 1 月开工建设，计划于 2018 年 4 月建成投产。该水泥厂项目建成后，会为当地直接带来 500 多个就业岗位，提供 1000 多个就业机会。

---

[1] 资料来源：中国商务部驻尼泊尔经商参处，"尼泊尔咖啡产量仅能满足国际市场需求的 5%"。(http://np.mofcom.gov.cn/article/jmxw/201611/20161101782913.shtml)。

[2] 资料来源：尼泊尔水泥制造商协会。

[3] 资料来源：周盛平：《中国民营企业参建尼泊尔最大水泥项目》，新华网，2015 年 3 月 18 日（ http://news.xinhuanet.com/overseas/2015-03/18/c_1114681901.htm ）。

2. 钢铁

尼泊尔在该产业上的显著性比较优势较稳定，钢铁是尼泊尔第一大出口产品。尼泊尔的自然资源相对非常丰富，种类也非常多，自然资源主要有铜矿、铁矿、铝矿以及各种石材等，但由于经济水平限制，开采量非常小。

第三节 尼泊尔外商投资政策及战略规划

一、尼泊尔外资政策

由《1992年外国投资和技术转让法》《1992年工业企业法》《外国在尼泊尔投资程序》（2005年6月发布）等规定，尼泊尔取消外资最低投资额度限制；允许建立外商独资企业；除个别规定区域外，允许外商在任何区域投资。目前，尼泊尔不对外国投资开放的行业有：（1）家庭手工业；（2）军事工业；（3）房地产（指的是买卖房产，不包括建筑开发商）；（4）货币及涉密印刷业；（5）放射性物质；（6）家禽、渔业、蜂蜜等初级农产品生产；（7）部分旅游业、徒步、高山向导、挑夫；（8）投资低于50亿卢比的多品牌零售商店；（9）大众传媒（广播、电视、报纸）。

除此之外，为了配合2012年年初发布的《经济繁荣发展行动计划》，尼泊尔政府计划与包括中国和卡塔尔在内的五个国家签署双边投资保护和促进协议（BIPPA），这是尼泊尔政府首次主动提出与其他国家签订双边投资保护和促进协议。而此前，尼泊尔已与印度、英国、法国、德国、毛里求斯、芬兰六个国家签订了该协议。

二、尼泊尔对外合作战略

尼泊尔实行以市场经济为导向的自由经济政策，对外合作开放重点为三个领域：一是水电行业。尼泊尔水电资源丰富，水电蕴藏量8300万千瓦，约占世界总量的2.3%，4300万千瓦可用于发展水电，但目前开发率极低，不足2%①。二是公路和铁路项目。目前，尼泊尔尚无铁路交通，但政府已经开始进行南部平原地区铁路项目的规划，未来将建设东西向铁路通道，公路开发和建设是尼泊尔承包工程市场的重要组成部分。三是灌溉等民生项目。作为农业国家，尼泊尔大力发展水力灌溉工程，城市和乡村的基础设施也亟待完善，此领域也是国外援助资金重点投放对象。

三、尼泊尔长期发展规划

根据尼泊尔国家计划委员会制定的第13个国家周期发展计划（2013～2016年），尼泊尔经济将保持6%的增长速度，贫困率将从目前的23.8%降低到18%，提高就业率3.2%，并在计划期内将通货膨胀控制在7%，从而到2022年使尼泊尔从最不发达国家迈入发展中国家行列，2030年成为中等收入国家。然而从目前数据表现来看，经济增长并没有达到预期。

灾后重建方面，2015年5月12日，尼泊尔总理奥利在议会公布了地震灾后重建计划，宣布尼泊尔将在今后5年内完成全部重建工作，预计需要资金8380亿卢比（约合83.8亿美元）。根据这一计划，尼泊尔将在两年内完成地震中被毁的私人房屋的重建工作，三年内重建遭损毁的公共建筑（如医院、政府大楼等），五年内修复被毁文物古迹。②

基础设施建设方面，尼泊尔政府于2016年4月公布了今后五个财年（2016/2017财年至2020/2021财年）的公路和铁路等交通设施发展战略规划，目标是建设相互连通的交通网络。尼泊尔政府计划在五年内投资8160亿卢比（约76.98亿美元）用于公路和铁路等交通设施建设，加强南北互联互通，改善道路设施，加强对城市公路网络和公共交通的管理。未来五年，尼泊尔还将新建450座桥梁，并完成在建的200座桥梁。

水电方面，2010年，尼泊尔能源部发布了一份20年水电规划，提出到2030年将尼泊尔的发电能力提高到2500万千瓦。

---

① 资料来源：中国商务部《对外投资合作国别（地区）指南——尼泊尔（2016年版）》。（http://fec.mofcom.gov.cn/article/gbdqzn/upload/niboer.pdf）。

② 资料来源：周盛平：《尼泊尔公布5年重建规划，预算约84亿美元》，新华网，2016年5月13日（http://news.xinhuanet.com/world/2016-05/13/c_1118864203.htm）。

第四节　近年中国与尼泊尔经贸合作成果

近年来中尼贸易发展迅速，尼泊尔已成为中国通往南亚市场的重要通道。2013年7月1日，中国对尼泊尔正式实施95%零关税优惠政策，涵盖7831个税目商品。2014年12月5日，两国签署中国对尼泊尔97%税目产品输华零关税待遇的换文，涵盖8030个税目商品。2014年12月17日，中尼签署了《中华人民共和国商务部和尼泊尔政府财政部关于在中尼经贸联委会框架下共同推进"丝绸之路经济带"建设的谅解备忘录》。①

一、双边贸易

中国和尼泊尔贸易存在互补性，近年来，中国对尼泊尔的出口额逐年提升，由于大地震的影响，2015年出现下降，中国从尼泊尔进口额较小，除了2015年外，进口增长率一直为正，见图14-1所示。2015年，中尼双边贸易额8.66亿美元，同比下降62.8%，其中，中国出口8.34亿美元，同比下降63.5%；中国进口0.32亿美元，同比下降32%。近年来，双边贸易的增幅波动较大。中国出口至尼泊尔的商品主要有：（1）电气设备及零部件；（2）服装类产品；（3）机械器具及零件；（4）化学纤维类；（5）水果、坚果、果皮类。中国从尼泊尔进口的商品主要有：（1）贱金属杂项制品；（2）家具、寝具等；（3）木及木制品、木炭；（4）生皮（毛皮除外）及皮革；（5）铜及其制品。

二、中国对尼泊尔直接投资

中国对尼泊尔的直接投资流量总体呈上升趋势，从增长率看，除在2009年出现激增外，其他年份都基本保持平稳增长，见图14-2所示。

---

① 资料来源：根据中华人民共和国驻尼泊尔联邦民主共和国大使馆经济商务参赞处（http://np.mofcom.gov.cn）相关新闻报道整理。

第十四章
中国与尼泊尔经贸合作

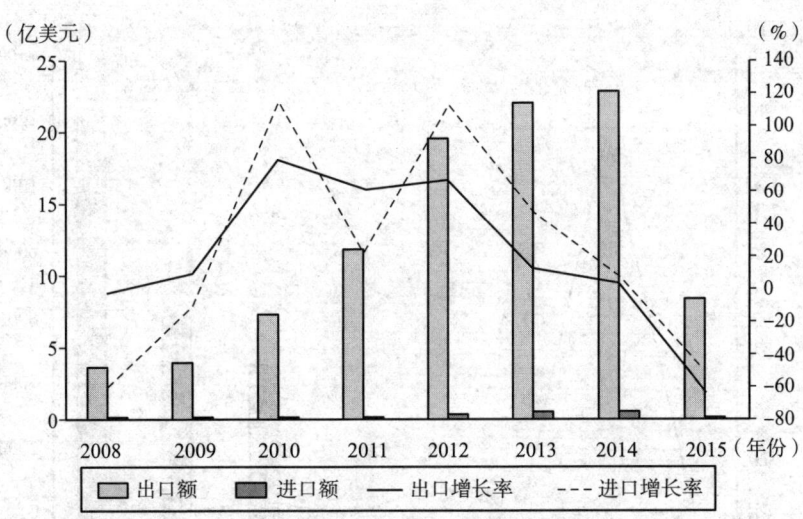

图 14-1　2008~2015 年中国对尼泊尔进出口贸易额统计

资料来源：中国经济数据库（https://www.ceicdata.com/）。

据中国商务部统计，2015 年当年中国对尼泊尔直接投资流量 7888 万美元。截至 2015 年末，中国对尼泊尔直接投资存量 2.92 亿美元。目前，在尼泊尔投资的中资企业超过 100 家，主要集中在水电站、航空、餐饮、宾馆、矿产、中医诊所、食品加工等行业。由于尼泊尔投资环境存在诸多不稳定因素，中国对尼泊尔的投资尚处于起步阶段，大多数投资的企业是小型私营企业。2012 年底，中国水电建设集团海外投资有限公司投资的上马相迪 A 水电站（总投资额 1.6 亿美元）和中国水利电力对外公司投资的上马蒂水电站（总投资额 5830 万美元）项目在历经多年准备后先后开工，以及藏航与尼合资喜马拉雅航空公司成立，拉开了国内大型企业在尼泊尔投资的序幕。近来，中国在尼泊尔加大了投资力度，水电、农业、旅游等领域投资不断加大，两国在铁路以及航空业的交流合作也在不断推进。

三、承包工程与劳务合作

据中国商务部统计，2015 年中国企业在尼泊尔新签承包工程合同 33 份，新签合同额 2.62 亿美元，完成营业额 2.53 亿美元；当年派出各类劳

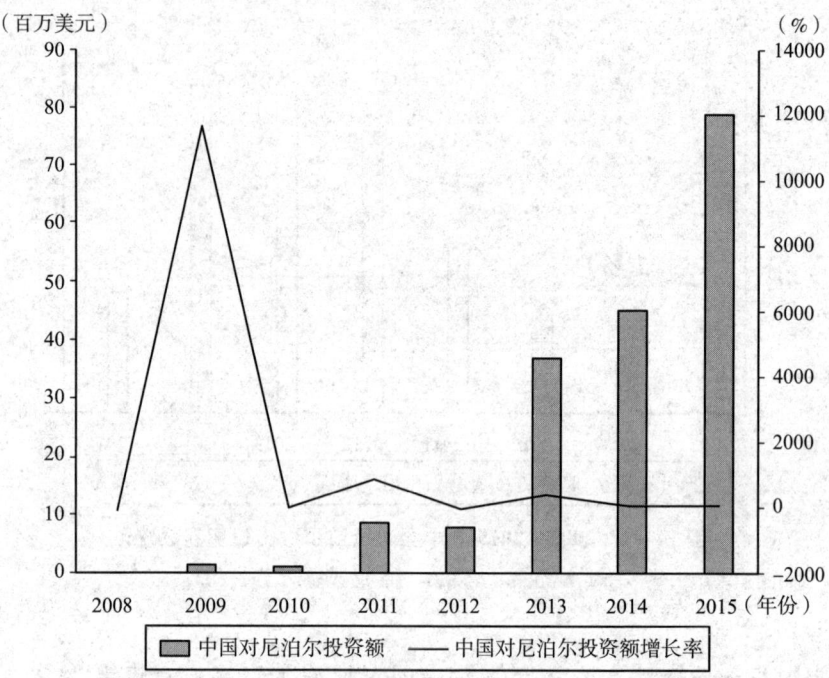

图 14-2 2008~2015 年中国对尼泊尔直接投资统计

说明：尼泊尔对中国的直接投资数据缺失。
资料来源：国家统计局（http://www.stats.gov.cn/tjsj/）。

务人员 1359 人，年末在尼泊尔劳务人员 1077 人，见图 14-3 所示。中国承包工程企业集中在水设施建设、通讯、房建等行业，主要的大型中资企业有中国水电建设集团公司、葛洲坝集团公司、中国水利电力对外公司、上海建工集团、中兴通讯股份有限公司、华为技术公司、中国水利水电顾问集团、中鼎国际工程有限公司、中铁四局集团有限公司、中铁五局集团有限公司、中铁十四局海外分公司等。目前国内大型企业在尼泊尔投资主要采取并购当地企业获取项目所有权的方式进行，并通过当地代理公司协助开发项目。

中国的企业很早就在尼泊尔的基础设施领域发现了机遇，最初它们以工程承包方式进入尼泊尔市场，后来则开始通过 BOT（即建设—经营—转让的公共设施建设模式）和 PPP（即政府与私人合作的公共设施建设模式）的方式，对尼泊尔基础设施项目进行直接投资。中方在建的 BOT 项目

第十四章
中国与尼泊尔经贸合作

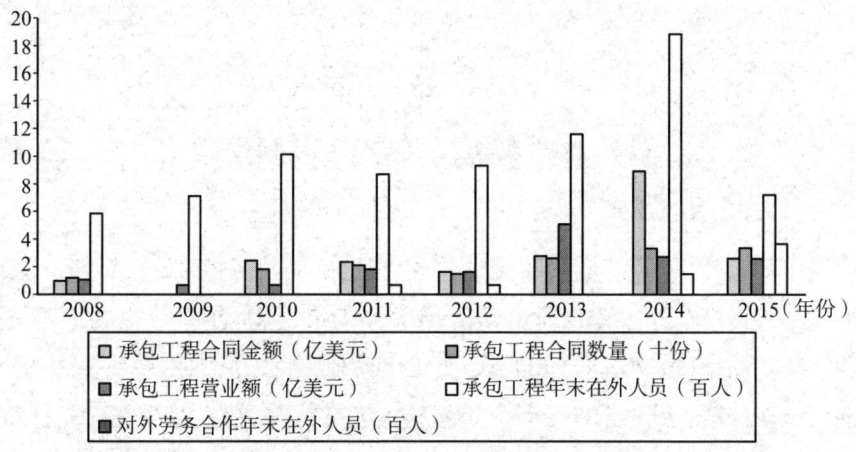

图 14-3 2008~2015 年中国对尼泊尔承包工程与劳务合作统计

说明：2009 年对外承包工程合同数量数据缺失。
资料来源：中国商务部（http://www.mofcom.gov.cn/）。

有上述的上马相迪 A 水电站（投资总额 1.6 亿元）和上马蒂水电站（总投资额 5830 万美元）。并且，在 2014 年底的第 18 届南亚区域合作联盟峰会上，各国领导人已同意实现区域电网的互联互通，这将方便电站向更远的尼泊尔以外客户售电，一定程度上保障了电站投资的回报。此外，2014 年 5 月 22 日，中工国际工程股份有限公司与尼泊尔民航局签署了博卡拉地区国际机场建设项目总承包合同，该项目建成后，将会改善尼民航和旅游设施、促进尼经济和社会发展。2015 年 4 月 13 日，尼泊尔投资委员会还批准了中国长江三峡集团在尼泊尔的西赛提河（West Seti）水电站项目，该项目投资 16 亿美元，是尼泊尔单笔金额获得最高的海外投资项目。

四、中尼金融合作

2014 年 12 月 23 日，为进一步加强中尼两国金融合作，双方签署了《中国人民银行和尼泊尔国家银行双边结算与合作协议补充协议》。根据补充协议，中尼两国人民币结算将从边境贸易扩大到一般贸易，并扩大地域范围，这将进一步促进双边贸易和投资增长。此外，根据该协议尼泊尔央行允许尼泊尔当地各银行及金融结构在中国境内开立人民币账户并使用人民币作为业务清算货币。

中国与"一带一路"沿线国家经贸合作国别报告

第五节 "一带一路"倡议实施以来中尼高层交流及其成果

中国和尼泊尔的密切关系历史悠久,尼泊尔是中国的友好邻邦。随着中国"一带一路"倡议的提出,两国关系有望进入合作共赢的新时期。近两年,中尼双边交流合作频繁。2015年3月底,尼泊尔总统亚达夫在访问中国西藏的行程当中表示,"尼方坚定支持并愿意参与'一带一路'建设,也愿意通过西藏这个平台进一步深化尼中及尼泊尔与西藏自治区的亲密合作,增进互信",中尼两国经贸合作有望迈上新台阶。近几年中国和尼泊尔的双边交流及其成果如表14-3所示。

表14-3 近年来中尼双边交流及其成果

时间	事件	参加人	交流内容及其成果
2014年2月26日	中国和尼泊尔签署新的航空运输服务备忘录(加德满都)	中国民航局副局长夏兴华 尼泊尔文化、旅游与民航部部秘苏西	双方就大幅扩大两国间的航权安排达成一致,双方空运企业在指定航线上经营的客运航班数量2014年将从现有的每周14班增至每周56班,2015年增至每周63班,2016年增至每周70班,而两国间的货运航班数量放开
2014年6月6日	国务院副总理汪洋会见来华出席第二届中国—南亚博览会的尼泊尔总理柯伊拉腊(昆明)	国务院副总理汪洋 尼泊尔总理柯伊拉腊	中方鼓励中国企业参与尼道路、水电、旅游、草药等领域投资合作,促进互联互通,愿为尼方经济发展和社会安定提供力所能及的帮助
2014年12月17日	中尼(泊尔)经贸联委会第11次会议(北京)	商务部副部长高燕 尼泊尔财政部秘书沙尔马	签署了《中华人民共和国商务部和尼泊尔政府财政部关于在中尼经贸联委会框架下共同推进"丝绸之路经济带"建设的谅解备忘录》及其他有关合作文件 双方围绕共建"丝绸之路经济带"、贸易和投资合作、经济技术合作、基础设施建设、金融和旅游领域合作等议题达成一系列共识

第十四章
中国与尼泊尔经贸合作

续表

时间	事件	参加人	交流内容及其成果
2015年4月15日	尼泊尔在"'一带一路'战略中的角色"主题研讨会（提莫里）	尼泊尔当地商会、协会成员、政党领导人、两国边检站负责人和中尼媒体记者	双方讨论了青藏铁路延伸至尼泊尔境内问题以及尼泊尔对接"一带一路"战略等问题 尼方希望两国加强合作，促进通过吉隆口岸进行的边贸活动
2015年11月17~21日	2015中国西藏—尼泊尔经贸洽谈会（加德满都）	来自西藏和尼泊尔的100多家机电、纺织、医药、食品和轻工工艺品企业	共签订外贸进出口合同438万美元、投资合作合同1900万美元，达成合资合作意向资金2526万美元 除正常参展外，自治区商务厅还专门组织了三场企业对接，两场经贸合作签字仪式，特别是组织双方金融、投资企业对接，为深化中尼双边经贸发展打下基础
2016年10月15日	国家主席习近平会见尼泊尔总理（印度果阿）	国家主席习近平 尼泊尔总理普拉昌达 中央政治局委员王沪宁、栗战书、国务委员杨洁篪、中国人民银行行长周小川	落实双方就加强互联互通、自由贸易安排、能源等领域合作达成的共识，持之以恒推进发展合作 中方愿继续帮助尼泊尔灾后重建，推进基础设施、民生恢复、文物古迹修复等项目，鼓励中国优质企业赴尼泊尔投资，参与尼泊尔经济特区和工业园区建设，并加强农业产业化、水利水电等领域合作 双方要开展更广泛人文交流，加强在旅游、教育、文化、青年、媒体、地方等领域交流合作 双方在联合国、上海合作组织、南亚区域合作联盟等框架内继续保持协调和配合 尼方愿积极参加"一带一路"和亚洲基础设施投资银行框架下互联互通建设

资料来源：根据相关新闻报道整理而得。

第六节 中国企业投资尼泊尔的机会与风险

总体而言，尼泊尔是典型的农业小国，处于最不发达行列。尼泊尔的工业基础薄弱,基础设施极不完善,但资源丰富,劳动力充足,地理位置优越,市场潜力巨大。目前,中国已经成为尼泊尔第一大直接投资来源国和第二大贸易伙伴。中国企业在尼泊尔的投资领域主要是基础设施建设,重点在水利和交通方面,未来中尼两国的投资合作仍将集中在基础设施建设等方面。

尼泊尔政府大力支持并积极响应中国的"一带一路"倡议,欢迎中国企业前去投资,在2017年3月27日举行的尼泊尔投资机会圆桌会上,尼泊尔总理普拉昌达就指出:"尼泊尔政府欢迎更多中国企业家在基础设施、电力、矿产、石油、现代化农业、旅游业等重点领域加大投资,与尼泊尔企业共同开发本国市场及南亚地区的第三市场。"① 此外,尼泊尔政府在其主办的2017年投资峰会上还公布了八大优先投资领域,包括能源、农业、矿业、交通运输业、旅游业、通信业、银行业和制造业。中国企业可以优先选择投资尼泊尔政府大力推荐的投资领域,这些领域的营商环境和政策支持都更有优势。

世界经济论坛《2015~2016年全球竞争力报告》显示,尼泊尔在全球最具竞争力的140个国家和地区中,排第100位。中国企业在投资过程中除了看重尼泊尔的资源、劳动力优势、潜在的市场活力等外,还应谨慎防范可能遇到的风险,总体来说,中国企业在尼泊尔投资存在的主要风险见表14-4所示。

表14-4　　　　　　　中国企业投资尼泊尔的主要风险

风险类型	注意事项
政治风险	政局动荡:多年来尼泊尔政局一直动荡不安,虽然2013年新政府上台后,尼泊尔政局开始趋于稳定,尼泊尔仍然面临国内党派众多、政治势力错综复杂的现状,全国性的游行示威活动、生产罢工行动仍会发生 地缘政治影响:受地缘政治和历史因素的影响,尼泊尔与印度在政治、经济和文化方面的联系更加紧密。中国企业在尼泊尔投资可能会受到中、尼、印三边政治关系的影响
安全风险	社会治安问题较严重:尼泊尔国内管理体系不到位,社会治安问题较严重
法律风险	行政不规范:尼泊尔政局刚进入稳定状态,国内的法律法规的制定尚不健全

资料来源:任琳:《"一带一路"投资风险研究之尼泊尔》,中国网(http://opinion.china.com.cn/opinion - 54 - 129854.html)。

---

① 资料来源:王俪霏:《尼泊尔投资机会圆桌会在京举行》,中国国际贸易促进委员会,2017年3月27日(http://www.ccpit.org/Contents/Channel_3434/2017/0327/779371/content_779371.htm)。

第十五章
中国与斯里兰卡经贸合作

第一节 斯里兰卡经济现状与产业结构

斯里兰卡属于中低等收入国家。近年来，得益于中国等国家及国际金融机构大量贷款支持，斯里兰卡经济稳步发展，经济增长率居南亚前列。但在2015年，斯里兰卡新总统上台后进行了一系列政治经济改革，处于政治过渡阶段，存在一些不确定因素，导致斯里兰卡经济增长率大幅下降。2015年，斯里兰卡GDP总额为823.16亿美元，总量位于世界第66位，较上一年度增长2.86%，见表15-1所示。此外，2011~2015年间，斯里兰卡人均GDP持续增长，到2015年已达到3800美元。同时，得益于斯里兰卡燃油价格下调，2014年、2015年斯里兰卡保持较低的通货膨胀率。从产业结构上看，2015年第一产业占7.9%，第二产业占26.2%，第三产业占56.6%。

表15-1　　　　斯里兰卡2011~2015年主要经济数据

年份	GDP（亿美元）	GDP年增长率（%）	人均GDP（美元）	按GDP平减指数衡量年通货膨胀率（%）
2011	652.93	15.10	2860	6.72
2012	684.34	4.81	3360	6.83

续表

年份	GDP（亿美元）	GDP 年增长率（%）	人均 GDP（美元）	按 GDP 平减指数衡量年通货膨胀率（%）
2013	742.94	8.56	3490	6.91
2014	800.28	7.72	3650	3.28
2015	823.16	2.86	3800	2.14

说明：①根据世界银行计算方法，GDP 的美元数据是通过采用各个年份的官方汇率换算以斯里兰卡本国货币衡量的 GDP 而得，GDP 年增长率为以斯里兰卡本国货币衡量的 GDP 的增速；
②截至本书成稿时，2016 年的相关数据尚未公布。
资料来源：世界银行数据库（http://data.worldbank.org.cn）。

在农业方面，斯里兰卡是一个以种植园经济为主的农业国家，渔业、林业和水力资源丰富。茶叶、橡胶和椰子是斯里兰卡农业经济收入的三大支柱。由于斯里兰卡农业生产成本高、生产率低、损耗大等因素，加之非农业产值不断上升，斯里兰卡农业产值在 GDP 中的占比一直呈下降趋势，从 20 世纪 50 年代的 50%，70 年代的 35%，90 年代的 20%，进而下降到 2014 年的 10.1%，2015 年的 7.9%。农产品出口是斯里兰卡出口创汇的重要组成部分，创汇额约占斯里兰卡外汇收入的 25% 左右。其中，茶叶、橡胶和椰子是斯里兰卡农业出口的三大支柱商品。2015 年，茶叶出口达 13.4 亿美元，占出口总额的 12.8%；香料出口 3.8 亿美元，占出口总额的 3.6%；橡胶出口 0.26 亿美元，占出口总额的 0.2%；椰子出口 3.5 亿美元，占出口总额的 3.3%。

在工业方面，斯里兰卡工业基础相对薄弱。由于资源缺乏，大量工业原材料仍需从国外进口。斯里兰卡资金技术密集型工业尚未形成，几乎无重工业，目前主要有纺织、服装、皮革、食品、饮料、烟草、化工、石油、橡胶、塑料、非金属矿产品加工业及采矿、采石业。其中纺织服装业是斯里兰卡国民经济的支柱产业和最重要的工业行业，也是斯里兰卡第一大出口创汇行业。2015 年，斯里兰卡纺织服装出口达 48.2 亿美元，占其外贸出口额的 45.9%。

在服务业方面，斯里兰卡服务业主要包括批发零售业、酒店、餐饮业、交通运输、仓储、信息及通讯业、旅游业、金融服务等。利用国民识

第十五章
中国与斯里兰卡经贸合作

字率高,劳动技能训练有素的相对优势,斯里兰卡正在努力把本国经济打造成服务业导向型经济,服务业已经发展为斯里兰卡国民经济的主导产业,并已成为斯里兰卡经济增长的主要驱动力,特别是信息、通讯业异军突起,发展势头迅猛,增势强劲。2015年斯里兰卡的服务业增速为5.3%,其中通讯业增长12.5%。

贸易方面,2015年,斯里兰卡进出口贸易总额为294.9亿美元,同比下降3.5%。其中,出口105.5亿美元,同比下降5.6%;进口189.4亿美元,同比下降2.5%,贸易逆差84.3亿美元。贸易结构上,斯里兰卡主要出口纺织服装、茶叶、橡胶及橡胶制品、珠宝和宝石等,进口原油及石油产品、纺织品、机械设备、食品饮料等。2015年,斯里兰卡的主要出口国依次是美国(26.7%)、英国(9.8%)、印度(6.1%),中国排在第六位,占比2.9%;主要进口国为印度(22.5%)、中国(19.6%)、日本(7.3%)。

联合国贸发会议发布的2016年《世界投资报告》显示,2015年,斯里兰卡吸收外资流量为6.81亿美元;截至2015年底,斯里兰卡吸收外资存量为99.72亿美元。外国企业在斯里兰卡投资涉及多个领域,包括基础设施、房地产、服务业、纺织服装、电子、化工、食品、橡胶、木材、金属制品、皮革等。2014年,中国内地、美国、中国香港特区占据外资来源国的前三位,分占25%、23.67%和7.9%,新加坡和荷兰分列第四和第五位,来自西方国家的投资合计占41%。

第二节 斯里兰卡具有国际竞争优势的产业

在二位码层面上计算斯里兰卡各个产业的显示性比较优势指数(RCA)[①],结果显示,斯里兰卡具有显著比较优势(RCA>1.25)的20个产业中,资本密集型产业有2个,劳动密集型产业有18个,见表15-2所示。

---

① 关于RCA指数详见本书上篇第一章第二节。

表15-2　　　　　　斯里兰卡具有显著比较优势产业

产业类型	产业	2009年	2010年	2011年	2012年	2013年	2014年	2015年
劳动密集型	咖啡、茶、马黛茶及调味香料	75.78	75.53	59.62	66.12	77.62	69.87	57.10
	其他植物纺织纤维，纸纱线及其机织物	49.38	46.51	48.61	67.35	58.30	53.53	48.62
	编结用植物材料，其他植物产品	47.26	24.16	31.19	37.54	39.94	35.88	32.85
	针织或钩编的服装及衣着附件	17.03	16.91	17.76	18.18	19.22	19.41	19.23
	非针织或非钩编的服装及衣着附件	16.90	16.99	16.65	18.60	17.42	15.66	15.15
	制粉工业产品，麦芽，淀粉，菊粉，面筋	5.06	13.63	14.02	9.29	3.51	3.59	2.71
	帽类及其零件	5.43	6.83	6.57	5.86	5.44	5.15	4.48
	特种机织物，簇绒织物，花边，装饰毯，装饰带，刺绣品	2.57	4.01	3.36	4.59	6.30	4.24	4.34
	鱼、甲壳动物、软体动物及其他水生无脊椎动物	4.57	3.85	3.69	4.16	4.40	4.09	2.91
	烟草、烟草及烟草代用品的制品	2.87	2.88	3.47	4.21	4.17	3.74	3.54
	食用水果及坚果，柑橘属水果或甜瓜的果皮	2.06	1.82	3.14	2.11	2.16	4.23	3.29
	杂项制品	2.15	2.15	2.12	1.97	1.90	2.00	1.86
	絮胎、毡呢及无纺织物，特种纱线；线、绳、索、缆及其制品	1.56	1.72	1.86	2.13	1.69	2.17	2.21
	杂项食品	1.41	2.07	2.40	1.90	1.38	1.58	1.17
	针织物及钩编织物	1.48	1.50	1.48	2.11	1.59	2.20	2.53
	蔬菜、水果、坚果或植物其他部分的制品	1.37	1.44	1.67	1.70	1.74	1.90	2.23

续表

产业类型	产业	2009年	2010年	2011年	2012年	2013年	2014年	2015年
劳动密集型	其他纺织制成品，成套物品，旧衣着及旧纺织品，碎织物	1.52	1.75	1.66	1.60	1.49	1.41	1.71
	化学纤维短纤	1.47	1.51	1.35	1.62	1.48	1.90	2.24
资本密集型	橡胶及其制品	6.93	7.90	8.38	8.47	8.46	7.65	7.37
	书籍、报纸、印刷图画及其他印刷品；手稿、打字稿及设计图纸	1.82	3.25	8.19	1.79	1.39	1.81	1.89

说明：表格统计数据从金融危机之后的2009年开始到2015年，各产业按照历年比较优势算术平均数降序排列。历年比较优势算术平均数不具有特殊经济含义，仅为比较优势产业排序之用。

资料来源：UN COMTRADE 数据整理。

一、主要劳动密集型产业

斯里兰卡具有比较优势的劳动密集型产业主要包括纺织品及其原料，植物产品和食品、饮料、烟草。

1. 纺织品及原料

纺织品及原料是斯里兰卡第一大出口产业，斯里兰卡在该产业上占明显比较优势。主要体现在其他植物纺织纤维，纸纱线及其机织物；针织或钩编的服装及衣着附件；非针织或非钩编的服装及衣着附件三类，但是其他植物纺织纤维和纸纱线及其机织物这类产业的出口在总出口的比重并不高。而针织或钩编的服装及衣着附件和非针织或非钩编的服装及衣着附件这两类是斯里兰卡最主要的出口产业，占据了总出口的近一半（2015年占44.6%[①]）。

斯里兰卡的纺织服装业最初是依靠美国和欧盟的纺织配额发展起来的，以加工中低档服装为主，是斯里兰卡国民经济的支柱产业和最重要的工业行业，也是第一大出口创汇行业。2015年纺织品服装出口达48.2亿美元，占全国外贸出口额的45.9%。斯里兰卡国内纺织消费市场小，产品主要用于出口，主要出口市场为美国、英国和印度。斯里兰卡无纺织原

---

① 资料来源：中国商务部"国别贸易报告斯里兰卡2016年第一期"（http://countryreport.mofcom.gov.cn/record/qikan110209.asp?id=7902）。

料资源，纺织印染环节薄弱，70%的原辅料依靠进口，特别是面料生产能力不足，绝大多数面料依靠进口。同时，斯里兰卡纺织服装业注重减少碳排放，通过绿色生产降低成本。作为就业人数最多和最大的出口创汇行业，斯里兰卡政府历来重视、鼓励和扶持纺织行业的发展。

2. 植物产品

斯里兰卡在该产业大类上占明显比较优势的产业是咖啡、茶、马黛茶及调味香料，在对 HS 编码进一步研究发现，斯里兰卡主要出口茶叶。斯里兰卡被称为世界三大产茶国之一，该国最重要的农产品出口是锡兰红茶。得益于独特的地理位置和较大的日夜温差，斯里兰卡是全世界最好的红茶产地。锡兰红茶和中国的祁门红茶、印度的阿萨姆红茶及大吉岭红茶，并称世界四大名茶。

斯里兰卡茶叶出口在 2014 年达到了 16.5 亿美元（2015 年出现下降，为 13.5 亿美元），占其外汇收入的 15%，超过其全年进口食品所需要的外汇总额。茶产业对斯里兰卡国内生产总值的贡献率达到 2%，大约 200 万人直接或间接依靠该产业就业，相当于其全国人口的 10%。

斯里兰卡统计资料显示，斯里兰卡是中国、印度、肯尼亚之后的世界第四大茶叶生产国，2015 年产量 32.9 万吨，其中 30.1 万吨出口，占当年全球茶叶出口总量的 17%，仅次于肯尼亚和中国，是世界第三大茶叶出口国，见表 15-3 所示。斯里兰卡最大的茶叶出口对象国是俄罗斯、土耳其、伊拉克和伊朗。中国目前还不在其前十大茶叶出口对象国之列，大约仅占其出口市场份额的 2.3%，但是 2015 年对中国出口量 720 万千克，比 2014 年增长了 50% 以上，是 2009 年的 8.5 倍。①

表 15-3   2011~2015 年斯里兰卡茶叶产量和出口量   单位：吨

年份	2011	2012	2013	2014	2015
产量	327500	330000	340230	338032	328960
出口量	301300	306039	311249	317885	301423

资料来源：International Trade Centre（http://www.intracen.org）。

---

① 资料来源：万钰："斯里兰卡是世界第三大茶叶出口国"，中国经济网，2016 年 12 月 12 日。

第十五章
中国与斯里兰卡经贸合作

3. 食品、饮料、烟草

斯里兰卡在该产业上具有一定的比较优势，主要出口产品为烟草、烟草及烟草代用品的制品和蔬菜、水果、坚果或植物其他部分的制品。

二、主要资本密集型产业

斯里兰卡具有比较优势的资本密集型产业主要是橡胶及其制品。斯里兰卡在该产业上有较明显的比较优势且保持稳定。斯里兰卡具有悠久的种植橡胶的历史。橡胶产品在斯里兰卡工业产品出口中排第二位，在斯里兰卡所有出口产业中排第四位。

第三节 斯里兰卡外商投资政策及战略规划

一、斯里兰卡外资政策

2009年，斯里兰卡结束了长达26年的国内武装冲突，进入和平发展时期。斯里兰卡政府始终奉行鼓励外国投资政策，制定自由市场政策，不断加强基础设施建设，积极营造有利于投资和经济增长的政策环境。斯里兰卡制定了多项促进外国投资政策，如对允许外资进入的领域，外资份额不设限；外国投资的收益，可以随意汇出和汇入；对外国投资减税甚至免税等。斯里兰卡政府允许外资独资进入除贷款业、典当、少于100万美元的零售贸易业及近海捕鱼业之外的所有经济领域；禁止外资进入的行业有空运、海岸运输、赌博业、军备装备行业、资金借贷、近海渔业等；外资占比需超40%，斯里兰卡投资管理委员会（BOI）视情况批准的领域：生产受外国配额限制的出口产品，茶叶、橡胶、椰子、可可、水稻、糖及香料的种植和初级加工，不可再生资源的开采和加工，使用当地木材的木材加工业，深海渔业，大众传媒，教育，货运，旅行社以及船务代理等；BOI或其他政府部门视情况批准的领域：航空运输，沿海船运，军工，生化制品及造币等敏感行业，大规模机械开采宝石,彩票业;吸引外资的重点领域:旅游业和娱乐业,公路、桥梁、港口、电力、通讯、供排水等基础设施建设,信息技术产业,纺织业,农业和畜牧业,进口替代产业和出口导向型产业等。除此之外,外国企业在斯里兰卡的投资领域主要是基础设施、房地产、服务业、纺织服装、电子、化工、食品、橡胶、木材、金属制品、皮革等,中国是最大的外资来源地。

二、斯里兰卡长期发展规划

斯里兰卡奉行对外开放政策,实行自由贸易与投资制度,2013年底,斯里兰卡政府以"马欣达愿景"为指导,制定了斯里兰卡未来经济发展的纲领性文件《不可阻挡的斯里兰卡——2020年未来愿望和2014~2016年公共投资战略》,其中的"5+1"中心战略规划要将斯里兰卡建成为知识、航空、能源、商业、海运和旅游中心,成为连接东西方的重要枢纽。此外,还提出:大力发展出口导向型和进口替代型经济,通过不断改善投资环境、出台优惠政策,提供投资便利化等措施,大力吸引私营部门和外国投资;实施出口优先战略,挖掘出口工业潜能,提高种植园产业等优势产业出口产品的附加值;同时鼓励发展汽车组装、电子零部件等高端制造业,扩大对南亚国家出口,发展重工业。

2015年11月6日,维克拉玛辛哈总理提出新政府的中期经济发展规划,是斯里兰卡中短期经济社会发展的行动指南,明确了发展方向、目标和战略,重点内容有:(1)总体目标:在经济、政治、社会、教育和卫生等领域实现全面进步,将斯里兰卡打造成南亚地区最开放和最有竞争力的经济体。(2)主要关注以下几个方面:创造一百万个就业机会;提高收入水平;发展农村经济;保障农民、房地产业、中产阶级和政府工作人员的土地所有权;打造更广泛和更强大的中产阶级。(3)到2020年,财政赤字占GDP的比例降为3.5%。(4)鼓励创新,提高劳动生产率。(5)促进种植业发展。(6)扩大外贸市场,与印度、中国签订贸易协定。(7)促进旅游业发展,充分利用旅游资源。(8)大力发展教育等。

第四节　近年中国与斯里兰卡经贸合作成果

一、双边贸易

中斯两国自建交以来，经贸关系在平等互利的基础上发展顺利，贸易额逐年增长。特别是近年来，两国在各领域互利合作不断扩大，双边贸易保持较快增长势头。据中国海关统计，2015 年，中斯双边贸易总额为 45.64 亿美元，同比增长 12.9%，其中，中国对斯里兰卡出口 43.05 亿美元，同比增长 13.5%，占斯里兰卡进口总额的 19.6%，增长 1.7 个百分点；中国自斯里兰卡进口 2.59 亿美元，同比增长 4.2%，占斯里兰卡出口总额的 2.9%，增长 1.3 个百分点，见图 15-1 所示。

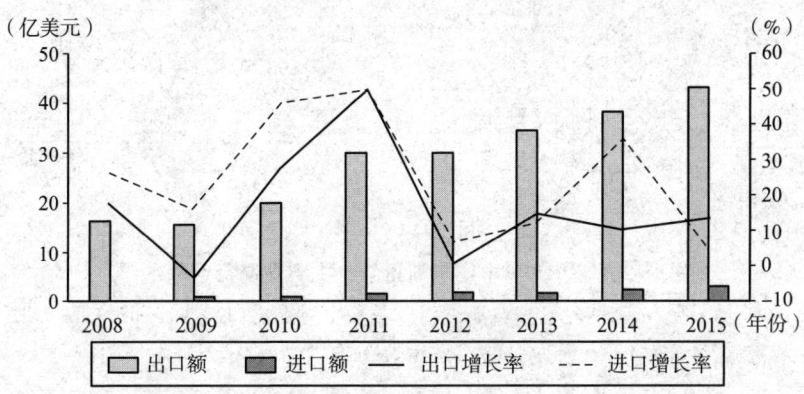

图 15-1　2008~2015 年中国对阿富汗进出口贸易额统计

资料来源：中国经济数据库（https://www.ceicdata.com/）。

2015 年，斯里兰卡对中国出口最多的商品为船舶、咖啡和茶叶、非针织物品、针织或钩编服装、鞋靴类制品，占中国自斯里兰卡进口总额的比重分别为 40.10%、11.60%、9.30%、8.80% 和 7.10%，见图 15-2 所示，上述五大类商品的出口额依次为 1.2 亿美元、3443 万美元、2760 万美元、2606 万美元和 2085 万美元，合占斯里兰卡对中国出口总额的

76.9%，其他对华出口商品还有橡胶及制品、植物纤维及制品、矿砂、烟草、塑料制品、机电产品、水产品等。斯里兰卡自中国进口的商品品类繁多，主要有机械设备、机电产品、钢铁、针织产品、化纤产品。2015年，斯里兰卡进口的上述五类商品分别为522万美元、491万美元、297万美元、248万美元、198万美元，合计17.6亿美元，占中国对斯里兰卡出口总额的比重分别为14.00%、13.20%、8.00%、6.70%和5.30%，见图15-2所示。占斯里兰卡自中国进口总额的47.2%。除上述产品外，斯里兰卡自中国进口的主要商品还有矿物燃料、交通工具、肥料、棉花、塑料制品、家具、新鲜蔬菜、鞋类制品和光学仪器等。

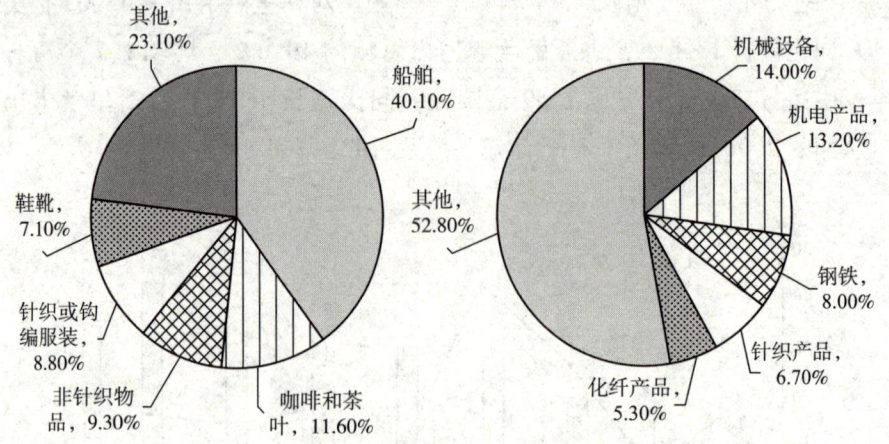

图15-2 2015年中国与斯里兰卡主要贸易品金额占比
（左：中自斯进口；右：中对斯出口）

资料来源：中国海关统计数据（http://www.customs.gov.cn/）。

截至2015年12月底，中国在斯里兰卡出口贸易中居第六位、进口仅次于印度位居第二。在斯里兰卡的十大类进口商品中，中国出口的机电产品、纺织品、家具、鞋类制品和陶瓷器皿处于较明显的优势地位；但中国出口的运输设备、化工品、光学仪器和金属制品等仍面临着来自印度、日本和欧美等发达国家的竞争。

二、中国对斯里兰卡直接投资

随着中斯两国经贸合作水平不断提高，中国对斯里兰卡投资快速增

第十五章
中国与斯里兰卡经贸合作

长。据中国商务部统计,见图15-3所示,2015年当年中国对斯里兰卡直接投资流量1747万美元。截至2015年末,中国对斯里兰卡直接投资存量7.73亿美元。

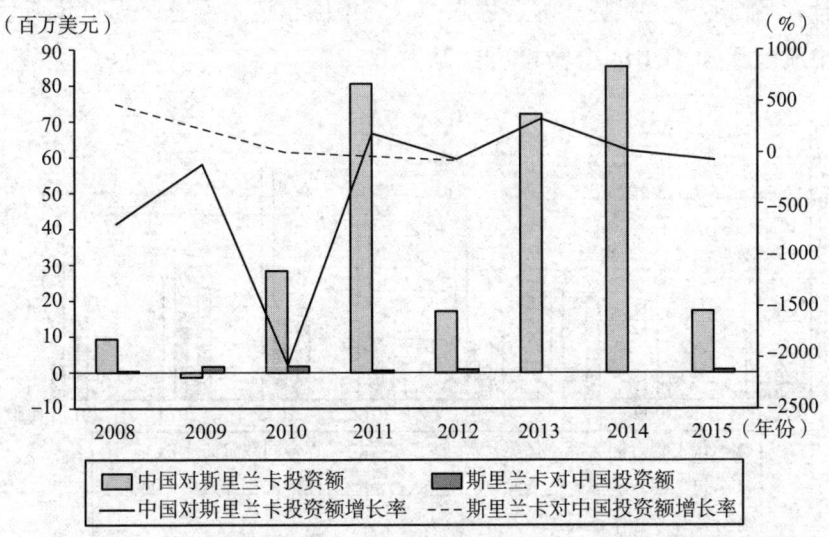

图15-3　2008~2015年中国与斯里兰卡互相直接投资统计

说明:斯里兰卡对中国直接投资流量2013年和2014年的数据缺失,所以2013~2015年的斯里兰卡对中国投资额增长率也缺失。

资料来源:国家统计局(http://www.stats.gov.cn/tjsj/)。

近年来,中资企业对斯里兰卡投资取得跨越式发展,多个大型投资项目签约。中国在斯里兰卡投资项目主要包括招商局集团投资的科伦坡港南集装箱码头、中国交通建设集团有限公司投资的科伦坡港口城、中航国际(香港)集团公司投资的科伦坡三区公寓等项目。中国民营企业赴斯里兰卡投资发展迅速,涉及酒店、旅游、农产品加工、渔业、家具制造、纺织、饲料、生物质能发电、自行车、仓储物流等多个领域。

三、承包工程和外派劳务

中国在斯里兰卡的承包工程和外派劳务总体呈先上升后下降趋势,每年变化较大,见图15-4所示。据中国商务部统计,2015年中资企业在斯里兰卡新签承包工程合同53份,新签合同额15.88亿美元,完成营业额 13.69 亿美元；当年派出各类劳务人员 3062 人，年末在斯里兰卡劳务人员 5110 人。新签大型工程承包项目包括中国港湾工程有限责任公司承建斯里兰卡科伦坡港口城二期；中国水电建设集团国际工程有限公司承建帕特杜马巴若——康提北综合供水项目；中国建筑工程总公司承建斯里兰卡中航国际 ASTORIA 公寓楼项目等。

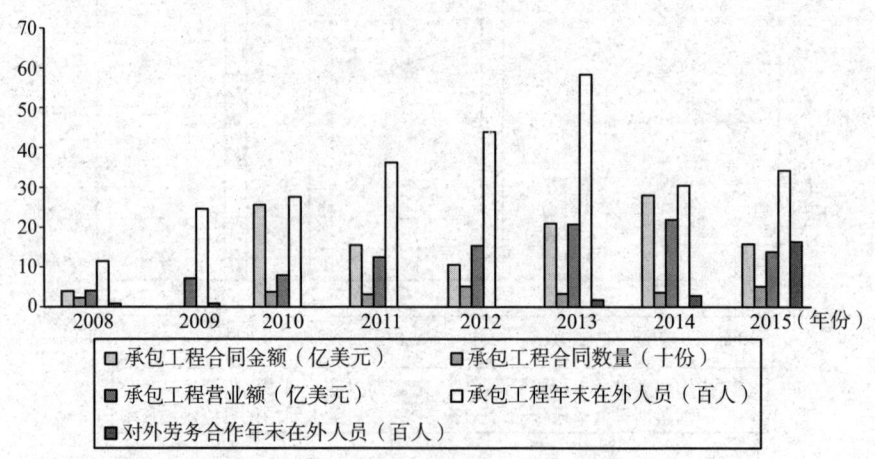

图 15-4　2008~2015 年中国对斯里兰卡承包工程与劳务合作统计

说明：2009 年对外承包工程合同数量数据缺失。
资料来源：中国商务部（http://www.mofcom.gov.cn/）。

四、中斯金融合作

2014 年 9 月 16 日，中国人民银行与斯里兰卡中央银行签署了规模为 100 亿元人民币/2250 亿卢比的双边本币互换协议。互换协议有效期三年，经双方同意可以展期。

2015 年 6 月 29 日，《亚洲基础设施投资银行协定》签署仪式在北京举行，斯里兰卡签署协议，成为亚投行 57 个意向创始成员之一。

第五节　"一带一路"倡议实施以来中斯高层交流及其成果

斯里兰卡古称锡兰，地理位置十分重要，是中国通往印度洋贸易的一

第十五章
中国与斯里兰卡经贸合作

个必经之地,也是中国进入印度洋的重要国家。中国目前进行的海上丝绸之路建设,斯里兰卡也是一个非常重要的节点。

中国与斯里兰卡多年来保持着亲密的合作。2014年,习近平主席访问斯里兰卡,与拉贾帕克萨总统进行会谈,并取得了丰富的成果,其中包括两国开始自贸区的谈判以及科伦坡港口城项目(该项目投资14亿美元,包括填海造地后修建酒店和办公楼)的建设。但在2015年,斯里兰卡新政府上台,调整外交政策和国内发展重心,叫停了科伦坡港口城项目。随后,2015年3月,斯里兰卡新总统西里塞纳访华时表示,斯里兰卡需要中国对斯的基础设施建设,希望继续加深两国间的投资合作,停止科伦坡港口城项目只是暂时的。此外,双方积极推动《中斯自贸协定》的签署,两国间经贸合作将迈上新台阶。近年来中斯双边交流及其成果如表15-4所示。

表15-4 近年来中斯双边交流及其成果

时间	事件	参加人	双边交流及其成果
2014年9月16日	中国国家主席习近平访问斯里兰卡自贸区谈判正式启动(科伦坡)	国家主席习近平 商务部部长高虎城 斯里兰卡总统拉贾帕克萨 斯里兰卡经济发展部部长巴西尔·拉贾帕克萨	签署《关于启动中国—斯里兰卡自由贸易协定谈判的谅解备忘录》,宣布正式启动双边自贸区谈判。中斯自贸协定将是一个覆盖货物贸易、服务贸易、投资和经济技术合作等内容的全面协定 双方同意加快谈判进程,争取尽快结束谈判
2014年11月26~28日	中国—斯里兰卡自贸区第二轮谈判(北京)		双方就货物贸易、服务贸易、投资、经济技术合作、原产地规则、海关程序和贸易便利化、技术性贸易壁垒和卫生与植物卫生措施、贸易救济、争端解决等议题充分交换了意见,谈判取得积极进展
2014年12月12日	中斯经济商务论坛(科伦坡)	中国驻斯里兰卡大使吴江浩 斯里兰卡财政计划部常秘贾亚桑德拉、投资局主席贾亚维拉、出口促进局副局长希里瓦德纳、王颖琦参赞、中国企业商会张晓强会长	双方达成共识,继续加强基础设施建设领域合作,将合作向制造业、服务业、金融业拓展

续表

时间	事件	参加人	双边交流及其成果
2015年2月6日	斯里兰卡总统西里塞纳会见中国政府特使刘建超（科伦坡）	斯里兰卡总统西里塞纳 中国政府特使、外交部部长助理刘建超	双方将密切配合，深化各领域合作，稳步推进现有重大项目合作
2015年3月26日	国家主席习近平同斯里兰卡总统西里塞纳举行会谈（北京）	国家主席习近平 斯里兰卡总统西里塞纳	双方积极共建21世纪海上丝绸之路，充分利用丝路基金、亚洲基础设施投资银行等融资渠道，稳步推进大项目建设和产业合作，早日完成中斯自由贸易谈判 双方深化经贸、基础设施建设等传统领域合作，重点拓展卫生、农业、科技、旅游、人力资源培训等五大领域 两国签署基础设施建设、卫生等领域合作文件
2016年1月6日	中斯经贸联委会工作组会议（科伦坡）	中国商务部亚洲司商务参赞杨伟群率领的中方工作组 斯里兰卡国家政策和经济事务部外资局长拉特纳亚克率领的斯方工作组	双方就贸易、投资、基础设施建设、旅游等领域巩固和深化互利合作坦诚地交换了意见，达成系列共识
2016年4月6~9日	斯里兰卡总理维克勒马辛哈访华（北京）	国家主席习近平 中国商务部部长高虎城 斯里兰卡总理维克勒马辛哈	中国商务部部长高虎城和斯里兰卡发展战略与国际贸易部萨马拉维克拉马共同签署了两部间《全面推动投资与经济技术合作备忘录》，确定了双方将继续推进在工业园区开发和基础设施建设领域的合作，并将对中长期发展合作进行规划
2016年8月2~4日	中国—斯里兰卡自贸区第三轮谈判（科伦坡）		双方就货物贸易、服务贸易、投资、经济技术合作、原产地规则、海关程序和贸易便利化、技术性贸易壁垒和卫生与植物卫生措施、贸易救济以及法律相关议题等充分交换了意见，谈判取得积极进展

资料来源：根据相关新闻报道整理而得。

第十五章
中国与斯里兰卡经贸合作

第六节　中国企业投资斯里兰卡的机会与风险

总体来说，斯里兰卡以农业种植园经济为主，生产模式比较单一。工业基础十分薄弱，资金技术密集型产业尚未形成，轻、重工业发展落后，几乎无重工业，并缺乏高新技术产业，主要出口纺织服装业及橡胶制品，且国内市场较小。但是，受益于较高的国民素质和政府的政策导向，斯里兰卡第三产业发展比较快，旅游业是国家经济的重要组成部分。

斯里兰卡经济对中国高度依赖，中斯合作前景广阔。中国已成为斯里兰卡最大的投资来源国，第二大贸易伙伴以及最大的政府债权人。从现有中斯经贸合作来看，中国对斯里兰卡的投资主要集中在基础设施建设方面，而根据近两年中斯签署的合作文件与斯里兰卡投资规划，未来两国投资合作也将集中在基础设施建设方面。中国企业可利用国内的基础设施建设经验，承建斯里兰卡相关基础设施项目。此外，由于斯里兰卡国民普遍受教育水平高，劳动技能训练有素，斯里兰卡也有意大力发展本国服务业，对外资进入限制不多，中国企业也可以投资斯里兰卡的信息通讯业、旅游业、餐饮业、宝石业等。

与南亚其他国家相比，斯里兰卡在交通条件、人口素质、法律制度、商业环境等方面都更胜一筹，已发展成为亚太地区最具吸引力的投资地之一。但同时，中国企业投资斯里兰卡也要注意防范相关风险，谨慎做出投资决策。中国企业投资斯里兰卡的主要风险如表 15-5 所示。

表 15-5　　　　　　　中国企业投资斯里兰卡的主要风险

风险类型	注意事项
法律风险	斯里兰卡的法律体系来源于原来的殖民国英国，相对比较完善，但诉讼程序冗长，而且偏袒保护本国人
政治风险	政权更迭：斯里兰卡独立后，政治长期由统一国民党和自由党垄断着，政权交替时不同政府构成对投资政策，国内发展方向，和中国关系等会有不同看法，造成一定的不确定性。 民族和宗教矛盾：斯里兰卡最基本的政治矛盾是两大群族僧伽罗人和泰米尔人的矛盾。斯里兰卡获得独立后，社会上层一直以僧伽罗人为主，该族群垄断了大部分资源。加上某些带有歧视的民族政策仍在执行，民族矛盾长期难以解决。另外，在宗教信仰上，泰米尔人以印度教为主，僧伽罗人以佛教为主，宗教差异进一步埋下了族群间对抗的隐患

续表

风险类型	注意事项
经济风险	经济相对脆弱，对外部环境敏感：斯里兰卡长期实行社会福利政策，经济基础薄弱，资金短缺，财政收入有限，公共开支却居高不下，财政持续赤字，背负了沉重的公共债务，可能影响其长期可持续发展。斯里兰卡对外贸易依存度大，且长期处于巨额逆差态，短期内无法改变。其经济增长无法有效改善其外汇储备状况，外币偿债能力不足。 税收政策存在不确定性：统一国民党（UNP）领导之下的政府已经下调了大部分行业税收负担，但未来总体的税收政策仍然不确定
员工风险	由于文化、习俗、观念上的巨大差异，斯里兰卡员工的工作责任心、工作态度和工作效率和国内员工有很大不同，为企业管理当地员工带来挑战

资料来源：根据相关文献整理。

第十六章
中国与印度经贸合作

第一节 印度经济现状与产业结构

2008年金融危机后，印度经济迅速回暖，2011~2015年连续五年经济快速增长，2014年和2015年经济增速均超过7%，见表16-1所示。印度的快速发展得益于以下几个因素：首先，印度的人口红利刚刚启动，给印度带来巨大的廉价劳动力资源；其次，除了劳动力价格优势之外，印度还拥有一批高素质的劳动力，为印度服务业尤其是软件服务业的发展提供动力；此外，莫迪政府的"印度制造"计划也在稳步实施，莫迪政府制定的外资政策使得更多的投资涌入印度。根据世界银行最新公布的数据，印度在2015年度实现了GDP 7.6%的增长率，首次超越中国，成为世界上发展最快的大型经济体国家，并且根据世界银行的全球经济展望预测，印度在接下来几年的GDP将继续保持在7.5%以上①。

作为"金砖五国"成员之一，从产业机构上看，印度和其他"金砖国家"产业发展相比具有较大不同：印度服务业发展较快，较早地实现了以服务业为主导的产业结构。2014年印度第一、第二、第三产业占GDP的比重分别为17%、30%和53%。

---

① 根据世界银行的全球经济展望预测，基于2010年美元不变市场价格，印度2016年、2017年和2018年的GDP增速预计分别为7.6%、7.7%和7.7%。

表 16-1　　　　　　　　印度 2011~2015 年主要经济数据

年份	GDP（亿美元）	GDP 年增长率（%）	人均 GDP（美元）	按 GDP 平减指数衡量年通货膨胀率（%）
2011	18158.66	6.64	1455.67	5.24
2012	18249.60	5.62	1444.27	7.85
2013	18632.08	6.64	1456.20	6.23
2014	20424.39	7.24	1576.82	3.30
2015	20735.43	7.57	1581.59	1.00

说明：①根据世界银行计算方法，GDP 的美元数据是通过采用各个年份的官方汇率换算以印度本国货币衡量的 GDP 而得，GDP 年增长率为以印度本国货币衡量的 GDP 的增速；
②截至本书成稿时，2016 年的相关数据尚未公布。
资料来源：世界银行数据库（http://data.worldbank.org.cn）。

农业是印度的经济命脉，在国民经济发展过程中起着举足轻重的作用。印度拥有世界 1/10 可耕地，耕地面积约 1.8 亿公顷，是世界上最大的粮食生产国之一。农村人口约占总人口的 72%。主要粮食作物有稻米、小麦等，主要经济作物有油料、棉花、黄麻、甘蔗、咖啡、茶叶和橡胶等。2014/2015 财年，农业 GDP 增速为 1.1%（基本价格），农作物产量为 2571 万吨，粮食（大米和小麦）库存为 4100 万吨。茶叶产量全球第一，甘蔗和甜菜产量全球第二，奶品、花生和棉花产量均排在全球前列。

印度工业体系比较完善，主要包括纺织、食品、化工、制药、钢铁、水泥、采矿、石油和机械等。近年来，汽车、电子产品制造、航空航天等新兴工业发展迅速，但能源供应不足制约了工业的发展。印度汽车零配件、医药、钢铁、化工等产业水平较高，竞争力较强。2014/2015 财年工业产值增长 5.9%，其中采矿和采石业增长 2.3%，制造业增长 6.8%，建筑业增长 4.5%，电力、燃气、水工业和其他设施服务业增长 9.6%。

在服务业方面，印度服务业占国民经济比重较高。并且，印度服务经济发展十分全面，从劳动力密集型的低端服务业，到全球价值链顶端的服

第十六章
中国与印度经贸合作

务外包行业，印度企业都处在领先的位置。2014/2015 财年印度服务业产值增长 10.6%，占 GDP 的 52.6%，其中贸易、酒店、运输及与广播相关的通信服务业增速为 8.4%，金融、固定资产和专业服务业增速为 13.7%，公共管理、国防和其他服务业增速为 9%。此外，印度软件出口和服务外包业发展迅速。随着软件服务业的发展，近年来，形成了班加罗尔、金奈、海德拉巴、孟买、普纳和德里等一批著名的软件服务业基地城市。塔塔咨询（Tata Consultancy Services）、威普罗公司（Wipro Technologies）和印孚瑟斯公司（Infosys Technologies）成为全球著名的软件服务外包企业。

印度主要出口商品包括石油、珠宝、交通设备、机械和仪器、医药制品及精细化学品、金属制品、棉纱、面料、成衣、电子产品、塑料和油毡产品等。主要进口商品包括原油和成品油、电子产品、黄金、非电子类机械、珠宝、有机化学品、煤及焦煤、金属矿砂和金属碎料、可食用植物油等。根据 HS 编码统计，2015 年印度出口额前十位的大类为：珠宝、贵金属及制品，仿首饰，硬币；矿物燃料、矿物油及其产品，沥青等；车辆及其零附件，但铁道车辆除外；核反应堆、锅炉、机械器具及零件；药品；有机化学品；非针织或非钩编的服装及衣着附件；电机、电气，音像设备及其零附件；棉花；谷物。

从中印进出口贸易结构来看，印度对中国出口的商品多为资源密集型或劳动密集型产品，其中矿产品和农产品占据相当比重；而中国对印度出口的产品主要为附加值较高的工业制成品，劳动密集型产品所占比重较小，主要是机电设备、化工产品等，中印两国贸易互补性强。

联合国贸发会议发布的 2016 年《世界投资报告》显示，2015 年，印度吸收外资流量为 442.08 亿美元；截至 2015 年底，印度吸收外资存量为 2822.72 亿美元。印度的外国投资主要来自毛里求斯、新加坡、英国、日本、美国等，投资领域主要包括金融和非金融服务业、建筑业（含房地产开发）、电信、电脑软硬件、制药、化学品（化肥除外）、汽车、电力、酒店与旅游等行业，其中服务业吸引外资总额占印度 2000 年以来吸引外资总量的 17%。

第二节 印度具有国际竞争优势的产业

在二位码层面上计算印度各个产业的显示性比较优势指数（RCA）[①]，结果显示，在印度具有显著比较优势（RCA>1.25）的28个产业中，资本密集型产业有7个，劳动密集型产业有21个，见表16-2所示。

表16-2　　　　　　　印度具有显著比较优势产业

产业类型	产业	2009年	2010年	2011年	2012年	2013年	2014年	2015年
资本密集型	天然或养殖珍珠、宝石或半宝石	6.93	5.13	4.83	4.24	3.49	3.39	3.86
	锌及其制品	2.51	3.35	3.02	2.21	2.09	1.73	3.09
	盐，硫黄，泥土及石料，石膏料、石灰及水泥	2.32	2.07	2.13	2.39	2.52	2.66	2.69
	食品工业的残渣及废料，配制的动物饲料	2.27	2.48	2.47	2.17	2.43	1.35	0.91
	有机化学品	1.66	1.66	1.57	1.82	1.69	1.67	1.97
	鞣制及染色提取物	1.45	1.60	1.42	1.60	1.75	1.96	2.10
	石料、石膏、水泥、石棉、云母及类似材料的制品	1.78	1.79	1.37	1.53	1.53	1.56	1.63
劳动密集型	虫胶，树胶、树脂及其他植物液、汁	5.58	8.58	17.93	32.49	19.29	16.48	10.59
	棉花	5.36	8.27	6.63	7.95	8.75	8.04	8.44
	地毯及纺织材料的其他铺地制品	5.77	6.36	4.81	5.59	5.88	6.21	7.23
	其他植物纺织纤维，纸纱线及其机织物	4.20	6.09	5.09	6.08	4.85	4.82	5.54

[①] 关于RCA指数详见本书上篇第一章第二节。

第十六章
中国与印度经贸合作

续表

产业类型	产业	2009年	2010年	2011年	2012年	2013年	2014年	2015年
劳动密集型	编结用植物材料，其他植物产品	3.88	5.12	4.26	5.33	4.33	3.67	4.34
	蚕丝	6.57	6.83	4.48	3.12	2.80	2.72	2.87
	其他纺织制成品，成套物品，旧衣着及旧纺织品，碎织物	3.73	4.03	4.01	4.33	4.07	4.01	4.70
	谷物	2.59	2.32	2.67	4.34	5.00	4.64	4.06
	咖啡、茶、马黛茶及调味香料	3.58	3.68	3.48	3.50	3.57	3.72	3.95
	化学纤维长丝	3.95	3.87	3.41	3.19	3.17	2.99	2.93
	化学纤维短纤	3.56	3.52	3.39	3.34	3.12	3.11	3.56
	已加工羽毛、羽绒及其制品，人造花，人发制品	3.55	2.90	2.10	2.37	2.45	1.75	1.98
	非针织或非钩编的服装及衣着附件	2.71	2.40	2.34	2.47	2.38	2.45	2.82
	鱼、甲壳动物、软体动物及其他水生无脊椎动物	1.45	1.83	2.01	2.16	2.70	2.94	2.92
	生皮（毛皮除外）及皮革	1.92	1.80	1.87	2.10	2.09	2.18	2.29
	皮革制品，鞍具及挽具，旅行用品、手提包及类似容器，动物肠线（蚕胶丝除外）制品	2.24	1.87	1.79	1.78	1.79	1.88	2.00
	针织或钩编的服装及衣着附件	2.25	1.71	1.62	1.63	1.68	1.97	2.31
	糖及糖食	0.20	1.62	2.33	2.62	1.28	1.63	2.25
	肉及食用杂碎	0.90	1.23	1.34	1.60	2.03	2.08	2.33
	烟草、烟草及烟草代用品的制品	1.80	1.68	1.16	1.40	1.39	1.31	1.46
	特种机织物，簇绒织物，花边，装饰毯，装饰带，刺绣品	1.30	1.45	1.15	1.29	1.67	1.71	1.78

说明：表格统计数据从金融危机之后的2009年开始到2015年，各产业按照历年比较优势算术平均数降序排列。历年比较优势算术平均数不具有特殊经济含义，仅为比较优势产业排序之用。

资料来源：UN COMTRADE数据整理。

一、主要劳动密集型产业

印度具有比较优势的劳动密集型产业主要包括纺织品及原料、植物产品和动物产品。

1. 纺织品及原料

印度在该产业大类上具有比较优势的产业主要是棉花；地毯及纺织材料的其他铺地制品；其他植物纺织纤维，纸纱线及其机织物；蚕丝；针织或钩编的服装及衣着附件；非针织或非钩编的服装及衣着附件等。这些产业的比较优势比较明显，基本都保持稳定，部分有上升趋势，发展势头较好。根据商务部发布的《国别贸易报告》，2015年，印度该产业出口总额占其总出口额为14%，为印度的第三大出口产业。从图16-1中可以看到，印度纺织品及原料产业出口额在2010~2014年间总体趋势缓慢上升，2015年稍有下降，但其占总出口额比例一直保持在10%以上的水平，说明该产业在印度的出口结构中占有重要位置。

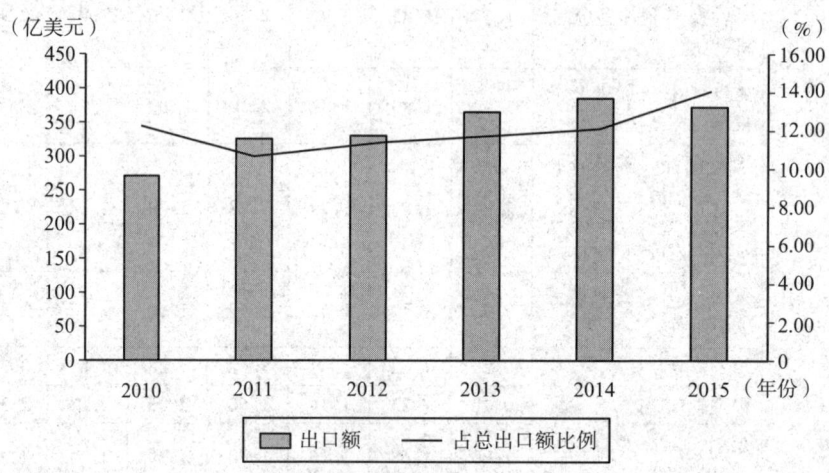

图16-1　2010~2015年印度纺织品及原料产业出口额及占总出口额比例

资料来源：商务部《国别贸易报告》（http：//countryreport.mofcom.gov.cn/）。

纺织业是印度非常重要的行业之一，是其国家经济命脉，在印度国民经济中占有极其重要的地位。印度纺织部最新年报显示，纺织业贡献了印

第十六章
中国与印度经贸合作

度 GDP 的 4%，工业总产出的 14%，出口创汇的 14%。印度纺织产业共吸引就业 3500 万人，为 6000 万人创造了间接的就业机会，是继农业后的第二大就业部门。印度的纺织产业包括两部分：一部分是传统的小作坊式手工织布和养蚕；另一部分是成一定规模的应用现代设备的纺纱厂和服装厂。主要产品有棉纺品、人造纤维、毛纺品、丝织品、黄麻制品、手织品、地毯、手工艺品及成衣等，主要纺织企业包括印度国家纺织公司（NTC）、印度国家黄麻生产公司（NJMC）、印度棉花公司（CCI）、ELGIN Mills 和 Spentex 等。

印度发展纺织行业具有很多优势。首先，印度的农业发展为纺织业提供了充足的原料供应。印度主要的经济作物棉花和黄麻等是纺织业主要的天然纤维原料，印度主要的纺织和服装工业区也依据原料供应区所在位置建立，见表 16-3。印度是继中国和美国之后的世界第三大产棉国，世界第五大合成纤维生产国，也是全球最大的黄麻生产国、第二大生丝生产国，原材料供应较为充足。并且，印度棉花产量近年来持续增长，其国内棉纺织业的原料基本能够自给自足，且棉花价格低于国际市场，有价格优势。其次，印度纺织业的劳动力价格低。据美国媒体的调查显示，中国纺织业平均工资为 0.68 美元/小时，而印度为 0.38 美元/小时，远低于中国。原材料供应充足和劳动力优势使印度纺织行业保持较大产业优势，有预测显示，2020 年印度纺织品和成衣占世界贸易的总额将由现在的 4.5% 上升至 8%，有望达到 800 亿美元。并且，由于印度软件业极为发达，推动了印度的技术纺织行业的发展。印度纺织业使用的设备先进、自动化程度高，极大地提高了生产效率。从需求角度，印度人口不断增多，收入水平不断提高，极大促进国内对纺织品的消费增长；印度建筑工业的发展也会带动国内对非服装类纺织品需求增长。在政策支持方面，东南亚自由贸易协定和谈判中的欧盟的自由贸易协定都会促进纺织品的出口，印度政府也积极通过提高出口退税和其他进出口优惠政策促进纺织品服装出口，以及通过纺织工业园区（SITP）计划和设立技术升级改造基金（TUFS）吸引更多外资，促进纺织产业发展。印度纺织产业的具体发展过程见表 16-4 所示。

表16-3　　　　　　　　　　印度主要纺织和服装工业区

地区	具体分布
北印度地区	克什米尔、卢迪亚纳和旁遮普地区生产的羊毛制品共占据印度全国羊毛制品的80%
东印度地区	比加尔是黄麻产区 西孟加拉是棉纺和黄麻工业区
西印度地区	古吉拉特邦的艾哈迈达巴德、苏拉特、拉杰巴德和瓦尔道拉及孟买、印多尔都是印度重要的棉纺工业区
南印度地区	特里普拉邦、哥印拜陀和马杜赖是棉纺和针织品主要工业区 班加罗尔、迈索尔和金奈是蚕丝的主要工业区

资料来源：印度纺织部（http://texmin.nic.in/）。

表16-4　　　　　　　　　　印度纺织产业发展史

时间	主要发展事件
1854~1900年	1. 第一台棉纺厂于1854年在孟买成立 2. 艾哈迈达巴德的第一台棉纺厂于1861年成立，艾哈迈达巴德的纺织逐渐与孟买分庭抗礼
1901~1950年	纺织厂的数量从1901年的177台增长到1945年的417台
1951~2000年	1. 1999年，技术升级改造基金（TUFS）开始实施，目的是加快企业现代化 2. 2000年，为了促进纺织和服装行业发展，执行新的电力政策
2000~2014年	1. 开始实施综合纺织工业园区（SITP）计划 2. 多纤维协定（MFA）废除后，印度棉花价格与国际接轨 3. 产业用纺织品成为新的增长亮点 4. 升级后的TUFS重新发布，基金总额为4.2065亿美元 5. 签署东南亚自由贸易协定，与欧盟的自由贸易协定正在谈判中
2015年以后	1. 推出"印度制造"计划，以促进制造业发展，吸引投资 2. 推出进出口清关便利措施，并提高出口退税 3. 推出出口促进计划（MEIS），为出口商提供出口补贴

资料来源：印度纺织部（http://texmin.nic.in/）。

2. 植物产品

印度在该产业大类上具有明显比较优势的产业主要是虫胶；树胶、树脂及其他植物液、汁，编结用植物材料；其他植物产品，谷物，咖啡、茶、马黛茶及调味香料。该产业大类在印度整个出口产业中比重不高，

2015 年占总出口额的 5.9%，且比较优势也在下降。

2015 年，印度茶叶产量为 119.1 万吨，是仅次于中国的世界第二大茶叶生产与消费国，以及继中国、肯尼亚、斯里兰卡之后的第四大茶叶出口国。目前，印度茶叶的年产量都在百万吨以上，全国 22 个邦都生产茶，是其国民经济的重要支柱。印度的主要茶区有阿萨姆和西孟加拉，阿萨姆茶区是印度最大的茶区，面积和产量约占全印度的 55%。印度是著名的红茶产地，闻名世界的四大红茶中阿萨姆红茶以及大吉岭红茶都是产于印度。

在印度，政府也高度重视茶叶生产和销售，并对此进行控制，政府将印度的大吉岭、阿萨姆和尼尔吉里红茶作为国家的茶叶商标在国际上注册，有独特的标志，在世界范围内流通。凡种植经营这三种茶叶的企业要向国家申请备案，获得资格许可证，只有这样才能上市、出口。2016 年 10 月 20~22 日，在孟买举办了印度世界茶叶与咖啡博览会，为印度市场的发展和各国企业入驻印度市场提供了重要平台。

3. 活动物；动物产品

印度在该产业大类上具有比较优势的产业有鱼、甲壳动物、软体动物及其他水生无脊椎动物，肉及食用杂碎。该产业大类在印度整个出口产业中比重略低于植物产品，2015 年出口占比为 3.5%，但未来发展势头较好。据上述数据显示，该类产业的比较优势近年来逐步上升。

据印度农业和农民福利部部长 Radha Mohan Singh 介绍，2015/2016 财政年度，印度水产品总产量达到 1080 万吨，价值估计在 145.78 亿美元。印度拥有超过 7000 公里的海岸线，渔业产量世界第二。具体来说，印度是世界第二大内陆水产养殖国，占全球养殖水产品总量的 6.3%，2015/2016 财年养殖水产品的产量达到 421 万吨。数据显示，印度出口水产品的年平均增幅为 14.8%，而全球水产品产量的年增长率为 7.5%，说明印度已经成为世界主要的水产品出口国。

二、主要资本密集型产业

印度具有比较优势的资本密集型产业主要包括珠宝、贵金属及制品、化工产品和矿产品这几类。

1. 珠宝、贵金属及制品

印度在该大类具有比较优势的产业主要是天然或养殖珍珠、宝石或半宝石。印度在该产业上具有很明显的比较优势，然而该优势在逐年下降。在对 HS 编码进一步研究发现，印度主要出口宝石及珠宝饰品，其是印度最主要的出口产业之一，根据商务部发布的《国别贸易报告》，2015 年印度出口"珠宝、贵金属及其制品；仿首饰；硬币"占其总出口额的 14.6%，是其出口占比最高的产业。印度是世界知名的珠宝首饰，尤其是钻石及其首饰的加工中心。但印度本身不是钻石和宝石的生产国，它的优势来源于其低廉而技艺精湛的劳动力优势以及政府的大力支持。

作为四大文明古国之一，印度的珠宝行业历史悠久，培养了大量工艺精湛的手艺人，并且技艺流传至今。印度是全球最大的钻石切削和抛光基地，除了可以对小块砖石进行切削之外，印度也拥有对大块钻石的高超加工能力。珠宝业在印度经济中起了非常重要的作用，为印度 GDP 大约贡献 7 个百分点，是印度增长速度最快的行业之一，其主要导向是出口拉动就业。图 16-2 统计了印度 2004/2005 财年至 2015/2016 财年的珠宝出口和进口情况，可以发现，印度不仅是珠宝的出口大国，同时每年也进口大量珠宝，并且出口额和进口额很接近，说明印度国内对钻石、宝石和金条

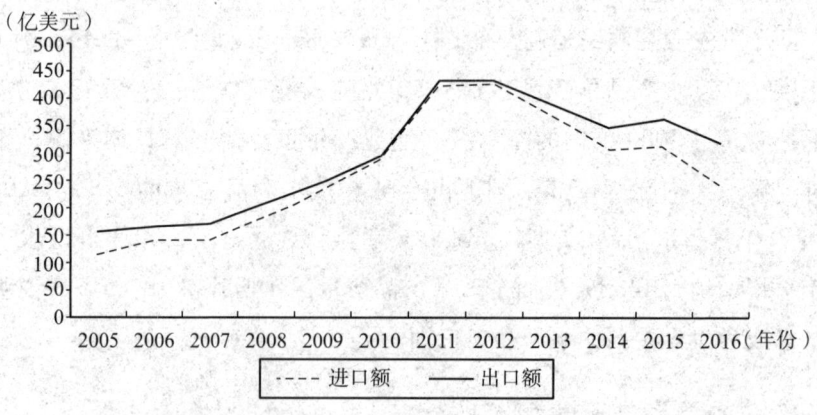

图 16-2　印度珠宝产业进出口额

说明：印度财年指每年的 4 月 1 日到第二年的 3 月 31 日。2005 财年对应的是 2004 年 4 月到 2005 年 3 月的统计额，其他同理。

资料来源：印度珠宝出口促进委员会（http://gjepc.org/）。

第十六章
中国与印度经贸合作

等原产品进行的是附加值极低的简单加工。进一步研究发现，见表 16-5、表 16-6 所示，印度进口的主要是未加工的钻石、宝石、金条等，和一部分的切割和抛光钻石，而出口的主要是切割和抛光钻石、彩色宝石、金饰品、银饰品等，说明印度的珠宝产业主要是以加工为主，处在价值链的低端。

表 16-5　　　　　印度珠宝行业分类进口情况　　　　单位：百万美元

财年 种类	2005	2006	2007	2008	2009	2010	2011	2012	2013	2014
未加工钻石	7648	8698	8767	9797	7960	9048	11994	15163	14927	16716
未加工彩色宝石	83	115	132	147	106	117	150	146	208	238
未加工珍珠	6	6	7	11	6	5	7	8	170	79
未加工人造宝石	4	13	6	13	3	2	9	12	53	86
金条	860	1942	2695	2648	4639	7474	8630	10931	11305	5599
银条	23	21	15	21	26	32	87	100	70	40
铂金条	9	2	5	6	887	4	31	8	10	11
切割和抛光钻石	2839	2992	2027	5461	8982	11610	20808	14472	5559	6541
其他	163	294	443	547	394	552	740	1880	5249	1763
总计	11634	14084	14051	18650	23003	28845	42454	42721	37551	31072

说明：印度财年指每年的 4 月 1 日到第二年的 3 月 31 日。2005 财年对应的是 2004 年 4 月到 2005 年 3 月的统计额，其他同理。
资料来源：印度珠宝出口促进委员会（http://gjepc.org/）。

表 16-6　　　　　印度珠宝行业分类出口情况　　　　单位：百万美元

财年 种类	2005	2006	2007	2008	2009	2010	2011	2012	2013	2014
切割和抛光钻石	11163	11831	10910	14205	14804	18244	28221	23356	17431	19643
彩色宝石	193	234	247	276	261	287	315	344	653	520

续表

财年\种类	2005	2006	2007	2008	2009	2010	2011	2012	2013	2014
金饰品	3784	3882	5209	5562	8746	9679	7763	9797	13038	8122
金章和金币	0	0	0	0	0	0	4939	6989	5235	3069
珍珠	3	2	2	4	4	3	4	4	5	10
银饰品	129	146	175	229	237	416	566	761	923	1458
人造宝石	1	1	1	1	1	1	17	25	52	80
服装时尚配饰	9	12	8	6	9	15	6	11	17	18
外国消费者购买	20	26	42	72	56	42	40	63	56	70
未加工钻石	357	566	565	567	776	744	1137	1772	1579	1584
其他未加工品						10	40	89	148	418
总计	15658	16701	17159	20921	24894	29442	43048	43211	39137	34993

说明：印度财年指每年的4月1日到第二年的3月31日。2005财年对应的是2004年4月到2005年3月的统计额，其他同理。

资料来源：印度珠宝出口促进委员会（http://gjepc.org/）。

印度除了是珠宝钻石的加工和出口大国，其国内的市场也不容小觑。珠宝对印度人的意义极其重大，在其生活中不可或缺。印度人不仅在生活中喜欢佩戴各式各样的珠宝首饰，彰显地位和财富，珠宝更是在传统仪式和传统婚礼中有特别重要的地位。以黄金为例，图16-3展示了印度国内对黄金的个人需求量以及占世界需求的百分比，可以看到，印度人对黄金的需求量大而稳定，占世界需求的25%左右。在印度，黄金和宗教、文化密切相关，体现在各种仪式、婚礼和生活中的方方面面。在印度教中，黄金象征着财富与繁荣，会带来吉祥和运势。此外，黄金还满足了印度人积累财富的目的。

印度珠宝产业的竞争优势还来源于政府的大力支持，印度政府将珠宝首饰产业作为最重要的产业进行扶持，在多方面给予优惠的政策，见表16-7所示。

第十六章
中国与印度经贸合作

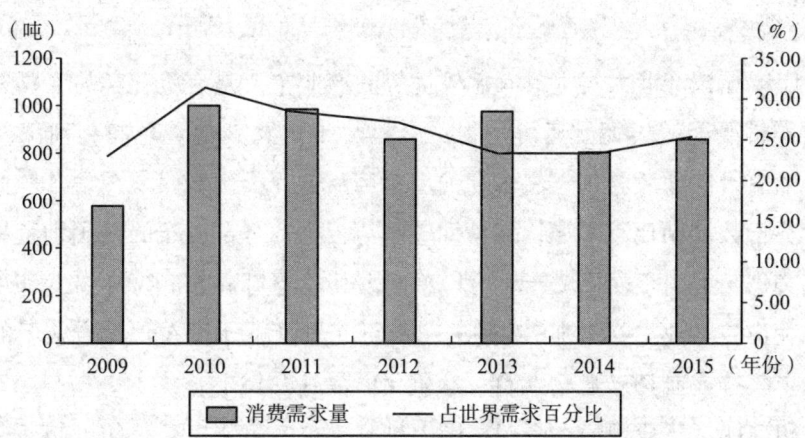

图 16-3　印度黄金消费需求量及占世界总需求量比重

说明：这里的黄金需求量是指在一个国家内的金饰消费和金条及金币投资总数之和，即个人直接购买的黄金数量（按纯金计算）。

资料来源：世界黄金协会（http：//www.gold.org/）。

表 16-7　　　　　　　　　印度政府对珠宝行业的扶持政策

	产业扶持具体政策
外国直接投资	允许珠宝首饰行业外国直接投资占比达到 100% 允许钻石和彩色宝石探矿及采矿业务外国直接投资占比达到 74% 允许金、银以及除钻石和彩色宝石以外的其他探矿及采矿业务外国直接投资占比达到 100%
关税	2004 年 3 月，切割和抛光的钻石/宝石进口关税由 15% 下调至 5% 2009 年 2 月，取消对已加工珊瑚的进口限制 2013/2014 财年，彩色贵宝石和彩色半宝石（钻石除外）的提单关税从 10% 降低到 2% 2014 年 11 月，将黄金和白银的进口关税值分别由 401 美元/10 克和 575 美元/千克下调至 391 美元/10 克和 551 美元/千克
企业和自然人出入境	赴美国参展的企业产品在办理相关手续后，在外停留时间由原来的 30 天提高为 90 天 参加国外展会的企业人员，手提货物价值限额由原来的 200 万美元提高至 500 万美元 用于出口目的而需手提带出境外的货品价值限额由原来的 10 万美元提高至 100 万美元 印度人从海外携带入境产品关税起征点男士调整为 5 万卢比（约合 924 美元），女士为 10 万卢比（约合 1048 美元）
经济特区	印度政府为珠宝产业设立了包括孟买 SEEPZ 经济特区、孟加拉邦的 Manikancha 经济特区、斋普尔经济特区以及海德拉巴宝石经济特区有限公司等

资料来源：根据中华人民共和国驻印度共和国大使馆经济商务参赞处（http：//in.mofcom.gov.cn/）相关新闻报道整理。

323

2. 化工产品

印度在该产业大类上具有比较优势的产业主要是有机化学品，鞣料浸膏及染料浸膏；鞣酸及其衍生物；染料、颜料及其他着色料；油漆及清漆；油灰及其他胶粘剂；墨水、油墨；药品这几类。观察发现，各产业比较优势指数变动比较平稳，波动性较小。根据商务部发布的《国别贸易报告》，2015 年，印度化工产业出口总额占其总出口额为 14.3%，为印度的第二大出口产业。在对 HS 编码进一步研究发现，印度在化工产业下的出口主要集中在制药、矿物燃料、有机化学品这几类上。

印度的医药业规模在全球范围内排第二位，生物医药是印度制药业的领头羊。印度以全球化为视野，依靠发展仿制药起步，完成民族医药产业的资本积累，扩大了研发力度，增强了产品创新能力，适应了全球医药竞争环境，同时也实现了"大宗原料药—特色原料药（API）—专利仿制药（非规范市场）—通用名药（规范市场）—创新药物"的升级路径，见表 16 - 8 所示。

表 16 - 8　　　　　　　　　印度医药产业演进进程

时期	特点
外国公司主导期（1970 年前）	制药工业与市场由外国公司控制，缺少本土公司参与
政府控制期（1970 ~ 1980 年）	实施印度专利法，保护生产过程，实施药品价格控制，本土公司开始产生影响；生产大宗原料药
发展期（1980 ~ 1990 年）	投入生产设施，启动药品出口；生产规模小、种类多、价格高、需要进口国资格的特色原料药
增长期（1990 ~ 2000 年）	国内市场快速发展，发展国际市场，制剂生产线通过 FDA 认证，以代工起步生产非专利药制剂进军规范市场，开始以研发为导向
创新研发期（2000 年至今）	2005 年实施新专利法，严格药品保护，加速海外并购，依靠自有品牌进军通用名药规范市场。采用专利挑战策略，开发规范市场认可的仿制药。以创新为导向，进入新药发现阶段

资料来源：郑晓南、黄文龙：《全球价值链视角下印度化药产业发展模式对我国的启示》，载《中国新药杂志》2010 年第 20 期，第 1847 ~ 1852 页。

3. 矿产品

印度在该产业大类上具有比较优势的产业主要是盐；硫黄；泥土及石料；石膏料、石灰及水泥。该产业比较优势较明显且比较平稳。矿产品是印度主要出口产业之一，根据商务部发布的《国别贸易报告》，2015年，印度该产业出口总额占其总出口额为13.1%，为印度的第四大出口产业，但其出口额同期减少48.4%，下降幅度较大。表16-9是印度2016年出口矿产品的国家和地区构成情况。

表16-9　　　　　2016年印度矿产品出口的国别/地区构成

国家和地区	金额（百万美元）	同比（%）	占比（%）
新加坡	3761	24.3	11.6
阿联酋	3695	-9.8	11.4
中国	2379	41.3	7.4
美国	1903	-13.8	5.9
直布罗陀	1643	63.4	5.1

资料来源：商务部《国别贸易报告》。

第三节　印度外商投资政策及战略规划

一、印度外资政策

印度对不同行业给予不同的投资政策，除了小部分禁止的行业外，大部分行业都是欢迎外资进入，对于限制进入的行业，印度政府设置了相应的外商持股上限，很多行业的外商持股上限都超过了50%，开放力度比较明显。2013年8月，印度在外国直接投资条件方面进行了改革，大幅放宽了电信、保险、石油、天然气、国防等重点行业外资进入的限制。除印度政府一向重视、给予优惠最多的制造业和高科技行业以外，近年来对外资的限制可谓全面放宽，2015年11月印度政府宣布，将放宽15个主要行业的外商直接投资（FDI）标准，包括矿业、国防、民用航空和广播，以鼓励外商投资并刺激经济增长。2016年6月20日的最新调整，印度政府称"将推出全面外资改革举措，开放大部分制造业和服务业，全面或部分取消有关投资项目技术标准以及外国品牌在印度生产的限制和要求，以期拉动印度就业"，截至目前，印度铁路、民航（设立新公司）、国防军工、食品、医药（设立新公司）、电商、有线电视网络、卫星通讯等行业已将外国直接投资的持股比例限制由原来的49%放宽至100%。印度对各个行业的投资政策如表16-10所示。

表16-10　　　　　　　　　　　　印度外资政策

类型	具体行业
禁止外资投资行业	核能、赌博博彩业、风险基金、雪茄及烟草业
限制外资投资行业	电信服务业、私人银行业、多品牌零售业、航空服务业、基础设施投资、房地产业、广播电视转播等。外商投资如超过政府规定投资比例上限，需获得政府有关部门批准
鼓励外资投资行业	电力（除核电外）、石油炼化产品销售、采矿业、金融中介服务、农产品养殖、电子产品、电脑软硬件、特别经济区开发、贸易、批发、食品加工等

资料来源：商务部《对外投资合作国别（地区）指南——印度（2016年版）》（http://fec.mofcom.gov.cn/article/gbdqzn/upload/yindu.pdf）。

印度没有专门针对外商投资的优惠政策，外资企业视同本国企业，除非外资投资于政府鼓励发展的产业领域或区域，才能享受优惠政策，主要包括地区优惠、出口优惠和特区优惠三个方面。

并且，自2014年莫迪政府上台以来，印度推出了一系列吸引投资、促进工商业的举措，致力于从制造业和信息化两个方面大规模带动经济社会发展，对外商投资的开放程度迅速加大，对外资的行业准入及持股限制逐步放开。在吸引投资、打造"印度制造"方面，莫迪总理更是亲力亲为去招商引资，他频繁出访，与各国企业家会谈，对企业界表现出足够的重视，引资中主打大型基础建设项目，带动一批配套工业、服务业的外资企业进入印度。莫迪政府的外资政策的变化如表16-11所示。

第十六章
中国与印度经贸合作

表 16-11　　莫迪政府的印度外资政策

时间	政策变化
2014年6月	印度政府拟创设名为基础设施商业信托的投资工具,帮助基础设施开发商以有竞争力的价格筹集长期资本
2014年8月	印度内阁6日批准提高铁路和国防部门外国直接投资持股比例上限:国防部门外资持股上限提高至49%,铁路部门外资持股最高可达100%
2015年3月	上议院批准通过了保险法修正案,该修正案删除了冗余和过时的条款,合并了部分条款,为印度保险监管和发展局更加有效地履行职能提供了灵活性。将外资控股印度本土保险公司的比例上限由原来的26%上调至49%
2015年8月	印度出台了新的五年《外贸政策》(2015~2020年),新规将以往所有出口激励项目整合到货物出口(MEIS)及服务出口(SEIS)项下,出口奖励率分别为2%~5%和3%~5%,同时允许出口项目下的开支用于抵扣进口商品缴纳的关税、国内采购缴纳的消费税及服务税
2015年11月	放宽矿业、国防、民用航空、广播、农业、银行等15个主要行业外商投资限制以鼓励外商投资并刺激经济增长
2016年6月	据相关规定,印度将在民航、防务、医药、保险、电商、畜牧业、通信、广播、贸易等方面对外资全面开放,全部或部分取消关于投资项目技术标准,以及外国品牌在印生产必须使用当地设计生产等要求。 国防方面,外资超过49%以上的,能给印度带来现代科技的投资可经政府批准后实施。 制药方面,74%及以下的外资可以通过自动通道投资现有药品企业,超过74%的外资投资需要经过批准。 零售方面,高达100%的外资可以进入食品生产加工领域,但需取得批准。此外,单一品牌零售店可在3年内享有30%当地采购的豁免,但3年后仍需要满足产品原料的30%需在印度采购的要求,高新技术企业可将此豁免期申请延长至5年。这也意味着此前对高新技术企业单一品牌零售店的30%当地采购豁免权被转为统一的3~5年豁免期。 民航方面,100%的外资可以进入印度民航企业,但是国外航空公司的投资不得超过49%,其余投资可由包括外商在内的私人投资者提供
2016年8月	印内阁通过审议,将进一步放开金融服务业投资门槛:部分金融服务业外商投资将经由"自动路径"进入印度市场,所谓"部分金融服务业",指受印度国家金融机构(包括但不限于央行、证监会、基金管理局等)监管的金融服务行为;其余金融服务业外商投资仍需通过"政府审批"进入印度市场

资料来源:根据中华人民共和国驻印度共和国大使馆经济商务参赞处(http://in.mofcom.gov.cn/)相关新闻报道整理。

除了外资政策的放开外,莫迪政府积极推动一系列改革促进本国经济发展,降低外资进入成本,为外商投资印度创造有利条件。虽然改革措施受到印度国内相关利益阶层的阻挠和反对,改革之路十分艰难,但也取得了一些具有历史性意义的成果。其中近期取得的最重要的成果是印度统一了全国范围内的商品与服务税(Goods and Service Tax,GST),简化了税收体系,极大地降低了企业的生产成本,对外国投资者来说是一个积极的影响。印度统一商品服务税(GST)改革历程见表16-12所示。

表16-12　　　印度统一商品服务税(GST)改革历程

时间	改革进度
2014年12月	莫迪政府提出统一商品与服务税(Goods and Service Tax,GST),并仅针对消费环节征税
2016年6月	商品服务税法(Goods and Services Tax Bill,GST)草案得到了除泰米尔纳德邦外所有邦的原则性支持,并就草案公开向社会各界征求意见。印度政府希望在2017年4月1日出台正式法案
2016年8月	印度第122条宪法修正案关于印度GST(商品及服务税)在印度上议院(联邦院)表决获得多数通过,意味着印度将建立全国统一税法,这将降低生产企业的成本和外商投资的进入门槛
2016年9月	印度总统慕克吉签署GST宪法修正案,其正式成为法律
2016年11月	印度GST改革委员会(GST Council)就GST(商品与服务税)最终税率达成一致,GST税率确定为5%、12%、18%和28%的4层结构,服务税率将提至15%到18%

资料来源:根据中华人民共和国驻印度共和国大使馆经济商务参赞处(http://in.mofcom.gov.cn/)相关新闻报道整理。

另外,为了降低外资投资成本,莫迪政府还积极推动征地法的改革。一直以来,由于印度的征地难问题,许多企业纷纷撤销投资计划。因为土地私有化,印度的大部分征地都受到民众的反抗,并且经常性从地方法院一路上诉到最高法院。即使最终征地成功,至少也得花几年时间。莫迪政府于2015年2月提出《征地法修正案》,并提交到印度下议会,将现有征地条件大为放松,但目前还没有通过并且很难通过。征地会触犯到很多阶层的利益,地主、佃农、贫民窟住民都有反对征地的动机,让征地之路分外坎坷。莫迪政府的《征地法修正案》的修改内容见表16-13所示。

第十六章
中国与印度经贸合作

表 16-13　　　莫迪政府《征地法修正案》的修改内容

修改内容	征地法案（2013）	莫迪修正案（2015）
修改一："同意条款"	征地为私人项目，须80%的地主同意；征地为公私合营项目，须70%的地主同意	以下五种情况征地，不再需要地主同意条款和社会后果评估报告：一、国防（Defense）；二、工业走廊（Industrial corridors）；三、国家安全；四、农村基础设施和电气化（Rural Infrastructure & Electrification）；五、贫民安置房（Housing for the poor）
修改二：未开发土地的归还条款	依据本法征收的土地不开发超过五年的，土地必须归还原主或土地银行	需要归还的已征土地，其未开发时间认定改为：五年或者建设立项时设定的时间，取两者中时间长的
修改三：调整有关私人医院和教育机构的规定	为私人医院和学校征地不享受"公共项目"条款优惠	取消了这个规定
修改四：有关私人公司的条款	本法适用于私人公司	本法适用于私人实体。所谓私人实体有别于政府实体，它可以是个体、合伙、公司、非政府组织等
修改五：改变对违反者的起诉和判决	如果违法征地者是政府，那么部门领导干部可能视为犯罪。除非他能证明对违法行为不知情，或者他为阻止违法做过必需的工作	删除了这一条，规定如果出现违法行为，只要是政府同意的，部门领导不受法律追究

资料来源：华泰证券研究所宏观研究报告：《华泰证券中印对比系列报告之二：莫迪的改革车轮，能否冲破制度障碍》，2016年7月13日。

并且，莫迪政府计划对《最低工资法》和涉及工人健康安全的《工厂法》作出修改，让企业在雇用和解雇员工方面获得更大自由、延长工人的加班时间、废除禁止妇女夜间工作的相关规定等。印度现行约有50余条中央劳工法规、170余条地方劳工法规。这些旨在保障工人权益的法规不仅对工作条件作了规定，还对招聘和裁员进行了限制，但对企业来说明显限制过多、约束了自由度。对于招聘和解聘方面的严格限制，使得有意进入印度市场、规模化生产的外企望而却步。莫迪的改革虽然迎合了企业家尤其是外企的需求，但却遭到了民众的示威和反对。2015年的"9.2"

大罢工,印度有将近1.5亿人上街抗议劳动法修法,反对党将莫迪描绘成"亲财团、不顾穷人利益的极右派",莫迪的劳动法改革计划遭到搁浅。如果未来劳动法改革可以顺利实现,企业投资印度将能充分利用印度的劳动力优势,减少劳工摩擦和降低雇用成本。

二、印度长期发展规划[①]

虽然全球经济增长面临停滞,不确定性增加,但印度经济发展基础较好,预计能在较长时间内保持稳定快速增长。据国际货币基金组织(IMF)预测,2025年印度在世界经济总量中的占比有望达到7.1%。

印度政府在其"十二五"计划(2012/2013财年至2016/2017财年)中提出,未来5年的经济发展目标是实现更快的、可持续的和更富包容性的增长。"十二五"计划期间经济增长目标为9%,并希望实现9.5%的更高目标。印度未来5年的经济社会发展的总体目标是:(1)发展任务的首位是经济快速增长和创造更多就业机会,重点发展农产品加工、供应链、设备维修维护、农村基础设施建设、服务业等劳动密集型产业的发展,提高吸收就业的能力。(2)在世界经济低迷、不确定性加大的情况下,通过保持高投资率和私人储蓄率提高私有部门的活力,加大对研发项目和技术革新的支持力度、加大对中小企业的扶持等措施来保持宏观经济的健康稳定发展。

在基础设施方面,印度的基础设施投资明显不足,在"十二五"期间,印度计划在基础设施领域增加1万亿美元的投资,在地铁、轻轨、港口、机场、公路、油气管道、船运、电信、发电、输电领域允许外商投资,而铁路部门正在酝酿当中。在制造业方面,印度准备对本国制造业大力扶持,大力发展"国家投资和制造园区"(NIMZs),扩大供应链,提供便捷的市场准入,降低物流成本,引进外资和国外政策,提高制造业技术水平,提高企业竞争力。莫迪总理推出的"印度制造"计划,目的之一

---

① 资料来源:中华人民共和国驻印度共和国大使馆经济商务参赞处(http://in.mofcom.gov.cn),商务部《对外投资合作国别(地区)指南——印度(2016年版)》(http://fec.mofcom.gov.cn/article/gbdqzn/upload/yindu.pdf)。

便是建设印度成为世界的制造业中心。

近年来,印度还在大力推进项目出口,以减少经常账户赤字。2013年印度商工部宣布拨款 5 亿美元,用于提供买房信贷,支持对非洲、拉丁美洲和亚洲国家的项目出口。此外,印度政府对印度项目出口贷款提供 2% 的利息补贴。同时,为促进"印度制造",下调某些投入品的关税,如金属部件、绝缘线缆、冰箱压缩机零件、催化转换器中使用的化合物、制造化肥的硫酸等。

印度每隔 5 年都会出台一个贸易政策报告,明确未来 5 年印度对外贸易政策目标和具体措施。2015 年又出台了未来 5 年的《外贸政策》(2015~2020 年),新规将以往所有出口激励项目整合到货物出口(MEIS)及服务出口(SEIS)项下,出口奖励率分别为 2%~5% 和 3%~5%,同时允许出口项目下的开支用于抵扣进口商品缴纳的关税、国内采购缴纳的消费税及服务税。此外,为促进特别经济区发展,批准区内企业享受上述优惠。新《外贸政策》还推出了进口考核机制,由商工部每季度予以考核。

第四节　近年来中国与印度经贸合作成果

一、双边贸易

近年来,中印经贸合作发展较快,贸易额不断刷新纪录。据中国海关统计,2008 年中印双边货物贸易额为 518.44 亿美元,受金融危机影响,2009 年下降到 433.81 亿美元,2010 年和 2011 年急速上升。2012 年,受全球经济复苏缓慢等因素影响,中印双边贸易额为 664.75 亿美元,比上年下降 9.9%。2013 年,双边贸易额为 654.03 亿美元,同比减少 1.5%。2014 年,随着双边经贸关系的提升,贸易额呈现上涨趋势,达到 716.58 亿美元。2015 年,中印双边货物贸易额为 708.34 亿美元,下降 1.1%。其中,中国从印度进口 96.9 亿美元,下降 27.2%,占印度出口总额的

3.6%，下降0.5个百分点；中国对印度出口611.4亿美元，增长4.9%，占印度进口总额的15.6%，增长3.0个百分点。印度对中国的贸易逆差为514.5亿美元，增长14.4%，见图16-4所示。

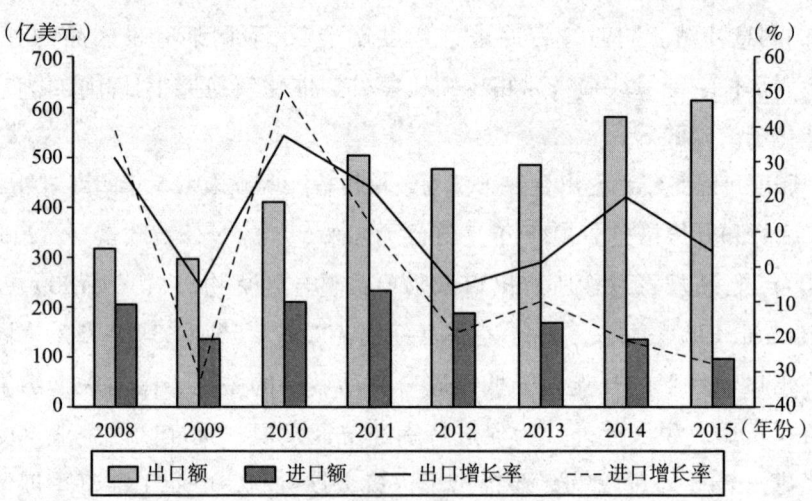

图16-4　2008~2015年中国对印度贸易额统计

资料来源：中国经济数据库（https://www.ceicdata.com/）。

从贸易结构上看，中国对印度出口商品主要类别包括：机电产品、机械设备、有机化学品、肥料和钢材，占中国对印度出口总额的比重分别为30.80%、13.70%、10.10%、5.80%和4.00%。2015年中国向印度出口上述五类商品合计415.6亿美元，占印度自中国进口总额的68.0%，见图16-5所示。除上述产品外，中国向印度出口的商品还有文物制品、塑料制品、珠宝及贵金属制品、船舶、光学仪器制品、家具和纺织品等。中国从印度进口的商品主要有棉花、铜及制品、有机化学品、建筑材料、矿物燃料。2015年，中国从印度进口棉花19.9亿美元，下降28.9%，仍占印度对华出口总额的20.5%；此外，中国从印度进口铜及制品、有机化学品、矿物燃料和建筑材料的进口额分别为12.7亿美元、9.1亿美元、6.4亿美元和5.7亿美元，降幅依次为-39.8%、-7.0%、-56.6%和-11.3%，分别占印度对中国出口总额的13.1%、9.4%、6.6%和

5.9%，见图16-5所示。此外，中国从印度进口的商品还有矿产品、机械设备、动植物油、塑料制品、机械设备、树胶和钢铁制品等。

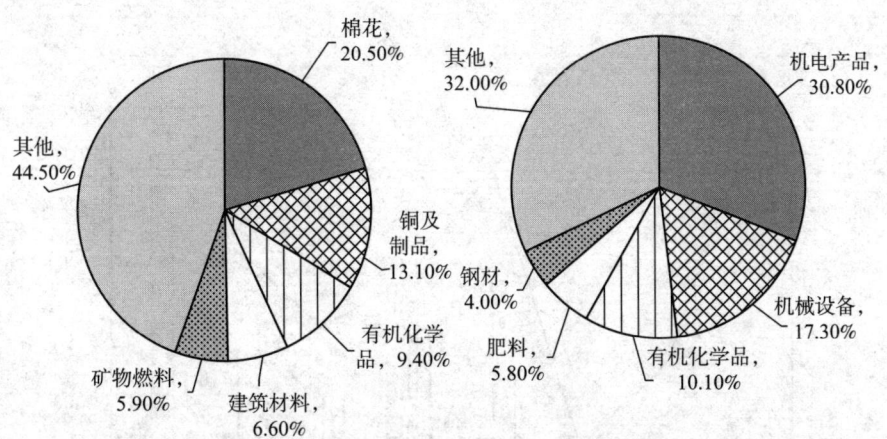

图16-5 2015年中国与印度主要贸易品金额占比
（左：中自印进口；右：中对印出口）
资料来源：中国海关统计数据（http://www.customs.gov.cn/）。

截至2015年12月底，中国在印度出口贸易中居第四位，而在进口贸易中为印度第一大进口来源地。在印度的十大类进口商品中，中国生产的纺织品、机电产品、家具、金属制品、光学仪器和陶瓷等在印度进口的同类商品中占有较明显的优势地位；但中国生产的运输设备、化工品、贵金属制品、钢材等方面仍面临着来自美国、欧洲各国和日本等发达国家的竞争。

二、中国对印度直接投资

据国家统计局公布的数据显示，见图16-6所示，2015年，中国对印度直接投资流量7.05亿美元，同比增加122.35%；印度对中国投资项目总数为140个，同比增加62.79%，印度对中国实际投资总额为8080万美元，同比增加59.21%。截至2015年末，中国对印度直接投资存量达37.7亿美元；印度对中国投资累计项目数1092个，累计投资金额6.44亿美元。中国在印度主要投资领域包括电信、电力设备、家用电器、钢铁、机械设备、工程机械等，但总体而言中国对印度投资规模仍较小，缺乏集约式投资，投资模式和领域都较为单一，与两国的经济规模和经贸合作水平不相称，提升空间较大。

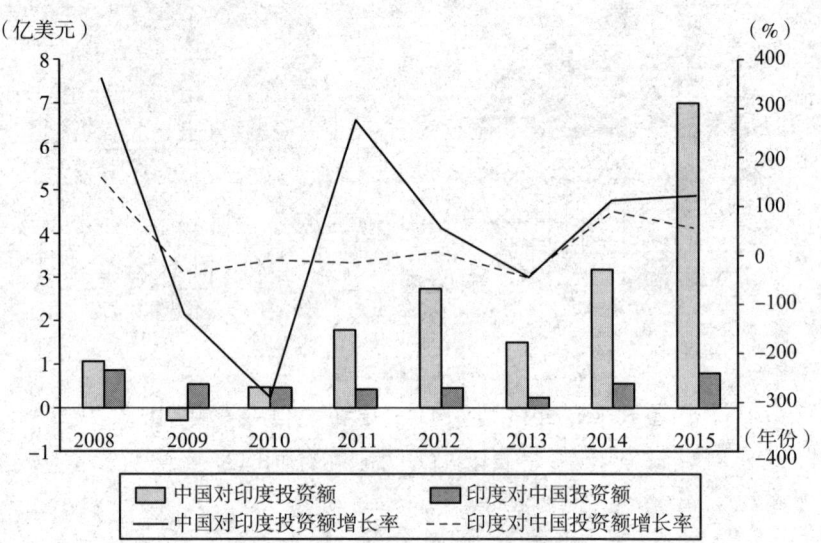

图 16-6　2008~2015 年中国与印度互相直接投资统计

资料来源：国家统计局（http://www.stats.gov.cn/tjsj/）。

据商务部《境外投资企业（机构）名录》统计，目前在印度注册投资的中资企业共有 416 家，其中中央企业 39 家，并且，中国在印度投资的科技公司比较多。

三、承包工程和外派劳务

近年来，见图 16-7 所示，中国对印度的承包工程和外派劳务量有所下降。据中国商务部统计，2015 年中国对印度工程承包新签合同总额为 18.11 亿美元，同比增加 15.6%；中国对印度工程承包完成营业总额为 26.75 亿美元，同比增长 5.5%；截至 2015 年 12 月底中国对印度工程承包累计合同总金额为 657.78 亿美元，累计完成营业总额为 440.11 亿美元。在承包工程项下，2015 年中国对印度派出人数为 926 人，同比下降

10.6%，在印度人数总计1491人，同比下降20.4%；在劳务合作项下，2015年中国对印度派出人数为161人，同比增加33.1%，在印度人数总计149人，与上年同期持平。2016年上半年中国对印度工程承包新签合同总额为14.09亿美元，主要项目有中国中铁电气化局承包的那格普尔地铁项目等。

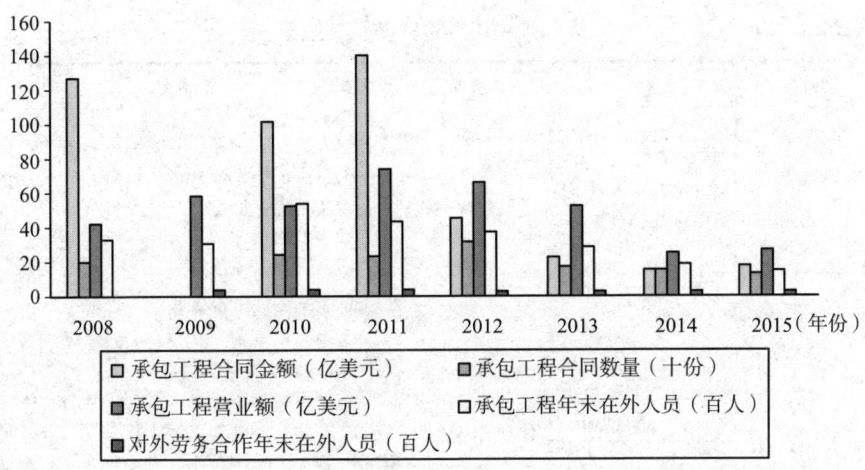

图16-7 2008~2015年中国对印度承包工程与劳务合作统计

说明：2009年对外承包工程合同数量数据缺失。
资料来源：中国商务部（http://www.mofcom.gov.cn/）。

第五节 "一带一路"倡议实施以来中印高层交流及其成果

作为世界上最重要的两个发展中大国，中印两国面临相似的机遇与挑战。莫迪政府为印度制定了"印度制造""数字印度""创业印度""智慧城市"等一系列重要发展战略，大力推进高新制造业与数字化产业，提升基础设施水平，营造良好的投资氛围。当前两国在铁路、产业园区、智慧城市等合作领域有望实现早期收获，在新能源、节能环保、信息技术、人力资源等领域上存在着优势互补。中国已经参与印度古吉拉特邦国际金融科技城的"智慧城市"试点项目,并与印度在铁路提速、高铁可行性研究和运营等领域展开合作。两国在航天、和平利用核能等尖端领域的合作也正在开展。在互联网产业,大批中国互联网企业正踊跃进入印度市场,与印度企业共同开拓新的经济增长点。表 16-14 展示了中印近几年来双边交流及其成果。

表 16-14　　　　近年来中印双边交流及其成果

时间	事件	参加人	成果
2014年9月17~19日	习近平对印度首次进行国事访问（古吉拉特邦）	国家主席习近平印度总理莫迪	双方签署了关于设立输变电设备产业园区,中国广东省和古吉拉特邦、广州市和艾哈迈达巴德市结为友好省邦、友好城市的协议
2015年5月14~16日	印度总理莫迪访华（西安、北京、上海）	国家主席习近平、总理李克强、全国人大委员会委员长张德江、人社部部长尹蔚民 印度总理莫迪	发表中国印度联合声明 两国签署了 45 项文件,包括 24 项政府间协议和 21 项商业协议 中印企业在上海签署了 20 多项合作协议,涉及金额将近 200 亿美元,涵盖航空航天、地震合作、海洋科考、智慧城市、网络、金融、设领、教育以及政党、地方、智库交往等各个方面 莫迪总理宣布对中国公民访问印度实行电子签证 李克强同莫迪共同出席首届中印地方合作论坛
2016年5月24~28日	印度总统慕克吉访华（广州、北京）	国家主席习近平、总理李克强 印度总统慕克吉	慕克吉总统在广州出席"中国—印度经贸投资交流会",强调广州在中印经贸往来历史上的重要地位,并欢迎中国投资者和企业家参与印度的产业走廊、工业园区、基础设施等重点项目建设 习近平主席向印方表达了深化政治互信,加强产能、投资、旅游、服务贸易等领域合作的良好愿望 李克强总理提出将"中国制造 2025"、"互联网+"同"印度制造""数字印度"等战略接轨,寻找务实合作新的增长点,促进两国贸易平衡发展的倡议

第十六章
中国与印度经贸合作

续表

时间	事件	参加人	成果
2016年10月15日	习近平会见印度总理莫迪（果阿）	国家主席习近平、中央政治局委员王沪宁、栗战书、国务委员杨洁篪 印度总理莫迪	双方要提升各领域交流合作水平，继续推动铁路、产业园区等重大项目合作 要加强政党、地方、智库、文化、媒体等交流，扩大中印友好民意基础 要互相支持对方参与地区事务，加强在上海合作组织、南亚区域合作联盟、东亚峰会等框架内合作

资料来源：根据相关新闻报道整理而得。

第六节 中国企业投资印度的机会与风险

从整体上看，印度工业体系比较完善，主要包括纺织、食品、化工等，竞争力比较强。但近几年，印度在资本密集型上的产业优势正在减弱，主要原因是其之前依赖的自然资源正在不断枯竭。印度的发展必然要改变其产业模式，进行产业转型升级，充分利用劳动力成本的优势。莫迪上任总理以来，在吸引投资、打造"印度制造"方面加大力度，高度重视发展劳动密集型制造业，已凸显出印度产业结构调整的趋势。

中国和印度经济互补性强，中国对印度的投资增长空间广阔。中国制造业产值已位居世界第一，积累了丰富的经验、技术和资本。在大型基础设施建设方面，中国更有其他国家无可比拟的优势。而印度亟待提高制造业和基础设施建设水平。据印度驻华大使介绍，印度计划到2022年将制造业在其经济结构中的比重从目前的16%增加到25%。另外，由于印度对华贸易存在巨大逆差，印度正积极寻求从中国吸引投资，以填补不断扩大的贸易赤字。据称，中国将在印度艾哈迈达巴德市和浦那市建立两座工业园，引进能源设备与汽车制造等企业。中企加大对印度投资正当其时，应积极发挥在制造业上取得的已有优势，结合印度的自身特点和政策支持，投资印度具有比较优势或潜在比较优势的行业，见表16-15所示。总体来说，印度投资环境较好，但也存在一些阻碍，见表16-16所示。

表16-15　　　　　　　　中国企业投资印度的机会

行业	优势与机遇	投资机会
纺织行业	印度纺织业原料充足，劳动力成本低，拥有先进的机器和技术，政府优惠政策多。并且，印度大量的人口和不断提高的收入水平也会不断提高印度国内市场对纺织品的需求，市场潜力巨大	1. 中国企业可投资印度的功能性纺织品市场，由于印度的成衣厂是以欧美为终端市场，对诸如吸湿排汗纺织品、抗静电或抗紫外线等防护纺织品的功能性纺织品需求强烈。而中国纺织业于20世纪90年代起致力于开发功能性纺织品，在此领域具有优势，可以在印度投资建厂及进行产业转移。 2. 中国企业可投资印度的产业用纺织品市场，印度轮胎帘布市场在印度大有商机。调查发现，某家中国企业平均每个月销往印度850吨轮胎帘布，印度市场约占其销售收入比重的20%。而随着印度汽车市场蓬勃发展，除轮胎帘布以外，汽车座椅内装用布、安全气囊、安全带等，印度目前都依赖进口，这些产品对中国纺织业而言具有巨大潜力。 3. 中国企业可投资印度的医疗卫生用纺织品市场，曾有市场调研显示，当人均收入达2000美元水平后，消费者对医疗卫生用纺织品的消费量将大幅成长；达5000美元时，纸尿布的消费量亦会增长。目前在印度北部地区、度假胜地所在州以及首都地区，印度居民收入已达到2000美元的水平，对医疗卫生用纺织品的需求增长已经显现，这对中国企业来说也是值得关注的市场机遇
珠宝行业	印度珠宝行业发展历史悠久，加工和切割工艺精湛，国内市场需求巨大，且印度允许珠宝首饰行业外国直接投资占比达到100%	中国企业可利用印度成本低廉但技术精湛的劳动力资源，在印度投资建厂，将加工环节转移到印度，并进行出口或在当地出售
制药行业	印度仿制药行业发达，麦肯锡预计到2020年，印度制药产业规模将达到450亿美元。在制药企业的全球化接轨上，印度有语言、产业链等多方面的优势，且在药物的研发和临床试验和制造上有符合全球标准的较高的成本优势	中国企业可通过投资并购等方式进入印度制药市场，获得印度在仿制药领域取得的技术和经验，从而实现快速进入全球市场的目的
基础设施	印度为发展经济，在高铁、核电等大型设施引资步伐显著加快，2015年以来莫迪高频度出访中国、日本、俄罗斯等国家。中国在一些制造业行业如高铁、核电等技术成熟，优势明显	中国企业可以与印度在基础设施领域合作，利用中国在基础设施建设积累的大量国际经验，投资其相关行业，主动与印度政府对接寻求相关领域合作机会

资料来源：根据相关资料整理。

第十六章
中国与印度经贸合作

表 16-16　　　　　　　　印度整体投资环境的优势和劣势

		内容
优势	人口红利释放经济潜能	2016年底，印度人口达到12.3亿人，预计将于2030年超过中国，成为世界人口第一大国。印度人口结构呈金字塔状，35岁以下人口占比65%，15~64岁劳动人口占比逐年递增。相对较高的生育率意味着印度的劳动力年龄结构可以长期保持年轻状态，并且这种人口结构是可持续的，这将给印度带来长期的人口红利。在全球普遍老龄化趋势的背景下，印度的年龄结构和高生育率意味着印度的劳动力储备丰富，吸引投资能力增强，并且国内市场潜力巨大。 此外，印度注重IT行业人才和擅长数学等逻辑思维能力人才的培养，拥有一批高素质的劳动力。印度的官方语言为英语，与世界范围内的投资者和消费者可以有效沟通。因此，印度的年轻劳动者不仅数量居多，也具备一定的高素质
	金融市场完善成熟	印度的金融体系延续英国的金融制度，银行体系有130年历史，股票市场历史也超过百年，银行管理体系相对健全，具有较佳的国际信誉。印度金融的体制基础较完善、市场秩序较好、资源配置以市场为主
	莫迪政府下投资环境的改善	莫迪政府提出一系列促进外资的举措，营造良好营商环境。统一了商品服务税，征地法案的修改也在进行当中
劣势	基础设施水平落后	印度的供电能力较弱、供水能力不足，电力、供水系统都不稳定；铁路运能较弱、物流成本较高。财政紧张、资金不足是印度搞基建的最大限制因素。但莫迪政府上台后积极推进基础设施建设，集中财政预算重点推进道路建设，铁路、公路建设规划进展迅速；借油价下跌契机削减柴油补贴、上调燃油消费税，筹资投入道路建设；简化项目审批程序，印度的基建项目延迟率从2015年中期以来明显下降。未来基础设施可能逐渐不会成为企业投资印度的阻碍
	制度障碍难以突破	放宽征地法限制、劳动法修订难以取得突破。这些方案有助于降低外企投资成本，给企业更大的用人自由度，但触犯了部分群体的既有利益，在反对党占据上议院多数席位，且地方各邦存在不小分歧的背景下，法规修订推进艰难
	官僚主义严重	印度一些地区官僚主义严重，充斥着腐败问题，政府官员办事效率极低
	贫富差距和劳动力差距大	印度贫富差距巨大，将近占总人口1/10的年轻人生活在贫民窟中，且印度受教育程度高的多为贵族精英阶层，普通贫民的劳动力素质和能力还比较低

资料来源：根据相关资料整理。

在"一带一路"的建设过程中，中国企业选择去印度投资，还应该充分考虑其投资风险，主要有法律风险、政治风险、征地风险和安全风险等，见表16-17所示。

表16-17　　　　　　　中国企业投资印度的主要风险

风险类型	注意事项
法律风险	外资政策分散：印度中央和地方法律对外国投资都有重要影响，外商在印度投资不仅要符合印度联邦政府颁布的法律和政策，也要符合各邦管理外商投资的法律规定。 劳动法规严格：印度劳动法普遍被认为是世界上最严格和复杂的劳动法之一，对工人工资、工作时间、裁员、罢工等方面有严苛的规定。莫迪政府虽然在大力推动印度劳动法的改革，但目前还没有取得实质性进展。 承担社会责任：印度规定企业在达到一定利润额度时必须将前三年平均利润的2%用于履行社会责任，包括降低贫困，促进性别平等，提高教育水平和劳动技能，保护环境等方面。 专利强制许可：印度政府有权将尚在保护期内的专利产品强制许可给非专利人生产，出于满足社会需求和公共政策的考虑。 司法体系低效：印度司法体系低效，对合同保护程度有限。据世界银行统计，印度法院解决争议的效率排名世界倒数第六。 无针对外资优惠政策：外国投资者在印度设立企业被视同当地企业，无优惠政策
政治风险	中印政治互信的变化：中印关系现阶段为友好合作态势，但潜在负面因素不容忽视。中印边界问题还悬而未决、西藏问题造成两国关系的隔阂、印度国内"中国威胁论"甚嚣尘上、美国等西方国家对中印关系的干扰等，都构成中印关系的不稳定因素。 印度与邻国巴基斯坦关系紧张：中国和巴基斯坦是长久以来的友好合作关系，这被和巴基斯坦有冲突的印度认为是一种威胁，印巴关系的紧张可能会影响中印关系。 恐怖主义袭击风险高：印度国内安全形势严峻，恐怖活动盛行，极端暴力活动数十年来一直充斥着印度东北部到印控克什米尔地区。 宗教冲突：印度是各类宗教汇集地，伊斯兰教、印度教、基督教、佛教、犹太教等宗教在印度都拥有大量信众。宗教差异导致的教派冲突经常发生，尤其是印度教和伊斯兰教的冲突
征地风险	印度土地私有化，征地难，且莫迪政府推出的《征地法修正案》受到多方势力的阻挠，目前还没有通过
安全风险	印度交通事故频发：印度是全球交通事故死亡率最高的国家，印度的公路、铁路、航空交通都比较混乱

资料来源：笔者根据相关资料整理。

从当前中印两国情况来看，两国在经贸投资、基础设施建设、能源、产业等方面有望实现合作共赢。2014年习主席访印期间，中印就决定推动产业投资、基础设施建设、节能环保、高技术、清洁能源、可持续城镇化等新领域合作，中方表示会努力实现5年内在工业和基础设施发展项目

第十六章
中国与印度经贸合作

上向印方投资 200 亿美元。2015 年莫迪总理访问中国，又就能源、贸易、金融与工业园区等领域的合作与中方达成共识。可以看出，印度需要中国资本的注入，中国也急需通过"一带一路"向国外输送过剩产能，投资建立工业园区。中印之间都很希望能够进一步加强合作，实现两国之间产业、资金、人员等各方面的优化配置。因此，在两国共同的合作意愿下，中印在未来必将保持紧密的合作。

参 考 文 献

[1] 阿德里安·伍德、顾思蒋、夏庆杰：《世界各国结构转型差异（1985~2015）：模式、原因和寓意》，载《经济科学》2017年第1期。

[2] 毕海东：《"一带一路"在东南亚面临的地缘政治风险与中国的政策选择》，载《战略决策研究》2016年第2期。

[3] 陈悦、丁泽霁：《东南亚、南亚农业发展的趋势》，载《农业经济问题》1981年第3期。

[4] 陈虹、杨成玉：《"一带一路"国家战略的国际经济效应研究——基于CGE模型的分析》，载《国际贸易问题》2015年第10期。

[5] 陈水胜、席桂桂：《"一带一路"倡议的战略对接问题：以中国与印度的合作为例》，载《南亚研究季刊》2015年第4期。

[6] 陈伟光、郭晴：《中国对"一带一路"沿线国家投资的潜力估计与区位选择》，载《宏观经济研究》2016年第9期。

[7] 程慧超：《"一带一路"背景下中国的对外直接投资》，载《经营管理者》2016年第8期。

[8] 崔日明、黄英婉：《"一带一路"沿线国家贸易投资便利化评价指标体系研究》，载《国际贸易问题》2016年第9期。

[9] 邓洲、李灏：《马来西亚产业竞争力现状及中国与马来西亚产业合作展望》，载《东南亚纵横》2015年第11期。

[10] 杜秀红：《中国与"一带一路"沿线国家的贸易关系及政策建议》，载《现代管理科学》2016年第5期。

[11] 方旖旎：《"一带一路"战略下中国企业对海外直接投资国的风

险评估》,载《现代经济探讨》2016年第1期。

[12] 郭惠君:《"一带一路"背景下中国与中亚地区的投资合作——基于交通基础设施投资的视角》,载《国际经济合作》2017年第2期。

[13] 郭烨、许陈生:《双边高层会晤与中国在"一带一路"沿线国家的直接投资》,载《国际贸易问题》2016年第2期。

[14] 韩玉军、王丽:《"一带一路"推动人民币国际化进程》,载《国际贸易》2015年第6期。

[15] 黄亮雄、钱馨蓓:《中国投资推动"一带一路"沿线国家发展——基于面板VAR模型的分析》,载《国际经贸探索》2016年第8期。

[16] 黄智铭、杨月元:《"一带一路"战略中中国—东盟贸易发展的机遇及挑战》,载《沿海企业与科技》2016年第2期。

[17] 胡俊超、王丹丹:《"一带一路"沿线国家国别风险研究》,载《经济问题》2016年第5期。

[18] 蒋德恩:《显示性比较优势指数的适用条件分析》,载《国际商务:对外经济贸易大学学报》2006年第5期。

[19] 蒋琼琼:《中国与"一带一路"沿线国家制造业产业内贸易的影响因素分析——基于引力模型》,载《对外经贸》2016年第9期。

[20] 金芳:《"一带一路"倡议与中国对外直接投资的新格局》,载《国际关系研究》2016年第2期。

[21] 刘洪铎、蔡晓珊:《中国与"一带一路"沿线国家的双边贸易成本研究》,载《经济学家》2016年第7期。

[22] 孔庆峰、董虹蔚:《"一带一路"国家的贸易便利化水平测算与贸易潜力研究》,载《国际贸易问题》2015年第12期。

[23] 孔艳春:《"一带一路"背景下加强云南与东南亚互联互通建设——以中缅交通为例》,载《教育教学论坛》2016年第11期。

[24] 李德军、侯莹莹:《"一带一路"战略构想对中国与东盟经贸合作的影响》,载《商场现代化》2015年第24期。

[25] 李好、肖坚:《"一带一路"视域下东盟经贸市场发展形势探究》,载《东南亚纵横》2016年第3期。

[26]李嘉楠、龙小宁、张相伟：《中国经贸合作新方式——境外经贸合作区》，载《中国经济问题》2016年第6期。

[27]李丽：《"一带一路"战略下的中孟合作：机遇与挑战》，载《东南亚南亚研究》2015年第4期。

[28]李向阳：《构建"一带一路"需要优先处理的关系》，载《国际经济评论》2015年第1期。

[29]李文：《"一带一路"与中国—东盟命运共同体建设》，载《东南亚纵横》2015年第10期。

[30]李文、蔡建红：《"一带一路"对中国外交新理念的实践意义》，载《东南亚研究》2015年第3期。

[31]李文宏、孙磊：《中国企业在柬埔寨投资存在的问题及投资对策分析》，载《经济研究导刊》2016年第1期。

[32]李晓：《"一带一路"战略实施中的"印度困局"——中国企业投资印度的困境与对策》，载《国际经济评论》2015年第5期。

[33]李晓、李俊久：《"一带一路"与中国地缘政治经济战略的重构》，载《世界经济与政治》2015年第10期。

[34]李晓敏、李春梅：《"一带一路"沿线国家的制度风险与中国企业"走出去"的经济逻辑》，载《当代经济管理》2016年第3期。

[35]李一文：《我国海外投资风险预警研究》，载《管理世界》2016年第9期。

[36]李迎旭：《"一带一路"战略下中国与南亚贸易的合作基础、推进机会与实现机制》，载《甘肃社会科学》2016年第2期。

[37]廖萌：《"一带一路"建设背景下我国企业"走出去"的机遇与挑战》，载《经济纵横》2015年第9期。

[38]廖泽芳、李婷、程云洁：《中国与"一带一路"沿线国家贸易畅通障碍及潜力分析》，载《上海经济研究》2017年第1期。

[39]林俐、翟金帅：《"一带一路"沿线境外经贸合作区运行机制及空间布局——以东南亚区域为例》，载《当代经济》2017年第2期。

[40]林民旺：《印度对"一带一路"的认知及中国的政策选择》，载

《世界经济与政治》2015年第5期。

[41] 林智荣、覃娟：《中国—新加坡经济走廊交通基础设施建设探析》，载《东南亚纵横》2015年第1期。

[42] 刘宏、汪段泳：《"走出去"战略实施及对外直接投资的国家风险评估：2008～2009》，载《国际贸易》2010年第10期。

[43] 刘建国、梁琦：《"一带一路"能源合作问题研究》，载《中国能源》2015年第7期。

[44] 刘娜：《东南亚国家投资环境分析》，载《对外经贸》2014年第7期。

[45] 刘瑞、高峰：《"一带一路"战略的区位路径选择与化解传统产业产能过剩》，载《社会科学研究》2016年第1期。

[46] 柳思思：《"一带一路"：跨境次区域合作理论研究的新进路》，载《南亚研究》2014年第2期。

[47] 卢光盛、邓涵：《经济走廊的理论溯源及其对孟中印缅经济走廊建设的启示》，载《南亚研究》2015年第2期。

[48] 卢国学：《中国企业"走出去"的风险与控制——从综合安全视角审视中国的"一带一路"建设》，载《东南亚研究》2015年第6期。

[49] 吕佳：《"一带一路"战略背景下中国与马来西亚加快产能合作的探讨》，载《对外经贸实务》2016年第8期。

[50] 孟祺：《基于"一带一路"的制造业全球价值链构建》，载《财经科学》2016年第2期。

[51] 权衡、张鹏飞：《亚洲地区"一带一路"建设与企业投资环境分析》，载《上海财经大学学报》2017年第1期。

[52] 石林楠、郑玉琳：《我国与"一带一路"沿线国家金融合作面临的风险与对策措施》，载《对外经贸》2016年第5期。

[53] 沈铭辉、张中元：《"一带一路"背景下的国际产能合作——以中国—印度尼西亚合作为例》，载《国际经济合作》2017年第3期。

[54] 石泽：《能源资源合作：共建"一带一路"的着力点》，载《新疆师范大学学报》（哲学社会科学版）2015年第1期。

[55] 孙致陆、李先德：《"一带一路"沿线国家与中国农产品贸易现状及农业经贸合作前景》，载《国际贸易》2016年第11期。

[56] 谭畅：《"一带一路"战略下中国企业海外投资风险及对策》，载《中国流通经济》2015年第7期。

[57] 田泽、许东梅：《我国对"一带一路"沿线国家的投资效率与对策》，载《经济纵横》2016年第5期。

[58] 王博、张弛、南昭延、童友俊：《我国与"一带一路"沿线国家外贸合作研究》，载《科学与管理》2016年第4期。

[59] 王光厚、王媛：《东盟与东南亚的海洋治理》，载《国际论坛》2017年第1期。

[60] 王欢欢、李忠林：《"一带一路"视野下的中国—南亚区域合作：进展及挑战》，载《实事求是》2016年第2期。

[61] 王金凤、梁瑞华：《"一带一路"战略下中国—东盟农业合作发展分析》，载《经济研究导刊》2016年第22期。

[62] 王敏：《"一带一路"能源战略合作研究》，载《经济研究参考》2016年第22期。

[63] 王绍媛、李国鹏：《"一带一路"倡议与新兴经济体集团化的共同发展》，载《国际贸易》2016年第11期。

[64] 王永中、李曦晨：《中国对"一带一路"沿线国家投资风险评估》，载《开放导报》2015年第4期。

[65] 吴崇伯：《"一带一路"框架下中国与东盟产能合作研究》，载《南洋问题研究》2016年第3期。

[66] 文富德、徐菲：《试论印度在中国"一带一路"倡议中的地位和作用》，载《南亚研究》2016年第3期。

[67] 夏先良：《构筑"一带一路"国际产能合作体制机制与政策体系》，载《国际贸易》2015年第11期。

[68] 谢琳灿：《我国对东南亚投资的现状与风险防控》，载《宏观经济管理》2016年第1期。

[69] 许和连、孙天阳、成丽红：《"一带一路"高端制造业贸易格局

及影响因素研究——基于复杂网络的指数随机图分析》,载《财贸经济》2015年第12期。

[70] 许梅、陈炼:《中国企业投资越南的主要国家风险与防范》,载《东南亚研究》2011年第3期。

[71] 杨磊:《"一带一路"战略下中国与越南沿边重点区域经贸开发开放探析》,载《经济研究参考》2016年第35期。

[72] 杨思灵:《"一带一路"倡议下中国与沿线国家关系治理及挑战》,载《南亚研究》2015年第2期。

[73] 杨英、刘彩霞:《"一带一路"背景下对外直接投资与中国产业升级的关系》,载《华南师范大学学报》(社会科学版)2015年第5期。

[74] 张纪凤、宣昌勇:《"一带一路"战略下我国对东盟直接投资"升级版"研究》,载《现代经济探讨》2015年第12期。

[75] 张莉:《"一带一路"战略下中国与东盟营商环境差异与协同构建研究》,载《经济与管理》2017年第2期。

[76] 张理娟、张晓青、姜涵、刘畅:《中国与"一带一路"沿线国家的产业转移研究》,载《世界经济研究》2016年第6期。

[77] 张庆萍、朱晶:《中国与上合组织国家农业贸易与投资合作——基于"一带一路"战略框架下的分析》,载《国际经济合作》2017年第2期。

[78] 张亚斌:《"一带一路"投资便利化与中国对外直接投资选择——基于跨国面板数据及投资引力模型的实证研究》,载《国际贸易问题》2016年第9期。

[79] 赵干城:《"一带一路"战略的南亚方向与印度的选择》,载《当代世界》2015年第6期。

[80] 赵壮天、雷小华:《中国与东盟互联互通建设及对南亚合作的启示》,载《学术论坛》2013年第7期。

[81] 赵东麒、桑百川:《"一带一路"倡议下的国际产能合作——基于产业国际竞争力的实证分析》,载《国际贸易问题》2016年第10期。

[82] 赵天睿、孙成伍、张富国:《"一带一路"战略背景下的区域经

济发展机遇与挑战》，载《经济问题》2015 年第 12 期。

［83］周方冶：《"一带一路"视野下中国—东盟合作的机遇、瓶颈与路径——兼论中泰战略合作探路者作用》，载《东南亚纵横》2015 年第 10 期。

［84］周雪春：《中国对泰国直接投资行业分布研究》，载《东南亚纵横》2016 年第 5 期。

［85］Anwar S. Foreign investment, human capital and manufacturing sector growth in Singapore. *Journal of Policy Modeling*, Vol. 30, No. 3, 2008, pp. 447 – 453.

［86］Athukorala P C, Waglé S., Foreign Direct Investment in Southeast Asia: Is Malaysia Falling Behind. *Asean Economic Bulletin*, Vol. 28, No. 28, 2011, pp. 115 – 133.

［87］Charumilind C, Kali R, Wiwattanakantang Y., Connected Lending: Thailand before the Financial Crisis. *Journal of Business*, Vol. 79, No. 1, 2002, pp. 181 – 218.

［88］Chuenwong K, Chiarakorn S, Sajjakulnukit B., Specific energy consumption and carbon intensity of ceramic tablewares: Small enterprises (SEs) in Thailand. *Journal of Cleaner Production*, Vol. 147, 2017, pp. 395 – 405.

［89］Hoang V H, Nguyen D M, Nguyen P M, et al., Current Issues of Environmental Management in Vietnam: The Case of VEDAN Vietnam (Manufacturing and Environmental Management. *Journal of Information & Management*, Vol. 33, 2012, pp. 199 – 209.

［90］Kochhar K, Kumar U, Rajan R, et al., India's pattern of development: What happened, what follows?. *Journal of Monetary Economics*, Vol. 53, No. 5, 2006, pp. 981 – 1019.

［91］Iii G O W, Chizema A, Canabal A, et al., Legal system uncertainty and FDI attraction in Southeast Asia. *International Journal of Emerging Markets*, Vol. 10, No. 3, 2015, pp. 572 – 597.

［92］Little I., India's economic reforms 1991 – 1996. *Journal of Asian*

Economics, Vol. 7, No. 2, 1996, pp. 161 – 176.

[93] Sahoo P, Nataraj G, Dash R K., Foreign Direct Investment in South Asia. *Springer Berlin*, Vol. 5, No. 3, 2013, pp. 81 – 94.

[94] Lucas R E B., On the determinants of direct foreign investment: Evidence from East and Southeast Asia. *World Development*, Vol. 21, No. 3, 1993, pp. 391 – 406.

[95] Pahlavani M, Akbari A, Golaghaie H., Prioritization of investment and added value of agricultural the Mazandaran province by using the RCA index. *International Journal of Agronomy & Plant Production*, 2013, pp. 1521 – 1525.

[96] Quazi R M., Corruption and Foreign Direct Investment in East Asia and South Asia: An Econometric Study. *International Journal of Economics & Financial Issues*, Vol. 4, 2014, pp. 231 – 242.

[97] Rainish, Kamal P. Upadhyaya; Rabindra Bhandari; Robert. Exchange rate volatility and Foreign Direct Investment in South Asia. *International Journal of Economic Policy in Emerging Economies*, Vol. 4, No. 4, 2011, pp. 366 – 377.

[98] Schaumburgmüller H., Foreign Direct Investment in Vietnam: Impact on the Development of the Manufacturing Sector. *Mechanisms of Ageing & Development*, Vol. 57, No. 1, 2002, pp. 63 – 70.

[99] Thomsen S., Southeast Asia: The Role of Foreign Direct Investment Policies in Development. *General Information*, Vol. 19, No. 3, 1999, pp. 236 – 238.

[100] Zhao H, Tong X, Wong P K, et al., Types of technology sourcing and innovative capability: An exploratory study of Singapore manufacturing firms. *Journal of High Technology Management Research*, Vol. 16, No. 2, 2005, pp. 209 – 224.

后　记

"一带一路"倡议构想，开放发展理念，企业"走出去"、文化"走出去"等重大命题的提出，加快了中国全方位对外开放的步伐，推进了国内国际两个大局的统筹，为中国深度参与全球治理开辟了新的国际视野、搭建了新的国际舞台。华夏子孙势必更加密集地踏上全球化的列车，更加广泛地走向异国他乡，了解、适应、融入更加广阔的世界。这一趋势带来的挑战无疑是多方面的，但首先要解决的是，我们多大程度上了解扑面而来的未知世界？

近年来，我所带领的团队及所主导的中央财经大学国际投资研究中心致力于"一带一路"经贸合作与中国企业海外投资问题研究，本书是关于"一带一路"倡议领域研究的系列成果之一。本书最终出版得到了2016年中央财经大学财经研究院学科建设经费与北京财经研究基地建设经费的资助，作为"中央财经大学财经研究院/北京哲学社会科学北京财经研究基地"文库系列专著出版，在此表示最诚挚的感谢。

从2002年7月博士毕业到现在我一直从事国际经济领域的教学与科研工作，尤其感兴趣的是国际直接投资与企业国际化问题，近年来的研究专注于此。经典FDI理论与发达经济体的实践表明，一个国家的国际投资地位与经济发展水平高度相关：随着经济发展，一个国家经历从引进外资向海外投资的转变，这一过程也是该国企业跨国经营程度不断扩大、竞争力不断提高的过程。2008年以来，全球经济处于危机后的调整修复期、全球经济治理变革与新一轮经贸规则的密集构造期、中国对外经济关系的

后 记

转换期,面对当前国际环境的新挑战、战略机遇期的新内涵、对外经济关系的新变化等,我国实施对外开放新战略,即新兴大国竞争力升级战略,从而实现国际竞争力升级和形成与国际社会互利共赢关系的新目标。2013年9月和10月,中国国家主席习近平在出访中亚和东南亚国家期间,先后提出共建"丝绸之路经济带"和"21世纪海上丝绸之路"的重大倡议,得到国际社会高度关注。

笔者发现,中国在外交战略研究中,缺少对一些中小型国家深入研究的人才。在对接国家战略重大需求的时候,往往找不到针对相关区域国别,特别是一些小国的研究人才。与国别研究人才缺乏相关联的,是当前中国智库建设与研究浮躁化的端倪。研究流于表面,泛泛而谈,缺少沉下心去、扎扎实实、深入国别和地区内部的研究。这种研究需要耐得住寂寞,需要十年二十年的冷板凳功夫,只有如此才能培养出扎实治学的国别研究人才。

基于以上感想,2014年初我酝酿开展中国与"一带一路"沿线国家经贸合作国别研究计划,工作启动于2015年初。时至今日,回顾三年多研究历程,感慨颇多,研究工作开始才发现,国别研究没看起来那么容易,体会到做好区域与国别研究实际上是"难之又难、深之又深",研究框架几易其稿,有价值且富有逻辑的分析需要大量的数据资料支持,对具体国家分析中也往往是产业维度、历史维度,双边分析、多边分析交织在一起,分析清楚不容易。"千淘万漉虽辛苦,吹尽狂沙始到金",我所带领的团队最终还是克服了困难,完成了《中国与"一带一路"沿线国家经贸合作国别报告》(以下简称"国别报告",共100余万字),努力在诸多"一带一路"有关研究中做出一些特色。

我所带领的团队成员大多是我指导的硕士研究生或者博士研究生,许多同学在研究中都投入了极大的精力与热情。国别报告主框架是基于对"一带一路"沿线国家产业竞争力的分析,硕士生王淳同学计算了报告中所涉及所有国家的比较优势等指标,并最初以此为基础开展了对这些国家产业的研究,硕士生裴新蕾、赵鹏宇、杨英俊、彭谦辞、曲晓宇同学各有分工,对所负责的国家进行更进一步分析。2016年寒假、春节及暑假,王淳、裴新蕾放弃了节假日的休息对整个报告进行了系统的修改与完善,在此期间,吴姗姗同学也参与了部分工作。2016年9月,团队迎接来新生力量,硕士生陈国媚、李京航、王若凡、李斯好、牟倩、申文涛同学各自负责相应的地区,继续深挖、修改、完善,大量细致、深入的研究基本成型于这一阶段,当时基本两周就是一次组会,汇报研究进展与心得,对她们而言,从北京昌平区沙河到海淀区学院南路的距离,也是中国通往世界的距离,刘亿博士、易云峰博士也一起参与讨论,给出了修改意见与建议。

本书所涉及的东南亚和南亚地区研究的后期主要写作、修改、完善工作分别由硕士生陈国媚、李京航完成,在研究与书稿的撰写中二人投入了极大的精力,克服了诸多困难,从本书中精致的图片,准确的数据来源,丰富的资料便可窥豹一斑,作为国别报告中第一本出版著作的主要参与者,她们承受的压力甚至超出她们年龄段所能承担的限度。最后审校阶段,陈国媚、李京航、王淳、刘亿、易云峰参与其中,花费了大量时间。其他地区的国别研究也已在硕士生王若凡、李斯好、牟倩、申文涛的努力下完成,将于年内陆续以单行本方式出版。本书是我所带领的团队共同心血的结晶,作为负责人我为能够和这样一群青年才俊在一起工作感到自豪,未来是属于他们的,正因为如此,我们才对未来更有信心,因为"中国教育的今天,就是中国经济的明天(钱颖一)"。

书稿完成之时,又是一年合欢花盛开的季节,校园里荡漾着收获的喜悦与毕业的离愁,七位硕士王淳、裴新蕾、赵鹏宇、吴姗姗、杨英俊、彭谦辞、曲晓宇即将完成学业走上工作岗位。书籍付梓之际,恰逢"一带一路"国际合作高峰论坛于北京举行,我们的团队能够做一些与国家发展相关的现实问题研究实属幸运——在最好的年纪遇到最感兴趣的问题,然后发现最好的自己。九月,秋风渐起的时候还会有一群充满朝气的学子走入校园,加入我们的研究团队,"问渠哪得清如许,为有源头活水来",一起走过的日子将是我们年轻时代最美好的回忆,我们将不断有勇气去探索社会经济发展的热点问题、难点领域。

从书籍出版策划、审校到最终定稿,经济科学出版社的王娟编审付出

后 记

了极大心血，她以其专业素养和敬业精神给予指导、支持与帮助，"感谢"两个字不足于表达我对她的谢意。当然，全书文责由作者自负。

书稿完成之际，心情复杂，就像一位工匠看着自己日夜打磨的作品被别人买走一样，喜悦与不舍掺杂在一起，同时也遗憾颇多，限于作者的水平，本书一定还有许多不足与瑕疵，衷心希望读者提出宝贵意见与建议。

需要指出的是，本书成果是在没有课题经费资助情况下完成，寂寞与功利完败于兴趣与志向。作为一个经济学研究工作者，"以课题为天下"还是"以天下为课题"？我们选择了后者，位卑不敢忘忧国，掩卷长思，变革的大时代，一定是经济科学发展的时代，经济领域的新问题层出不穷，如何做到"立足中国、借鉴国外、挖掘历史、把握当代"是每个有责任感的学者应该深刻思考的问题。

展望未来，"一带一路"国际产能合作、中国企业海外投资、中国企业国际化问题以及新形势下的国际商务人才教育问题将是我们团队及中央财经大学国际投资研究中心持续关注与研究的重点。

张晓涛

2017 年 5 月 1 日于中央财经大学图配楼 209 室

图书在版编目（CIP）数据

中国与"一带一路"沿线国家经贸合作国别报告．东南亚与南亚篇/张晓涛著．—北京：经济科学出版社，2017.5（2018.5重印）
（中央财经大学财经研究院、北京市哲学社会科学北京财经研究基地学术文库）
ISBN 978 - 7 - 5141 - 8050 - 3

Ⅰ.①中…　Ⅱ.①张…　Ⅲ.①"一带一路" - 对外经贸合作 - 研究报告 - 中国、东南亚②"一带一路" - 对外经贸合作 - 研究报告 - 中国、南亚　Ⅳ.①F125.5

中国版本图书馆 CIP 数据核字（2017）第 099561 号

责任编辑：王　娟
责任校对：杨　海
责任印制：邱　天

中国与"一带一路"沿线国家经贸合作国别报告
（东南亚与南亚篇）
张晓涛　著

经济科学出版社出版、发行　新华书店经销
社址：北京市海淀区阜成路甲 28 号　邮编：100142
总编部电话：010 - 88191217　发行部电话：010 - 88191522
网址：www.esp.com.cn
电子邮件：esp@esp.com.cn
天猫网店：经济科学出版社旗舰店
网址：http://jjkxcbs.tmall.com
北京季蜂印刷有限公司印装
710×1000　16 开　23 印张　350000 字
2017 年 5 月第 1 版　2018 年 5 月第 2 次印刷
ISBN 978 - 7 - 5141 - 8050 - 3　定价：58.00 元
(图书出现印装问题，本社负责调换。电话：010 - 88191510)
（版权所有　侵权必究　举报电话：010 - 88191586
电子邮箱：dbts@esp.com.cn）